项目资助

教育部人文社会科学重点研究基地基金资助

国家社会科学基金项目（15BSH129）研究成果

农村社区儿童服务现状与质量保障机制研究

严仲连 / 著

中国社会科学出版社

图书在版编目(CIP)数据

农村社区儿童服务现状与质量保障机制研究／严仲连著 . —北京：中国社会科学出版社，2021.12

ISBN 978 - 7 - 5203 - 9343 - 0

Ⅰ.①农…　Ⅱ.①严…　Ⅲ.①农村社区—儿童教育—社区服务—研究—中国　Ⅳ.①G61

中国版本图书馆 CIP 数据核字(2021)第 232696 号

出 版 人	赵剑英	
责任编辑	赵　丽	
责任校对	李　剑	
责任印制	王　超	

出　　版	中国社会科学出版社	
社　　址	北京鼓楼西大街甲 158 号	
邮　　编	100720	
网　　址	http://www.csspw.cn	
发 行 部	010 - 84083685	
门 市 部	010 - 84029450	
经　　销	新华书店及其他书店	

印　　刷	北京明恒达印务有限公司	
装　　订	廊坊市广阳区广增装订厂	
版　　次	2021 年 12 月第 1 版	
印　　次	2021 年 12 月第 1 次印刷	

开　　本	710×1000　1/16	
印　　张	21.75	
字　　数	335 千字	
定　　价	129.00 元	

凡购买中国社会科学出版社图书，如有质量问题请与本社营销中心联系调换
电话:010 - 84083683

序 农村社区儿童服务是美丽乡村
建设的不可或缺部分

邬志辉

农村问题在中国具有重要地位。这个问题是否解决以及如何解决直接关系社会稳定与国家的长治久安。在代际理论研究者看来，许多农村儿童依旧沿袭了上一代的贫穷。农村教育被认为是解决农村问题的根本途径！

长期以来的农村政策形成了目前的城乡二元结构以及随后的城乡二元对立，这种二元结构也反映了当代的农村教育现实（即城乡之间也存在比较严重的教育公平问题）。让农村儿童享受良好的服务，为农村儿童的发展提供合适的环境，这是农村教育研究者的追求，也是世代农村家长的期盼！

在城乡一体化背景下，特别是党中央的富农政策使农村发生了很大变化，农民生活有了彻底改变，农村经济也有了快速增长！现在看来，农村问题虽然得到部分解决（如温饱问题、贫穷问题），但也出现许多新的问题，如农村精英人口向城市流动，农村人口结构整体失衡，农村老年人、妇女、儿童居多，青壮年人口偏少。

在新农村建设过程中，提高农民素质是一项重要的政策，具有重要的战略意义。改变农村面貌，建设新农村、发展新农村的任务重点应该在下一代人身上。重视农村儿童教育，就是重视农村社会的未来！

然而，农村很多问题，并不是孤立的，特别是农村儿童教育，需要家庭、社区、学校之间的合作，需要政府多部门的参与，需要更多、更全面的面向所有儿童的福利。从教育理论上讲，农村学校教育需要立足于农村生活，也就是说，农村社区生活也应该是农村教育的重要来源，农村社区儿童服务应该渗透到农村儿童的教育过程中，与家庭教育一起形成儿童成长的主要途径或支持力量。

在当代农村发展过程中，许多研究者（特别是农村政策研究者）看到了农村经济建设中的自组织与合作，却并未重视农村儿童教育中的自组织与合作。农村家庭教育与农村中小学教育之间脱离（虽然这也是农村社会的传统），并不适应当下社会发展的需要。

《农村社区儿童服务现状与质量保障机制研究》一书的作者从教育学的角度，立足于社区，尝试以社区治理理论、新公共服务理论、社会福利理论、社区组织与社区参与理论、人类发展生态学理论等为理论基础，在现有社区服务理论基础上，思考了农村社区儿童服务的相关基本理论问题。研究过程中，从东、南、西、北五个省份中选取了五个县市的农村中小学生、相关学段儿童的家长、中小学教师为研究对象，调查了农村社区儿童服务的现状，厘清了农村社区儿童服务的问题，探讨了制约农村社区服务发展的原因，进一步思考了促进农村社区儿童服务的对策。

本书在实证研究和比较研究的基础上，提出了立场鲜明的观点：一是强调社区儿童服务是儿童福利的重要表现，并认为社区儿童福利具有普惠性、便捷性等特点；二是强调政府在儿童福利中的作用；三是强调居民在社区儿童服务中的参与，特别是作为服务对象的儿童，同时也是社区儿童服务的参与者。这些观点具有较强的现实性和针对性，对保障儿童福利、促进儿童健康成长无疑具有重要意义。

本书也是一本基于国家社会科学基金项目研究的专著，在研究过程中，作者以翔实的数据说明了农村社区服务中的进步与不足，并结合国内外社区儿童服务的经验以及农村社区建设的经验，探讨了中国农村社区儿童服务的路径，研究过程中，课题组人员发表了系列CSSCI论文。这既反映了课题研究的深度与厚度，体现了研究成果的前沿性，也反映出研究过程本身达到的"高度"。

儿童是社区服务的对象，也可能是社区服务的参与者。教育学意义上的儿童具有可塑性，社区理应成为儿童成长的支持者，社区生活是儿童发展的"舞台"，只有融入生活的教育才可能培养与生活相适应的人。

农村社区儿童服务是美丽乡村建设中的一部分。对于农村社区来说，学校教师（包含幼儿园教师）与农村家长的参与更具有较强的现实意义。理论上的农村社区儿童服务应该有多元参与，但在农村特有的文化传统与现实挑战下，让农民参与农村儿童的教养，特别是作为志愿者参与农村儿童的教养事务，还有很长一段路要走，这需要政府充分发展主导作用，引导企业、团体、志愿者共同参与，并探讨相关的工作机制以激发公众参与的热情。只有当农村社区服务的参与主体真正多元，特别是农村有针对农村儿童教养的农民自组织时，我们才能说农村社区儿童服务达到了成熟。关注农村社区建设、关注农村儿童，探讨促进美丽农村建设的合理路径是时代赋予当代学者的使命。

期盼农村生活越来越美好，农村社会越来越美丽。

以此作序并与诸君共勉！

目　　录

引　　论

儿童既代表国家的未来，也承载着家庭的希望，重视儿童发展是我国的历史传统。发展社区儿童服务对促进儿童发展、提升家庭幸福、维护社区和谐具有重要作用。从新公共服务理论来看，社区儿童服务离不开政府的扶助和支持，同时也要考虑时代特点，尊重家长和儿童需要。社区儿童服务一般以政府、企业、志愿者或个人提供的多种服务为主。由于历史方面的原因，我国社区服务整体水平相对滞后。目前的儿童福利正处于从狭义福利向广义福利过渡的阶段。从生态学理论来看，社区儿童服务离不开基层社区的组织、社会团体以及居民的参与。

第一节　研究背景

当代中国农村无疑存在许多需要探讨的问题，在许多研究者看来，农村存在的这些问题需要复杂的治理手段，其原因既有农民的小农意识，也有农民对于国家的依赖心理。[①] 这些观点对于进一步了解目前农村社会的现状，无疑具有一定的参考价值。

一　农村社区服务亟待治理

从理想社会来看，在一种成熟的乡村社会或社区里[②]，即便存在政府资助的社区服务，但理应在村民面临不解、困惑时，出于社区自

---

① 狄金华:《被困的治理》，生活·读书·新知三联书店 2015 年版，第 15 页。
② 本书中的农村社区泛指一般的农村，并不特指（但包括）近年来的新农村。

身功能,应有相关的团体或居民之间进行自助,这就是理论意义上的自治。[①] 这种具有自治形式的社区服务在国外相对成熟,但在当代中国的城市中只是一种理想。因而,人们不禁要问:在依旧处于较低级发展阶段的多数农村,有必要探讨这种理想的乡村自治吗?或者如何实现这种理想的乡村自治呢?

(一) 农村社区服务的理想追求与现实境遇

村是经济、政治、文化和社会融为一体的社区组织,自然会产生相应的公共事务。村的经济愈发达,社会愈发展,公共事务愈会增多,对治理的要求也就愈高。[②] 从社区服务的角度来看,理想的村级社区服务应该能满足农村村民的各种需要,或至少能为有特殊需要的村民提供力所能及的帮助。

1. 农村社区服务的内容及理想形态

理想的农村社区服务主要指社区服务能为农村社区居民提供便民措施的服务平台,服务内容包括各个方面内容,甚至是农村居民琐事,[③] 使社区成为村民的精神家园和生活乐园。从整体上来看,令人满意的农村社区服务有一个共同特征——满足农民的需要。现有的理论强调农村社区服务的基本内容主要包括三大方面,即为社会弱势群体提供的服务、为社会优抚对象提供的服务以及为社区全体居民提供的便民、利民服务。[④]

为社会弱势群体提供的服务在现实中的农村社区中更多地倾向于为社会弱势群体提供救助,[⑤] 救助式服务对象主要是老年人、残疾人、未成年人和因病等造成的贫困对象,主要采用物质帮助、生产扶持的形式,一般由国家和集体共同承担,当然还有针对困难农户的农村贫困救助。

社区保障是社区服务的重点,而当代老年人贫困问题应该是社会

---

① 本书中的治理更偏向于一种和谐式的自治,相当于学者们所主张的"善治"。
② 张厚安、徐勇、项继权:《中国农村村级治理》,华中师范大学出版社 2000 年版,第 10 页。
③ 李熠煜:《农村社会组织和社区管理》,湘潭大学出版社 2014 年版,第 140 页。
④ 于显洋:《社区概论》,中国人民大学出版社 2006 年版,第 262 页。
⑤ 刘豪兴:《农村社会学》,中国人民大学出版社 2008 年版,第 424 页。

服务的重要内容，这在农村表现得尤为明显。我国近年来的农村"五保"制度已经开始完善，并尝试建立农村最低生活保障制度和农村扶贫，但广大农村老年人仍主要依靠家庭供养。① 由于我国老年人中的多数生活在农村，农村实际的老龄化程度高于城市地区，农村的老年人社会保障问题就成为农村社会工作的重点。理想的农村社区提供的养老服务，应该是针对农村社区中的所有老年人。

同时，农村的贫困问题也是社区服务的一个重要方面。真正的扶贫是在改革开放以后提出并大规模实施的。特别是农村扶贫工作实行"精准扶贫"的战略，标志着农村扶贫从大规模的区域发展转向贫困家庭和个人的发展，② 这主要体现在全面实现 2011 年印发的《中国农村扶贫开发纲要（2011—2020）》中提出的"两不愁、三保障"（不愁吃、不愁穿，保障其义务教育、基本医疗和住房）目标上。

针对因病致贫、因病返贫等问题，各级政府也进行了长期探索。中共中央和国务院先后出台了《中共中央、国务院关于卫生改革与发展的决定》（1997）、《关于进一步加强农村卫生工作的决定》（2002）、《关于建立新型农村合作医疗制度的意见》（2003），特别是《关于深化医药卫生体制改革的意见》（2009）明确提出了 2011 年基本医疗保障制度全面覆盖城乡居民、2020 年基本建立城乡居民的基本医疗卫生制度的目标，③ 目标直指城乡居民的医疗保障制度。

另外，由于残疾人身体存在的弱势，农村残疾人是贫困程度最深的特困群体。根据残联人联合会的统计数据，2014 年，生活在贫困状态的农村残疾人达到 1300 万，占农村贫困人口比例超过 1/6。④ 农村社区也应把残疾人就业纳入社区服务范畴。

理想的农村社区中，针对社区内弱势群体对象的救助，除了来自政府部门的福利保障外，更应有来自社区内部的互助和自助，尤其是居民内部自发产生的对这些特殊救助对象的帮扶，以及这些救助对象

---

① 孙光德、董克用：《社会保障概论》，中国人民大学出版社 2008 年版，第 185—191 页。
② 郑功成：《中国社会保障发展报告 2016》，人民出版社 2016 年版，第 63 页。
③ 刘钧：《社会保障理论与实务》，清华大学出版社 2012 年版，第 174—175 页。
④ 郑功成：《中国社会保障发展报告 2016》，人民出版社 2016 年版，第 6 页。

之间形成的自我帮助，这些应该是当代社会所倡导的主流价值。

当然，农村优抚对象服务也应是社区服务的重要方面。对于为国家做出了贡献的英雄、革命烈士家属、革命伤残军人、现役军人、复员退伍军人，政府应该有相应的福利保障，如生活照顾。理想的社区中，针对那些为国家做出了贡献的老人及家属应有相应的团体、志愿者或组织定期提供生活方面的照顾服务，特别是来自周围村民的关心与服务。

理想的农村社区还应该有针对全体居民的便民服务，服务内容包括生产、生活两个方面。农村社区服务的提供主体应该是多元化的，既有收费的服务，也应有免费的服务（如自我服务型的换工服务、志愿者提供的义工），还应有私营企业提供的微利或低收费服务。

2. 农村社区服务的现实境遇

现实中的农村社区服务还有很大的提升空间，主要体现在服务对象的扩大、服务内容的拓展两个方面。由于我国社会福利基础薄弱，还有相关的福利不到位，看病难问题比较突出，而且相关的特殊需要也并不是个别现象，因此，农村社区服务方面的需要具有明显的群体特征，表现为群体性需要。从现实情况来看，对于农村社区的整体问题，即群体性需要，农村村级组织基本可以做出正确的判断。由于目前国家福利政策的不足以及现行资源限制，基层组织也未能完全解决群体性的需要。当代农村社区中的群体性需要主要表现在以下方面。

一是农村养老问题。这是目前农村社区面临的主要问题。由于人口流动，许多年轻人（特别是农村精英）基本迁移到了城镇或城市，年龄大的老人则留在村里种地，这给老年人生活带来了许多不便利以及心理方面的需求。

二是农村家庭教育指导问题。这是许多农村家长没有意识到却又必须重视的现实问题。农村家长关注道德教育，却不重视农村儿童的需要与农村儿童心理特点，农村儿童的社会交往问题往往被忽视。在中小学布局调整背景下，多数农村中学被调整到乡镇。农村中小学生就面临上学不方便以及课后无人指导等问题。在这两种因素的综合作用下，加上许多家长外出务工，造成了农村儿童被留给祖辈抚养，从而导致这部分孩子在家庭教育方面的缺失。

　　三是大病方面的救助形式化。尽管政府采取了有针对性的农村保障建设，例如，新型农村医疗保险制度。但农民因病致贫、因病返贫现象比较突出。对于农村中的大病而言，农村合作医疗保险制度的救助只是杯水车薪。在苏北小河村也发生数起因看不起病而自杀的事件。十多年来，老人们的死亡很少有因自然生理衰竭死亡的，绝大部分是因为各种疾病尤其是癌症或其他慢性疾病。① 而现行的农村社区基本把这些问题当作家务事，没有当作社会保障的一部分。无论是妇女自杀还是老年人自杀，高自杀率往往表明社区自主生产价值的能力严重不足，人与人之间的关系纽带不紧密，村庄社会关联度低。②

　　四是社会救助存在形式化现象。虽然国家目前制定了最低的贫困线标准，③ 但这个标准相对来说还是偏低。而且对于贫困标准的判断只是根据表面的现象，如某家人有没有盖新房或者种了多少地，却忽视了农村社区因结婚、生病、盖房子等致贫的情况。如果只根据这些表面现象来判断是否符合救助标准，会使许多应该得到救助的人得不到救助。特别的例子是甘肃一家六口人自杀的案例，④ 这在一定程度上说明了目前农村的社会保障服务工作的形式化。

　　此外，地理位置、个人文化水平以及地方文化差异，形成了农村社区居民需要多样化。既有脱贫致富方面的需要，也有求职前的技能培训与就业指导方面的需要，还有打工后的维权需要。在部分近郊地区，部分村民由于土地出让或房屋拆迁后的补偿就会需要置业与理财方面的指导，这些不同层次或形式的需要在整体上呈现出多样化表现。

　　(二) 农村社区服务需要多元的治理主体

　　从农村现实来看，农村社区服务还存在很多的不足，这迫切需要进行治理。从社区治理的经验来看，社区治理的主体是社区利益相关者，即政府、居民自治组织、介入社区事务的专业机构等，⑤ 治理内

① 骆建建：《十字路口的小河村》，山东人民出版社 2009 年版，第 86 页。
② 贺雪峰：《村治的逻辑》，中国社会科学出版社 2009 年版，第 116 页。
③ 郑功成：《中国社会保障发展报告 2016》，人民出版社 2016 年版，第 60 页。
④ 新华新闻：《甘肃一家六口相继身亡》（http://news.xinhuanet.com）。
⑤ 张永理：《社区治理》，北京大学出版社 2014 年版，第 107 页。

容主要涉及社区内的公共事务。由于农村社区人口的相对单一，参与农村社区服务的主体主要依赖于政府、农村民间组织（或农村基层组织）、农村居民等。

1. 国家或政府在农村社区重建中的主导作用

国家是否能充当乡村治理中的主体，研究者们会有不同的说法。在强调民主与乡村自治理念的背景下，以及依法治国的实践需要，现行的农村治理过程中逐渐形成了许多科层制结构。① 在现行的农村三级管理体系（镇、村、组）中，镇或乡政府处于权利结构的顶层。事实上，除了镇以外，还应有县级政府的宏观设计与指导。可见，农村社区服务离不开政府，政府在农村社区服务体系中的作用主要体现在以下三个方面。

一是作为社区活动经费的投入主体。农村社区服务需要政府的财政投入，首先是由于政府在农村社区建设上存在历史性不足，需要政府的"补充性扶助"或"历史性补充"；其次，农村居民的福利，应该是社会福利的有机组成部分，未来社会将突破针对特殊少数人福利而面向全体居民，这需要县级政府的统筹安排、镇级政府的高效执行。

二是作为农村自治组织的引导者。镇或乡政府在创建农村社区服务自治组织过程中起引导作用，如在新中国成立初的集体经济合作社发展过程中，镇或乡政府就发挥过明显作用。在农村社区建设机构配置还不完全的情况下，更需要地方政府在农村社区服务上进行引导，如扶持社区团体或完善社区机构配置。

而在农村社区组织不健全的地方，地方政府通过惠农政策，已经得到了村民的信任，这说明了政府的公信力无疑是存在的。政府应该利用这种公信力，引导村民参与基层社区建设，参与以社区为主的自我服务、自我管理和自我教育，并通过各种途径参与政府关于地方公共事务管理的决策，并对政府的公共管理过程进行民主监督和制约。②

① 狄金华：《被困的治理》，生活·读书·新知三联书店 2015 年版，第 320 页。
② 邱梦华、秦莉等：《城市社区治理》，清华大学出版社 2013 年版，第 101 页。

三是地方政府还担负有协调者、监督者与管理者等角色。[①] 受法制观念水平的限制以及受自身利益的驱使，乡村社区组织中的个体并不一定能完全遵守现行的法律法规，不同利益组织（或团体）还可能存在利益纠纷，有的甚至为了个人利益或小集团利益而不惜损害国家利益或大多数人利益，在这些背景下，就需要有相应的制约措施或机构行使相应的管理、监督、协调职能。

当代中国的农村社区建设，由于起步不一、发展条件各异，地方政府在不同层次的农村服务中所起的作用不尽相同，特别是社会力量比较薄弱的背景下，而政府的角色与功能对农村社区的发展起着非常大的作用。因而，政府推动下的纵向社区治理组织体系与横向的社区居民自治管理组织同步与协调发展的纵横相接的网络式社区组织模式，[②] 将是未来乡村社区发展的必然趋势。

2. 农村民间组织的参与

农村社区组织主要有商业组织、公益组织、互益组织三种，这三种组织被认为是农村社区治理的主体。其中公益组织又可分为服务型组织、倡导型组织、文化娱乐型组织、宗族组织。[③] 从理论上来讲，农村公益组织应该是以社区居民的公共利益为出发点，由社区主体自愿组成。现实中的农村社区（特别是偏远农村地区）公益型组织很多来自农村社区之"外"，由社会热心人士组织。只有在经济、文化相对发达的地区或城市郊区，农村居民才有可能自发产生服务型组织、倡导型组织、文化娱乐型组织。沿海发达地区农村社会组织发展势头良好，在农村的政治、经济、社会等领域发挥着越来越重要的作用，而内地则发展迟缓。[④]

互益组织作为农村社区自治组织，符合自组织理论原则，特别是社会行动理论者提出的社会关联性以及社会参与等。[⑤] 农村合作化时

---

① 尤琳：《中国乡村关系——基层治理结构与治理能力研究》，中国社会科学出版社 2015 年版，第 218 页。

② 张永理：《社区治理》，北京大学出版社 2014 年版，第 111 页。

③ 徐勇、朱国云：《农村社区治理主体及其权力关系分析》，《理论月刊》2013 年第 1 期。

④ 李熠煜：《农村社会组织和社区管理》，湘潭大学出版社 2014 年版，第 18 页。

⑤ 黎熙元：《现代社区概论》，中山大学出版社 2007 年版，第 27 页。

期，国家在农村逐步推行的合作化，基本朝着互助组阶段、初级合作社阶段、高级合作社阶段发展。新中国成立之初的农村社区集体化供给服务最初体现在防疫、救灾与救济等方面，农村人力、物力、财力打破了原有的空间范围，实现了区域化调配，完成了兴修水利、改良农田、发展副业，推动了农业生产的发展。①

现实中的村民委员会原本是村民自治组织，也应属于农村民间组织。村民自治组织，包括正式、准正式、非正式的村级组织，多为民间组织。在实际运作中，农村基层组织主要指村民委员会，虽然这一组织在产生初期属于村民自治组织类型，旨在本村范围内实现自我管理、自我教育、自我服务，有效地处理与村民利益密切相关的本村公共事务。② 但由于村支"两委"交叉任职和"一肩挑"的比重逐渐增大，相对模糊了村支"两委"间的界限、职责和功能，可能会导致村民自治萎缩、退化，进而形式化，而使村庄管理政府化和政治化。③ 这不利于农村村民的自我服务与自我管理。

3. 农村居民的参与

农民是农村经济的核心主体，是农村的居住者和生产、消费主体，农民是农村社区的主人，是农村社区的建设者、管理者、维护者。因而，农民理应是农村社区的建设的主体，农村社区服务的主体。④

从理论上来讲，由于农村社区服务的对象是农村居民，一般以有偿（低偿）服务的方式进行，而且未来必将走向面向全体居民的便民利民服务。⑤ 所以，居民的自我服务将是主要的形式，但农民的素质还不能适应社会主义新农村的要求，不能满足乡村治理的需要，即不可能独自承担服务社区的任务。⑥ 这主要体现在农民的思想道德素

---

① 管义伟、李燕南：《中国农村社区服务体制的变迁及其后果》，中国社会科学出版社 2006 年版，第 30—31 页。

② 徐勇：《中国农村村民自治》，华中师范大学出版社 1997 年版，第 3 页。

③ 邓大才：《小农政治：社会化小农和乡村治理》，中国社会科学出版社 2013 年版，第 282 页。

④ 黎昕：《新型农村社区建设研究》，华中科技大学出版社 2015 年版，第 201 页。

⑤ 于显洋：《社区概论》，中国人民大学出版社 2006 年版，第 261—262 页。

⑥ 袁金辉：《冲突与参与：中国乡村治理改革 30 年》，郑州大学出版社 2008 年版，第 230—231 页。

质不高，封闭的小农意识比较普遍，习惯于墨守成规的生活模式，满足于小富即安。愚昧的封建习俗在许多地方依旧存在，部分农民集体观念淡薄，不尽义务却只求权利，不守法纪、只要自由，在一些农民头脑中只有金钱至上的思想。在一些家庭中养老、尊老观念淡薄，不尽赡养老人的义务。同时，农民的科学文化素质也较低。在 4.9 亿农民中，只有 13% 的农民具有高中以上文化。当代农民的农业生产还主要依靠传统经验和长辈们的言传身教来进行，对现代农业科技的领悟能力和掌握能力比较差。

（三）当代农村社区服务面临的时代性挑战

影响农村社区治理的因素主要有地域、人口、组织、文化，此外，还有地方的经济状况，特别是物质和保障要素。在现行的社区服务研究中，关于社区服务内容的研究基本都把社区服务指向社区保障，但社区服务的未来走向从只针对弱势群体服务转向面向全体居民的服务，特别是面向全体居民的生活服务。① 在现有的关于农村社区服务研究中，对农村社区服务的研究呈现两个比较明显的特征：一是农村社区服务的内容偏向于农村弱势群体，这是传统的农村社会保障研究的内容；二是农村社区服务的内容比较强调生产方面的自治或自组织。因此，走向服务生活的农村社区服务会面临诸多挑战。

1. 农村人口的变化

一种是永久性的变化，另一种是临时性的变化。随着城市的进一步开放，农村中的精英逐步向城市或城镇迁移。2008 年以前，我国人口结构中，农村人口数量占多数（传统的说法是占 75%），② 在 2012 年，农村人口却只占总人口的 47.4%，③ 2013 年、2014 年，占比又分别降到 46.3% 和 45.2%。④ 此外，还有一种是季节性离开，农闲时到城里打工，农忙时回农村劳作，这是过去在农村一度"时髦"

---

① 于显洋：《社区概论》，中国人民大学出版社 2006 年版，第 260—265 页。
② 钟涨宝：《农村社会学》，高等教育出版社 2010 年版，第 182 页。
③ 国家统计局社会科技和文化统计司：《2014 中国妇女儿童状况统计资料》，中国统计出版社 2014 年版，第 9 页。
④ 国家统计局社会科技和文化统计司：《2015 中国妇女儿童状况统计资料》，中国统计出版社 2015 年版，第 9 页。

的做法。后来由于农村青年的外出务工，只是在春节时回家，有的甚至长期在外打工。随着这种打工潮的盛行，许多有一技之长的农民开始往城市迁移，甚至举家搬迁到城市。

2. 农村环境的变化，主要是环境的恶化

一方面是垃圾的增多。由于农村生产方式发生了很大变化，大规模的机械化逐渐进入，对化肥的过度依赖，造成大量生产生活垃圾滞留在房前屋后。另一方面，作为国家的政策红利，农村饮用水的更新促使村前屋后的小溪开始变得没有人打理。另外，由于没有统一的卫生方面的规划，加上农村建筑的更新，一大批楼房矗立起来，许多家庭把生活废水直接排放到池塘，导致池塘中的溪水变得发臭；奔着致富而去的小型加工厂以及村头村尾的养殖场让许多农村的空气中长年飘荡着各种臭味，却没有人出面处理。这些严重影响着农村现行的环境。而合伙开办农村养殖场过程中产生的债务纠纷却一直没有得到解决。村里的组织机构形同虚设，只重表面形式，忽视为村里人服务的思想。一般是上面（镇里）有什么指示，就照着镇里的指示来办。村干部既不敢承担责任，也不想冒风险。

由于农村社区文化存在相对的狭隘性和自私性，因此，即便农村社区村民的需要有一定的整体特征，如 2015 年前，农村生活环境恶化，农民都能感受到，但都不愿意解决这个问题。农民更习惯于把主要的精力放在致富活动（如打工）上，而不是社区环境的治理上。村干部虽然了解农村的实际问题，却也持和村民一样的心态。

3. 农村社区组织的工作懈怠

目前，村党支部、村民委员会是农村社区的主要部分，也是村民心目中的组织。2015 年前，在很多农村，这部分组织却很少在致富方面发挥带头作用。一方面，村民选举只是一种形式，农民根本不在乎谁当选村干部。① 原本应该发挥一定作用的村民代表会议在许多农村也是形同虚设，很少召开。

另一方面，由于干部精简，这在减轻了农民负担的同时，却也降

---

① 邓大才：《小农政治：社会化小农和乡村治理》，中国社会科学出版社 2013 年版，第 276 页。

低了工作效率。村里的干部变少了，事情变复杂了，干部们想管也管不了，也没有多少精力和能力来管理。村干部只是统计一下数据，发放相关的补贴，为村民办理相关医疗报销和结婚证等出具证明。对于村民的了解变少了，减少了有效的信息获取渠道，直接影响到村民的福利，使需要得到帮助的村民失去得到帮助的机会。而村干部服务半径过大，对于村民的问题了解得不透彻或基本缺乏了解。有时往往被一些表面现象蒙蔽，或者不愿意找出问题，只做一些表面工作，以应付上级（镇）要求，被动地处理事务。

另外，相关的事务，村里也没有人出面处理。村里需要资助的人得不到资助。在湖北某村，虽然有农村医疗合作保险，但村民还是常常上当受骗，地里农作物成熟了，如果家里没人，就会在地里被雨水泡坏。虽然村里的办公室门口挂着"关爱空巢老人和留守儿童"的牌子，但办公室门上是长年一把锁挂着，很少开展实质性的工作，村里的干部都忙着自家的致富工作。

4. 文化上比较难以联结

当今的农村，基于地方性共识（即地方传统）的应有之情和义务互助正变得弱小，行动者个人有选择性的交往性关系日渐变得重要而强大。[①] 特别是现代文明逐渐植入，进而影响到农村村民的生活观念、消费观念，这导致朴素的文化传统逐渐消失，尤其是在环境治理、老人看护、儿童教育等方面，农民并没有共同的文化基础和一致的看法。现代媒介进一步加剧了传统文化观念的断裂。例如，对于老人赡养，并不是所有的农民都存在赡养老人的习惯与行为。由于受教育程度不同，多数农民在孩子教育方式上延续不科学的做法，一方面简单粗暴，另一方面又缺少时间与耐心教育孩子。

另外，由于家庭承包制的推行，我国农村基本形成了以家庭为核心的经济发展模式。在公共事务上，农民基本处于漠不关心的状态，只关心自家的经济与收入。用通俗的话来说，当今的农民存在唯金钱至上的"拜金主义"。

5. 经费不足问题

进行农村社区建设，特别是与环境相关的治理，是建立在一定的

---

① 贺雪峰：《村治的逻辑》，中国社会科学出版社 2009 年版，第 106 页。

经济基础上的。而包括社区环境治理在内的社区服务，其实就是农村公共设施及服务的问题，即村庄能否为农民提供所需的公共设施和公共服务。由于缺少经费，加上村民对于垃圾问题的看法不一，农村环境长时间内很难得到改变。严格意义上来说，经费缺乏是一种表面的原因，实际上应该是缺少村民对垃圾治理的认同感以及村级自治组织缺少工作积极性。过去也曾经面临缺少经费的情况，如农村提留税时代，当时的农村水利建设也缺少经费，但在村干部的领导下，基本能完成农村水利任务。

二 "农村味"消失的童年

中国是一个具有浓烈"乡土"味的国家。[①] 农村社会是中国社会的基础和主体，农村社会的环境及其变迁也深刻影响着农村儿童的成长发展。随着改革开放大门的敞开，中国农村儿童成长环境和发展轨迹发生了天翻地覆的变化。但是这种看似文明和进步的变化却隐藏着危机。在更加强调现代化和科学化的现代社会，我们要深刻思考的是儿童究竟需要一个什么样的童年，怎样让农村儿童拥有更有益于他们成长的童年生活。

（一）童年的"农村味"之意蕴

童年时期指人生的一个特定阶段。童年既可以反映出某个年龄段的身心发展状况，也可以反映出与此身心状况相关的生活环境、游戏和生活、学习以及权利等。农村儿童的童年生活与农村文化相联系，农村文化具有浓郁的地域特色。农村地域文化中长期积淀而形成的自然人文、民俗文化传统等教育资源，使它具有区别于城市的独特教育特色。对于农村儿童而言，农村童年的价值特质和生活经验弥足珍贵，它能够对人成年后的工作经历、处世态度、生活方式等产生巨大的影响，这种影响甚至会波及下一代。这些影响因素主要来自农村自然、农村情感、农村劳作和农村文化。[②]

---

① 吴重庆：《无主体熟人社会及社会重建》，社会科学文献出版社 2014 年版，第 169 页。

② 刘铁芳：《乡土的逃离与回归·乡村教育的人文重建》，福建教育出版社 2008 年版，第 101 页。

1. "农村味"意味着优美的自然环境

相比于城市的钢筋水泥筑成的高楼大厦，在许多人的记忆中，农村生活就是一幅田园诗的景象：家乡农村是绿树农田，河流清澈，野生鱼虫数不胜数，山林鹊语。"采菊东篱下，悠然见南山"则表现了农村人与自然亲密交融的极致状态。在父辈以及祖父辈的回忆中，童年的记忆仍多数是在大自然的游戏和交往中度过的。农村的自然环境实际上决定了农村儿童的生命形态与自然的亲缘性。作家迟子建先生曾道："对乡土的敬畏和热爱来自于童年时在大兴安岭农村与自然长久的相处。"①

在自然环境中，农村儿童得以用原生态的探索方式，遵循自身成长的内隐规律，按照发展的自然进程来展现自己生命的活力。这种得天独厚的自然教育恰好印证了《爱弥儿》中，卢梭对儿童自然学习能力的肯定，对儿童学习方式的描述，对儿童发展阶段的揭示以及对童年生活的推崇与颂扬。

2. "农村味"意味着朴实的社交与道德观念

人际交往和社会适应是儿童社会性发展的基本途径。② 在农村，以爱和农村情感为基础的人际事态构成农村社会成长资源的基本结构之一。费孝通先生在他的《乡土中国》中说："乡土社会是一个亲密的社会"，③ 宗族观念根深蒂固的家族生活中，伦理、秩序、规范以情感的方式不断被儿童内化、继承。自然的社会结构决定了传统农村家庭的秩序观念，因此，在密切的家族交往中，农村儿童的伦理道德观念不断深刻，能够掌握丰富的长辈交往技巧和礼仪。另外，同伴是童年生活中的重要他人，也是对儿童进行社会改造的一股不可小瞧的力量。鲁迅先生的《社戏》中伙伴之间互爱互助，一起分享偷豆乐趣，又有主见敢担当，④ 生动体现出伙伴交往所构成的农村童年生活世界。同伴交往不仅为儿童树立了学习的榜样，也帮助儿童发展与同

① 文能、迟子建：《迟子建〈畅饮天河之水——迟子建访谈录〉代序》，人民文学出版社2000年版，第65页。
② 教育部：《3—6岁儿童学习与发展指南》，2012年10月（http://www.edu.cn）。
③ 费孝通：《乡土中国》，上海人民出版社2006年版，第59页。
④ 鲁迅：《鲁迅全集》，人民文学出版社2005年版，第595—596页。

伴交往的技巧和移情能力。

除此之外，具有浓厚传统文化氛围的节日礼节等都在人际交往密切的农村社会公共生活中占有重要地位。尽管缺乏现代公共意识，但以农村情感维系的农村公共生活依然足以保留农村文化的特质，并给置身其中的农村儿童提供较为全面的精神滋养。

3. "农村味"意味着原生态的儿童游戏和玩具

游戏和玩具作为儿童生活必不可少的一部分，在农村地域中凸显不可多得的特殊性，这种特殊性是儿童在游戏中所追求的自由精神与农村文化的融合，由于它与实际的躯体动作密切相关，并伴随着一系列的手工制作，因此，传统游戏实际上培养了儿童耕作劳动的本能。

农耕文化下的儿童游戏包含了孩子对自然和成人世界的"模仿"主题，这些游戏与农村儿童的生活经验紧密联系，是农耕经验的准备和演习。在村里老人的回忆中，像"滚铁环""踢毽子""跳房子""打尜尜"等伴随着智力、体力和身体平衡能力的几类游戏，是孩子们最常进行的。除此之外，农村儿童会通过模仿成人的行为发展交往游戏，比如"拜堂游戏""过家家"等，在粗犷的田野中寻找能够发展社交意识和社交能力的途径。

一切游戏因素都来源于生产因素，也终将回归于生产因素。传统的玩具往往是游戏智慧的结晶。与城里流水线制造的工业复制品玩具不同，农村儿童的玩具从毽子、飞镖、风筝到火药枪、弹弓、铁环等，都带有个人手工制作的印记，体现了每个人的个性和天分，从取材到制作都是儿童自发探索的，并使其能够真切体会到自己制作玩具的辛苦和乐趣。传统玩具的重要功能是增加四肢的长度、加快身体的速度和增强忍耐力，或者增强器官的能量，而这些都是城市儿童"工业"玩具所不具备的。

4. "农村味"意味着田野式的儿童学习与劳作

面对今天的"远离生活"式教育，"人民公社"时期的儿童学习却带给人许多美好的回忆。在农村老人的回忆中，20世纪六七十年代的农村中小学教育实行的是"学""劳"合一：学生要一边上文化课，一边下地劳动，美其名曰"全面发展"，在某种意义上是对物资匮乏的一种抵抗。对智力发展的不过分关注，以及较小的社会竞争压力，反而使早年的农村儿童有机会按照自己喜欢的方式去获取知识，农村贴近自然的丰富的物质教育资源和广泛的人文环境刺激都对儿童经验学习提供了扎实基础。大多数现已中老年的村民在提及自己的童年生活时，认为农村童年生活中更多的是自由和快乐的学习经历。但是，这种放养式的学习和劳作方式不同于今日被网络和应试教育绑架下农村童年的空洞和散漫，它更像是为我们提供了一种敞开大门的教室，更新教育观念的主动学习模式，尽管不可否认其存在弊端，如学习内容缺乏系统性、科学性，劳动负荷往往会超过儿童的承受能力，教育内容质量参差不齐等，但主动的学习态度和灵活的学习经验无疑是当代教育应该反思和汲取的有益经验。

（二）"农村味"逐渐消失的童年

"重视知识""重视教育""重视经济""一切向钱看"是当今时代发展的主旋律，在尊重规律，大力发展生产力的今天，人民的生活水平有了天翻地覆的变化，儿童的生活却越来越单调，农村儿童的生活也逐渐远离了"农村味"。

1. 儿童生活的自然环境遭到破坏

儿童自然生活的破坏主要表现在农村的自然环境的极大破坏。由于对环境质量要求的提高，很多环境污染严重的工厂便把眼光投向了治理薄弱的农村地区，通过田地征收、吸收劳动力之后，农业生产不再是农村唯一的出路，特别是城市近郊的农村，这种情况更严重，导致的后果就是自然环境的严重破坏。在某乡村，乡村小河在纸厂没有开办前，终年水质甘甜，清澈见底，鱼虾嬉戏。但自从纸厂开办后，废水直接排放小河里，使水质大幅下降，臭气熏天、浑黄污浊，生物尽无。许多农村，平常只有老年人和儿童，青壮年人口向城市的流动，农村垃圾常年没有人清理。这种状况在很多农村普遍存在，青山变秃，生物减少，由此也就截断了农村儿童与自然的交往。

在城市不断扩容的今天，许多农村也开始兴办工厂，农村房前屋后的树被砍掉了，河水被污染了。在这种背景之下，农村学校所能起到的补偿作用是非常有限的。正因为如此，农村儿童发展的原有结构不可避免地被破坏。

2. 儿童社会交往的模式"城市化"

"核心家庭本位"已成为村庄社会结构的基本特征。与城市"直系家庭的核心化"的现象在农村地区普遍出现，相伴而生的是家族、血缘的宗教意义正在被消解，"善事父母""父子天性"的伦理观念和祖先崇拜、追求永恒的宗法观念极度衰落。这意味着人们开始更注重自我价值的实现和现实化利益的获取，而丧失了对家族生命价值的认可与人生终极意义的追求。尤其是从"熟人社会"到"无主体熟人社会"①的转变过程中，家庭圈子逐渐缩小，伴随打工潮出现的"留守儿童"和"流动儿童"等新型农村儿童，他们对所处的环境缺乏安全感和归属感，他们对周围的一切失去了信任，很多孩子对本土的文化逐渐冷漠与模糊，在某种意义上，患上了城市人特有的"城市病"。

3. 儿童游戏逐渐远离农村特性

在生活方式不断改变，物质条件逐渐丰富的农村中，很难再看见有使用诸如铁环、陀螺、鸡毛等手工自制的传统玩具进行游戏的农村儿童群体。游戏作为一种儿童行为，具有其特殊的社会功能。传统农村社会的儿童游戏往往和生产劳动相结合，在游戏中儿童能够通过合作和竞赛，培养他们创造和探索的品质，培养劳动习惯，发展他们基本的劳动技能和社会交往，在劳动生产基础上建立起乡村道德观和价值。但随着工业文明的冲击，儿童从繁重的劳动中被解放出来，城市的大门以开放的名义向农村儿童展示了一个巨大的别样的生活空间，不断变幻的物质生活和文化享受形式形成了一种强大的、近乎不可抗拒的诱惑。"创造性"这种本应属于每一个孩子的品质，现在集中到制造商身上，流水线上的工业玩具和刺激的网络游戏逐渐取代了儿童的个性，一部分农村儿童陷入道德判断和基本能力发展堪忧的困境。②

4. 儿童的学习和劳动远离了土地

农村的城镇化促进了父母教育观念的改变。对教育的强烈需求促使农村儿童受教育程度不断提高，且更加偏向于寻求城市优质的教育资源，这让农村儿童有机会接受到更多先进文明的科学知识。但在城

---

① 吴重庆：《从熟人社会到"无主体熟人社会"》，《读书》2011年第1期。

② 张柠：《土地的黄昏》，东方出版社2005年版，第132—139页。

市化的教育观念下，农村青少年已完全接受了现代民族国家的主流意识形态，逐步形成了自由、民主、科学、进步与平等观念，更建构起他们对"现代""发达""城市文明"的想象与憧憬，对"传统""落后""乡村社会"的厌倦与背弃。为随着大量城市文化的强势入侵，金钱至上和权力崇拜等偏激文化不断侵蚀农村儿童思想，在这种背景下，大量门槛较低的低端劳动的就业机会，诱惑着部分农村青少年，使其过早地将注意力转移到了进入社会的渴望。①

（三）"农村味"消失背后的原因

从表面来看，童年"农村味"的消失是农村人口减少造成的，实质上却是对农村文化认同的消失。由于人口的流动，村庄共同体已趋于解体，"村将不村"。伴随着这种"千年未有之变局"，农村社会正在日益丧失文化主体性。

1. 过度追求经济利益而忽视农村本土文化价值

随着改革开放的影响日益深入，中国的经济结构发生了较大的改变，中国社会正在从过去那种经济、文化发展速度缓慢、封闭、保守的传统社会向今天开放、多元、创新的新型社会转变。② 市场化的因素全面而深入的渗透乡村，为了追求更大的经济利益，农民也开始讲求"用进废退"，不惜一切代价提高生产效率，而农村本身的传统文化——包括语言、文学、音乐、舞蹈、游戏、神话、仪式、风俗、手工艺、建筑及其他艺术在内的有形文化体系和传统道德、价值体系等——都面临崩溃。在"利益至上"原则下，过度膨胀的物质欲望与农村的生产生活发生脱节，传统的道德、价值体系也因无法融入"浩浩荡荡"的"现代文明"大潮而不断被农民所抛弃。③

2. 农村文化"自卑"与城市文化"崇拜"的双重强化

改革开放后，虽然农村经济获得了长足发展，但农村社会福利制度发展缓慢，农民的医疗卫生水平、交通水平、社会保障制度等都无法与城市相比。尽管国家及各省市政府都出台了保障农民生活水平的

① 董磊明：《现代教育与农村青少年文化认同》，《人文杂志》2010 年第 3 期。
② 李佳、冯丽婷：《影响农村留守儿童心理发展的环境因素》，《贵州师范大学学报》（社会科学版）2008 年第 5 期。
③ 代伟、张志增：《试论我国农村社区教育发展策略》，《职教通讯》2011 年第 23 期。

政策法规，但由于缺乏实施保障措施，许多法规成为一纸空文，农民的诉求得不到回应，不少地方甚至出现了倒退，甚至还不如"人民公社"时期的水平，这种状况直至新农村建设开展后才稍有所转变。加之农村在经济生产上的弱质地位，这对于农村居民来说，无疑加重了对农村生活的"自卑感"。相比于农村，城市拥有完善的居住配套设施，经济优先发展的权利，更加开放互动的诉求渠道，是产生"文化崇拜"的重要原因。由此导致了农村人口（特别是农村人口中的精英）向城市的流动，农村逐渐"真空化"。

3. 家庭教育和学校教育的"缺位"

教育是实现儿童发展所必不可少的手段。而在农村，其一，青壮年父母多离土离乡打工，家庭教育的"缺位"导致农村儿童难以获得自我的良好感受、产生安全感和自卑感，从而导致心理上的敌意和焦虑。其二，学校教育缺乏针对性。在现代教育普及的过程中，教育方针与体制的定位成为一个绕不开的话题。现代主流教育体制与农村的生产生活相脱节，农村教育知识城市化不仅容易造成农村教育严重脱离农村的生产与生活实际，培养的人不能为发展农村经济和改善农村生活服务；更为严重的是使他们脱离了"文化母体"，将他们从熟悉的"生活世界"带入了另一个未知天地，进而严重地动摇了农村的根基。儿童发展和教育有密切关系，接纳"农村"自我，教育扎根土地是农村学校教育必须面对的问题。

4. 处于"真空"状态的农村社区教育

社区教育能够有力地构建社区成员的社群认同和价值观念。传统文化体系的崩塌必然使村庄社区的集体社区认同衰弱，同时，村庄公共性的下降还必然导致私人生活的非道德化，整个社会的"伦理底线"不断下降，削弱社会整合能力。新型的农村社区对新情势下的社区价值构建认识不够充分，社区教育往往不具备公信力；且由于公共财政短缺，农村缺少适合儿童公共活动的场所及可靠的公益活动组织者，而电子游戏室、录像播放厅、网吧等在许多乡村普及度却很高，这就成了一部分儿童的主要的课外、校外活动方式，而真正有意义的知识建构变成了"空中楼阁"。

三　人民对美好生活的向往

虽然农村社区问题比较突出，但整体上改变不了人民对美好生活的向往。习近平总书记《在农村改革座谈会上的讲话》中说，教育、文化、医疗卫生、社会保障、社会治安、人居环境等，是广大农民关注的现实问题，与农村的利益直接相关。农村社会事业的发展要形成合力。注重民生、保障民生、改善民生，让改革发展成果更多更好地惠及广大人民群体，使人民群众在共建共享发展中有更多获得感。①

（一）综合国力提升

综合国力被认为是衡量一个国家基本国情和基本资源的最重要指标，也是衡量一个国家的经济、政治、军事、文化、科技、教育、人力资源等实力的综合性指标。② 综合国力可以简单地定义为一个国家通过有目的的行动追求其战略目标的综合能力。我们所称的综合国力，一般指的是各类国家战略资源之总和。

2017 年，中国的综合国力排世界第二，位居美国之后，是世界第一工业大国，世界第一人口大国，世界第二经济强国，世界第二人力资源强国，世界第二体育大国，世界第三军事强国，世界第二科技、教育强国，也是世界最大的商品制造国。

外国媒体认为，世界综合国力第一需要综合实力全部达到世界领先水平，而中国毫无疑问与美国在许多方面还存在差距。虽然中国进度神速，但还没达到世界第一的地步。中国虽然不是世界第一，但绝对是亚洲老大。③ 如果继续保持中国目前的发展势态，中国未来也有可能在综合国力上成为世界第一。

（二）关注美丽乡村建设

美丽乡村始于中国共产党第十六届五中全会提出的新农村建设要求。习近平说，农村绝不能成为荒芜的农村、留守的农村、记忆中的

---

① 《习近平在农村改革座谈会上的讲话》，《人民日报》2016 年 4 月 29 日。
② 百度百科：《综合国力》（https：//baike. baidu. com）。
③ 百度百科：《中国综合国力究竟排名世界第几？》（http：//baijiahao. baidu. com）。

故园。2007 年，党的十七大会议明确提出了"要统筹城乡发展，推进社会主义新农村建设"。

良好生态环境是农村的最大优势和宝贵财富。美丽乡村是指经济、政治、文化、社会和生态文明协调发展，规划科学、生产发展、生活宽裕、乡风文明、村容整洁、管理民主，宜居、宜业的可持续发展乡村（包括建制村和自然村）。① 改善农村人居环境，建设美丽宜居乡村，是实施乡村振兴战略的一项重要任务，既关乎农民的钱袋子，也决定农村社会的发展。②

新农村建设必须把改善农村民生作为重要内容，把长远发展与当前问题结合起来，在推进基础设施建设，完善教育、医疗、文体、社保等公共服务的同时，又要解决好农民缺衣少药、救灾难度大等具体问题。在保障农民群众衣食住行的同时，又要提高生活质量，让农民群众逐步过上与城市居民一样的现代文明新生活。③ 在保底线的同时，又要有远大目标。

建设美丽宜居乡村，必须激发广大农民群众主动参与、自力更生的潜能。如果没有农民的参与，建设美丽宜居乡村就会缺乏持久动力，建设热潮最终也持久不了。④ 实现新农村建设全方位的目标需要农民在思想意识、文化知识、专业技能、社会组织等方面进行不断的快速的学习和创新。⑤

立足乡村本土，大力培育新型职业农民；加快培养农业职业经理人、经纪人、工匠、文化能人、非遗传承人等产业发展人才；吸引或支持企业家、专家学者、科研人员、技能人才等返乡投资兴业或

① 新华网：《〈美丽乡村建设指南〉国家标准将于 6 月 1 日实施》 （http://www.xinhuanet.com）。

② 孔祥智、卢洋啸：《建设生态宜居美丽乡村的五大模式及对策建议》，《经济纵横》2019 年第 1 期。

③ 杨新元：《扎实推进新农村建设 让农民群众生活更美好》，《农村经济》2010 年第 1 期。

④ 纪志耿：《当前美国宜居乡村建设应坚持的"六个取向"》，《农村经济》2017 年第 5 期。

⑤ 黄毅：《建设新农村必须突破主体缺位的制约》，《农村经济》2011 年第 1 期。

支农。①

(三) 国民重视子女教育

此外，中华文化都有重视教育的传统，特别是重视子女教育。望子成龙、望女成凤几乎是所有家长的共同心态。即使是强调素质教育的今天，关注子女教育，关注子女学业成绩成了家长日常生活的焦点。学业成绩是除健康外比较受家长重视的问题。

雷万鹏以北京市、江苏省、湖北省和陕西省为样本分布点，调查了高中生教育补习经费情况，从他的调查数据来看，学费占家庭教育支出的比例接近 60%，教育补习费占家庭教育支出的比例大约是11%。可见，教育补习费用是家庭教育支出的重要组成部分。② 薛海平等人也发现，超过一半的城镇学生参加了教育补习，其中，义务教育阶段学生参加教育补习的比例最高。我国东、中、西部地区城镇学生在是否参加教育补习活动上没有显著差异，经济不发达地区的城镇家庭对其子女的教育期望同样高。③ 也就是说，重视子女教育是所有父母的行为。

第二节　社区儿童服务的理论基础

社区是由一群人组成的，社区具有一定地域性和纽带关系。社区服务需要相关组织、团体以及居民的参与，并对基层管理有一定要求。由于社区管理相对滞后，跟不上时代发展步伐，需要厘清管理中的诸多问题，特别是管理体制方面的问题。而儿童代表着国家的未来，需要政府层面的财政投入，以保障儿童福利的普惠性。因此，治理理论、生态学理论、福利理论、社区参与理论成为本课题研究的理论基础。

(一) 社区治理理论

1989 年治理危机 "crisis in governance" 一词出现以来，治理在西方学术界广泛流行，但对治理的界定都比较模糊。这也是治理理论比

---

① 赵红：《美丽乡村建设问题研究》，《山东行政学院学报》2018 年第 12 期。

② 雷万鹏：《高中生教育补习支出：影响因素及政策启示》，《教育与经济》2005 年第 1 期。

③ 薛海平、丁小浩：《中国城镇学生教育实习研究》，《教育研究》2009 年第 1 期。

较独特的地方。比较典型的观点有"治理—规则—秩序"关系理论（詹姆斯·罗西瑙），"新方法统治式治理"理论（罗伯特·罗茨）。詹姆斯·罗西瑙将治理与统治区分开来，强调治理主体是包括政府在内的多元主体，突破了治理的政府机制。① 罗伯特·罗茨则强调了治理活动存在的多层次性，凸显了政府的服务取向，即政府管理手段的包容性与开放性（引入市场机制和私人部门的管理手段）。② 因此，治理存在于多个层面，既有公司、学校层面的治理，也有社会、国家层面的治理，在格里·斯托克总结的五个要点基础上，③ 中国国家治理呈现出以下趋向：治理参与主体从一元到多元，治理手段上从集权到分权，治理依据从人治到法治，治理目标从管制到服务，运作方式上也从党内民主扩展到社会民主。

现代中国的国家治理方略强调公民选举、从人治走向法治、有序地参与政治生活、决策更加科学民主、让政府更负责任、让政府提供更好的服务、让公共事务更透明、让权力受有效监督等政治程序。④

治理理论强调的就是公民、政府、市场、社会共同参与。治理理论都没有明确统一规范的理论，却都关注了治理与统治的不同，治理体现了目标的共同性，强调正式与非正式机制的共处，消弭了二者之间的对立，这里体现出一定的后现代色彩。

从上面几种理论来看，治理理论都有几个共同的观点：强调国家或政府的主导；强调多元主体参与；多元主体之间的共治、社会自治成为常态；强调多种方式与工具的并存使用。⑤ 治理理论应用于乡村社区时，突出强调基层政府的公正性、透明性和灵活性，公民自治组织、民间组织以及社区居民在治理能力，强调市场机制和竞争机制在

① ［美］詹姆斯·罗西瑙：《没有政府的治理》，张胜军等译，江西人民出版社2001年版，第5—6页。
② ［英］罗伯特·罗茨：《新的治理》，参见俞可平《治理与善治》，社会科学文献出版社2000年版，第86—96页。
③ ［英］格里·斯托克：《作为理论的治理：五个论点》，《国际社会科学杂志》1999年第1期。
④ 俞可平：《中国如何治理?》，外文出版社2018年版，前言。
⑤ 郑安兴：《中国城市社区治理现代化：逻辑分析与路径选择》，吉林大学，博士学位论文，2018年。

基层政府管理中的作用。① 此外，社会资本治理理论、网络治理理论、自组织理论、公共选择理论以及公民治理理论等都对社区治理有理论指导作用。

（二）新公共服务理论

目前倡导的服务型政府理念，接受了新公共服务理论的指导，在一定程度上体现了善治的理念。新公共管理理论在一定程度上也意味着新公共服务，新公共管理的行政理念要求建立服务型政府。新公共管理更重视战略管理，严格限制政府的界限和规模，让市场发挥更大的作用，民营化是其主导方案。新公共管理运动具有明显的市场导向、结果导向和顾客导向的特征，主张将市场竞争机制引入公共管理，把公众视为顾客，将顾客满意程度作为衡量政府绩效的标准。② 新公共服务理论认为，公共利益应是政府的基本立场，公共利益是共同价值观的结果。③

从新公共管理理论的主张来看，新公共管理理论倡导的服务理念，对西方国家的行政改革起到了十分重要的推动和指导作用。在这样一个公民积极参与的社会中，公共官员将要扮演的角色是调停者、中介人甚或裁判员。政府的作用在于服务，通过沟通对话和协商，促进政府与私人组织、社会志愿组织之间的联盟关系建立。④ 尽管政府不能创造社区，政治领袖却能够为有效的和负责任的公民行动奠定基础。公共利益产生于一种关于共同价值观的对话，新公共服务理论强调公民义务的存在，扮演着公民角色的人们必须关心更大的社区，必须愿意为他们的邻里和社区所发生的事情承担个人的责任。⑤ 可见，新公共理论关注了社会中的关系、民主、民生，特别是多元主体参

---

① 金太军、张振波：《乡村社区治理路径研究》，北京大学出版社 2016 年版，第 20—25 页。

② 张再生、杨勇：《新公共管理视角下的中国服务型政府建设》，《东北大学学报》（社会科学版）2009 年第 2 期。

③ 侯玉兰：《新公共服务理论与建设服务型政府》，《国家行政学院学报》2005 年第 4 期。

④ 侯玉兰：《新公共服务理论与建设服务型政府》，《国家行政学院学报》2005 年第 4 期。

⑤ 丁煌：《当代西方公共行政理论的新发展》，《广东行政学院学报》2005 年第 6 期。

与，这也是当前社会治理理论所倡导的理念。

（三）社会福利理论

现行的福利理论主要围绕福利主体展开，通常是福利的提供主体，强调供给者的责任，与之相对的是福利对象，即客体。从福利供给主体来看，有国家、家庭、民间公益组织。从不同的角度切入福利的路径。当代西方社会福利理论的演变，表现为从传统的自由主义、社会主义及保守主义，转向国家干预主义、新自由主义及福利多元主义，其本质是从单一的"市场取向"或"政府取向"，迈向综合的"社会取向"。[①]

结构功能主义的社会福利理论认为，社会福利属于社会系统的整合制度之一，在于促进社会的效率、稳定和秩序；社会福利制度有利于提升社会归属感，也是社会团结的表现。社会福利的产生，主要由于社会发展过程中一系列社会问题和福利需求的压力，社会福利有利于解决社会问题。美国社会学家塔尔科特·帕森斯是集大成者。这一理论又有三个分支理论，即经济决定论、聚合理论、共识理论。其中经济决定论者认为，国家的社会福利发展水平与国家的社会经济水平相关，经济发展水平是决定性因素。聚合论者认为，政府工作报告的福利服务是以现实"需求"为依据，在放任模式、补缺模式、自由模式、制度的福利模式中，政府的作用越来越大，工业技术的发展是决定政府干预社会福利的先决条件。而共识理论，则从价值观念和意识形态的角度来分析社会福利，决定又分理性决定论和道德决定论。理性决定论者认为，现行的政府干预行为是大众的理性反应。而道德决定论者则认为政府干预是人类共同"爱心"和"慈善"精神，这更偏向于感性。[②] 可见，结构功能主义的福利理论主要集中在对于福利的功能与影响因素上。这一理论被认为是强调国家主义，注重个体的权利而忽视个体的义务。[③]

[①] 陈立周：《当代西方社会福利理论的演变及其本质》，《辽宁大学学报》（哲学社会科学版）2011 年第 2 期。

[②] 毕天云：《现代社会学时期的社会福利理论》，《经济问题探索》2004 年第 4 期。

[③] 王锴：《吉登斯积极社会福利思想理论溯源及实践反思》，《福建江夏学院学报》2017 年第 2 期。

冲突理论则认为社会冲突是福利存在的根源。冲突理论的代表人物主要有德国社会学家达伦多夫、美国社会学家科塞和米尔斯。冲突理论取向的社会福利理论主要从社会阶层视角，阐述社会体系的冲突来源于利益和权力分配的不平均，福利的存在是优势团体用于缓和冲突与对立的策略。冲突理论取向的社会福利理论属于价值判断的福利理论。[①]

在新右派理论中。以哈耶克和弗里德曼为代表的新右派强调个人自由，推崇自发秩序，这一流派认为政府应更有节制，不能强迫一些人把收入分给另一些人，现实中，市场规则应起主要作用，家庭与志愿组织也扮演着更主动的角色。[②] 同样以英国的国家福利为例，也有研究者认为，这是"新左派"福利观。[③] "中间道路"不赞同国家过多地提供福利，认为这样会造成人们的虚弱。这一理论强调个人责任与国家等同，强调政府、非政府和个人共同参与福利供给。[④]

虽然福利理论只是社会学理论研究中的一个分支，但影响福利的理论却不局限于福利领域。社会团结理论、社会整合理论、社会冲突理论、社会公正理论、社会福利理论、风险社会理论等（统称为社会学理论）都对社会福利有影响。

福利国家是西方发达国家的政府干预经济生活、通过税收政策进行再分配的一种社会福利形式，它把国家原来只对少数弱势群体进行救济救助的社会责任变成全体公民都可以享受的经济权利和社会服务。社会福利理论强调为公民提供的货币津贴和社会服务两种形式的福利。而实行福利国家政策的政府愈来愈感到日益沉重的福利开支压力，最终不得不削减福利开支。但也看到其积极的改变，即把社会福利的传统消极救助变成积极预防。[⑤]

---

① 毕天云：《现代社会学时期的社会福利理论》，《经济问题探索》2004 年第 4 期。

② 苑涛：《欧洲社会福利理论中的中间道路学派及其影响》，《南开学报》2000 年第 2 期。

③ 陈祖洲：《论英国"新左派"的福利观》，《南京大学学报》（哲学·人文科学·社会科学版）2001 年第 6 期。

④ 潘屹：《西方福利理论流派》，《社会福利》2002 年第 2 期。

⑤ 李培林、苏国勋等：《和谐社会构建与西方社会学建设理论》，《社会》2005 年第 6 期。

（四）社区组织与社区参与理论

现代社会中的社区居民联系主要体现在利益上的关联。[①] 因此，社会资本理论有较大市场。而社区关系却强调关系亲密、守望相助、富有人情味的生活共同体。[②] 也就是说，人不仅仅是"经济人"，还是"社会人"。于是，社会参与也体现出一定的理性选择。社会资本理论和理论选择理论体现得比较明显。

社会资本理论的代表人物有皮埃尔·布迪厄、詹姆斯·科尔曼、罗伯特·普特南、弗朗西斯·福山等。虽然社会资本这一概念是由经济学家格林·洛瑞，但第一个对社会资本进行系统分析的是法国社会学家皮埃尔·布迪厄，《社会科学研究》上的一篇文章"社会资本随笔"中正式提出了社会资本这一概念。[③] 在布迪厄看来，场域是由不同社会要素连接而成的，位置是人们形成社会关系的前提，也是网上纽结。

布迪厄的分析重点在于经济资本、文化资本、社会资本及符号资本的相互转化。社会资本的积累和投资依赖于行动者可有效动员的关系网络的规模，依赖于与他有关系的个人拥有的经济、文化和符号资本的数量和质量。[④]

詹姆斯·科尔曼则认为，原始性社会资本由家庭、村社提供，是一种表现出相互关心、相互依赖关系的无形资本或公共物品，存在于人际关系和社会结构中，并为社会个人行动提供便利。[⑤] 它体现了社会环境的可信任程度，但社会资本的价值将随着时间的推移而逐渐贬值。[⑥]

而罗伯特·普特南认为，社会资本指的是社会组织的特征，如信任、规范和网络。[⑦] 帕特南认为，个体公民关心公共事务并形成互惠

---

① 王小章、王志强：《从"社区"到"脱域的共同体"》，《学术论坛》2003 年第 6 期。

② 王小章、王志强：《从"社区"到"脱域的共同体"》，《学术论坛》2003 年第 6 期。

③ 陈柳钦：《社会资本及其主要理论研究观点综述》，《东方论坛》2007 年第 3 期。

④ 张文宏：《社会资本：理论争辩与经验研究》，《社会学研究》2003 年第 4 期。

⑤ 林彬：《科尔曼的"理性行动理论"》，载杨善华《当代西方社会学理论》，北京大学出版社 1999 年版，第 110 页。

⑥ 张文宏：《社会资本：理论争辩与经验研究》，《社会学研究》2003 年第 4 期。

⑦ 张文宏：《社会资本：理论争辩与经验研究》，《社会学研究》2003 年第 4 期。

合作的规范网络是公民参与的前提条件与基本特征，活跃的公民参与是推进民主政治与获得良好制度绩效的有效保证。[①]

可见，社会资本的本质是社会网络、社会信任、社会声望和社会参与的结合。[②] 在一定程度上，社会资本的理解，还是有一定的差异的，布迪厄的观点强调个人的地位、阶层，詹姆斯·科尔曼的社会资本强调社会关系，罗伯特·普特南则强调了信任与网络的重要性。

阿诺最早把理性选择理论用于福利经济学。理性选择理论源于新古典经济学假设，特别是"经济人""社会人"概念的提出，使理性选择有了一定变化，[③] 即从"工具理性"向"价值理性"拓展，用"有限理性"替代"完全理性"。[④] 这一理论也可以用古典经济学家亚当·斯密著作中的"经济人"假设来解释，即人在一切经济活动中的行为都力图以最小的经济代价去追逐最大的经济利益。[⑤]

科尔曼认为，行动者都有一定的利益偏好，都试图控制能满足自己利益的资源，个人追求利益最大化的行动会导致社会利益的最大化。行动者之间的关系存在权威关系和信任关系。行动者可以依赖影响力强制其他人承认其要求，也可以依靠共识形成规范，使"有关他人"承认其要求。在每个领域都存在由信任关系联结起来的网络（即信任结构）。任何行动系统都包括个人利益、资源价值、个人实力、事件结果等四个概念。通过共识达成社会行动系统的交换均衡，共识既是社会交往中建立的法规，也可以内化为个体信息。[⑥]

韦伯区分了四种社会行动的理想类型：目的合理性行动、价值合理性行动、情感的行动、传统的行动。韦伯认为，只有目的合理性（即工具合理性）与价值合理性行动才属于合理的社会行动。[⑦]

理性选择理论在后期引入了博弈论观点后，使社会学理性选择理

① 杨敏：《公民参与、群众参与与社区参与》，《社会》2005 年第 5 期。
② 陆迁：《社会资本综述及分析框架》，《商业研究》2012 年第 2 期。
③ 周长城：《理性选择理论：社会学研究的新视野》，《社会科学战线》1997 年第 4 期。
④ 陈彬：《关于理性选择理论的思考》，《东南学术》2006 年第 1 期。
⑤ 陈彬：《关于理性选择理论的思考》，《东南学术》2006 年第 1 期。
⑥ 林彬：《科尔曼的"理性行动理论"》，载杨善华《当代西方社会学理论》，北京大学出版社 1999 年版，第 102—113 页。
⑦ 陈彬：《关于理性选择理论的思考》，《东南学术》2006 年第 1 期。

论被广泛接受。理性选择理论强调社会组织、社会制度的作用。主要代表人物是美国社会学家科尔曼和社会经济学家贝克尔。[①]

（五）人类发展生态学理论

生态学理论也称人类发展生态学。主要代表人物是美国的布朗芬布伦纳教授。布朗芬布伦纳和克劳特认为，环境包含有机体本身外的、影响人的发展或者受人的发展影响的任何事件或条件。[②]

人类发展生态学是研究有机体与其所处环境之间相互适应的学科，有机体所处环境是不断变化的，有机体与环境的相互适应过程受各种环境的相互影响。[③] 有机体所处的环境以有机体为中心，形成四处扩散的网络，这种网络即生态环境，通常由小系统、中间系统、外系统、大系统组成。四者形成一个同心圆样式的结构。

在表述布朗芬布伦纳生态系统理论的模型中，家长、教师以及与儿童最为密切接触的其他人员都在同心圆的最内层中，这就是所谓的小系统。[④] 家庭、学校、邻居和日托中心等抚育儿童成长的小系统之间形成中间系统。[⑤] 影响儿童的社会环境形成外系统，外系统并不直接与儿童发生关系，但它对儿童产生间接的影响是巨大的。大系统由诸如文化、行为规范和准则、法律等影响和支持儿童发展和成长的东西组成，是文化因子。

第三节　社区儿童服务的研究进展

一　关于儿童福利的研究

我国儿童福利研究的整体趋向是走向社会化。2000—2005 年，

---

① 林彬：《科尔曼的"理性行动理论"》，载杨善华《当代西方社会学理论》，北京大学出版社 1999 年版，第 95 页。

② Bronfenbrenner, U. & Crouter, A. C., "The Evolution Models in Development Research", *Handbook of Child Psychology*, Vol. I, No. 2, 1983.

③ Bronfenbrenner, U., *The Ecology of Human Development*, Cambridge, MA: Harvard University Press, 1979, p. 21.

④ 薛烨、朱家雄：《生态学视野下的学前教育》，华东师范大学出版社 2007 年版，第 68—69 页。

⑤ Berk, L. E., *Child Development* (5th ed.), Needham Heights, MA: Allyn and Bacon, 2000, pp. 27 – 33.

"儿童福利"是主要的关注中心，"儿童福利机构""家庭寄养"备受
关注，福利对象关注的是孤残儿童。2005—2010 年，"留守儿童"
"孤残儿童""流动儿童""寄养儿童"凸显。2010 年之后，"社会支
持系统""优势视角""抗逆力""社会融入""社会适应""智障儿
童""单亲家庭儿童"也进入研究视野。① 从这里来看，部分专业研
究者，始终把弱势儿童群体作为福利的主要对象。

（一）目前的儿童福利是一种狭义的福利

狭义的儿童福利有特定形态的机构向特殊的儿童群体提供的一种
特定的服务，其本身具有残补性取向，是一种消极性儿童福利。广义
的儿童福利的对象是所有的家庭和儿童，这一类型的儿童福利具有发
展取向，是一种制度性的儿童福利。② 我国社会福利是一种狭义的福
利观，指特殊人群的社会照顾和社会服务，例如，我国现行的社会保
障体系包括社会保险、社会救助、社会福利、社会慈善等内容。③

但中国迄今并无其他普惠性的社会福利。④ 这种福利模式也造成
了部分残疾家庭被排除在福利服务对象之外，家庭收入在低保水平之
上的残疾人事实上很难享受专门的残疾人福利。⑤ 选择狭义的儿童福
利也是不得已的选择。与其他社会福利一样，儿童福利的发展要受到
很多因素的制约，如，经济发展与人口比率、社会价值取向、儿童的
福利需求。⑥ 目前，"儿童福利、儿童权利、儿童参与、儿童优先原
则和儿童发展理念尚未被广泛接受"。⑦

狭义的儿童福利也有走向多元参与的路径。国内研究者认为，目

---

① 刘畅：《我国儿童社会工作研究的热点及趋势分析》，《社会福利》（理论版）2018
年第 5 期。

② 陆士桢、常晶晶：《简论儿童福利和儿童福利政策》，《中国青年政治学院学报》
2003 年第 1 期。

③ 刘继同：《社会福利与社会保障界定的"国际惯例"及其中国版涵义》，《学术界》
2003 年第 2 期。

④ 郑功成：《中国社会福利的现状与发展取向》，《中国人民大学学报》2013 年第 2 期。

⑤ 郑功成：《中国社会福利的现状与发展取向》，《中国人民大学学报》2013 年第 2 期。

⑥ 陆士桢、常晶晶：《简论儿童福利和儿童福利政策》，《中国青年政治学院学报》
2003 年第 1 期。

⑦ 孙莹：《儿童福利政策与措施的探讨》，《长沙民政职业技术学院学报》2002 年第
12 期。

前的儿童福利有四种范式，这四种范式基本体现了狭义儿童福利的多
元参与。社会救助范式是最早和最基础的儿童福利类型。教养取向发
展型儿童福利是第二种儿童福利典范，社会保护、社会参与式整合性
儿童福利是第三种、第四种福利形式。第四种模式强调儿童的主体
性，即儿童积极主动和广泛参与家庭生活、文化生活和社会生活的儿
童福利体系。①

（二）关于儿童福利应走向大众化的研究

儿童福利是中国福利事业的有机组成部分，儿童福利如同中国福
利一样，从有限的服务对象走向普惠性公共服务，即便是狭义的福利
也需要大众的参与。儿童福利机构在今后一段时间仍以政府管理为
主，也可吸纳社会资金合办，同时通过收养、寄养、助养和接受社会
捐赠等多种形式、走社会化发展的路子。② 中国的福利资源缺乏，需
要国家、社区、市场、家庭和儿童群体自身的广泛参与。③

我国福利事业未来有三个走向：一是面向弱势儿童群体的福利也
应该是全面的；二是强调其服务对象的大众化；三是参与者的全民
性。在当前，我国儿童面临的主要问题已由童工转变为基础教育、营
养不良和医疗卫生服务，即从生存性需要转向发展性需要。而现行的
福利是选择性服务和补救性服务，这违背社会公平和平等原则。

理想的儿童福利应该是以困境儿童服务和社会保护为基础，以所
有"正常儿童"的福利服务为工作重点。④ 把弱势儿童放到重点关注
的位置，同时也强调福利的普惠性。社会福利是面向全民的社会事
业，它要求统筹规划，统一监管，以确保其统一性、协同性、公益
性、规范性并普惠全民。⑤

---

① 刘继同：《儿童福利的四种典范与中国儿童福利政策模式的选择》，《青年研究》
2002 年第 6 期。
② 陆士桢：《简论中国儿童福利》，《华中师范大学学报》（哲学社会科学版）1997 年
第 6 期。
③ 刘继同：《儿童福利的四种典范与中国儿童福利政策模式的选择》，《青年研究》
2002 年第 6 期。
④ 刘继同：《国家与儿童：社会转型时期保国儿童福利的理论框架与政策框架》，《青
少年犯罪问题》2005 年第 3 期。
⑤ 郑功成：《中国社会福利的现状与发展取向》，《中国人民大学学报》2013 年第 2 期。

　　目前的福利运行机制仍然保留着城乡分割、官民分割的计划经济时代板块结构特征。① 自我封闭，目标单一、参与者单一是目前社会福利的主要不足。现阶段的社会福利应该面向广大社会成员生活，这更符合中国当前民生的实践需要。② 因此，目前的儿童福利的政策应该涉及儿童成长发展的方方面面，以全体儿童为福利对象。③

　　我国的福利具有大众化的条件。首先，我国目前的福利也是多部门的行为，如儿童福利的机构主要有国务院妇女儿童工作委员会、共青团系统、妇联系统和民政系统。④ 其次，公益性民间组织的参与具有一定的优势。公益性民间组织为主体的社会组织在一定程度上既能弥补政府失灵，又能弥补市场失灵。⑤ 最后，普惠性福利的有利条件在于中国文化具有多方参与的传统。中国文化具有家庭成员相互照顾的家庭传统、邻里互助的社区传统、亲友相扶的社交传统、单位保障的集体传统。⑥ 而支持家庭保障，倡导邻里互助，促进社区服务与机构福利的发展，用公共资源进一步调动家庭资源、社区资源、单位资源等应当成为中国式社会福利事业的应有之义。⑦ 但在大众化、多元化参与中，以国家主导为前提。

　　（三）关于普惠性儿童福利是一种国家投资的研究

　　把儿童抚养当作一种福利，在一定程度上强调了早期教育的重要。儿童福利的投资观认为，向儿童投资代表了福利国家社会政策的一个转向。⑧ 这一政策主要以公共产品理论与社会投资理论为基础。传统的观点认为，对儿童投资的受益者是家庭或父母，因此，传统的儿童照顾主要由家庭来实施。美国女性经济学者南希·费伯

① 郑功成：《中国社会福利的现状与发展取向》，《中国人民大学学报》2013 年第 2 期。
② 吴忠民：《社会学理论前沿》，中共中央党校出版社 2015 年版，第 31 页。
③ 陆士桢：《简论中国儿童福利》，《华中师范大学学报》（哲学社会科学版）1997 年第 6 期。
④ 陆士桢、常晶晶：《简论儿童福利和儿童福利政策》，《中国青年政治学院学报》2003 年第 1 期。
⑤ 吴忠民：《社会学理论前沿》，中共中央党校出版社 2015 年版，第 41 页。
⑥ 郑功成：《中国社会福利的现状与发展取向》，《中国人民大学学报》2013 年第 2 期。
⑦ 郑功成：《中国社会福利的现状与发展取向》，《中国人民大学学报》2013 年第 2 期。
⑧ 刘云香、朱亚鹏：《向儿童投资：福利国家社会政策的新转向》，《中国行政管理》2017 年第 6 期。

认为，对儿童抚养上投资的收益者，除了儿童个人还有社会和国家，社会和国家的收益，并随着家庭投资的增加而增加。相比于父母在儿童照顾上所花的成本，目前美国政府对儿童照顾的公共投入显得太少。[①]

社会投资理论认为，当"社会福利国家"向"社会投资国家"转变后，社会政策干预就从事后的风险管理转变为事前的风险预防。这一理论认为国家应该承担相应的责任，具体包括向有子女家庭提供经济支持；提供公共性质幼儿教育服务；确保早期托幼机构的品质。[②]

从早期教育成本与效益的角度来看，早期教育回报丰厚，回报比率达到1∶7.16。[③] 美国学者戴维·韦卡特工作小组经过40年追踪研究，早期教育阶段的投资回报率体现在学业成就高、就业率与经济收入高、犯罪率低等。类似的研究还表现在赫克曼等人的研究中，赫克曼认为，直接投入幼儿的公共资金是一种有效的投资方式。[④] 可见，幼儿阶段的投入是正向的，对幼儿个人、家庭以及他人、社区、国家与社会，都具有明显的促进作用。[⑤]

二　关于儿童照顾的研究

广义的儿童照顾指针对18岁以下儿童的一种看护服务，目前主要有三种类型，特殊儿童照顾、婴儿看护、小学生课后托管。狭义的儿童照顾主要指6岁前的儿童看护，与托儿服务、托儿照顾、婴儿看护等属于同一概念。它们都是儿童服务的主要内容。

（一）关于儿童家庭照顾与家庭隔代照顾的研究

儿童照顾到底是国家责任，还是家庭责任，我国传统的观点一般

① Folbre, *Valuing Children*, *Rethinking the Economics of the Family*, Harvard University Press, Chaps, 2008, pp. 6 – 7.

② Esping-Andersen, *Why We Need a New Welfare State*, OUP Oxford, 2002, p. 49.

③ David M. Blau, *The Child Care Problem*: *An Economic Analysis*, London: Russel Sage Foundation, 2001, p. 171.

④ Early Learning Left Out, *"An Examination of Public Investments in Education and Development by Child Age"* (http://www. voicesforamericaschilddren. org/content management/content display).

⑤ 蔡迎旗：《幼儿教育财政投入与政策》，教育科学出版社2007年版，第69页。

被认为是家庭责任。照顾的历史就是从家庭走向社会，关于照顾的公私领域之争，核心在于女性角色的变化以及国家应对此做出的回应。①所以家庭承担了主要任务。特别是母亲担负了主要责任。现实当中，女性地位的变化，使女性角色在现实当中发生了冲突，特别是中产阶层的女性，她们更在意工作角色。这与她们天然的照顾者角色产生了时间、精力上的冲突。

我国6岁及以下儿童主要被家庭成员照顾，接受非家庭成员照顾的比例较小。母亲以及同住的祖父母或外祖父母是主要看护者。②与农村男性相比，城市男性、城市女性和农村女性由本人主要照顾0—3岁孩子的可能性更大。③儿童照顾的现实受到传统的"男主外、女主内"的分工模式和性别角色观念的影响，但目前受男女平等观念以及女性收入增加的影响，男性成为主要照料者的可能性增大。

其一，隔代照顾有利有弊。隔代照顾，国内学前教育研究者通常用隔代教养一词。隔代照顾其实是一个世界现象，是儿童福利、养老服务等领域的研究问题。④我国的隔代照顾研究主要体现在留守儿童的隔代教养问题，主要关注由祖辈对儿童的溺爱给儿童成长带来消极影响。然而，对于隔代照顾的看法，也存在一些争议，英国学者认为对于3岁以前的婴幼儿来说，看不出来隔代照顾的不足。⑤也有研究者认为，隔代照顾不利于老年人的身心健康。⑥相反，部分研究者则

① 岳经纶、方萍：《照顾研究的发展及主题：一项文献综述》，《社会政策研究》2017年第4期。

② 李莹、赵媛媛：《儿童早期照顾与教育：当前状况与我国的政策选择》，《人口学刊》2013年第2期。

③ 张航空：《儿童照料的延续和嬗变与我国0—3岁儿童照料服务体系的建立》，《学前教育研究》2016年第9期。

④ 林卡、李骅：《隔代照顾研究述评其政策讨论》，《浙江大学学报》（人文社会科学版）2018年第4期。

⑤ Pearce A. , Li L. & Abbas J. et al. , "Is Childcare Associated with the Risk of Overweight and Obesity in the Early Years? Finding from the UK Millennium Cohort Study", *International Journal of Obesity*, No. 7, 2010, pp. 1160 – 1168.

⑥ Muller Z. & Litwin H. , "Grand-parenting and Psychological well-being, How Important Is Grandparent Role Centrality?" *European Journal of Ageing*, No. 2, 2011, pp. 109 – 118.

认为，隔代照顾更有利于老年人的身心健康，[1] 甚至有利于提升国家的生育率。[2]

其二，家庭隔代照顾需要政府的参与。儿童照顾与支持是儿童福利的基础性和战略性的组成部分，反映出一个国家的社会正义和社会进步，也是世界性的关怀焦点。[3] 强调政府责任、市场导向、企业参与。通过法律、管理、经费来保障儿童福利的充分实现。

儿童的家庭隔代照顾与国家儿童照顾的公共服务水平有关。当儿童照顾的公共服务水平高时，家庭照顾的工作强度小，家庭隔代照顾的压力小，因而有利于老年人身心健康；当儿童照顾的国家公共服务水平低时，家庭照顾的工作强度大，家庭隔代照顾的压力大，老年人参与率低。[4] 长期以来，儿童照顾一直被视为属于私人领域，特别是家庭的责任。在儿童照顾问题上，国家一直处于配合或边缘的角色。[5] 这不利于家庭照顾的效益。

（二）家庭照顾与公共服务的衔接

目前的儿童照顾存在"家庭化"与"去家庭化"的转变。刘中一认为，照顾服务的"去家庭化"与"再家庭化"都是国家公共服务的二种模式，但去家庭化服务，强调了国家的主导作用，却容易造成社会福利支出超过经济的增长。而再家庭化，改变了政府的角色，扩大了参与主体，政府的作用转变为"支持家庭"。照顾责任绝不是简单地交由家庭，而是仍然要由国家提供财务方面的协助和支持。[6]

通过社会化的儿童照顾方式协助家庭照顾孩子，可作为未来儿童

---

[1] Leder S., Grinstead L. & Torres E., "Grandparents Raising Grandchildren: Stressors, Social Support, and Health Outcomes", *Journal of Family Nursing*, No. 3, 2007, pp. 333 – 352.

[2] Thomese F. & Liefbroer A. C., "Child Care and Child Births: The Role of Grandparents in the Netherlands", *Journal of Marriage and Family*, No. 2, 2013, pp. 403 – 421.

[3] 栾俪云：《国外儿童照顾与支持的价值理念和制度安排》，《前沿》2010 年第12 期。

[4] 叶美玲：《国外隔代教养研究述评》，《牡丹江教育学院学报》2014 年第11 期。

[5] 刘中一：《国家责任与政府角色——儿童照顾的变迁与政策调整》，《学术论坛》2018 年第5 期。

[6] 刘中一：《"去家庭化"还是"再家庭化"：家庭公共服务模式探析》，《理论界》2017 年第3 期。

社会福利服务发展的优先领域。① 这是一种家庭公共服务，面向所有家庭提供的综合性社会服务，其内在的要求是让社会上各种类型的家庭都有机会公平地享有公共服务，其主导者是政府。② 除了政府之外，各类社会组织、社区志愿部门甚至包括企业雇主都可以通过支持家庭从而提升儿童照顾的质量，建立家庭友好或儿童友好的政策环境与居住环境，重构儿童照顾体制。③

从西方经验和我国实际情况来看，建构一个由国家、市场、社会和家庭共同提供的儿童"混合照顾"体系是必然的发展趋势。其中，国家起到主导作用，同时担负儿童照顾的供给、融资和监管等责任，并鼓励多个主体参与到儿童照顾的供给中，兼顾儿童的需求和照顾提供者的合理权利。④

由于中国当前还十分缺乏类似对家庭照顾的支持政策，儿童福利制度建设的重点应该致力于重构制度化的儿童照顾体制，即从以家庭补偿取向以社会照顾为基础的儿童福利政策转型，建立良好的可持续性的儿童照顾服务体系。从儿童成长的需要来看，国家应该更多承担起儿童福利的责任。⑤ 这实际上是一种社会福利观。国家对于儿童照顾的介入事实上是实现公民社会权的保障。⑥

（三）关于儿童照顾存在不足的研究

1. 特殊年龄阶段的社会参与性不强

在接受早期教育的人群中，6 岁以下儿童获得早期照护的数量与质量存在不平等现象。贫困家庭的孩子处于普遍劣势。托幼机构主要

---

① 程福财：《从经济资助到照顾福利：关于上海儿童与家庭照顾福利需求的实证调查》，《中国青年研究》2013 年第 9 期。

② 刘中一：《家庭公共服务：内涵、问题与对策》，《中国延安干部学院学报》2016 年第 1 期。

③ 张秀兰、徐月宾：《建构中国的发展型家庭政策》，《中国社会科学》2003 年第 6 期。

④ 岳经纶、范昕：《中国儿童照顾政策体系：回顾、反思与重构》，《中国社会科学》2018 年第 9 期。

⑤ 邓锁：《从家庭补偿到社会照顾：儿童福利政策的发展路径分析》，《社会建设》2016 年第 2 期。

⑥ 刘中一：《国家责任与政府角色——儿童照顾的变迁与政策调整》，《学术论坛》2018 年第 5 期。

服务是 3 岁及 3 岁以上儿童，3 岁以下儿童的服务供给偏少。

在我国，学龄前儿童主要由家庭成员（尤其是母亲以及同住的祖父母，或者虽未住在一起但仍可帮忙的祖父母）提供照顾。① 研究者经过调查发现，有相当一部分的年轻上海父母在抚育孩子的过程中，面临着非常紧张的家庭与工作关系。上海的年轻父母在照顾孩子方面可能从大家庭、非正式的社会关系网络、邻里社区中得到的支持普遍不充分。②

2. 特殊儿童家庭照顾的社会支持不到位

在研究者看来，困难儿童照顾需要多元主体参与，需要以政府主体、家庭照顾为基础，以非政府组织和专业福利机构为补充的多元福利体系。③ 生活在贫困家庭中的儿童，面临医疗、就学方面的困难；单亲家庭子女面临生活、学习、地位低等困难；遗弃儿童、流浪儿童的权利得以得到保障。④

不同主体依照发挥作用的差异可以分成不同种类。研究者从社会工作角度出发将社会支持分为正式支持（由政府和非政府组织主导）、准正式支持（由社区主导）、非正式支持（由个人的社会网络提供）和专业技术性支持（由社会工作专业人士和组织提供）。⑤

三 关于社区服务体系的研究

（一）社区建设的指标

社区建设指标一般以对社区的理想建构为依据，即社区的定义。由于对社区的理解有个体差异，即对社区的发展目标定位不同，在社区评价指标体系上也有所差异。随着经济发展和社会的进步，社区建

---

① 李莹、赵媛媛：《儿童早期照顾与教育：当前状况与我国的政策选择》，《人口学刊》2013 年第 2 期。

② 程福财：《从经济资助到照顾福利：关于上海儿童与家庭照顾福利需求的实证调查》，《中国青年研究》2013 年第 9 期。

③ 行红芳：《从一元到多元：困境儿童福利体系的建构》，《郑州大学学报》（哲学社会科学版）2014 年第 5 期。

④ 孙莹：《我国特殊困难儿童的福利需求分析及其应有的干预策略》，《青年研究》2004 年第 1 期。

⑤ 林顺利、孟亚男：《国内弱势群体社会支持研究述评》，《甘肃社会科学》2010 年第 1 期。

设的目标越来越高，比较突出的典型有和谐社会、文明社区、幸福社区等。在一些具体要求上，还有一些共同点，如强调环境、社区服务、社区认同、社区参与、社区治安、社区文化、社区管理等。具体有以下观点。

五维度指标说。这一指标说有两类观点比较突出，其一借鉴了欧盟的社区指标体系，包括社会发展水平、基础设施水平、经济发展水平、环境、社区认可和参与。这种体系的二级指标也涉及教育、安全、医疗等方面。① 这一体系强化了教育，特别是成年人教育的地位，弱化了就业。社区参与则重点强调社区志愿者人数和社区组织数量。

其二则从生态社区的定义衍生。生态社区是一个"舒适、健康、文明、高能效、高效益、高自然度的、人与自然和谐以及人与人和谐共处的、可持续发展的居住区"②。从这一生态社区的定义出发，研究者提出生态社会评价的 5 个一级指标：经济文化、住宅生态、生态技术、自然环境、基础设施。③

六维度指标说也有三种观点。第一种观点由生态社区的理想建构产生。生态社区应该对环境要求比较高，环境主要体现在内部结构中，内部结构齐全、功能完善是生态社区的出发点，在此基础上，研究者提出了生态社区评价指标体系，即环境优美、生活便利、配套服务设施齐全、文化和谐、管理高效、功能完善等方面。④

第二种观点从社区建设的成果角度构建的社区和谐指标的六个维度，即社区自治组织与管理、社区认同与参与、服务完善、文明祥和、治安良好、环境优美等。⑤

第三种观点则以和谐社会理论和社会质量理论为基础，研究者构

---

① 谢颖：《论和谐社区指标体系》，《理论月刊》2007 年第 4 期。

② 黄辞海、白光润等：《居住生态社区的内涵及指标体系初探》，《人文地理》2003 年第 1 期。

③ 范平、吴纯德、胡贵平：《城市生态社区综合评价指标体系的探讨》，《环境科学与技术》2009 年第 4 期。

④ 田美荣、高吉喜、张彪、乔青：《生态社区评价指标体系构建研究》，《环境科学研究》2007 年第 3 期。

⑤ 杨涛、吴国清：《我国城市社区和谐社区指标体系研究》，《华中农业大学学报》（社会科学版）2007 年第 6 期。

建了"环境、主体能力、文化建设"社区建设指标。[1] 其环境包括客观环境和社区服务水平；主体建设能力主要是社区服务供给主体，即社区居民、社区管理人员、社区组织；文化建设则包括社区文化营造与文化认同。这一分法，只是把《城市社区和谐社区指标体系》中的二级指标扩展为三级，具体内容相关不大。

七维度指标说。其一是从和谐社区定义产生的七维指标。和谐社区是指聚居在一定地域的人们通过直接或间接的社会互动形成的具有高度价值认同和归属感、人际关系友好和睦、社区自治程度高的人类生活共同体。研究者认为，和谐社区指标从和谐社区定义可以划分为七个维度，即物质层面的社区经济、环境层面的社区环境与治安、心理层面的社区归属感、社会层面的社会资本、制度层面的社区自治、文化层面的社区文化和价值认同。[2] 这一指标除了增加了社区经济外，其他内容与《城市社区和谐社区指标体系》类似。

其二是从理想社区定义构建的七维指标。具体包括：社区组织健全、居民自治、管理规范、服务深入、治安良好、环境优美、人际关系和谐等。[3] 这一指标，强调了政府主导、多元参与、管理有效等现代社区服务理念。

八维度指标说。张卫、张超则提出了社区建设指标的 8 个类别，涉及社区服务、社区环境、社区医疗、社区治安、社区文化、社区教育、社区参与、社区满意度等。这种分类强化了教育的存在。其社区服务主要包括服务场地、志愿者数量、专业服务数量、弱势群体福利接受率、就业安置率、满意度 6 个方面的内容。[4]

十二维度度指标说。也有研究者从精神文明的角度构建了城市文明社区指标体系，涉及 12 个维度、50 项考核指标。这一指标把结果

① 莫思凡：《城市和谐社区建设评价指标体系的理论与基本维度》，《陕西学前师范学院学报》2018 年第 6 期。

② 张再云：《和谐社区测量指标体系的初步建构》，《江汉大学学报》（社会科学版）2008 年第 2 期。

③ 麻宝斌、董晓倩：《我国城市社区公共服务绩效评价问题研究》，《云南行政学院学报》2010 年第 5 期。

④ 张卫、张超：《论社区建设指标体系的构建》，《学海》2001 年第 6 期。

也涵盖在内。① 除前面的其他研究者所说的指标外，还有人口素质、生活质量、科技教育、经济状态、风尚评比等内容，具有较强的引导功能。

（二）关于社区服务的结构与指标体系的研究

社区服务是社区建设的重要内容。国内学者对于社区服务的内容有观点差异，一种观点是从社会保障的角度出发，强调弱势群体优先；另一种观点则从福利学的角度强调福利的普适性，这种观点认为，除了弱势群体外，所有居民都应成为社区服务的对象，因此，老年人、残疾人服务、儿童、贫困者、失业人员等弱势群体是社区服务不可回避的对象。在此基础上，形成了不同的社区服务观。

核心服务观。唐钧认为，社区服务包括核心部分、中间部分、边缘部分三种类型的服务对象。其中的核心部分是社区服务的重点内容，主要为民政对象服务，即为有特殊贡献的人（军烈属）和有困难的人服务；其中间部分是一般服务内容，是为全体居民的行政事业服务，是具有非营业性的低偿服务；而边缘部分是辅助性的商业性服务，是营业性的有偿服务。②

服务层次观。研究者认为，社区服务是现代文明社会的象征，是社会文明发达程度的标志。社区服务体系分非正式（包括个人为社区服务、人际相互服务）、准正式（包括社区和企业相互服务、社区为居民服务）和正式（政府为民政对象服务、政府为社区服务）三个层次。③

（三）关于城市养老服务指标体系的研究

我们从社区服务指标和社区相关服务（如养老服务）指标中可以找到一些有利于社区儿童服务指标的构建思路。城市养老服务是社区服务的重要内容。从城市养老服务指标体系来看，至少有配套基础设施（可以理解为环境）、服务队伍、服务类型、服务质量、保障制度

① 文军：《我国城市"文明社区"指标考核体系研究》，《湖南师范大学社会科学学报》2001 年第 3 期。
② 唐钧：《关于城市社区服务的理论思考》，《中国社会科学》1992 年第 4 期。
③ 夏学銮：《中国社区服务的内容体系、运行机制和其他》，《社会工作》1998 年第 1 期。

等方面。研究者关于城市养老服务指标体系的构建思路对社区儿童服务指标体系的构建也应有一定的参考价值。

2012年6月民政部下发的《社会养老服务发展监测指标体系》文件中提出了城市养老服务的5个一级指标：人口数据、福利补贴、服务保障、资金保障和队伍建设等。研究者认为，居家养老服务不仅包括服务对象、服务内容、服务队伍等方面，服务效果和评估也是其重要内容。[①] 因此，也有研究者从公平性、经济性、效率性和效果性4个维度，设置了4个一级指标。[②] 此外，也有研究者把社区居家养老服务工作体系评估指标分为政府主导、基础设施、服务队伍和服务成效等一级指标。[③] 还有研究者从农村养老的实际情况，提出中国农村养老保障体系的2个一级指标（实际3个），即农村老年经济保障、农村养老机构、农村医疗保障。[④] 这涉及供给主体、服务类型、保障机制等方面。

四 农村社区儿童服务的前沿进展

（一）农村社区学前儿童服务的前沿进展

国外农村社区学前教育服务一般被置于弱势群体子女教育范畴，美国、英国、加拿大、澳大利亚等西方国家致力于国家层面的救助与资助制度，形成了可操作性强、可监控的政策体系。发展中国家则强调民间公益组织的介入，如印度产生了使千百万名儿童受益的综合服务项目（Integrated Child Development Service，ICDS）。

我国社区学前教育服务在不同时期也有不同侧重点。早在中华人民共和国成立初，国家就开始了儿童免疫服务，到20世纪末已经形成了以区、乡、村为一体的免疫服务体系。部分城市也开始探讨早期

---

① 任兰兰：《城市社区居家养老服务指标体系研究综述》，《经济研究导刊》2013年第20期。

② 章晓懿、梅强：《社区居家养老服务绩效评估指标体系研究》，《统计与决策》2012年第24期。

③ 左建一、周志华：《宁波市农村居家养老服务的实践与思考》，《宁波通讯》2009年第10期。

④ 张东红：《中国农村养老保障体系研究》，《财经理论研究》2014年第3期。

干预问题，在 20 世纪 90 年代，北京、上海的部分研究人员在联合国儿童基金会的资助下，探讨了社区儿童服务的内容与模式问题，围绕"三优"（即优生、优育、优教）实施了早期干预。同期，也有研究者和实际工作者探讨适合贫困地区农村学前儿童的社区服务问题，突出了因地制宜的思想，如"马背上的幼儿园"（也称流动幼儿园），"帐篷幼儿园"、游戏点、巡回辅导班等，基本满足了当时的农村学前教育需要。20 世纪末，我国部分城市社区开始重视 0—3 岁儿童的教育，兴起了针对 3 岁前儿童的早期教育服务。2010 年以后，受民主改革思潮与公平教育理念的影响，农村学前教育受到关注，引发了农村学前教育体制、机制方面的整体变革，涉及农村幼儿园教师、农村学前教育政策、农村学前教育机构管理、农村学前教育的财政等各个方面，这些研究也促进农村学前教育质量的整体提高，特别是强调"政府在农村学前教育中的作用"在一定程度上应和着国内外儿童服务和农村社区治理的相关理论。

（二）关于农村社区中小学生服务的前沿进展

针对中小学阶段的儿童，美国政府鼓励社区提供课后教育项目（After-School Child Care Programs）。加拿大社区也有类似的服务（School-age Care）。同时，许多社区还为适龄儿童提供了充当义工的机会，以促进儿童的责任感和公民意识。

国内关于农村中小学生的研究主要指向农村留守儿童，如农村中小学生的心理、行为、情感方面。研究者从理论逻辑上证明并强调了地方政府（如乡政府和村委会）的责任，同时也引起了社会团体和公益组织的关注。对农村留守儿童的关注与农村教育是联系在一起的。农村义务教育的相关成果，主要集中在农村教师队伍的建设、农村中小学课程改革等问题，基本围绕农村的学校教育展开。近年来，开始系统地研究农村教育问题，如农村学前教育，农村职业教育等，这些研究成果对本课题研究具有一定的指导意义。

我国现有的研究成果为我国社区儿童服务研究提供了一定的研究基础。现行教育理论强调对不同年龄与不同类型的儿童提供有针对性的服务，这在一定程度上可视为社区儿童的理论基础，甚至相关研究直接指向社区服务，如社区学前儿童服务、留守儿童教养问题、图书馆儿童服务、特殊儿童服务等话题以及相关服务质量问题的讨论分别隶属于学前教育、小学教育、图书馆与情报服务、特殊教育等领域。相关的研究涉及也都强调政府的作用，强调制度、监控与财政保障，这为本书研究提供了相关的思路和借鉴。

我国现行的社区儿童服务存在一定的问题，如城乡差异比较明显。城市社区中的儿童服务除了全民性的社区免疫服务是免费外，其他类型的儿童服务多以商家经营为主。农村社区服务形式由比较单一，特别是社区的"三优"教育还存在较大的空白，农村中小学生的社区儿童服务基本没有展开，针对农村特殊儿童的社区服务也存在一些缺失，留守儿童如何融入社区等，这些都为本课题研究留下较大的研究空间。

国外影响农村社区建设实践的理论对本课题研究也有重要的指导意义，如源于治理理论的社区治理思想、基于自组织理论的农村社区治理、基于社会资本理论的农村社区治理以及基于可持续发展指标体系的社区治理从不角度探讨我国农村社区建设。我国学者研究发达国家农村社区建设时发现，国外农村社区建设主要存在这样一些经验：政府的积极参与；社区非政府组织比较发达；农村社区建设和发展有充足的资金支持和持续的财政投入；保障机制健全。由于国内关于农村社区的讨论已经存在多年，业已形成相对丰富的成果，出版了多部与农村社区建设的专著，这为本课题的研究提供了一定的学术基础。

第四节　社区儿童服务的研究
意义与研究设计

一　研究意义

（1）有利农村儿童身心的健康成长，提高人口综合素质

关注农村社区儿童服务机制有助于提高农村社区儿童服务质量。由于社会经济发展与城市建设的发展需要，农村人口流动成为时代话题，留守儿童教育与农村人口数量也成为当代农村面临的共同问题。利用农村社区资源，满足儿童发展的需要，有利于儿童身心健康发展

和人口综合素质的提高。

（2）有利于农村家庭的幸福

儿童是家庭的重要组成成员，儿童的教养问题是每一家庭重点关注的问题。利用社区中的儿童服务，一方面可以满足农村儿童发展的需要，另一方面也可以满足农村家庭的需要。让家长安心从事生产活动，为农村家庭创造更丰富的物质生活提供保障，从而提升家庭的幸福指数。

（3）有利于农村社区和谐

尊重儿童的需要，把儿童放在社会中进行教育，促进儿童成为时代公民，是教育与社区建设共同探讨的话题。服务于儿童的社区，同样也有利于增进家庭其他成员对社区的认同感。儿童同样也是社区的一分子。利用儿童参与社区服务，从事儿童力所能及的活动，也有利于增进社区成员之间的了解，从而促进社区的和谐。

（4）为进一步深化农村社区研究提供参照资料

从现有的研究来看，农村社区将成为我国农村未来的发展方向。2008 年年底，民政部确定了 304 个县进行农村社区试点，共有 20400 个村进行农村社区实验，占全国的 3.09%，到 2009 年时，则有 11% 的村庄进行农村社区建设实验。农村社区的研究问题将会成为热点问题。以农村儿童服务作为突破口，通过研究农村儿童服务，可以探讨农村社区服务中的深层问题，为农村社区的进一步研究提供基础和借鉴。

二　研究方法

课题研究主要采用了三种方法：文献法、问卷法、田野调查法。

文献法。通过文献搜集与整理的方式厘清国外农村社区儿童服务的经验，比较发达国家与发展中国家在社区儿童服务上采取的措施，如制定了哪些政策，采取了哪些措施来保证社区儿童服务的质量，各自取得了哪些成效，是否存在共同性的经验。

问卷法。主要用于大面积的调查，调查对象有农村儿童、农村家长、中小学教师。通过问卷的形式了解家长对社区儿童服务的希望与需求，了解儿童对社区儿童服务的需求以及家长、儿童对农村社区服务的认同与对农村社区活动的参与意愿、参与现状、建议等。问卷对象的选择采取了抽样方法，按经济水平，大致各选取了东部、西部、南部、中部的一个省份的县级以下的学校和幼儿园，每个县大致选择初中学校、小学各一所，幼儿园2—3所。

田野调查法。主要用于当代农村社区中不同类型的儿童服务形式的分析，通过对农村社区儿童服务的现状考察，以及对农村社区儿童服务机构及管理机构的相关人员进行访谈，总结出影响农村社区儿童服务的因素，探讨不同类型的农村社区开展儿童服务的条件，为进一步思考农村社区儿童服务的运行机制打基础。

三　研究内容

共分六部分：一是引论；二是概述；三是现状调查；四是问题与探索；五是对策与建议；六是域外经验。

引论部分主要介绍研究背景、研究的理论基础、研究文献与相关前沿进展、研究方法。研究背景主要强调农村社区的变迁以及儿童生活与农村生活的远离，理论基础强调以社会治理理论、新公共管理理论、福利理论、社区参与理论、生态学理论等为研究基础。研究文献围绕儿童福利、儿童照顾展开。

概述部分则介绍社区儿童服务的历史演变、内涵、特征、影响因素等。社区儿童服务现状部分的研究主要从服务现状、参与现状的角度展开，主要围绕学前社区服务、社区儿童服务、教师参与、家长参与等方面展开。对策与建议部分，主要从保障机制的角度讨论农村社区儿童服务的经费保障、组织保障、制度保障。一定的质量的服务、专业人员的参与都建立在一定的物质基础上，特别是经费基础上。社区儿童服务的制度保障涉及运行机制问题，是以组织保障为基础的运行方式。域外经验主要以加拿大的社区服务为案例，通过关注加拿大家庭托儿所服务、加拿大课后托管、加拿大社区儿童服务思考加拿大的经验。由于篇幅所限，本研究暂时不涉及特殊儿童的社区服务。

第一章　社区儿童服务概述

社区儿童服务具有以下特征：社区儿童服务是一种面向全体儿童的福利；社区儿童服务也需要民众的参与；社区儿童服务具有一定的地域取向；弱势儿童群体是社区儿童服务的优先对象；社区儿童服务是一种多元化的、综合化服务。当代的社区儿童服务担负两种主要功能：服务功能与教育功能。

第一节　社区儿童服务的演变

研究社区儿童服务是一件相对复杂的事情，需要弄清楚这样的两件事，一是社区的诞生；二是儿童福利的存在。这两个概念又同时具有一定的歧义（或者说有广义与狭义之分），导致对这个概念的理解存在一定的纷争。

儿童服务是与儿童需要相联系的。判断儿童服务的存在，从理论上来讲，应该以儿童需要满足的状况为基础进行分析。心理学对人的需要进行分析，一般认为儿童的需要包括五个层次，最低层次的需要是物质需要，然后是安全需要、交往需要、自尊需要和自我实现的需要。从人类产生的历史来看，自从有了人类，就会有儿童的存在，就会存在儿童的需要，而且儿童的需要肯定是得到了满足的。从这个逻辑来推断，儿童服务的存在，应该是伴随着人类社会的产生与发展。

对于儿童服务的判定是与儿童需要联系在一起的。在某种程度上，是与儿童的特殊需要相联系的。一般意义上的需要主要从需要的五个层次展开，但对于儿童来说，生存需要，即物质方面的需要，当儿童处于弱势地位时，就表现得更明显。

如果我们把对于家庭以外的满足儿童需要的服务称为儿童服务的话，社区内提供针对儿童需要的便利就称为社区儿童服务。由于儿童需要的多样化，判断儿童服务的存在，也是一件复杂的事情。广义上来讲，社区儿童服务自古就存在，伴随着人类的产生而产生。但狭义的社区儿童服务，通常会有一定的标志。社会学研究者在人类社区服务的研究上并没有采取严格的界限，但通常都把社会福利作为当代社区服务的一项重要内容。

一 社区儿童服务的存在标志

一旦儿童的物质需要，即生存需要得到满足，就会产生新的需要（主要表现为安全方面的需要），在此基础上，才会有交往方面的需要和学习方面的需要，即发展方面的需要。

所以，在人类早期，影响儿童服务的主要机构有两类，一是社会福利机构；二是教育机构。前者主要指向儿童的生存方面，多偏向于弱势群体；后者（教育机构）则指向儿童的发展，多偏向于普通儿童。因此，判断儿童服务的存在，主要依据有三类：一是学校机构的产生与推广；二是独立儿童福利机构的产生；三是针对普通儿童的福利或服务存在。广义上的儿童服务主要指向儿童需要的满足，上述三类依据，任何一类依据都可当作广义的儿童服务机构，如学校、幼儿园的产生与发展。初期的儿童服务通常是广义与狭义糅合在一起的。

（一）作为儿童服务存在性标志的教育机构

严格意义上说，只要有儿童存在，就应该有儿童服务。社区儿童服务则不同，它依托于社区而存在。如果把儿童服务当作一种服务业，那就是应该以专门的机构存在为标志。所以私塾的产生，应该是儿童服务存在的一种标志。虽然也有私塾主要以家庭为工作地点，但还是有部分私塾是以一定社区为依托的，具有一定的收费性质（同时也有宗族内的免费服务）。

古代社会的儿童服务存在较大的阶级差别。一般来说，统治阶级的子女享受到更多的、更好的教育，以发展为目的；贫困家庭子女接受到的服务更多偏向于慈善服务，是以生存为目的。也有平民家庭子弟一般把教育作为摆脱阶层的唯一途径。

由于学校教育没有得到普及，以宗族为单位进行的私塾，具有一定的社区服务色彩，偏向于教育领域，而宗族内的救济则以宗族为团体展开。救济与教养是儿童服务的两个重要内容，在阶级社会里，二者往往是分开的。

（二）儿童救济是儿童服务存在的另一标志

儿童福利在儿童服务发展史上占据重要地位，直接推动了儿童服务研究的专业化。儿童福利起源于对社会弱势儿童群体的救助。由于儿童服务，特别是社区儿童服务的对象是普通儿童（也包括特殊儿童），受众面比较广，如果儿童福利走向大众化，把满足儿童生存与发展的所有需要都列为福利内容，在这种意义上，儿童福利应该等同于儿童服务。目前的儿童福利（特别在我国）更多地指向于弱势儿童群体（但有普适化趋向），所以，目前的儿童福利不能等同于儿童服务，却也是儿童服务的重要内容。儿童福利走向普适与大众化，是在特殊儿童救助的基础上进行的。没有满足特殊儿童救济或救助的服务，就不可能会有面向普通儿童的福利。所以，针对弱势儿童群体的儿童救济机构的存在，应该是儿童服务内容的另一重大标志。

（三）专业人员和专业机构是当代儿童服务的专业化标志

当儿童服务走向产业时，就说明了儿童服务业的存在。当代的儿童服务有一种向专业化方向发展的趋势。专门的儿童服务业，一般把儿童当作专门的服务对象，专门的儿童摄影、课后托管等都以儿童为服务对象，形成产业。在当代，这种服务还向前延伸，拓展到0—3岁领域。由于这些服务都以一定的社区为依托，它们应该是狭义上的社区儿童服务。此外，还应该包括针对特殊儿童的服务与照顾。当代儿童服务的相关研究向专业化方向发展，如医学领域中的儿科，由此产生的儿科学、儿童卫生保健，以及当代的幼儿园教育、早期教育，这些与儿童发展相关的专业把儿童服务引向专业发展领域。

在专业化的同时，走向大众化是儿童服务的另一趋势。但这一趋势也是以专业人员提供的儿童服务为主，在当代社会是以大众化教育机构的存在为标志，如学校、幼儿园大规模存在，即一定数量的具有现代意义的教育机构为满足儿童的发展需要提供服务。特别是教育系统进行的理论拓展，如一对一式的导师制改为班级授课制，增加了儿童的接受教育的机会。国家或政府在教育中主动承担相应的责任，直接推广或普及了教育，使教育作为儿童的权利，最终促使最初面向少数儿童福利的教育转变为面向广大儿童福利的教育。

二 儿童服务存在标志的演变历程

社区儿童服务的产生经过了长时间的酝酿，然后才产生、发展并壮大，在 20 世纪得到快速发展。从社区儿童服务的自发形态演变为自觉的社区儿童服务，人类经历了数千年的发展历程。

（一）儿童服务的酝酿阶段

在学校这种机构产生以前，儿童的教养一般由社区老人或体弱者承担。如果把儿童照看和儿童教育当作一种福利的话，原始部落中的儿童看护一般以公育的方式存在，并辅以生产、生活技能方面的教育。如游牧民族，年长者会教儿童一些诸如骑马、打猎、射箭方面的技能；而以捕鱼为生的部落中，教儿童织渔网（补渔网）以及相关捕鱼技能就是年长者的主要任务。对部落中的儿童来说，生产生活方面的技能，也是他们感兴趣的内容。年长者一方面传授了相关的技能，另一方面也完成了看护儿童的任务。

然而，这种形态社区儿童服务的目的，是出于生产劳动的需要，而不是出于儿童生活和发展的需要，尽管具有社区儿童服务的某些特征，也只能算是一种自发形态的社区儿童服务。这种没有独立形态的儿童服务，出于社会的分工而产生，本身就具有一定的福利性质。

在原始社会，劳动成果是按人头进行分配的，年老体弱者以及儿童都有机会参与分配猎物。原始社会的食物分配方式相对均等，孤儿与年幼儿童基本都能得到生存所需要的食物。这种福利取向的食物分配方式，也是出于血缘关系，并不是照顾弱势群体，这种福利也本身处于自发形态。在这个阶段，福利并没有从生产劳动中独立出来，而只是作为生产劳动的一部分存在。社会中的公平以及独有劳动成果分配方式，让社会福利作为一种隐性的存在而依附于生产中的某一环节。

（二）儿童服务的萌芽阶段

儿童福利的相关思想，最早可见于先秦时期，晏子直接规劝齐景公优恤老弱鳏寡的事迹中，也包含了相应的儿童福利观。在《晏子春秋》卷五《景公睹乞儿于途晏子讽公使养第十》中，齐景公看见路旁乞讨的孩子时"无家可归的孩子"，晏子说"君存，何为无归。使吏养之……"晏子建议政府救济供养，这样可以让所有人都知道君王的德政。① 南朝齐与梁时期还设置了专门的针对弱势群体（包括幼儿）的机构称为"六疾馆""孤独园"，但还不是专门的针对儿童的救济机构。

在这一时期，学校从生产劳动中分离出来，统治者出于维护自身的利益，开始关注慈善问题，社会上出现了一些慈善机构，如慈善堂。这些慈善机构的存在说明了社会福利开始走向专业化，儿童福利虽然也是其中的一部分内容，却并未独立出来。即便把单独的儿童福利机构作为儿童福利存在的标志，在一定程度上认可了儿童福利对于特殊儿童（特殊是弱势群体儿童）的意义，这至少代表了国家意志，却不能说明面向所有儿童的社区儿童服务的存在。

（三）儿童社区服务的独立发展阶段

1. 教育机构的产生，拓展了儿童需要的内涵

儿童教育成为当时儿童发展的重要内容，在家族或宗族内部形成的私塾担负了这一重要使命。特别是宗族内部集体出资聘请教员给本族子弟授课，在形式上具有一定的针对儿童（特别是宗族儿童）的社区教育功能。私塾是旧时私人所办的学校，有教馆、学馆、村校，家塾以及义塾。义塾是用祠堂、庙宇的地盘收入或私人捐款兴办，一般面向本族儿童，明显具有慈善性。而私塾是古代对学童进行启蒙教育的基本形式，以其设备简单、收费低廉、学制灵活、适应性强等特点深入社会的底层，面向所有的儿童。② 所以，古代的私塾在整体上还是具有一定的福利取向。

宋代的义学或义塾一般由地方上出钱聘请教师或官员，招聘名士，在家乡开办学校，主要为贫困而无钱求学的子弟设立，免收学生

---

① 王子今、刘悦斌、常宗虎：《中国社会福利史》，武汉大学出版社2013年版，第32页。

② 王凌皓：《中国教育史论》，吉林人民出版社2000年版，第354页。

学费。① 如范仲淹在苏州吴县设立的义庄中就有义塾，为族人提供免费教育。绝大部分义庄对族中贫寒子弟求学给予特困津贴。②

宋朝的"小学"在徽宗时十分发达，学生达到了近千人，招学的学生也面向一般的平民。其他形式的蒙学也相当发达，有私学、蒙馆、家塾、"冬学"等形式。其中的"冬学"面向农家子弟开放，农闲时（一般是十月）上学，所以称之为"冬学"。③（在元朝时，在此基础上，结合统治者要求的道德教化和农桑要求，形成了元朝特色的社学。）

民间社会救济和社会救助具有强烈的自发性，主要表现在救助主体上，即家族、同乡、行会、宗教。宗教慈善，以佛教、道教为主，但也多也有官府资助，如唐朝的"悲田院""养病坊"就有收容孤儿方面的慈善，其经费由官府出，管理由寺院负责。④

2. 专门的儿童福利机构加速了社区儿童服务的发展

我国古代专门的慈幼机构始建于封建社会中后期的宋代。分朝廷诏令设置和地方官吏自行设立两种，有慈幼局、举子仓、予惠仓等名称，主要服务于饥儿、弃婴。也有称之为"安济坊"和"居养院"。

"安济坊"和"居养院"都是宋代独有的社会福利设置，创设于宋徽宗崇宁元年（1102），前者作为政府主办的免费医院，由僧人管理。《宋》（卷一七八《食货志上六》）原注："若丐者育之于居养院；其病也，疗之于安济坊；……""居养院"则是收容穷民并提供住宿和若干生活费用的机关。南宋时期，朱熹发现福建部分地方有弃溺婴儿的陋俗，便建议朝廷建立举子仓，由官府供给钱米，统一收养被弃婴儿。⑤

儿童救济从成人救济中分离出来，形成了专门的儿童福利机构。这在一定程度上促进了儿童服务的内涵和服务形式的拓展。但儿童服务毕竟不等同于儿童福利，儿童服务只是儿童福利的一部分。这个时

---

① 吴洪成：《小学教育史》，山西教育出版社 2006 年版，第 66 页。
② 谷中原、朱梅：《社区保障概论》，中国社会出版社 2015 年版，第 41 页。
③ 孟宪承、陈学恂等：《中国古代教育史资料》，人民教育出版社 1961 年版，第297 页。
④ 夏建中：《社区工作》，中国人民大学出版社 2015 年版，第 57 页。
⑤ 乔卫科、程培杰：《中国古代幼儿教育史》，安徽教育出版社 1989 年版，第 32 页。

期的儿童福利还只是狭义的福利，即针对少数特殊儿童的福利，而非针对广大儿童的福利。

在宗族内部，也存在一些宗族式救济活动，主要救济宗族内部的贫困家庭，特别是临时遇到灾难家庭，不过，这时的救济尽管具有一定的社区色彩，但并未把儿童从中独立出来，儿童救济通常依附于成人救济活动。所以，这个时期的社区儿童服务，尽管产生了独立的儿童救济机构，但整体上还是依附于成人慈善。

（四）儿童服务的快速发展阶段

只有当服务对象扩大，服务地点依托社区时，这样的服务才称得上是社区服务。促进社区儿童服务产生，应该有这样几件与儿童发展有关的事情发生：一是幼儿园的诞生；二是学校规模扩大；三是儿童福利机构数量的增加；四是特殊儿童教育机构的诞生。这四种服务机构促进服务对象的数量的增加与服务内容的深化。特别是前面两种（幼儿园与学校规模的扩大）直接导致教育机构与社区的有效联结，这时才能说是真正意义上的社区儿童服务。

民国时期，受儿童福利事业的影响，成立了部分儿童救济团体和组织。尽管儿童慈善机构的产生体现了儿童福利上的进步，由于其服务对象的限制，未能涉及广大儿童，因此不能等同于社区儿童服务。也许有学者会把独立的儿童福利机构产生当作儿童服务产生的标志，这样会导致狭义上的儿童福利与儿童服务之间界限模糊，实际上，儿童福利还有广义上的含义，也只有当儿童福利走向普适时，儿童福利才有可能在一定程度上等同于儿童服务，有可能把社区内面向所有儿童的廉价或免费服务当作社区儿童的福利。这也是部分社会学工作者的立场。

民国时期的社区儿童服务逐渐形成体系，促进了儿童福利的大众化，儿童服务也开始真正走向社区。由于战争因素，国民时期的儿童救济达到了顶峰，而且还成立了专门的服务性慈善组织。在救助处境不利儿童的过程中，慈善组织把需要救助儿童的学习与未来职业发展联系在一起，达到了专门化的程度，这在形式上深化了儿童服务的内涵。战争因素使需要救济儿童数量扩大，在一定程度上，扩大了儿童救济的范围。

民国时期的各种儿童服务最初都是由西方基督教会引进的，国家儿童福利事业在一定程度上与基督教社会服务长期并存共生。[①] 鸦片战争后，西方宗教人士大量涌入。外国宗教人士最初是兴办育婴堂、孤儿院，以救助孤儿。一些传教士从街道上收容一些衣衫褴褛的穷孩子或乞丐，为他们提供食宿并教他们识字、读经。[②] 从传教士的办学行为（如针对穷孩子和乞丐提供的教育）来看，西方传教士在中国所办的学校还是有一定的慈善色彩。

民国时期的儿童福利发生了根本性的变化，其体现在学前教育机构的兴办，这扩大了儿童福利服务的对象范围。1902 年（光绪二十八年），基督教会在华建立的幼儿园（当时称幼稚园）就有 6 所，儿童 194 人。据 1924 年的统计，当时全国 190 所幼稚园中，教会办的竟达 156 所，占总数的 80% 以上。[③] 所以幼稚园的大面积推广应是儿童服务走向社区的一个重大标志。

随着幼儿园在中国的建立，民国时期的幼儿教育逐渐从贵族走向民众。特别是陶行知等人提出的大众化幼稚园教育的思想，促进了幼儿教育走向普通的大众。1927 年（民国十六年）秋季，陶行知发表了"幼稚园之新大陆"，提出了幼稚园走向工厂、走向农村。戴自俺后来又在河北带着一班青年幼稚师范生办乡村幼稚园。孙铭勋则在上海镇江一带，带着一群青年徒弟办劳工幼儿园。幼稚园的办园经费主要来自他们所得的稿费。张宗麟在东南大学毕业后，先在鼓楼幼稚园做了三年研究工作，后进入乡村工作的队伍中，创办了乡村幼稚师范院。徐世璧、王荆璞主持过晓庄、燕子矶、厦门、洪林美等乡村幼稚园。[④]

民国时期还出现了全国性乃至国际性的慈善团体，一个是"中华民国"红十字会总会（始创于 1902 年），1912 年 1 月正式加入国际红十字会联合会；另一个是中国华洋义赈救灾总会，虽然都是成人的福利，但也形成了一种慈善氛围。1938 年成立的中国福利基金会兴

---

① 刘继同：《国家责任与儿童福利》，中国社会出版社 2010 年版，第 9 页。
② 吴洪成：《小学教育史》，山西教育出版社 2006 年版，第 116 页。
③ 唐淑、钟昭华：《中国学前教育史》，人民教育出版社 1993 年版，第 83—85 页。
④ 张沪：《张宗麟幼儿教育论集》，湖南教育出版社 1985 年版，第 398—403 页。

办了多种开拓性的儿童福利机构，将民间儿童福利事业推向了新的高度。①

（五）社区儿童服务的现代性变迁

社区儿童服务的现代性变迁有两种表现，一是高级合作社背景下的农村互助式社区儿童服务；二是当代社区儿童服务的专业化与多元化。在土改时期，受合作组织的影响，产生了新型儿童服务形式。不管是农村还是城市，都产生了与地方文化相适应的教育机构。特别是早教机构，把合作社这种工作机制引入儿童托管领域。

互助组内部的儿童看护服务。在合作社时期，农民出于生产的需要成立的合作社，形成了内部的儿童看护服务。在互助组内部主要通过换工形式完成，成员之间根据能力差异进行分工。通常是老年人或体弱妇女负责婴儿托管，其他人下地干活。从现代意义来看，这具有现代社区服务所独有的自发、互助特征。

真正走向大众化的儿童服务，逐渐走向社区化。特别是当代经济发展，不断产生新的增长点。儿童研究成果不断产业化，女性经济独立，与儿童教育相关的服务不断产业化，由此刺激了社区内儿童服务的发展。受经济发展的刺激，产生了许多新型的儿童服务产业，涉及儿童发展的各个方面，儿童服务承担了相关教育、教养的任务。其中一个典型的特征是，服务质量高、专业性强，满足个体的多元化需要。与之配套的是收费式服务，儿童服务也逐渐受到监管。政府日益加强对社区服务业的领导或监管。此外，国家在儿童服务中起着越来越重要的作用。从重视特殊儿童、贫困儿童到普通儿童。

现代性还表现在社区功能完善性追求上，以和谐生态式社区为目标，而生态式社区的一个典型特征是比较适合居民生活，有供儿童玩乐与交往的场所。另一个特征是社区服务与居民生活的紧密相连，既有针对成人的服务，也有针对儿童的服务。此外，现代性社区还强调社区内居民的自发参与，儿童服务融入社区服务范畴。

---

① 刘继同：《国家责任与儿童福利》，中国社会出版社 2010 年版，第 13 页。

三 儿童服务的发展特征

纵观社区儿童服务标志的演变，我们可以看出这样几个明显特征：一是与成人服务联系紧密；二是教育机构的产生与发展对儿童服务的影响比较大；三是相关理论也推动着儿童服务内涵的扩展与深化。

（一）与成人服务联系紧密

儿童服务不能离开成人的服务。一是服务者以成人为主，多数儿童服务由家庭成员外的成人提供；二是在儿童服务的发展过程中，一直都伴随着成人服务存在，从早期的成年人救济开始，到近代的成年人社会服务，儿童服务有时是成人服务的伴随品，即服务者既为成年人服务，也为儿童服务，如乡村医生，在没有专门儿科医生时，一般是全科医生。农村的生活服务，一般也不太区分成人和儿童，只是随着专业划分的细分，与儿童相关的学科独立，或者形成独立的产业。

阶级社会早期的儿童服务，以国家为主体进行，把儿童、老人以及需要帮助的人集中在一起，具有一定的生活与生存需要取向。这时的儿童服务，是以国家形式存在，是与成年人共享国家的福利，所以，这时的儿童服务并不能算真正产生。

在人类对儿童认识还没有达到相应水平时，成人与儿童都模糊化为统一的服务对象。这为儿童救济专门化提供了基础和平台。可以说，在专门的儿童福利机构产生前，针对儿童的救济或救助主要由成人福利机构承担。

（二）教育机构的产生与发展对儿童服务的影响大

专门性教育机构的产生拓展了儿童服务的内容。伴随教育功能的拓展，教育对社会和个体的价值逐渐被认可，教育被视为个体发展变化的重要途径，具有满足儿童发展性需要的作用。在教育发展过程中，学校与社会的紧密关系促进了社会或社区在儿童教养中作用。

社会对教育功能的认可直接促进了教育机构的衍生品产生，相伴随的是儿童在接受教育过程中产生的新的需要，以此带动了社区儿童服务业的产生与发展。

（三）相关理论也推动着儿童服务的内涵不断深化

除了教育理论外，还有特殊教育的相关思想、西方福利思想以及社区理论都推动着社区儿童服务内涵的深化。一是西方特殊教育理论的影响加上我国实践工作者的探索。针对特殊儿童的教养问题开始走向社会化，形成家庭、社区的合作。二是受西方福利思想的影响。普及化福利不仅仅是针对特殊的群体，而且应具有一定的普惠性。三是关于社区理论的进一步发展，特别是和谐社区建设模型的推广，强调人人参与社区服务。而社区儿童服务则进一步走向深层次，除了强调社区居民的参与外，还强调社区教育功能与社区环境的统一以营造一个促进儿童个体成长的良好环境。并强调社区服务应关注儿童当下发展与儿童未来发展的统一。

第二节　社区儿童服务的内涵

虽然社区服务的事实性存在比较久远，但狭义上的社区服务、社区儿童服务还是以社区的存在为基础，这并不排除随着社区范围的扩大（特别是对地理区域内涵的突破），社区服务、社区儿童服务的内涵也会产生一定的变化。

一　社区与农村社区

对社区的理解并不是固定不变的。自 1887 年由德国社会学家滕尼斯在其论著 *Gemeinschaft und Gesellschaft* 中提出（英文名为：Community and Society，中文名：社区与社会）以后，社区概念不断丰富，到 1955 年，在各种社会学文献中至少出现了 94 种社区定义，而到了 1981 年时增至 140 多种。① 这些定义基本都包括三个要素：地域范围、功能、方式，分别指向社区的地域空间、共同联系、社会互动。不同研究者的不同取向，就产生了比较典型的定义。

功能性定义：社区是由共同目标和共同利益关系的人组成的社会团体。

---

① 黎熙元：《现代社区概论》，中山大学出版社 1998 年版，第 5 页。

地域性定义：社区是在一定地域内共同生活的有组织的群体。

互动性定义：指包括一个地理区域内有社会互动关系的一群人及维系这群人的联结结构。

也有学者认为，社区除了作为功能性单位外，还具有方法论的含义，即社会学研究和社会工作的一种手段与途径。①

社区的社会学定义应当包括三个共同要素，即地域性、社会互动与共同的联系纽带，这被绝大多数社会学家所认同。② 但是，对于实际存在的社区，研究者们普遍认为，社区的存在是以一定的物质和精神基础为前提，物质方面包括一定数量的人口、设施、地理位置（也称地域），精神基础则包括被大家认可的规范或秩序。③ 社区的物质基础基本被所有学者认同，也有学者强调不同类型组织存在性前提，即正式与非正式组织也应是社区的一个组成元素。但在精神基础方面，整体上有不断丰富的趋势，文化要素、社区心理认同都如同社区规范一样起着类似作用。④

农村社区也是社区的一种。由于对农村的理解不同，对农村社区的理解也会存在一定差异。通常情况下，农村被理解为与城镇相对应的村庄，但在现行的城乡划分是相对的，而且具有一定的连续性，城乡关系在我国目前具有七个层次，即乡村内部、镇域内、县域内、市域内的城区与乡村、地级市域内的城乡、省域内城乡、全国范围内的城乡。结合国内行政管理的实际，县域内的城乡关系是现实中认可的关系。⑤ 现实当中，对于农村的理解，也存在广义与狭义之分。传统意义上的农村是以农业为主，生活在乡村范围的农民所聚集在一起的区域。社会学者认为，农村是一种综合性的社区，具有典型的特征：人口密度相对较低、以农业为主、面对面的熟人文化。⑥ 现有一些学

① 陈社英：《社区初论》，《社会》1989 年第 1 期。
② 夏建中：《社区工作》，中国人民大学出版社 2015 年版，第 3 页。
③ 孙光德、董克用：《社会保障概论》，中国人民大学出版社 2004 年版，第 396 页。
④ 于显洋：《社区概论》，中国人民大学出版社 2006 年版，第 31—33 页。
⑤ 杨卫安、邬志辉：《城乡教育一体化：范围、实质与研究路径》，《湖南师范大学教育科学学报》2013 年第 4 期。
⑥ 黎熙元：《现代社区概论》，中山大学出版社 1998 年版，第 116 页。

者基于研究的需要采用广义上的农村，广义的农村还包括镇、县城。农村社区的规模比较特殊，费孝通先生认为"乡下最小的社区可以只有一户人家"，这种情况在美国比较常见。①

乡村社区的特点：第一，规模不一，中国乡土社区的单位是村落，从两三家村可到几千户的大乡村。第二，乡村人口流动率低，乡土社会的特性之一是世代定居，"人口似乎附着在土上"，即具有相对稳定性。第三，乡村社区是一个熟人社会。熟悉是乡村社区的典型特征，"每个孩子在人家眼中看着长大的"，孩子眼里的"周围人"也是从小就看惯的"熟悉"社会。第四，乡土生活具有一定的地方性，即社区间接触少，各自保持的社会圈子。由于乡村人口流动率低，社区间的往来就少。

随着社会变迁，农村人口发生了很大变化，传统意义上的农村社区也有了新的含义。如苏州等地的部分农村产业结构发生了变化，从农业转移到了第二产业、第三产业。所以，对于以农业为主的说法，研究者提出了"多数现在或曾经以农业为主要职业"的说法。② 这里的农业，应该还包括渔业、牧业、林果业。而"曾经"则强调了变化，随着农村人口向城市的流动，特别是新农村建设步伐的加快，部分以农业为生的农民职业向工业、旅游业等方向转移。因此，农村社区则可以分为农业社区与非农业社区。传统农村社区多是初级社区，但随着城市化建设步伐的加快，特别是农业转型以及与城市中心的位置接近，部分农村社区功能也发生了变化，由初级社区向次级社区转化。③

二　社区服务

由于在社区服务取向上存在福利性、便民性之间的差异，部分学者结合两种不同取向，提出了综合性的方案，即社区服务包括三个部

---

① 费孝通：《乡土中国》，上海世纪出版集团2013年版，第8—10页。
② 金太军、张振波：《乡村社区治理路径研究》，北京大学出版社2016年版，第20页。
③ 黎熙元：《现代社区概论》，中山大学出版社1998年版，第120页。

分：核心部分、中间部分、边缘部分。① 把三种服务按价值顺序进行排列。也有学者认为，社区服务应该是三种对象地位平等，即弱势群体、普通居民、辖区单位的三者处于同等地位，都是社区服务的对象，服务内容也就围绕福利服务、便民服务、"后勤"服务展开。

虽然有研究涉及儿童服务内容，如图书馆服务、健康服务等方面，但在社区儿童服务体系上留下空白。我们可以从社区指标、社区服务指标、城市养老服务指标等方面找一些思路或突破口。

我国城市社区的提法是从城市街道转换而来。重在促进居民的参与以及提升居民的归属感。② 我国学者在界定社区服务的含义时，多与传统的功能相关，即延续了街道办事处的公共服务与保障服务功能，同时又增加了具有居民参与性的自我互助服务。

陈社英认为，社区服务是对居民群众的就地服务，是在政府、专门指导人员指导、组织和帮助下，社区居民所进行的自我互助服务。③ 唐钧认为，社区服务是在政府的统一规划和指导下，以一定层次的社区组织为主体或依托，以自助—互助的广泛的群众参与为基础，既突出重点对象，又面向全体社区成员的，用服务设施和服务项目来增进公共福利、提高生活质量的区域社会性服务，具有福利性、社区性、群众性三个特征。④

徐永祥认为，社区服务是社区社会服务的简称，是指在政府的资助和扶持下，根据居民的不同需求，由政府、社区内的各种法人社团、机构、志愿者所提供的具有社会福利性和公益性的社会服务以及居民之间的互助性服务。⑤ 这种定义，强调了服务的供给主体、政府作用、福利性和公益性服务、互助服务。

于显洋认为，社区服务是在政府的倡导和支持下、在社区范围内

---

① 唐钧：《关于城市社区服务的理论思考》，《中国社会科学》1992 年第 4 期。

② 夏学銮：《中国社区服务的内容体系、运行机制和其他》，《社会工作》1998 年第 1 期。

③ 陈社英：《社区服务讲座》，《中国民政》1988 年第 1 期，转引自唐钧《关于城市社区服务的理论思考》，《中国社会科学》1992 年第 4 期。

④ 唐钧：《关于城市社区服务的理论思考》，《中国社会科学》1992 年第 4 期。

⑤ 徐永祥：《社区发展论》，华东理工大学出版社 2000 年版，第 173 页。

实施的具有福利性和公益性的各种社会服务活动。① 核心要素是政府作用（倡导和支持）、福利性和公益性、各种社会服务。

可见，社区服务有三种定位：服务对象定位、性质定位、功能定位。② 结合国内社区服务研究与社区保障研究来看，社区服务有一些变化：从发展趋势来看，社区服务对象基本体现了我国福利保障的走向，从弱势群体和优抚对象优先、免费服务占主导的局面，走向互助性、公益性优先，从服务功能从单一性走向多元化。

农村社区服务的含义基本也体现了上述三种定位。农村社区服务，也是农村公共服务，是指农村社区内居民共同消费，在农村社区内或部分具有非竞争性和非排他性的公共服务。③ 这一定义，也有范围、功能、性质三种定位。

三　社区儿童服务

社区儿童服务是社区众多服务内容中的一种，具有一定的指向性和综合性。同时，也由社区作为儿童生活的地点，社区也相应承担一定的教育任务。即在儿童成长过程中，社区担负两种主要功能：一种是服务功能；另一种是教育功能。在现代教育体系中，社区与家庭都是儿童教育过程不可或缺的主要参与载体。

1. 儿童在社区中的身份

儿童、老年人、成年人共同形成了社区人口的主要部分。儿童在社区生活中的身份，可以是父母的子女，祖辈的孙子、孙女，也可以是邻居，还可以是同伴的朋友、同学。作为家庭生活的成员，也可以是社区生活的参与者，即社区中的居民。通常情况下，儿童在社区生活中的活动，都是以社区中的物质（或设施）为基础，儿童与他人的交往也发生在一定的空间，其中的一部分空间主要就是儿童生活的社区。儿童在通常情况下所需要的生活条件，都由社区提供，在这种背景下，儿童在社区中是以被服务者的身份存在，即服务对象。而儿

---

① 于显洋：《社区概论》，中国人民大学出版社 2006 年版，第 254 页。

② 邓锁：《社区服务研究：近十五年以来的发展和评析》，《甘肃社会科学》2000 年第 4 期。

③ 贾先文：《农村公共区化研究》，社会科学文献出版社 2015 年版，第 33 页。

童同时也是社区生活的参与者，作为居民、邻居，儿童也可以为他人提供便利，特别是身心发展具有一定的独立性、自主性以后，儿童也可以作为服务者参与社区服务。这种服务，通常是教育意义上的服务他人，如帮助同伴，帮助邻居或老人做力所能及的事情。

2. 儿童的需要

根据马斯洛需要层次理论，人的需要一般有五种层次，即生理需要、安全需要、交往需要、自尊需要、自我实现需要。生理需要、安全需要、交往需要是低一级需要，自尊需要与自我实现需要则是高级需要。儿童在不同年龄段的需要是不同的，低幼阶段，儿童的需要以生理需要、物质需要为主，同时还具有交往需要，即低幼儿童的需要以低级需要为主。当儿童身心发展到一定程度后，就会有自我实现的需要。

现实中的农村儿童需要有一定的共同点。由于农村留守儿童相对较多，农村儿童的情感需要相对强烈。同时，也由于农村家长外出以及农村家长素质相对较低，农村儿童还存在学业辅导方面的需要。由于许多地方实行学校布局调整，很多农村儿童上学距离较远，上学不方便，导致农村儿童生活学习上的不便，由此产生了生活服务方面的需要，如午餐、校车服务等。对于低幼儿童来说，如果没有老人照顾，父母生产活动就会受到影响，由此也产生了儿童看护或照顾方面的需要。

根据儿童社会化发展的要求以及未来公民素质的需要，儿童的道德素养，如利他行为或服务他人的意识也是必不可少的，儿童的民主意识、服务意识、利他意识也应在社区生活中得到体现，这种需要指向的是自我实现的需要。

3. 社区儿童服务的类型

社区中的儿童服务，根据不同标准有不同的分类。第一，根据服务内容，社区中的儿童服务，有照看性的服务，如临时性的托幼看管，也有保教合一的婴幼儿教育，前者多由非正规机构（主要是个人）提供，提供者与服务对象之间多数具有一定的血缘关系，还有一部分由于是熟人或者熟人介绍；后者通常由正规的教育机构提供，以前多数隶属于街道（社区）、妇联管理，现在多由教育部门管理，目前一些社区的托管服务则是两种服务内容的融合，从早期单纯的照看、接送上学转向了接送、照看、学业指导的融合。

第二，从是否收费来看，存在着公益性服务与有偿服务，部分社区经常把二者结合起来，鼓励有偿服务的社区居民在适当情况下从事公益性服务，如在小学附近的托管机构多是收费的，而儿童在学校组织下为社区提供的力所能及的服务是不收费的。

第三，从活动发生的频率来看，有临时性的儿童服务，也有长期的儿童服务，一些服务机构在正常营业之前，或者某些有慈善意愿的个体临时采取的针对社区儿童的服务多属于临时性；一些志愿者或团体，长期地在某地提供的针对特定儿童的服务，活动频次相对固定，有的是一周1—2次，有的则是正常工作日，我国内蒙古锡林浩特的流动幼儿园一般在每年的5月到8月开放，而广西上林县的游戏点则每周活动2—3次。①

第四，从活动主体的数量及组织程度来看，社区儿童服务有个体的自发性和志愿性的儿童服务活动和有组织的儿童服务，前者来自不同参与个（主）体的道德激励和自觉行为，而有组织的儿童服务，主要由教会、学校、公司等机构开展的各种有目的、有资源支持、有活动目标的服务行为。因此，社区中的儿童服务，主要依赖公共活动场所，如社区图书馆、博物馆、社区服务场所，或者某宗教团体或培训机构。

此外，社区儿童服务的分类还可以从社区儿童服务的对象来划分，如社区学前教育服务、社区中小学生服务、社区特殊儿童服务等，这三个方面的研究在当代分属于不同的学科研究范围，如学前教育领域、中小学教育领域、特殊教育领域等。

因此，我们认为，社区儿童服务是在政府的扶助和支持下，根据家长和儿童需要，采取一定措施，由政府、企业、志愿者或个人提供的多种服务，以促进儿童发展、提升家庭幸福、维护社区和谐。从收费来看，分无偿服务、低偿服务和有偿服务三个层次；从服务时间来看，有临时性、长期的服务，如临时看护是临时性的，课后托管则是长期的；从服务关系来看，有互助性服务，也有单向性服务；根据是否有规则，分常规性服务与偶发性服务；依托服务机制的是常规性服务，偶发性服务一般是临时的。

---

① 梁志燊：《学前教育学》，北京师范大学出版社2002年版，第369—379页。

第三节　社区儿童服务的特征*

社区服务是"在政府的倡导和支持下、在社区范围内实施的具有福利性和公益性的各种社会服务活动"，社区服务具有福利性、民众参与、地域性等特征，其中福利性是社区服务的本质特征。① 在当代，社区服务逐渐表现出多元化、综合性服务的倾向。社区儿童服务是社区服务的内容之一，是一项儿童福利，既包括针对特殊儿童（即弱势儿童群体）的服务（救济或救助），又包括针对普通儿童的服务，它属于广义的社会保障范畴。② 随着道德教育领域的深入，社区业已成为学校道德教育的重要阵地。因此，社区儿童服务以社区的存在为依托，在社区内部，把儿童作为服务对象或者服务主体的服务活动。③ 从本质上来讲，社区儿童服务是一种满足儿童需要的服务，它与儿童的发展性需要或缺失性需要相联系。

一　社区儿童服务是一种面向全体儿童的福利

我国福利社会学的研究者，把福利分为狭义与广义。我国传统的福利是一种针对弱势群体的狭义福利，广义福利观则认为所有人均应享受社会福利。与此同时，我国儿童福利也从狭义走向广义，即除了向弱势儿童群体提供国家保障外，普通儿童也应享受国家保障。当福利从弱势群体扩大到普通公民时，社会福利也走向社区。

（一）适度普惠型社会福利背景下的儿童福利

长期以来，我国传统的福利制度具有"补缺型"性质，即一种狭义的福利观。但随着国家经济水平的提高，这种福利制度难以适应民生改善的需要，普惠全民成为我国社会福利发展的必然趋势。④ 在此

---

　* 严仲连：《社区儿童服务刍议》，《东北师大学报》（哲学社会科学版）2018 年第 1 期。

　① 于显洋：《社区概论》，中国人民大学出版社 2006 年版，第 254—255 页。

　② 徐永祥：《社区发展论》，华东理工大学出版社 2000 年版，第 207 页。

　③ 严仲连：《我国社区儿童服务的问题与对策》，《社会科学家》2016 年第 1 期。

　④ 郑功成：《中国社会福利改革与发展战略：从照顾弱者到普惠全民》，《中国人民大学学报》2011 年第 2 期。

背景下，我国社会的儿童福利已经开始服务于所有儿童，即走向广义的儿童福利。①

首先，社会福利向普惠型方向发展。在当代，我国政府基本实行了针对城市和农村的最低生活保障和农村扶贫等社会救助制度。在农村，我国政府有针对性地探讨了区域扶贫、定点扶贫、精准扶贫以及特殊群体扶贫等策略。② 此外，政府目前逐步推行城乡居民基本养老保险制度和城乡居民大病保险制度，促成了全民医保体系的基本形成。③ 城乡居民的医疗保障和城乡居民的社会救助，使社会福利逐渐全民化，即最终落实到农村社区、集镇社区和城市社区之中。

我国社会福利的转型（即从"补缺型"向"适度普惠型"的转变），是一场从传统社会福利向现代社会福利的转型，是人人共享改革成果的重要体现。④ 这种转型拓展了社会福利的工作范畴，即从个别极端困难人口扩大到不同类别的群体性困难人口。这种转型将导致社会福利体系的完善，即社区福利服务将成为重点建构的内容。⑤ 惠及全民的社会福利也最终将走向社区福利，成为社区综合服务体系中一部分。

其次，我国政府也正在探索普惠型儿童福利制度，把所有普通儿童纳入福利服务的范畴。民政部于 2014 年、2015 年相继颁布了《关于开展适度普惠型儿童福利制度建设试点工作的通知》和《关于进一步开展适度普惠型儿童福利制度建设试点工作的通知》两个文件，把普通儿童纳入国家儿童福利的范畴。⑥

（二）普惠型儿童福利的事实性存在

如果说针对特殊儿童（如残疾儿童、孤儿和艾滋病儿童）的儿童

---

① 成海军：《中国特殊儿童社会福利》，中国社会出版社 2003 年版，第 5 页。
② 郑功成：《中国社会保障发展报告 2016》，人民出版社 2016 年版，第 64—67 页。
③ 郑功成：《中国社会保障发展报告 2016》，人民出版社 2016 年版，第 5 页。
④ 王振耀：《抓住机遇全面推进社会福利工作的三大转型》，《社会福利》2009 年第 10 期。
⑤ 成海军：《构建适度"普惠制"社会福利的思考》，《社会福利》2008 年第 11 期。
⑥ 郑功成：《中国社会保障发展报告 2016》，人民出版社 2016 年版，第 190 页。

福利实践具有救助取向的话，那么面向所有儿童权利保护的实践则具有明显的福利普惠性质。这是社会保障在当代的进一步拓展，也是儿童福利事业的深化。

事实上，普通儿童已经享受了相关的国家福利，特别是免疫方面的服务。1986 年，卫生部发布《妇幼卫生工作条例》（1986 年）对妇女保健做出了系统规划；1994 年颁布并于 1995 年实施的《中华人民共和国母婴保健法》以及 2001 年颁布实施的《中华人民共和国母婴保健法实施办法》明确提出：医疗、保健机构应为孕产妇提供包括卫生、营养、心理等方面的医学指导以及产后访视，科学喂养等方面的服务。① 这把妇女婚前保健和孕期保健、母婴保健纳入法制化轨道，促进了妇女保健水平的提高。另外，最初孕妇体检一般都在县级以上的医疗机构自主进行，2011 年后，根据国家卫生部门的要求，社区医院对本市孕妇实施免费体检，社区医生还会定期对孕妇健康善进行随访。② 社区医院也承担公共卫生服务，涉及孕妇保健和儿童保健等内容，这是儿童福利社区化的进一步体现。

（三）儿童福利的普惠应体现在社区的日常服务之中

当代学者在讨论社区服务时，以少年儿童为对象的社区服务对象有普通少年儿童和特殊少年儿童，服务内容大致反映了尊重儿童的需要这一基本事实。③ 如婴幼儿的照管、小学生的接送、中小学生的午餐服务、课余托管等生活方面的服务，以及相应的早期教养指导、3—6 岁儿童的学前教育、中小学生的校外辅导等方面的教育服务。

社区服务对象的扩大，反映了儿童福利的发展趋势，即儿童福利基本朝着普惠型方向发展。这主要表现在两个方面：首先，在中小学教育领域，扩大了救助范围，颁布了一系列针对贫困家庭学生的政策，例如，《关于进一步做好城乡特殊困难未成年人教育救助工作的通知》（2004 年）、《国务院关于在全国建立农村最低生活保障制度的通知》（2007 年）、《民政部财政部关于进一步提高城乡低保补助水平

---

① 中国政府网：《中华人民共和国母婴保健法实施办法》（http：//www.gov.cn）。
② 刘欣：《社区医院将为孕妇免费体检》，《牡丹江晨报》2011 年 11 月 5 日。
③ 于显洋：《社区概论》，中国人民大学出版社 2006 年版，第 263 页。

妥善安排当前困难群众基本生活的通知》（2008 年）、《关于进一步规范城乡居民最低生活保障标准制定和调整工作的指导意见》（2011年）。相关的政策文件更是进一步指向学生的营养和书本费，如《国务院办公厅关于实施农村义务教育学生营养改善计划的意见》（2011年）、《教育部、财政部关于进一步加强和规范农村义务教育学生营养改善计划学校食堂建设工作的通知》（2012 年）、《教育部办公厅关于义务教育阶段农村地区中小学校不得收取 2008 年春季教科书费的紧急通知》（2008）分别涉及学生的伙食和书本。

其次，在学前教育领域，以提升学前入园率为突破口，强调向所有适龄幼儿提供合理的学前教育，国家重点发展农村学前教育。特别是《国家中长期教育发展规划纲要》（2010 年）颁布并实施以后，系列学前教育政策出台，如《国务院关于当前学前教育的若干意见》（2010 年）、《关于加大财政投入支持学前教育发展的通知》（2011年）、《财政部、教育部关于建立学前教育资助制度的意见》（2011年），各省市纷纷出台了地方学前教育规划，有力地促进了我国学前教育事业的发展，被称为迎来了"中国学前教育的春天"。[①] 大批的公办园建成并兴办，农村学前教育的办园条件有了显著改善，学前教育的入园率也有显著提高。国家出台的政策明显扩大了儿童福利的受益范围，着眼于改变学前领域的不公平问题。

（四）儿童福利现实中的不公平现象与缺失

由于福利政策的特有取向，新中国成立以来，其实，自古代社会以来，我国社会的儿童福利更多地偏向于弱势群体儿童，即狭义的儿童福利，如孤儿、残疾儿童以及贫困儿童。城乡普通儿童的福利在相当一段时期只局限在免疫服务上。其他领域的儿童福利基本存在缺失，特别是城乡差异的存在，现行的社区儿童服务也存在一些不公平的现象。一是城乡差异明显，农村儿童不能享受城市儿童特有公共教育资源。二是部分优质教育资源只服务特定的群体，如重点中学、优质学前教育只向少数特权阶层或有富裕阶层倾斜，多数其他收入阶层的子女只能享受廉价的教育资源。

---

① 严仲连：《中国学前教育的春天真的即将到来》，《幼儿教育》2010 年第 12 期。

此外，现行的社区儿童服务还存在许多空缺。特别是早期教养方面的，缺少政府部门的介入。收费过高，只有高收入阶层家庭子女才能享受相关的早期教养方面的服务，低收入阶层的子女在早期教养方面基本存在空缺。农村地区的家长，由于文化素质以及网络媒介方面的限制，在儿童的早期抚养方面存在许多困惑，缺少医护人员的指导。

二 社区儿童服务需要民众的参与

社区由具体的家庭组成，家庭成员或家庭成为社区的组成"细胞"。尽管家庭或家庭成员在城市社区与农村社区中起的作用略有不同，但不管是城市社区还是农村社区的儿童服务都需要社区民众的参与。而且作为未来的公民，如果要培养良好的公民道德，也需要融入社区生活之中。

（一）社区服务是社区内所有居民的权利与义务

社区是由生活在一定区域内的一群人组成的社会。社区服务的内容包括的内容比较广，既有国家作为服务主体的社会福利，也有日常生活中的互助式服务，涉及社区内的每一位居民。社区服务对社区内的居民而言，既具有一定的福利性，这种福利同时也是面向广大群众的福利，就服务内容来说，社区服务还是社区内群众性的自助互利活动，社区内居民既是服务的客体，也是服务的主体，因此，社区服务在一定程度上是社区居民权利与义务的统一体。[1]

就社区儿童服务来说，其参与主体有两类，一是普通的民众参与，二是儿童作为服务主体的儿童参与。家庭作为社区的组成单位，儿童抚养主要由家庭承担。现阶段，儿童福利体制满足儿童需求的重要环节仍然是家庭。[2] 社区建设中的相应责任不能离开家庭的参与。特别是与儿童成长有关的公益性活动，儿童游戏组织，不同家庭之间的聚会就需要社区内有孩子的家长参与。当民众作为家长参与到社区

---

① 孙光德、董克用：《社会保障概论》，中国人民大学出版社 2008 年版，第 399—400 页。

② 江立华、沈洁：《中国城市社区福利》，社会科学文献出版社 2008 年版，第 91 页。

儿童服务中时，儿童是服务的对象。不同家庭之间相互提供服务，一般以公益活动、免费活动为主。当社区居民以此为产业时，就是收费性的儿童服务。

（二）参与社区服务是未来公民培养的必由之路

儿童作为未来的公民，应该培养一定的公民道德责任感。把儿童作为社区未来公民进行培养，既是社区工作的一项内容，同时也学校教育的使命，联系社区生活，对儿童进行道德品质教育，是当前学校德育工作的重要内容。

儿童作为服务主体参与社区儿童服务时，服务对象既可能是比其小的伙伴，也可能是社区的老年人，还有可能是自己或同伴。儿童作为社区服务的参与者，参与社区建设与社区服务中，提供力所能及的服务。如为老年人服务，帮助同伴，参与社区美化、绿化等。儿童参与社区服务，在目前情况下，多以服务于他人的公益性活动为主。

在"人民公社"时期，学校与社会的联系相对紧密，城乡中小学生普遍参与了生产队、街道的服务。这是基于"为培养社会主义劳动者奠定基础"的教育理念进行的服务。现在的中小学教育，普遍重视知识教学，忽视了儿童的操作能力，特别是对服务社会的意识方面的培养存在欠缺。

经济的发展，特别是农村"包产到户""责任制"，以及当代社会"经济至上"的追求，导致了文化的断裂，"帮助他人，关心他人"的文化受到忽视。特别是现代生活节奏的加快，人与人之间关系的疏远，对他人淡漠，亲情、乡情逐渐淡化。"事不关己，高高挂起"成为当代生活的一种典型表现，也是当代人际环境的真实写照，个人对社区内公共事务的漠不关心，对涉及个人利益的事情则"斤斤计较"，人与人之间的关系打上了"金钱的烙印"，社区缺少凝聚力，儿童对"家乡"对生活的"社区"缺少认同感。

三 社区儿童服务具有一定的地域取向

社区儿童服务是依托社区存在的指向儿童需要的服务。城乡儿童生活在一定的区域内的家庭之中，不是脱离家庭、社会的生命存在。一定的区域在农村表现为村、屯或乡镇，在大中小城市则表现为社区。

（一）社区儿童服务受地域因素影响

社区儿童服务的地域取向，有两层意思：① 一是服务对象局限于本社区儿童的生存和发展方面的需要。受服务效率的影响，社区服务对象是有一定的限制，即只在一定范围内，服务的效率是最高的，扩大服务半径将增加服务的成本，服务范围明显要受到经济效益方面的制约。二是指社区儿童服务要受到社区地理、文化和人口等因素的影响。农村人口少，地域广，人口密度小，因此农村社区的儿童服务不同于城市社区。城市社区有满足儿童需要的各种课后托管、兴趣班以及学业辅导方面的有偿服务。农村社区缺少相应的儿童学业相关的有偿服务，但农村更多地依赖于建立在血缘关系上的相互帮助。由于农村社区表现为一种"熟人社会"，农村居民相互来往比较多，受这种文化与农村地理因素的影响，农村儿童之间来往方便，农村儿童之间的相互交往与相互帮助明显要多于城市儿童。农村儿童的社区服务则表现为无偿与有偿相结合、更偏向于无偿的服务。

（二）国家福利的存在逐渐弱化地域因素对儿童服务的影响

我们在考虑社区儿童服务的地域取向是相对的。一是受理服务对象的相对性，传统的针对本地户口的学前教育服务、课后托管服务、义务教育以及免疫服务，随着社会资源的增长特别是"单位福利"向"国家福利"的转变，社区儿童服务在一定程度上不再局限在街道、社区范围内的儿童，只要满足相应的服务条件（如只要有健康证或户口簿），儿童可以在任何方便的社区内享受需要的服务。

由于单位福利的承担主体是狭隘的"单位"，即由具体的单位承担相关的人力、物力方面的消耗，因此，单位福利的受众更多地偏向于"单位"系统内的员工。这些落实到具体社区层面的儿童服务内容实际上呈现的却是国家福利或社会福利，其主体是政府，这已经超越了传统的"单位福利"。

随着国家与各地方的协同，"单位福利"向"社会福利"的转变，进城农民工子女也可以在城市享受相应的市民待遇，农民工子女

---

① 徐永祥：《社区发展论》，华东理工大学出版社2000年版，第178页。

在入托、入园、义务教育、相关课后托管、免疫等方面的需要亦可以在其居住地就近解决。

（三）城乡一体化趋势弱化了儿童服务中的地域限制

一是，随着城市轨道与农村公共交通设施的改善，传统的局限一定服务半径的儿童服务，已经开始拓展。如校车的广泛使用扩大了各中小学、幼儿园的生源范畴，许多农村儿童开始到城里接受教育。家庭轿车的普及，也有一些孩子跨区接受其他社区的学业辅导，特别是一些口碑好的服务非常受欢迎，家长们趋之若鹜，与儿童的受益相比，地域方面的限制就基本被忽略了。

二是，农村社区与城市社区之间的区分也是相对的。随着城乡一体化趋势的加强，农村社区逐渐向城市社区转化，以及随着农民的收入增加，农民在城市买房安家，许多农民向市民转变。当然，随着农村社会保障功能的完善，在未来的社会中，农村社区将会变成更适合人生存的社区，也将会有一些城市居民向农村社区转移，即未来社会，农村与城市之间的流动是双向。因此，在未来社会，囿于社区局限的服务也将彻底地开放。

四　服务于弱势儿童群体是社区儿童服务的重要内容

在每个时代，由于地理环境、疾病、伤残、年老等因素的影响，都会有一定数量的人群生活在贫困线以下，成为社会生活中的弱势群体。政府出面制定和实施社会保障制度，保障社会成员（特别是弱势群体）的基本生活，是维护社会安定和社会生产的必要条件。[1] 当代弱势群体中，就存在弱势儿童群体，特别是残疾儿童、孤儿、单亲家庭儿童、贫困家庭子女（即贫困儿童）、弃婴、受虐待儿童等都属于弱势儿童群体，针对这些特殊儿童所采取的救助、保护、矫正、安置、辅导及养护，就是我国社会的传统儿童福利。[2] 儿童福利在社区福利、国家福利与社会性福利体系中占据基础性与核心性地位，是衡

---

① 孙光德、董克用：《社会保障概论》，中国人民大学出版社 2008 年版，第 17 页。
② 成海军：《中国特殊儿童社会福利》，中国社会出版社 2003 年版，第 1 页。

量社会发展模式是否科学的灵敏指标。①

（一）救助弱势儿童群体是我国社会福利的历史传统

我国自古就有救济弱势群体儿童的传统，从最初的救济孤儿、残疾儿童，逐渐扩大到弃婴、贫困儿童，政府在儿童福利方面的救助对象范围逐渐扩大。魏晋南北朝时期开始出现慈善机构"六疾馆"。唐代的悲田养病坊既提供医药方面的救助，同时也收容一些孤儿。到宋朝时，还专门的育婴类慈善机构，"举子仓"和"慈幼局"主要为弃婴提供救助。② 民国时，慈善团体的加入，促成了专门性儿童福利机构的诞生。在民国时期，还形成了针对残疾儿童的教育机构，把针对弱势儿童群体的救助推向了新的高度。

新中国成立后，特别是近年来，国家颁布实施了针对孤儿、残疾儿童的系列政策与法规。民政部门制定了保护困境儿童的若干救助方案，并形成系统，涉及特殊儿童的生活保障和教育两个方面。这些方案有：《民政部办公厅关于调整儿童村工作人员工资和孤儿生活费标准以及有关福利待遇问题的通知》（1992年）、《民政部关于进一步加强受艾滋病影响儿童福利保障工作的意见》（2009年）、《关于制定福利机构儿童最低养育标准的指导意见》（2009年）、《民政部、财政部关于发放孤儿基本生活费的通知》（2010年）、《关于给部分烈士子女发放定期生活补助的通知》（2011年）、《民政部、财政部关于发放艾滋病病毒感染儿童基本生活费的通知》（2012年）、《关于制定孤儿最低养育标准的通知》（2012年）以及民政部联合国家计委等部门发布的《关于进一步发展孤残儿童福利事业的通知》（1997年）。这些方案的救助对象包括了孤儿、艾滋病影响儿童、烈士子女、残疾儿童等。

部分省市也有与困境儿童相关的救助政策，如天津市的《关于申报困难流动妇女儿童救助金的通知》（2013年）、青岛市的《关于做好事实无人抚养儿童保障工作的通知》（2013年）、海南省的《海南省管理方式残疾人生活补助实施方案》（2013年）、重庆市的《建立

---

① 刘继同：《国家责任与儿童福利》，中国社会出版社2010年版，第93页。
② 吕洪业：《中国古代慈善简史》，中国社会出版社2014年版，第113—114页。

事实无人抚养困境儿童生活补贴制度的通知》（2013 年）、陕西省的《陕西省残疾人生活补贴实施意见》（2013 年）等，也都是针对弱势儿童群体的救助政策。

（二）弱势儿童群体救助的社区化发展趋势需要社区参与

自 20 世纪 80 年代后期我国提出社区服务的理念后，我国的福利制度也开始走向综合化道路，对孤儿的供养也改变了单一的国家供养模式，形成了以国家兴办的社会福利机构为示范、以其他多种所有制形式的社会福利机构为骨干、以社区福利服务为依托、以居家供养为基础的求助性社会福利网络。[①] 与此配套的政策，体现在相关的孤儿收养、孤儿生活费发放以及社区建设等方面。

在特殊教育领域，把特殊儿童融入正常社会中进行教育，促进这些孩子与社会的融合，达到特殊儿童"回归主流"社会的目的，这种教育形式，在国外被称为融合教育。事实上，特殊儿童的教养问题，也需要回到正常的生活中去，特别是回到社区生活中去，以促进特殊儿童与他人的交往。这种融入社区生活的特殊儿童教养，也需要社区居民在心理上的接纳，在社区设施上的便利，同时还有在生活方面的社区服务。20世纪 90 年代初，我国福利机构开展的家庭寄养模式，探讨了孤残儿童融入社会生活，促成了家庭、社区与儿童福利机构之间的互动。[②]

当代社会中的弱势儿童群体，还包括留守儿童。出于经济发展和家庭建设的需要，农村地区许多家庭中，父母双方或一方到城市打工，儿童留在乡下与祖父辈一起生活而形成农村留守儿童。现行的研究表明，留守儿童是当代社会发展过程中的一个重要问题，从而引起社会的广泛关注。2016 年 4 月，国务院同意民政、妇联、农业、关工委等 27 个部门形成关爱网。[③] 事实上，多年来，各地方教育部门、政府部门以及许多高校志愿者参与了为农村留守儿童提供扶助与关爱的活动。其实，这些救助活动最终只有落实到儿童生活的社区，才能起到最优的效果。农

---

① 王子今、刘悦斌、常宗虎：《中国社会福利史》，武汉大学出版社 2013 年版，第291 页。

② 李迎生：《"孤残儿童家庭寄养模式"评析》，《云南社会科学》2003 年第 5 期。

③ 中国政府网：《27 部门就农村留地儿童关爱保护工作建立部际联席会议制度》（http：//www. gov. cn）。

村留守儿童的问题，主要指向农村留守儿童心理方面的情感需要。

此外，随着社会的进步，社会中的弱势儿童群体范畴在当代还包括成年人犯罪、吸毒家庭的儿童以及单亲家庭子女。这些家庭的子女由于父母方面的原因，在生活或教育方面存在缺失，这些儿童也是社会中的弱势群体，他们也是社会福利的救助对象，特别是这些儿童所在社区提供的服务更具有针对性，更能促进这些儿童的成长。

五　社区儿童服务是一种多元化的、综合化服务

儿童的需要是多元化的，不同地域的社区文化也存在较大的差异。特别是城乡社区文化的差异，以及各地方区域文化差异的存在，使理想的社区儿童服务应该呈现出多元化、综合性服务特征。

（一）社区儿童服务的多元化表现

社区儿童服务的内容比较广，既有针对特殊儿童的福利性服务，也有满足各个年龄阶段儿童的教育、教养服务。从需要满足层次来看，有物质层面的需要，如食品；也有安全方面的需要，如小区安全；还有情感方面的需要，如留守儿童教养问题；还有满足儿童作为未来公民而服务社会的需要，如儿童参与社区公益活动。这些服务内容主要指向社会工作、教育工作、医疗服务、社会接待工作四个方面。[①] 其中，社会接待工作主要服务于相关团体或企业单位，社区儿童服务中的社会接待工作的主要服务对象是学校或其他教育机构。

社区儿童服务的责任主体层次丰富，既有国家承担的社会福利，也有地方政府提供的福利，同时也有社区内居民或企业提供的服务，还有志愿者提供的服务。有偿服务、低偿服务、无偿服务等一起构筑社区儿童服务的综合体系。

在组织管理上，政府领导、企事业单位支持、群体自治，采用政府机构与民间机构相结合，专业服务人员与志愿服务人员、社区居民互助服务相结合的综合服务网络模式。例如，目前国家对于农村留守儿童的服务，就涉及 27 个政府部门。此外，还有许多大学生志愿者

---

① 孙光德、董克用：《社会保障概论》，中国人民大学出版社 2008 年版，第 396—398 页。

服务团队参与其中。

（二）社区儿童服务整体上呈现综合性特征

由于服务内容的多样化，社区儿童服务的经费来源也呈现多样性，主要表现在政府的投入、社会捐助、有奖募捐基金的投入、社区服务收费等多种途径形成社区儿童服务经费的综合性渠道，[①] 其中政府起主导作用。目前的社区服务中，政府主导作用并不明显：收费性服务偏多，公益性服务偏少。由于社区服务机构不健全，许多服务还只是停留在文字阶段。相比之下，社区服务更重视社区老年人服务，把社区儿童服务简单地推向市场，导致许多社区儿童服务事实上以高收费服务为主，基本没有低收费服务，更没有公益性儿童服务。

我国目前的儿童服务中存在许多管理上的空白，例如，2014 年，少数幼儿园为追求利益的最大化，对儿童喂养相关的药物，[②] 直接威胁着儿童的健康。近年来，多地陆续出现的与校车有关的安全事故，虽然多年来一直受到关注却依旧事故频发，此外，"山西疫苗事件"[③]、"山东问题疫苗"[④] 等事件影响很大。此外，社区的托管服务以及校外辅导班乱收费等问题，也都说明了现行的儿童服务政策执行上还存在"漏洞"，需要政府部门完善相关的法律，行驶政府职能，促进社区服务管理的法制化与常态化。

第四节　社区儿童服务的供给与影响因素

社区儿童服务的供给主体与社区服务的性质理解有较大关系，基层组织、企业、教育机构是农村社区儿童服务的重要参与者。地方人口密度、经济以及地方政府的执政理念对社区儿童服务有直接影响。

---

① 于显洋：《社区概论》，中国人民大学出版社 2006 年版，第 266 页。
② 腾讯新闻网：《骇人听闻的幼儿喂药事件如何发生》（http://view.news.qq.com）。
③ 搜狐网：《"山西疫苗乱象调查"疑云需要真实答案》（http://news.sohu.com）。
④ 新华网：《济南破获一起涉案价值达 5.7 亿元的非法经营人用疫苗案》（http://www.sh.xinhuanet.com）。

一 社区儿童服务的对象与属性

（一）社区服务的对象

社区服务的对象最早为社区内的弱势群体。作为一种福利，用于解决贫民阶层的贫困，如 18 世纪中叶英国工业革命后"大学为他服务组织"和 1930 年以后的美国纽约的邻舍辅导处。二战以后，扩展到老年人问题、残疾人问题、妇女儿童的保护问题、青少年教育问题、失业和贫困问题、不健全家庭问题等。[①] 其中弱势儿童群体比较突出，包括经济贫困、残疾儿童、流浪儿童、单亲家庭子女等。

随着社区工作（或社区建设）的全面展开，社区服务界定为类似"一定地理空间的人群及社会性的总称"。[②] 此后，特别是随着人们生活需求的不断增长，人们对家庭服务、体育文化、教育等都有了新的要求，社区服务的对象扩展到社区内的所有居民。

（二）社区服务的特征

福利性是社区服务的本质特征，[③] 是社区服务的逻辑出发点。社区服务本身以公益取向为主，如果没有福利性的服务，社区服务就失去了存在的基础与支持。社区服务是以服务弱势群体的生活为出发点，具有较强的社会保障功能。通过维护社会弱势群体的基本生活权利，社区服务实现社会公平和社会公正。[④] 面向社区弱势群体的服务以无偿服务为主，而面向全体的社区服务则以有偿甚至低偿服务为主，这两种服务都是公益性服务，只不过无偿服务更具福利性。

对于社区服务的特征，国内学者的看法基本一致，但在具体表述上有一定的差异。有的研究者认为社区服务明显具有福利性、互助性、地域性等三个特征。[⑤] 有的研究者认为是五个特征，孙光德、董

---

① 孙光德、董克用：《社会保障概论》，中国人民大学出版社 2004 年版，第 397—398 页。

② 于显洋：《社区概论》，中国人民大学出版社 2006 年版，第 28 页。

③ 夏建中：《社区工作》，中国人民大学出版社 2015 年版，第 169 页。

④ 于显洋：《社区概论》，中国人民大学出版社 2006 年版，第 256 页。

⑤ 于显洋：《社区概论》，中国人民大学出版社 2006 年版，第 256 页。

克用等人认为社区服务具有福利性、社会性、区域性、群众性、综合性;[①] 夏建中认为社区服务具有福利性、地域性、群众性、互助性、综合性。[②]

可见，福利性、地域性被广泛认同，而在互助性、群众性、综合性方面存在一定的差异。互助性、群体性体现了社区服务的广泛参与变化，群体性体现出广泛参与，而互助性强调了社区居民之间的关系以及社区功能。综合性体现出服务内容与人们生活需求之间的有机关联。

（三）社区儿童服务的特征

与社区老年服务一样，社区儿童服务是社区服务的范畴之一。从理论上来说，社区儿童服务也应该具备社区服务的上述特征。由于我国社区建设水平整体缺少规划，社区组织还相对零散，社区服务并未表现出应有之义。社区儿童服务更多停留在理论层次，并未形成体系。

从现实来看，我国社区儿童服务体现了较强的福利性，但与发达国家相比，福利水平相对较低。服务内容的城乡差异明显，城市社区儿童服务综合性强，农村社区儿童服务种类相对单一。随着交通能力的提高，社区服务的地域取向逐渐淡化。我国社区儿童服务的民众参与积极性不够，在儿童服务上并未形成居民之间的有效互助机制。整体来看，我国社区儿童服务应该是一种普惠性福利、相对地域取向、广泛参与、弱势儿童优先、综合性的服务。

二 社区儿童服务的供给主体

社区服务是服务于社区居民的，特别体现了社区保障功能。在这种意义上，社区服务的供给主体理应是政府。在农村，服务于农村建设的主体也应该是政府。费孝通先生认为，农村社区服务的主体应该是政府。要促进农业发展、改善农民生活状况，就应该借助于政府的

---

① 孙光德、董克用：《社会保障概论》，中国人民大学出版社 2004 年版，第404—405 页。

② 夏建中：《社区工作》，中国人民大学出版社 2015 年版，第169—170 页。

力量，改进已有的民间金融组织，成立农村信贷合作社，以改善农村投入状况。[①]

研究者们对于社区服务内容，特别是社区建设是否是社区服务的内容，有不同的观点。主张社区服务不同于社区建设者的研究者强调社会服务以福利性服务为主，这种福利性服务是以社区弱势群体为主，面向全体居民的服务处于从属地位。[②] 其中的文化、卫生、教育、体育、环境等方面的服务，研究者认为其是社区建设的范畴，不应该是社区服务的内容。从这种观点出发，社区服务的主要对象分别是老年人、残疾人、少年儿童、特殊儿童、贫困者、优抚对象等。社区服务的供给主体应该是政府。但随着为全体居民提供的服务内容的增加，如代办买米、换煤气、看护病人、煎药煮饭、咨询、介绍等服务旨在方便居民生活的服务逐渐增多，提供主体也逐渐多元化，有居民个体，也有企业。

农村社区服务的供给主体也存在类似的观点。多元主义者认为，农村社区中即便属于政府职责范围的服务，也可以是多元参与的。政府是提供者，并不代表政府是生产者，生产任务可以由私营部门或社会机构完成。目前我国农村社区服务中公退民进、民办公助、公办民助等思路，最大限度地扩大了社区服务供给的主体。[③]

与此类似，认为教育服务是社区服务的服务内容的研究者认为，社区服务的供给者还可以是志愿者、公益组织、企业、社区等。[④] 西方国家由于社区服务对象的扩大，从"摇篮到坟墓"的高福利让西方国家困难重重，国家逐步把政府负担的社会福利和社会服务转向由政府与社会分担，增加了群众自治、自我服务等内容。[⑤] 在我国现行社区中，公益组织、社会团体、志愿者等也都是社区服务的提供者。

[①] 管义伟、李燕南：《中国农村社区服务体制的变迁及其后果》，中国社会科学出版社 2016 年版，第 6 页。

[②] 于显洋：《社区概论》，中国人民大学出版社 2006 年版，第 261—264 页。

[③] 管义伟、李燕南：《中国农村社区服务体制的变迁及其后果》，中国社会科学出版社 2016 年版，第 6—7 页。

[④] 夏建中：《社区工作》，中国人民大学出版社 2015 年版，第 173—177 页。

[⑤] 孙光德、董克用：《社会保障概论》，中国人民大学出版社 2004 年版，第 398 页。

　　由于社区儿童服务内容是多元的、综合的，社区儿童服务的供给主体也应该是多元的。但政府应该是其中的主导者，相关企业（营利性与非营利性组织）、团体（服务机构）、志愿者等都是参与者。由于儿童发展的需要，儿童发展应该定位为未来的公民，社会责任者与社区归属感应该是儿童素质的组成部分之一。这既是家庭的责任，也是社区的责任，更是学校的责任。学校是社区儿童服务的重要"参与者"。

三　学校教育机构是社区儿童服务的重要参与者

　　在满足儿童发展需要的过程中，学校教育机构承担重要的任务，这在一定程度上体现了国家、政府的主体作用。目前对于社区服务的工作人员，主要观点基本以专业社区工作人员（即社区）和志愿者为主。[①] 也有研究者认为，与应该有教育部门的参与，但教育部门的参与是以社区为平台，通过最佳的结合点来推动社区服务。[②]

　　现实中，儿童的需要表现为多方面，其中儿童学习辅导与看管成为一种社会普遍的现象。在众多社会团体、个体职业者介入儿童托管服务中时，由于缺少管理，托管服务、辅导服务质量受到社会质疑。"三点半"现象依旧普遍。

　　单纯从社会工作或社区建设的角度来看，居民互助应是理想的形式，由于未能在利益上达成一致，就儿童托管与儿童课业辅导在现实中的互助行为并未得到广泛认同，社区志愿服务相对有限。家长依旧在儿童托管、儿童作业辅导与家长工作之间存在时间上的冲突。

　　学校作为社区儿童服务的参与者是长春市教体局与教育局的重要公益行动。课后托管成为长春市众多学校推出的一项惠及所有儿童的服务，主要由学校组织实施，政府（长春市教育局）实行资助。这项活动的推出，部分解决了家长的托管与课后作业辅导的困境，达到了一定的公益目的。

　　长春市教体局面向全市少年儿童举办的"冬令营""夏令营"则依托长春市的众多辅导机构组织，引入了高校的大学生志愿者，由长

---

① 于显洋：《社区概论》，中国人民大学出版社 2006 年版，第 268 页。
② 夏建中：《社区工作》，中国人民大学出版社 2015 年版，第 187 页。

春市教体局投入经费，参与活动的少年儿童普遍获得了相关技能，这项活动也受到了众多家长的认同。

从长春市的这两项活动来看，都有学校教育机构的"参与"，背后的支持者都是政府部门。课后托管是直接参与，"冬令营""夏令营"是间接参与，长春市教体局通过学校机构发放通知，告知所有家长。满足家长对于优质教育的需要。这是当代社区儿童服务内容的新的"增长点"。可见，政府主导，学校参与的社区儿童服务是当代社区儿童服务的重要形式。

四　社区儿童服务的影响因素

（一）社区服务的影响因素

在众多社区服务影响因素研究中，研究者关注社区老年人服务、社区健康服务、社区教育的成果相对比较多。从现有研究来看，传统文化、参与主体、专业人员素质、行政管理等因素对社区服务有一定的影响。其中参与主体、专业人员素质、物质设施都体现了经费问题。

传统文化对社区服务有一定影响，特别是影响到社区服务的需求，如老年人的社区养老需求，就受"崇尚节俭"和"为子女着想"等传统文化因子的影响，而受到抑制。家庭理念在一定程度上也影响着社区服务需求，如老年人养老与子女态度直接相关，孝顺子女与不孝顺子女家庭的社区服务需求内容是不同的。[1]

在社区教育服务中，社会力量参与程度不够直接影响着社区教育服务的供给。配套设施、专业人员直接影响着社区教育质量。政府行政管理对社区教育服务质量有间接影响。[2]

在社区健康卫生服务方面，经费投入、专业人员素质直接影响着健康卫生服务的质量。[3]

---

[1] 王琼：《城市社区居家养老服务需求及其影响因素》，《人口研究》2016 年第 1 期。
[2] 廖楚晖、向黎明：《社区教育服务质量影响因素及实证研究》，《中国电化教育》2017 年第 12 期。
[3] 谭姣、马国燕等：《西安市社区卫生服务居民满意度及其影响因素》，《公共卫生与预防医学》2015 年第 6 期。

在城市社区服务方面，也存在供给不足问题，这主要表现在社区公共服务供给对象相对有限，只服务部分人，即存在公平性问题。以长沙市为例，长沙市的社区服务主要以本地居民为主，针对外来务工人员的服务相对缺乏。[①] 工作人员的素质直接影响着社区服务的质量，特别是工作人员的待遇直接影响着服务中的责任心。[②]

农村社区服务需要政府担负一定的职能，首先是弱势群体，对不同需求者应该有不同的福利性措施，提升生存能力和生活品质，如留守儿童、老人和妇女，需要社会对他们的生产、生活、心理进行关注、抚助。其次，政府应该采取措施对市场进行培育，具有私人产品性质的农村社区服务虽然有市场需求，但市场失灵，如农村金融贷款服务、农业保险、医疗卫生院服务以及农村商业销售服务等，产品具有消费的竞争性特征，却没有供给或供给不足，这需要政府的支持。[③]

社区公共服务与个体需要联系比较大，没有工作的人对社区公共图书服务的使用率更高。社区服务的便捷性也影响着公共服务效率，离家太远（超过 500 米）的健身场地，使用频率比较低。[④]

（二）社区儿童服务的影响因素

社区儿童服务，尽管是以儿童为服务对象，但也间接服务于家庭。家庭的理念、政府责任、专业人员素质等都影响着社区儿童服务的选择。传统的社区儿童服务对象主要以弱势儿童为主，特别是孤儿、残疾儿童，目前正向留守儿童以及所有正常儿童扩展。就社区儿童整体来说，社区人口、地方经济、社区区位、政府理念、传统文化等都影响着社区儿童服务。

人口因素影响着社区儿童服务的质量。社区人口有两层意思，一是指社区所有人口，包括适龄儿童数量；二是人口人密度。一般来说，社区人口数量整体较多，社区适龄儿童数量也会相应较多；人口

---

① 徐金燕、范学工、蒋利平：《我国城市社区公共服务居民满意度的现状及其影响因素研究》，《城市发展研究》2015 年第 2 期。

② 仇宇、韩晓燕：《社区服务工作满意度的影响因素分析》，《人民论坛》2010 年第 1 期。

③ 吴文浩、胡庆龙：《我国农村社区服务供给创新研究》，《学术论坛》2013 年第 2 期。

④ 任晋锋：《影响社区公共服务设施认知及使用的因素》，《经济与社会》2012 年第 10 期。

密集地方，适龄儿童数量也相对较多。适龄儿童数量，影响着社区儿童服务的组织形式。相对来说，适龄儿童数量较多的社区，服务机构与家距离可能会越近；适龄儿童数量较少、人口密度较小的社区（农村），儿童接受服务的便利程度就会差些。例如，农村地区的幼儿园，在很多地方采取的是一所幼儿园服务两村、三村甚至是多村。在人口密度较小的西部地区，虽然是一村一园，但居民间相互距离较远，距园最远的家庭，步行甚至得花费 40 分钟以上。反过来，如果地方人口数量过多，儿童服务供不应求，也会产生儿童服务得不到满足的情况。例如，很多城市曾经存在的入园难现象，虽然社区可能会有配套幼儿园，但幼儿园学位有限，不能满足社区所有孩子入园需要，家长不得不采取各种措施为孩子争取到入园机会。

地方经济是影响社区儿童服务的重要因素，地方经济实力影响着社区儿童服务的格局。经济水平发达的地方，越有可能能力发展社区儿童服务，以幼儿园入园率为例，经济发达的省份，入园率相对较高。如江苏、浙江、山东、广东的学前三年入园率在 2015 年就超过了 95%，而且公办园比例相对高。由于学前教育领域的财政支持形成了国家、省、县、镇四级系统。国家对贫困省份的学前投入比较大，贫困地区学前教育进展也很大。相对来说，中部省份由于国家财政投入不充分，地方学前教育形成了民办幼儿园占主体的格局。

社区所在的区位对社区儿童服务也有影响。一般来说，城市、集镇区位直接影响着社区服务，如城市地区人口、组织相对多，参与社区服务的组织与志愿者也更多、更容易。城市社区基础设施更到位，集镇其次，农村社区基础设施由于经费不足、社区不重视等原因，农村社区的基础设施几乎是空白。[1] 社区儿童服务也同样有区位因素的影响。一是影响基础设施的配置；二是影响儿童服务的数量、质量。相对而言，离经济中心近的社区，接受儿童服务更便利。城市社区儿童服务的数量更多、质量更高。城市社区适合儿童玩耍的场地更多、设施更齐全。

政府理念对社区儿童服务也有直接影响。政府是否关注民生，是

---

[1]　黎熙元：《现代社区概论》，中山大学出版社 1998 年版，第 158 页。

否持以服务民众为本等理念，直接影响着政府对社区儿童的行为。以学前教育为例，虽然地方经济直接影响着学前教育的发展水平，如数量和质量。但也有例外，如 2005 年的深圳，经济水平在全国领先，但地方政府并没有把发展学前教育当作己任，而是把学前教育简单推向市场。国内很多地方也跟风，减少对学前教育的财政投入，这造成国内学前教育入园率急剧下降。

第五节　农村社区儿童服务的价值追求

从社会发展的角度来看，在市场经济和全球化的浪潮下，种族文化的"弱肉强食"是必然趋势。"农村味"童年的消失是人在开放环境中自由选择和价值取向的表现，我们不可能要求在工业文明下生长起来的农村儿童继续体验农业文明的生活环境。然而"农村味"的童年置身现代化的大背景下，最重要的意义是让农村孩子拥有对农村社会良好的情感依恋与在农村生活的基本自信；同时具有开阔的胸襟，能积极接纳外来文明的冲击，能敞开开阔而健康的生存空间。农村土地是农村生命的根本性源泉，怎样实现在现实的农村场域之中给农村儿童以全面、自由发展的引导，促进农村儿童的精神成人，是农村教育的根本性问题。

（一）农村社区儿童服务应有针对性、公益性

农村社区儿童服务要以广大农村社区为依托，以生活在农村的儿童为教育对象，以全面促进儿童健康发展为目的。首先，要充分利用地方发展优势，因地制宜，整合资源，满足社区儿童多层次的社会参与和交往需求。设置一些与农村文化有关的教育活动和研究专题，如在村中开设"儿童幸福家园"，提供课外学习和交流的空间等方式。对于有特殊需要的儿童，如父母不在身边或者家庭非常困难的儿童，政府定期下乡慰问或组成帮扶对子。有条件的农村社区可以定期邀请各行业专家，为社区儿童提供多种学习知识的渠道等。其次，加强对农村社区公共服务设施的投入，如建设图书馆、儿童活动中心等，利用社区资源为社区儿童服务，积极发挥政府的主导作用，拓宽投资渠道，采取多种形式，积极吸引民间资本建设，兴办产业。最后，不能

就儿童服务谈儿童服务，农村社区对儿童的最大保障应该是来自基础的生活保障，从农村社区的道路交通、水电设施、活动场所、购物商店以及垃圾处理和通信宽带等硬件服务，如果农村社区的孩子上学、看病就医、卫生防疫、社会保障、就业培训等软件服务也等同或接近城市社区，那么社区儿童服务的质量将大幅度提高。因此国家必须提出相应的政策保障。例如，在福利设施尤其是儿童福利设施方面有重点地向农村社区倾斜，划拨农村社区服务建设专项资金等。

（二）面向全体儿童与全员参与

这里的全体儿童指所有儿童，不仅指特殊儿童，还有普通儿童。不仅本村（社区）的儿童，还可以是邻村（社区）的儿童。社区儿童服务除了优先为特殊儿童服务以外，还有面向普通儿童的服务。甚至是外地的儿童，如果有意愿接受服务，也是可以的。如邻村的儿童想来参与本村组织的儿童活动，本村儿童服务提供者不应该拒绝，特别是对于城市社区来说，有很多面向本社区的服务，这种服务还应该面向其他社区甚至进城的农民工子女开放。全员参与，则指社区儿童服务的供给者，应该是全方位的，除了各级政府外，还应该有社区组织、社区志愿者，特别是社区所有居民，都可以为立足于社区的儿童提供公益性服务。

（三）政府的主导性地位

儿童的成长尽管有家庭的责任，但社区在儿童发展中的作用也不可忽视。社区为儿童提供的服务，应该是面向所有儿童的公益性、福利性服务。尽管社区服务的供给主体是多元的，但政府的作用是主导性的。这种主导性体现在对儿童服务的组织、管理上，特别是福利性、公益性活动，活动场地、设施以及专业管理人员的配备等需要政府进行财政投入。在多种服务内容上，虽然也有市场机制的介入，但是市场的培育需要政府组织实施。儿童服务中涉及多部门的合作，这也是政府责任的体现。特别是对收费性服务，需要政府出面进行监督与管理，以维护家长与儿童的权益。

（四）未来发展导向性

根据教育学的人才教育与培养的相关原理，社区儿童服务应该以未来人才素质培养为导向，以未来公民道德的要求，特别需要结合儿童目前的需要，整合社区内外的资源，特别是学校资源，利用公益组织、团体以及志愿者，激发儿童对社区的归属感和社会责任感。这种未来发展导向性原则，需要专业人员，特别是教育类专业人员的参与。

（五）科学管理与民主监督相结合

由于社区儿童服务需要多元主体的参与，调动不同主体的参与，需要社区进行科学管理，合理调配资源，科学设计与组织，既要激发广大志愿者参与的激情，也要调动社会团体、公益组织甚至个体劳动者的参与，这对于社区的管理工作要求比较高，特别是民主性要求。居民参与社区内儿童服务类公益活动，是以居民对活动的认知、了解甚至理解、认同为前提的，只有符合多数人利益的活动，才有可能在社区内得到居民的广泛支持。

（六）农村社区儿童服务应与农村学校的乡土文化教育相联系

现阶段，我国农村正在进入农业产业化和农村工业化、城镇化的新时期，农村教育体系要适应农村经济结构和社会结构调整和变革，进行适应中国农村实际的教育创新。首先，为农村劳动力向非农产业提供多种教育服务，培养和培训制造业和服务业需要的劳动者和专业人才，在有条件的地区，大力发展各种教育机构，逐步成为当地社区文化传播和科技扩散中心，带动地区现代化的发展。其次，要统筹规划乡村中小学学校建设与社区建设相协调，使有限的教育资源发挥最大的作用。而从更长远的角度，农村教育在人才培养的素质与规格上要着眼于造就一代具有现代精神的新农民，即促进人的现代化，为改变中国的二元社会结构、实现城乡现代化协调发展准备人力资源。最后，要不断探索与丰富适合农村实际的教育信息化发展模式，把重点放到增强教师和学生的信息意识，使其学会应用信息技术，接受现代文明，学习现代科学文化知识，扩展视野，促进人的现代化，进而推进教育现代化。[1]

（七）农村社区儿童服务以农村的生态式发展为基础

农村社区建设是城乡一体化社会建设的重要载体，加快城乡一体化发展，对于农村居民共享现代社会物质和精神文明成果，形成现代社会生活方式，构建新型农村文化认同，具有重要作用。首先，要强

[1] 谈松华：《农村教育：现状、困难与对策》，《北京大学教育评论》2003年第1期。

化规划的指导作用，建立城乡一体化的社区建设机制。通过统筹城乡土地利用、城乡产业发展、城乡基础设施和公共服务体系、城乡劳动就业、城乡民生保障，注重城乡社区管理体制的衔接和整合，把农村社区建设纳入新型城市化和新农村建设规划中来。其次，是加大财政投入力度，形成农村社区多元化经费投入机制。要坚持政府主导、多渠道筹集农村社区建设和社区服务所需经费，增加公共财政对农村社区的支出，将社区居民委员会的工作经费、人员报酬以及服务设施和社区信息化建设等项经费纳入财政预算。[1] 此外，由于农村社区的独特性，既要做好服务，又要发展经济。只有农村经济社会发展了，农民生活水平提高了，才能更好地享受城乡一体化社区建设带来的各种好处和便利。为此，还要确立经营农村社区的理念，通过村庄整治、农居优化、土地整理等手段，努力实现城乡发展方式、区域发展方式、农民生产生活方式"三个转变"，促进城乡社区发展一体化。

（八）农村社区儿童服务不能脱离农村优秀传统文化

两千年来中国的传统文化以个体农业经济为基础，以宗法家庭为背景，以儒家伦理道德为核心。其基本精神是："尊祖宗、重人伦、崇道德、尚礼仪。"在现代化建设中，传统文化既是维护中华民族团结一致的一种重要社会整合机制，又是体现民族特色的重要内容。要培育具有地方特色的文化价值观念、行为准则及行为方式。因此构建农村社区文化应该因地制宜，利用乡土资源、乡土教材，开展具有地域特色的社区文化活动，发展具有独特内核的农村文化精神，将本土文化同先进文化有机地融合在一起。具体做法上，可通过多种形式如群众喜闻乐见的戏曲、故事、民谣等民间娱乐方式来调动儿童的积极性，形成良好的社区文化环境和氛围。在农村社区弘扬传统文化，一方面要丰富农村传统文化活动，如民间的舞狮子、玩龙灯、逛庙会、扭秧歌等活动，调动儿童参与社区文化活动的积极性和认同感；另一方面要赋予传统文化活动以新内容、新观念，使儿童在活动中接受现代文明。[2]

---

① 代伟、张志增：《试论我国农村社区教育发展策略》，《职教通讯》2011 年第 23 期。
② 张桂芳：《试论转型期农村社区文化建设》，《兰州学刊》2004 年第 5 期。

第二章　农村社区儿童服务的现状调查

　　根据第二部分第二节对社区儿童服务的定义，即："社区儿童服务是在政府的扶助和支持下，根据家长和儿童需要，采取一定措施，由政府、企业、志愿者或个人提供的多种服务，以促进儿童发展、提升家庭幸福、维护社匹配和谐。"结合引论部分第三节关于社区建设的指标研究，我们初步把社区儿童的范畴确定为五个维度，即服务数量（与种类）、服务质量、社区环境、供给主体、保障机制等。此外，由于目前很多研究，也基本同意把社区环境安全当作社区服务的一个方面。事实上，我国城乡环境中存在很多不安全因素，导致儿童安全事故频发，而且我国家长基本把儿童的健康与安全放在第一位，所以，社区儿童服务中，也应该有安全、健康服务，本研究中把安全、健康服务分别归于环境与服务种类。

第一节　县域内学前社区服务现状调查

一　研究设计

　　2019 年的调查于 1—4 月进行，向来自甘肃、江西、湖北、山东、广东 5 个经济发展水平不同省份的 1800 位学前儿童的家长发放问卷，回收有效问卷 1789 份。从服务数量、服务质量、供给主体、保障机制、社区环境五个方面呈现学前儿童社区服务的基本情况，并对这些基本情况进行了家庭位置、家庭经济情况、家长学历、幼儿年龄方面的差异分析，同时也提出了相应的建议。

（一）调查工具

学前儿童社区服务问卷主体部分包括 40 个题项，问卷的总克隆巴赫系数 α = 0.910 > 0.7，说明问卷信度良好。其中各维度的克隆巴赫系数分别是 0.783、0.791、0.712、0.783、0.722 均大于 0.7，说明各维度以及总的问卷信度良好。因子分析发现，KMO = 0.903，Bartlett 的球形度检验的卡方为 30857.541；自由度为 780；显著性为 0.000，说明问卷适合做因子分析，各维度的 KMO 值分别为：0.788、0.761、0.724、0.789、0.667 均大于 0.6，达到统计学要求，说明问卷具有较好的效度。信效度分析表明该问卷可以反映出学前儿童社区服务的基本情况。

表 2-1　　　　　　　　　问卷信度效度结果统计

维度	题数	题号	Cronbach's α	KMO
服务数量	12	1，2，3，4，5，6，7，8，9，10，38，39	0.783	0.788
服务质量	8	12，13，14，15，16，17，18，19	0.791	0.761
供给主体	7	20，21，22，23，24，25，40	0.712	0.724
保障机制	9	26，27，28，29，30，31，32，33，34	0.783	0.789
社区环境	4	11，35，36，37	0.722	0.667
合计	40		0.910	0.903

（二）研究对象的基本情况

调查对象的性别分布情况是：男孩子占 52.7%，女孩子占 47.3%；学前儿童年龄分布情况是：3 岁占 9.3%，4 岁占 26.0%，5 岁占 32.4%，6 岁 25.8%，7 岁占 5.0%，8 岁占 1.3%。城乡样本的分布情况是：农村占 38.2%，乡镇占 12.0%，县城占 40.6%，地级市占 5.9%，省级市占 1.5%，城郊占 1.7%。所在省份分布情况：甘肃 317 人，占比 17.7%；江西 224 人，占 12.5%；湖北 262 人，占 14.6%；山东 299 人，占 16.7%；广东 687 人，占 38.4%。幼儿园性质分布情况：公办园77.4%，民办园19.7%，企业、社区、街道办园2.8%。幼儿园位置基本情况：幼儿园地处农村所占比重为24.6%，乡镇所占比重为19.2%，县城所占比重为46.7%，地级市所占比重为6.1%，省级市所占比重为2.0%，城郊所占比重为1.4%。

从家庭经济情况来看，家庭月收入为1500元及以下属于低保家庭，占17.8%；家庭月收入为1501—4000元属于收入较低家庭，占25.8%；家庭月收入为4001—8000元属于一般家庭，占29.7%；家庭月收入为8001—15000元属于较好家庭，占13.9%，家庭月收入为15001—20000元与20001元及以上属于很好家庭，占12.8%。说明样本服从正态分布。

表2-2 调查样本情况

父母工作情况					
		频率	百分比（%）	有效百分比（%）	累计百分比（%）
有效	父母都在外地工作	176	9.8	9.9	9.9
	仅父亲在外地工作	306	17.1	17.1	27.0
	仅母亲在外地工作	39	2.2	2.2	29.2
	都在本地工作（或务农）	1264	70.7	70.8	100.0
	总计	1785	99.8	100.0	
缺失		4	0.2		
总计		1789	100.0		

从父母外出工作情况来看，父母单方或双方在外地工作的留守幼儿占比29.2%，说明调查样本中存在一定数量的留守儿童，特别是9.9%的幼儿父母均在外工作，这些幼儿的教养是重中之重。

二 县域内学前儿童社区服务现状

本问卷量表部分的分值设置如下：1代表"完全符合"；2代表

"比较符合"；3代表"不能确定"；4代表"基本不符"；5代表"完全不符"。分值越低，代表越符合相应的选择项。

（一）县域学前儿童社区服务相对充足

学前儿童服务的对象包括0—3岁和3—6岁儿童。前者属于托儿服务，后者属于幼儿园教育。目前县域内提供的服务有："家庭周围有幼儿园"（M = 1.53，SD = 0.997），"幼儿园提供午餐"（M = 1.35，SD = 0.881），"孩子生病后看医生方便"（M = 1.48，SD = 0.834）和"孩子打疫苗方便"（M = 1.48，SD = 0.836）。学前儿童家庭周围生活环境安全、生活较为便利也是社区儿童服务的范畴，如"购买儿童用品方便"（M = 1.38，SD = 0.758）、"家庭周围环境安全"（M = 1.48，SD = 0.780）。此外，学前儿童家庭周围的儿童教育培训数量相对合理，如"家庭周围有儿童教育培训"（M = 2.19，SD = 1.351）。

表2-3　　　　　　　　学前儿童社区服务数量情况

	N	最小值	最大值	平均值	标准差
家庭周围有托儿所	1789	1	5	2.56	1.508
家庭周围有幼儿园	1789	1	5	1.53	0.997
家庭周围有儿童临时看护机构	1789	1	5	3.05	1.433
家庭周围有儿童教育培训	1789	1	5	2.19	1.351
孩子生病后看医生方便	1789	1	5	1.48	0.834
孩子打疫苗方便	1779	1	5	1.48	0.836
家庭周围有家庭教育指导服务机构	1787	1	5	2.80	1.255
幼儿园有校车接送	1789	1	5	2.80	1.720
幼儿园提供午餐	1789	1	5	1.35	0.881
购买儿童用品方便	1789	1	5	1.38	0.758
家庭周围环境安全	1789	1	5	1.48	0.780
母子的产后访视	1789	1	5	2.83	1.239
孕期得到过相关部门指导	1789	1	5	2.70	1.259

在医疗和疫苗服务中，93.2%的家长认为看病比较方便，91.8%

的家长认为打疫苗方便。认为购买儿童用品方便的家长达到94.4%，认为家庭周围环境安全的家长达到92.2%，89%的家长对家庭周围有幼儿园服务是相对满意的。家长对幼儿园的午餐服务比较满意，93%的家长认为幼儿园有午餐。

但是在很多方面，还存在不足，如"家庭周围有托儿所"（M = 2.56，SD = 1.208）、"家庭周围有家庭教育指导服务机构"（M = 2.80，SD = 1.255）、"幼儿园有校车接送"（M = 2.80，SD = 1.720）、"母子的产后访视"（M = 2.83，SD = 1.239）和"孕期得到过相关部门指导"（M = 2.70，SD = 1.259）。此部分平均值为2—3，但更接近3（即不能确定），说明家庭周围家庭教育指导服务机构、幼儿园校车接送服务、母子的产后访视和孕期指导服务等并未得到广泛认可。

认可孕期指导服务的家长有51.3%，认可产后探视服务的家长只有38.4%，社会最不满意的是儿童临时看护机构缺乏，平均值大于3，这说明学前儿童家庭周围的临时看护机构最为缺乏，未能满足家庭临时看护学前儿童的需求。持肯定态度家长比例（33.6%）、态度不能确定家长比例（33.4%）以及否定态度家长比例（32.9%）基本持平。

相对于幼儿园服务、购物、环境等方面的满意，以及产后探视、孕期指导等方面的不满意，家长对家庭周围的培训服务和托儿所服务态度相对模糊：对于家庭周围的培训，家长比较满意，43.9%的家长认为家庭周围有儿童教育培训完全符合，21.5%的认为比较符合，即比较满意的家长达到65.4%。在托儿所服务方面，家长的态度也相对模糊，35.2%的家长认为家庭周围有托儿所是完全符合，18.9%的认为比较符合，也就是说，认同的家长比例达到了54.1%，超过了持否定态度家长的比例（25.1%）。由于家庭离幼儿园相对较近，所以幼儿园的校车接送服务也就不尽如人意，持认可态度家长的比例是48.7%，这一点也可以理解。

（二）县域学前儿童社区服务质量相对较好

在学前儿童社区服务质量方面，家长对幼儿园收费和幼儿园教育质量相对满意。学前儿童家长普遍认为"幼儿园收费合理"（M = 1.59，SD = 0.823），学前儿童家长"对家庭周围幼儿园教育质量满意"（M = 1.75，SD = 1.021），学前儿童家长"对家庭周围环境满意"（M = 1.71，SD = 0.736）。

表 2 - 4　　　　　　　　学前儿童社区服务服务质量情况

	N	最小值	最大值	平均值	标准差
对家庭周围托儿所服务质量满意	1789	1	5	2.50	1.347
对家庭周围幼儿园教育质量满意	1789	1	5	1.75	1.021
对家庭周围临时看护服务满意	1789	1	5	2.78	1.353
对家庭周围教育培训质量满意	1789	1	5	2.26	1.217
对家庭周围儿童保健服务满意	1789	1	5	2.20	1.100
对家庭周围环境满意	1789	1	5	1.71	0.736
托儿所收费合理	1787	1	5	2.49	1.276
幼儿园收费合理	1789	1	5	1.59	0.823

家长对学前儿童社区服务相对满意的项目有："对家庭周围儿童保健服务满意"（M = 2.20，SD = 1.100）、"对家庭周围环境满意"（M = 1.71，SD = 0.736）。对家庭周围环境满意的家长占92.7%，认为幼儿园收费合理的家长比例占89.2%，对幼儿园教育质量满意的家长的比例占80.3%，儿童保健服务满意的家长的比例占66%。

学前儿童家长对相关社区儿童服务的态度相对模糊，如"对家庭周围教育培训质量满意"（M = 2.26，SD = 1.217）、"托儿所收费合理"（M = 2.49，SD = 1.276）和"对家庭周围托儿所服务质量满意"（M = 2.50，SD = 1.347）等方面。对家庭周围教育培训质量满意的家长比例占59.2%，对托儿所服务质量满意的家长比例占53.5%，认为托儿所收费合理的家长比例占53.5%。家长对周围的对临时看护服务质量相对处于更加模糊状态，如"对家庭周围临时看护服务满意"（M = 2.78，SD = 1.353）。对临时看护服务满意的家长比例占41%，在学前社区儿童服务中，临时看护满意度最低。

（三）学前儿童社区服务参与主体并不充分

从理论上来讲，学前儿童社区服务供给主体应该是多方面的，有政府部门、公益组织、志愿者、社会团体、企业。从调查情况来看，

"家庭周围有不同幼儿园可供选择"（M = 1.83，SD = 1.061），这说明家庭周围的幼儿园作为社区学前服务参与主体的事实。除此之外，也有企业参与，79%的家长比较认可这一点。

幼儿园也"有专业人员指导孩子一起活动"（M = 2.42，SD = 1.364），平均值超过了 2，这说明家长对于幼儿园的专业指导服务比较模糊，有55.8%的家长比较认可这一点。但是"放学后，幼儿园老师经常组织孩子在村里玩耍"（M = 3.18，SD = 1.384）方面，只有28.2%的家长认可这一点，40%的家长不认可。

表 2 - 5　　　　　　学前儿童社区服务能力与供给主体情况

	N	最小值	最大值	平均值	标准差
贫困家庭孩子上幼儿园免费	1789	1	5	2.79	1.324
家庭周围有不同幼儿园可供选择	1789	1	5	1.83	1.061
公益组织经常为周围孩子提供帮助	1789	1	5	3.05	1.264
村（社区）工作人员经常组织孩子活动	1789	1	5	3.25	1.174
放学后，幼儿园老师经常组织孩子在村里玩耍	1787	1	5	3.18	1.384
有专业人员指导孩子一起活动	1783	1	5	2.42	1.364
有中介公司提供儿童看护或托管服务	1789	1	5	3.18	1.266

整体而言，参与农村学前社区服务的主体并不多。政府在贫困家庭子女入幼儿园这一点上，发挥的作用不明显，"贫困家庭孩子上幼儿园免费"（M = 2.79，SD = 1.324）上，认可这一点的家长只有36.7%，不确定的家长达到了41.1%。"有中介公司提供儿童看护或托管服务"（M = 3.18，SD = 1.266）、"公益组织经常为周围孩子提供帮助"（M = 3.05，SD = 1.264）、"村（社区）工作人员经常组织孩子活动"（M = 3.25，SD = 1.174）的参与都不积极。认可公益组织参与的农村学前教育服务的家长的比例占29.4%，认可社区组织提供学前服务的家长的比例占20.9%，认可中介公司提供服务的家长比例占28.6%。

（四）学前儿童社区服务保障机制有待完善

家庭周围有不同幼儿园可供选择，一方面说明了"家庭周围有不同幼儿园可供选择"（M = 1.83，SD = 1.061）；另一方面也间接说明了幼儿园竞争机制发挥了一定作用，即市场机制较好，但尚不成熟，这体现在"总有不同的幼儿园主动宣传"上，说明市场机制发挥了一定的作用。

但政府的支持性策略整体模糊，尤其是在经费保障方面。通过"家庭周围幼儿园有政府资助""政府鼓励创办儿童看护与托管机构"两项数据可知，有半数以上的家长不确定政府是否有支持创办托管机构，只有不到 1/3 的家长认为政府应该对幼儿园、托管机构有资助。

对"参与志愿服务会有奖励"（M = 3.06，SD = 0.957）、"政府鼓励家庭间进行换工"（M = 3.10，SD = 0.995）、"看护孩子会得到报酬"（M = 3.31，SD = 1.217），多数人持不确定态度。只有 18% 的家长认为参与志愿者服务会有奖励，17.2% 的家长认为政府鼓励家庭间换工，20.3% 的家长认为看护孩子会得到报酬。

表 2 - 6　　　　　　　学前儿童社区服务保障机制情况

	N	最小值	最大值	平均值	标准差
家庭周围幼儿园有政府资助	1783	1	5	2.67	1.112
家庭周围托儿所有政府资助	1789	1	5	3.07	1.148
家庭周围幼儿园创办非常容易	1788	1	5	3.17	1.099
政府鼓励创办儿童看护与托管机构	1788	1	5	2.76	0.963
总有不同的幼儿园主动宣传	1788	1	5	2.38	1.110
幼儿园招生容易	1788	1	5	2.47	0.920
政府鼓励家庭间进行换工	1789	1	5	3.10	0.995
参与志愿服务会有奖励	1788	1	5	3.06	0.957
看护孩子会得到报酬	1789	1	5	3.31	1.217

（五）学前儿童社区安全环境相对较好

安全问题很受家长重视，本研究把安全归于社区环境范畴。从调查来看，家长对社区环境相对满意，在"家庭周围有儿童活动的场地"（M＝2.21，SD＝1.263）与"家庭周围环境十分安全"（M＝2.04，SD＝0.974）方面，家长的态度接满意，但在"家庭周围有适合儿童活动的器械与设备"（M＝2.31，SD＝1.265）上，家长态度不能确定。总体来看，幼儿家长对家庭周围的安全接近满意，对儿童活动器械与设备的态度接近"不能确定"（即态度相对模糊）。

表2-7　　　　　　　学前儿童社区安全环境情况

	N	最小值	最大值	平均值	标准差
家庭周围有儿童活动的场地	1789	1	5	2.12	1.263
家庭周围有适合儿童活动的器械与设备	1787	1	5	2.31	1.265
家庭周围环境十分安全	1789	1	5	2.04	0.974

调查发现，71.6%的家长认可家庭周围有儿童活动场地，75.5%的家长认为家庭周围环境安全，认可家庭周围有适合儿童活动的器械与设备的家长也达到了66.8%。

三　家长对学前儿童社区服务满意程度的差异分析

采用单因素方差分析对社区服务做不同地区、家庭经济情况、家长学历、幼儿年龄的差异分析，具体结果如下。

（一）学前儿童社区服务存在地区差异

由表2-8可知，不同地区的学前儿童社区在服务数量（F＝16.80，P＜0.001）、服务质量（F＝13.42，P＜0.001）、供给主体（F＝8.40，P＜0.001）、保障机制（F＝19.57，P＜0.001）、社区环境（F＝9.57，P＜0.001）均存在显著差异。在服务数量方面，家长越满意分值会越低。从调查问题来看，家长认为"服务数量"最多的是农村家长（M＝3.75，SD＝0.66），认为"服务数量"最少的是省级市（M＝4.26，SD＝0.44），这反映出家长对学前儿童社区服务的需求存在地区经济水平上的差异。

在服务质量上，满意度相对高的是农村学前儿童家长（M＝3.68，SD＝0.73）和省级市学前儿童家长（M＝3.70，SD＝0.59），对社区学前儿童服务质量较不满意的是县城学前儿童家长（M = 3.98，SD = 0.70）。

在供给主体上，满意度相对较高的是城郊学前儿童家长（M = 2.79，SD = 0.73），满意度较低的是县城学前儿童家长（M = 3.31，SD = 0.79），这说明县城地区的学前儿童社区服务需要更多的关注，即增加服务的供给。

在保障机制上，农村学前儿童家长的满意度最高（M = 2.94，SD = 0.63），县城学前儿童家长满意度最低（M = 3.26，SD = 0.66），说明县城地区的学前儿童社区服务保障机制尚不健全，需要不断完善和补充。

表 2 - 8　　　　　　　学前儿童社区服务地区差异比较

	农村	乡镇	县城	地级市	省级市	城郊	F	P
	M ± SD	M ± SD	M ± SD	M ± SD	M ± SD	M ± SD		
服务数量	3.75 ± 0.66	3.84 ± 0.59	3.94 ± 0.59	4.23 ± 0.46	4.26 ± 0.44	3.77 ± 0.61	16.80	0.000
服务质量	3.68 ± 0.73	3.92 ± 0.67	3.98 ± 0.70	3.80 ± 0.64	3.70 ± 0.59	3.77 ± 0.84	13.42	0.000
供给主体	3.10 ± 0.75	3.13 ± 0.70	3.31 ± 0.79	3.13 ± 0.61	2.87 ± 0.77	2.79 ± 0.73	8.40	0.000
保障机制	2.94 ± 0.63	3.12 ± 0.51	3.26 ± 0.66	3.20 ± 0.53	3.05 ± 0.48	3.01 ± 0.74	19.57	0.000
社区环境	3.68 ± 0.96	3.84 ± 0.98	3.92 ± 0.96	4.19 ± 0.73	4.37 ± 0.69	3.81 ± 1.02	9.57	0.000

在社区环境上，农村学前儿童家长的满意度最高（M = 3.68，SD = 0.96），省级市学前儿童家长满意度最低（M = 4.37，SD = 0.69），这说明经济发展水平较高的地区对社区环境的要求越高，当前的社区环境尚未满足家长和家庭的需求。

（二）学前儿童社区服务存在家庭经济情况方面的差异

不同家庭经济情况的学前儿童社区服务在服务数量（F = 18.38，P < 0.001）、保障机制（F = 6.16，P < 0.001）、社区环境（F =

4.83，P＜0.01）上存在显著差异，而在服务质量（F＝2.04，P＞0.05）和供给主体（F＝0.81，P＞0.05）方面不存在差异。

在服务数量上，经济条件处于"低保"（即最差）家庭（M＝3.74，SD＝0.68）的家长认为社区学前儿童服务数量多，经济条件最好（即"很好"）家庭（M＝4.10，SD＝0.52）的家长认为社区学前儿童服务数量少。这说明经济情况越好家庭对社区学前儿童服务的需求越大，对当下社区学前儿童服务种类的也最不满意。

在服务质量方面，经济条件越好的家庭满意度越高，经济条件最好（即"很好"）家庭（M＝3.78，SD＝0.66）的家长认为社区学前服务质量好，而经济条件最差（即"低保"）家庭（M＝3.25，SD＝0.70）的家长认为服务质量不好，这说明了社区学前服务对经济家庭不佳家庭的关照不够，没有让经济条件不佳家长体验到社会的福利保障或享受程度不充分。家长对社区环境的态度与社区服务数量的态度类似，经济条件最差（即"低保"）家庭（M＝3.70，SD＝1.04）的家长认为社区环境好，而经济条件最佳（即"很好"）家庭（M＝4.01，SD＝0.87）的家长认为社区环境不好，这反映出经济情况越好的家庭对于社区环境的安全、便捷等方面要求越高，而当前的情况尚未满足此部分家长的需求，即多元性服务程度不够。

表 2－9　　　　学前儿童社区服务家庭经济情况差异比较

	低保	较低	一般	较好	很好	F	P
	M ± SD	M ± SD	M ± SD	M ± SD	M ± SD		
服务数量	3.74 ± 0.68	3.76 ± 0.67	3.90 ± 0.60	3.99 ± 0.60	4.10 ± 0.52	18.38	0.000
服务质量	3.93 ± 0.80	3.86 ± 0.71	3.81 ± 0.72	3.83 ± 0.68	3.78 ± 0.66	2.04	0.087
供给主体	3.20 ± 0.81	3.16 ± 0.78	3.21 ± 0.79	3.16 ± 0.71	3.12 ± 0.66	0.81	0.519
保障机制	3.25 ± 0.70	3.12 ± 0.68	3.08 ± 0.65	3.11 ± 0.54	2.98 ± 0.50	6.16	0.000
社区环境	3.70 ± 1.04	3.77 ± 0.98	3.89 ± 0.95	3.88 ± 0.89	4.01 ± 0.87	4.83	0.001

（三）学前儿童社区服务存在家长学历方面的差异

不同家长学历的学前儿童社区服务在服务数量（F＝25.53，P＜0.01）、社区环境（F＝7.19，P＜0.01）上存在显著差异，在服务质量（F = 0.63，P > 0.05）、供给主体（F = 0.86，P > 0.05）、保障机制（F = 2.27，P > 0.05）上不存在差异（见表2 - 10）。

在服务数量上，学历为本科及以上（M = 3.74，SD = 0.68）的家长认为服务数量多，学历为大学专科（M = 4.09，SD = 0.54）的家长认为服务数量少。说明大专学历的家长对学前儿童社区服务的需求较大。在服务环境上，呈现出学历越高的家长认为社区环境越不好的趋势。如学历为初中及以下（M = 3.68，SD = 0.96）的家长认为社区环境好，学历为本科及以上（M = 4.19，SD = 0.73）的家长认为社区环境不好，说明学历越高的家长对于社区环境的安全、便捷等方面要求越高，而当前的情况尚未满足此部分家长的需求。

表2 - 10　　　　　学前儿童社区服务家长学历差异比较

	初中及以下	高中、中职（专）	大学专科	本科及以上	F	P
	M ± SD	M ± SD	M ± SD	M ± SD		
服务数量	3.84 ± 0.61	3.94 ± 0.54	4.09 ± 0.54	3.74 ± 0.68	25.53	0.000
服务质量	3.68 ± 0.73	3.92 ± 0.67	3.98 ± 0.70	3.80 ± 0.64	0.63	0.593
供给主体	3.10 ± 0.75	3.13 ± 0.70	3.31 ± 0.79	3.13 ± 0.61	0.86	0.461
保障机制	2.94 ± 0.63	3.12 ± 0.51	3.26 ± 0.66	3.20 ± 0.53	2.27	0.079
社区环境	3.68 ± 0.96	3.84 ± 0.98	3.92 ± 0.96	4.19 ± 0.73	7.19	0.000

（四）学前儿童社区服务存在幼儿年龄方面的差异

不同幼儿年龄的学前儿童社区服务在服务质量（F = 4.67，P < 0.01）、供给主体（F = 4.81，P < 0.01）、保障机制（F = 7.22，P < 0.001）、社区环境（F = 2.65，P < 0.01）上存在显著差异，在社区环境（F = 1.53，P > 0.05）、服务数量（F = 2.14，P > 0.05）上不存在差异（见表2 - 11）。

在服务质量上，3 岁幼儿（M = 3.76，SD = 0.63）的家长认为服务质量好，5 岁幼儿（M = 3.92，SD = 0.72）的家长认为服务质量不好。在服务供给主体上，3 岁幼儿（M = 3.07，SD = 0.69）的家长认为服务供给主体多，5 岁幼儿（M = 3.27，SD = 0.77）的家长认为供给主体少。在保障机制上，同样呈现出 3 岁幼儿（M = 2.19，SD = 0.63）的家长认为保障机制完善，5 岁幼儿（M = 3.16，SD = 0.67）的家长认为保障机制不完善的情况。在社区环境上，6 岁幼儿（M = 3.78，SD = 0.96）认为社区环境好，4 岁幼儿（M = 3.91，SD = 0.98）家长认为社区环境不好。总体来看，5 岁幼儿家长对社区学前服务质量、社区学前服务供给主体、社区学前服务的保障机制等方面的意见最大。

表 2 - 11　　　　　学前儿童社区服务的幼儿年龄差异比较

| | 3 岁 | 4 岁 | 5 岁 | 6 岁 | F | P |
	M ± SD	M ± SD	M ± SD	M ± SD		
服务数量	3.98 ± 0.60	3.90 ± 0.63	3.88 ± 0.63	3.84 ± 0.62	2.14	0.093
服务质量	3.76 ± 0.63	3.78 ± 0.75	3.92 ± 0.72	3.82 ± 0.70	4.67	0.003
供给主体	3.07 ± 0.69	3.12 ± 0.80	3.27 ± 0.77	3.15 ± 0.75	4.81	0.002
保障机制	2.19 ± 0.63	3.07 ± 0.61	3.16 ± 0.67	3.12 ± 0.63	7.22	0.000
社区环境	3.89 ± 0.90	3.91 ± 0.98	3.86 ± 0.94	3.78 ± 0.96	1.53	0.205

四　建议

学前儿童的早期阶段是人生发展中的奠基阶段，需要合理增加服务数量、推进服务质量改进、吸纳多方主体参与、不断完善服务保障机制、继续保证社区环境安全。

（一）合理增加社区学前服务数量

一是要增加的是家庭周围的儿童临时看护机构，满足家庭临时看护幼儿的需求。二是要增加的是托儿所、校车、家庭教育指导机构的数量，完善保育和教育服务。同时还要增加针对学前儿童及母亲的医疗服务，如产后访视、孕期指导等。社区学前服务还要考虑到不同的需求，例如，在地、省级市，应该增加服务数量，扩大受益范围；家庭经济很好的家庭对服务需求较大，对幼儿成长的期望越高，因此需要增加对此类家庭的指导和服务。

（二）不断改进社区学前服务质量

在服务质量上，从现状角度，一是需要有针对性地提升托儿所和临时看护机构的质量。可以从提高服务人员素质和改善物质条件入手，不断推动服务质量改进。二是建立质量评价体系，定期进行督导检查，保障服务质量评价的动态及可持续性。从差异角度，一是要提高县城地区的社区儿童服务质量。二是完善适宜 5 岁幼儿的服务。三是完善激励机制，促进市场竞争，从而推进服务质量的不断提升。四是重视发展性评价，更好地为幼儿的身心健康成长服务，服务质量的改进不是一蹴而就的，需要重视过程质量。

（三）吸纳多方主体参与社区学前服务

在服务能力与供给主体上，从现状角度，一是政府需要对贫困家庭孩子入园提供一定的支持。二是吸引公益组织、社区工作人员、幼儿园教师、中介公司的参与。如公益组织可以举办一些亲子活动，由幼儿园教师和社区工作人员指导，由中介公司提供环境和场地等物质条件的支持。多方主体的参与是扩大服务受益范围和提高服务有效性的重要保障。从差异角度，一是增加县城地区的服务供给主体，满足不同家庭的多层级需求。二是开展适宜 5 岁幼儿的社区儿童服务，如可以有专门人员对家庭在引导 5 岁幼儿身心发展方面提供一定的指导和帮扶。

（四）完善社区学前服务保障机制

在保障机制上，从现状角度，一是增加托儿所和幼儿园创办上的补助以及儿童看护补助，完善经费保障。二是鼓励家庭间换工、开展志愿服务，从而完善互助和志愿服务保障。三是促进政府、社区、家庭之间的良性互动，完善组织保障。从差异角度，一是补充和完善县城地区的服务保障机制，主要体现在组织保障上。二是完善经济困难家庭的保障机制，主要体现在经费保障上。三是完善适宜 5 岁幼儿家庭的服务，主要是家庭之间的互助合作以及志愿服务，促进资源的高效利用，从而推进保障机制的不断完善。

（五）保证社区环境安全

在社区环境上，从现状角度，安全是首要考虑的因素。其次要增加适宜儿童的活动器械与设备，增加促进幼儿大小肌肉发展的运动设施，同时要继续完善设施与环境的安全。从差异角度，一是需要完善的是省级市的社区环境，满足该地区家庭对于社区环境的高要求。二是需要完善经济情况良好的家长及高学历家长的家庭的社区环境。三是服务设施是服务开展的重要物质条件，安全、环保的材料是首选，保障学前儿童的健康。材料的投放也需要考虑学前儿童的年龄特点，如可以根据 4 岁幼儿的特点，创设社区环境，从而促进孩子的身心健康发展。

第二节　农村社区儿童服务调查

一　调查对象与调查工具

调查于 2019 年 1—4 月进行，调查对象是来自甘肃、湖北、山东、广东、江西 5 个经济发展水平不同省份的 2541 位中小学生。发放问卷并回收有效问卷 2541 份。调查主要从服务种类、服务质量、服务供给主体、保障机制、社区环境五个方面呈现社区儿童服务的基本情况，并对这些基本情况进行了性别、年级、家庭位置、家庭经济情况方面的差异分析。

（一）问卷信效度分析

中小学社区服务问卷主体部分包括 32 个题项，问卷总的克隆巴赫系数 $\alpha = 0.870 > 0.7$，说明问卷具有较高的内部一致性信度。其中，服务质量维度的克隆巴赫系数为 0.707 大于 0.7。因子分析发现，$KMO = 0.866 > 0.7$，Bartlett 的球形度检验的卡方为 20834.419；自由度为 496；显著性为 0.000，说明问卷适合做因子分析，各维度的 KMO 值分别为：0.752、0.803、0.703、0.659、0.644 均大于 0.6，达到统计学要求，说明问卷具有较好的效度。信效度分析表明问卷能够反映出农村社区儿童服务的基本情况。

（二）研究对象的基本情况

调查对象为中小学生，其中的性别分布情况是：男生占 53.8%，女生占 46.2%；年级分布情况是：小学占 55.2%，中学占 44.8%。城乡样本的分布情况是：农村占 69.7%，乡镇所占 20.0%，县城占 9.8%，地级市占 0.2%，省级市占 0.1%，城郊占 0.1%。样本所在省份分布情况：甘肃 388 人，占比 15.3%；江西 520 人，占比 20.5%，湖北 561 人，占比 22.1%；山东 465 人，占比 18.3%；广东 607 人，占比 23.9%。学校性质分布情况：小学占比 54.9%，初中占比34.5%；小学初中一体占比10.4%。

表2-12　　　　　农村社区儿童服务问卷信度效度分析

维度	题数	题号	Cronbach's α	KMO
服务种类	10	1、2、3、4、5、6、7、8、9、10	0.667	0.752
服务质量	8	15、16、17、18、19、20、21、22	0.707	0.803
供给主体	7	4、9、10、23、24、30、32	0.635	0.703
保障机制	6	25、26、27、28、29、31	0.638	0.659
社区环境	4	11、12、13、14	0.602	0.644
合计	35		0.870	0.866

学校位置基本情况：学校地处农村占比28.1%，乡镇占比56.0%，县城占比14.9%，地级市占比0.5%，省级市占比0.2%，城郊占比5.2%。样本家庭经济情况：家庭经济情况很好占比7.2%，家庭经济情况较好占比13.7%，家庭经济情况一般占比63.0%，家庭经济情况较低占比11.0%，低保家庭占比5.1%。从父母外出工作情况来看，接近54%的儿童为留守儿童，其中父母均外出所占比例为32.1%（表2-13）。

表2-13　　　　　　　调查样本父母工作情况

父母工作情况				
	频率 （人）	百分比 （%）	有效百分比 （%）	累计百分比 （%）
父母都在外地工作	815	32.1	32.1	32.1
仅父亲在外地工作	422	16.6	16.6	48.7
仅母亲在外地工作	137	5.4	5.4	54.1
都在本地工作（或务农）	1167	45.9	45.9	100.0
总计	2541	100.0	100.0	

二　农村社区儿童服务现状

本问卷量表部分的分值设置如下：1代表"完全符合"；2代表"比

较符合"；3 代表"不能确定"；4 代表"基本不符"；5 代表"完全不符"。分值越低，代表社区儿童服务越好。根据分析，调查结果如下。

（一）农村社区儿童服务种类不健全

学生认为服务较好的是娱乐设施，如"假期好玩"（M＝2.17，SD＝1.315），71.4%的学生较认同这一观点。另外，相对较好的是"学校有午餐服务"（M＝2.24，SD＝1.657），67.7%的学生认同这一服务。而在"学校有校车服务"（M＝2.96，SD＝1.894）方面的态度相对不确定（接近说不清楚），只有48.7%的学生认同校车服务。

"组织相互间的服务"（M＝3.84，SD＝1.229）、家长自助服务方面如"轮流接送学生上学"（M＝3.60，SD＝1.486）、"轮流辅导学生课后作业"（M＝3.89，SD＝1.365）、"经常参与村（小区）组织的劳动"（M＝3.92，SD＝1.276）和"课后有人辅导功课"（M＝3.45，SD＝1.459）等方面做得不太好，儿童整体表现出不太认同。只有16%的学生认为小区有人组织相互间的服务，25.7%的学生认为有家长轮流接送学生上学，19.6%的学生认为有家长轮流辅导学生课后作业，17.4%的学生参与村里的劳动。在"课后托管服务"（M＝4.05，SD＝1.313）和"志愿者为自己提供帮助"（M＝4.15，SD＝1.216）方面，多数学生非常不认同。

表2－14　　　　　　社区儿童服务服务种类情况

	N	最小值	最大值	平均值	标准差
课后托管服务	2540	1	5	4.05	1.313
组织相互间的服务	2541	1	5	3.84	1.229
经常参与村（小区）组织的劳动	2541	1	5	3.92	1.276
志愿者为自己提供帮助	2540	1	5	4.15	1.216
假期好玩	2540	1	5	2.17	1.315
学校有校车服务	2540	1	5	2.96	1.894
学校有午餐服务	2541	1	5	2.24	1.657
课后有人辅导功课	2541	1	5	3.45	1.459
轮流接送学生上学	2540	1	5	3.60	1.486
轮流辅导学生课后作业	2541	1	5	3.89	1.365

上述情况说明：学生整体认为居民互助、家长自助、组织学生劳动、课后辅导较为缺乏，而学生课后托管和志愿者服务整体不足，这应该是目前在校学生不太满意的地方。

（二）社区儿童服务质量仍需提升

相对而言，中小学生认为质量相对较好的服务是"看病方便"（M = 2.41，SD = 1.419）和"教育培训效果好" （M = 2.81，SD = 1.476）。64.2%的学生认为看病方便，51%的学生认为教育培训效果好。

表2 - 15　　　　　　　　　社区儿童服务质量情况

	N	最小值	最大值	平均值	标准差
图书馆里书多	2540	1	5	4.18	1.273
家庭周围好玩的地方多	2540	1	5	3.16	1.505
校车收费合理	2540	1	5	3.03	1.596
课后辅导效果好	2540	1	5	3.15	1.439
教育培训效果好	2540	1	5	2.81	1.476
托管效果好	2540	1	5	3.25	1.530
看病方便	2541	1	5	2.41	1.419
学校午餐免费	2540	1	5	4.45	1.076

学生不太认可的服务（实际态度模糊）有： "校车收费合理" （M = 3.03，SD = 1.596）、 "课后辅导效果好" （M = 3.15，SD = 1.439）、"家庭周围好玩的地方多"（M = 3.16，SD = 1.505）、"托管效果好" （M = 3.25，SD = 1.530）。41%的学生认为校车收费较合理，38.5%的学生认为课后辅导效果好，40%的学生认为家庭周围好玩的地方多，34.8%的学生认为托管效果好。

学生对于"图书馆里书多" （M = 4.18，SD = 1.273）和"学校午餐免费" （M = 4.45，SD = 1.076）最不认可。只有13.6%的学生认为家庭周围图书室图书多，7.8%的学生认为学校午餐免费。

（三）社区儿童服务供给主体较单一

社区"午餐选择地点多" （M = 3.76，SD = 1.418）和"家庭周围有多家教育培训机构" （M = 4.14，SD = 1.246）供给主体相对单一，供学生选择的服务项目不多。只有24.5%的学生认为学校午餐地点选择多，13.6%的学生认为家庭周围有多家教育培训机构。这说明社区儿童服务市场缺乏竞争，市场机制有待进一步完善。

表 2-16　　　　　　　　社区儿童服务供给主体情况

	N	最小值	最大值	平均值	标准差
午餐选择地点多	2541	1	5	3.76	1.418
家庭周围有多家教育培训机构	2540	1	5	4.14	1.246
老师放学后辅导功课	2540	1	5	3.59	1.441
不同家长轮流接送学生上学	2540	1	5	3.60	1.486
不同家长轮流辅导学生课后作业	2541	1	5	3.89	1.365
志愿者为自己提供帮助	2540	1	5	4.15	1.216

另外，"老师放学后辅导功课"（M = 3.59，SD = 1.441）、"不同家长轮流接送学生上学"（M = 3.60，SD = 1.446）和"不同家长轮流辅导学生课后作业"（M = 3.89，SD = 1.365）以及"志愿者为自己提供帮助"（M = 4.15，SD = 1.216）整体不够。28.4%的学生认为老师放学后辅导功课，25.7%的学生认为有家长轮流接送学生，13.7%的学生认为受到过志愿者提供的帮助。这说明了家长、教师、志愿者参与社区儿童服务整体不足。

（四）社区儿童服务保障机制存在不足

社区儿童服务离不开一定的保障机制。相对模糊的是"帮助别人后会得到表扬"（M = 2.43，SD = 1.391），62.5%的同学比较认可这一事实。从整体来看，"帮助别人后会得到表扬"并没有得到所有儿童的认同，还有22.3%的同学不认可这一事实，15.2%的同学持"不确定"态度。

事实上，学校的组织工作确实做得不太好，在"学校组织同学参与敬老院服务"（M = 3.74，SD = 1.483）、"学校组织同学参与村（小区）的劳动"（M = 3.89，SD = 1.324）、"学校组织课后托管"（M = 3.59，SD = 1.653）等方面并没有得到学生的认同。23.5%的同学认为学校会组织敬老服务，27.9%的同学认为学校组织课后托管。实际上否认的学生比例更大（占58.2%）。

表2－17 社区儿童服务保障机制情况

	N	最小值	最大值	平均值	标准差
课后辅导免费	2537	1	5	4.24	1.254
课后托管免费	2540	1	5	4.32	1.172
帮助别人后会得到表扬	2538	1	5	2.43	1.391
学校组织同学参与敬老院服务	2540	1	5	3.74	1.483
学校组织同学参与村（小区）的劳动	2540	1	5	3.89	1.324
放学课后辅导的老师会得到学校奖励	2539	1	5	4.13	1.178
学校组织课后托管	2538	1	5	3.59	1.653

特别是"课后辅导免费"（M＝4.24，SD＝1.254）、"课后托管免费"（M＝4.32，SD＝1.172）、"放学课后辅导的老师会得到学校奖励"（M＝4.13，SD＝1.178）这些公益性的活动在现实中基本没有。否认的学生的比例均超过70%。

（五）社区儿童服务环境需要加强

相对而言，社区环境方面，做得比较好的是"家庭周围环境十分安全"（M＝2.29，SD＝1.248），60.8%的学生认为家庭周围环境安全。但学生对"家庭周围有适合的活动器械与设施"（M＝3.31，SD＝1.584）与"家庭周围有娱乐设施"（M＝3.32，SD＝1.632）相对不满意，只有38.3%的学生认为家庭周围有适合的器械，40.2%的学生认为家庭周围有娱乐设施。

表2－18 社区儿童服务环境情况

	N	最小值	最大值	平均值	标准差
家庭周围有图书馆（室）	2541	1	5	4.19	1.348
家庭周围有娱乐设施	2541	1	5	3.32	1.632
家庭周围有适合的活动器械与设施	2541	1	5	3.31	1.584
家庭周围环境十分安全	2541	1	5	2.29	1.248

而对"家庭周围的图书馆（室）"（M＝4.19，SD＝1.348）特别

不满意，只有16.2%的同学认为家庭周围有图书馆（室）。这说明社区内的图书馆（室）基本成了摆设，并未在儿童成长中发挥作用。

三 中小学生对社区儿童服务认可程度的差异分析

采用独立样本t检验对社区儿童服务做性别、年级差异分析，采用单因素方差分析对社区儿童服务做不同地区、家庭经济情况差异分析，具体结果如下。

（一）社区儿童服务认同存在性别差异

表2-19显示，在服务质量（t＝-3.09，P<0.01）上存在显著的性别差异，男生（M＝3.26，SD＝0.81）整体比女生整体（M＝3.36，SD＝0.82）对服务质量的认同程度要好。在社区环境方面（t＝-2.30，P<0.05）存在显著的性别差异，男生整体（M＝3.23，SD＝0.96）比女生整体（M＝3.33，SD＝1.01）对社区环境的认同相对要好。在社区儿童服务种类、供给主体、保障机制等方面不存在性别差异。

表2-19 社区儿童服务地区性别差异比较

	男生	女生	t	P
	M ± SD	M ± SD		
服务种类	3.41 ± 0.72	3.44 ± 0.72	-1.13	0.257
服务质量	3.26 ± 0.81	3.36 ± 0.82	-3.09	0.002
供给主体	3.96 ± 1.07	3.94 ± 1.06	0.46	0.646
保障机制	3.73 ± 0.79	3.75 ± 0.75	-0.58	0.559
社区环境	3.23 ± 0.96	3.33 ± 1.01	-2.30	0.021

（二）社区儿童服务认同存在年段差异

表2-20显示，在服务质量（t＝-9.06，P<0.001）上存在非常显著的年段差异，小学生（M＝3.18，SD＝0.82）对社区儿童服务质量的认可程度比中学生（M＝3.46，SD＝0.78）高。在社区服务保障机制方面（t＝-9.37，P<0.001）存在非常显著的年段差异，小学生（M＝3.61，SD＝0.77）对社区服务保障机制的认可程度比中学

生（M = 3.90，SD = 0.74）高。在服务种类、供给主体、社区环境方面不存在年段差异。

表 2 - 20　　　　　社区儿童服务地区认同的年段差异比较

	小学生	中学生	t	P
	M ± SD	M ± SD		
服务种类	3.41 ± 0.71	3.45 ± 0.72	- 1.18	0.283
服务质量	3.18 ± 0.82	3.46 ± 0.78	- 9.06	0.000 ***
供给主体	3.97 ± 1.06	3.92 ± 1.08	1.00	0.318 ***
保障机制	3.61 ± 0.77	3.90 ± 0.74	- 9.37	0.000
社区环境	3.27 ± 0.99	3.29 ± 0.98	- 0.57	0.570

说明：***$P < 0.001$，余同。

（三）社区儿童服务认同存在地区差异

从表 2 - 21 来看，社区儿童服务种类（$F = 11.93$，$P < 0.001$）、服务质量（$F = 24.52$，$P < 0.001$）、供给主体（$F = 68.14$，$P < 0.001$）、保障机制（$F = 12.80$，$P < 0.001$）、社区环境（$F = 56.90$，$P < 0.001$）存在非常显著的差异。

不同地区的均呈现出社区儿童服务随着地区经济发展水平的提高而逐渐提升的情况，农村、乡镇、县城的社区儿童服务在各维度上都存在差异，且县城好于乡镇，乡镇好于农村，社区儿童服务应该受到更多的关注。

表 2 - 21　　　　　社区儿童服务地区差异比较

	农村	乡镇	县城	F	P
	M ± SD	M ± SD	M ± SD		
服务种类	3.46 ± 0.70	3.40 ± 0.73	3.23 ± 0.76	11.93	0.000 ***
服务质量	3.37 ± 0.82	3.21 ± 0.79	3.03 ± 0.77	24.52	0.000 ***
供给主体	4.06 ± 1.02	3.91 ± 1.05	3.25 ± 1.12	68.14	0.000 ***
保障机制	3.79 ± 0.77	3.65 ± 0.75	3.58 ± 0.79	12.80	0.000 ***
社区环境	3.39 ± 0.95	3.15 ± 0.98	2.73 ± 1.06	56.90	0.000 ***

（四）社区儿童服务认同的家庭经济情况差异

不同家庭经济情况的服务种类（F = 23.19，P < 0.001）、服务质量（F = 35.24，P < 0.001）、供给主体（F = 9.43，P < 0.001）、保障机制（F = 10.60，P < 0.001）、社区环境（F = 18.27，P < 0.001）存在非常显著的差异。除"低保"家庭外，呈现出家庭经济情况越好的学生认为社区儿童服务越好的趋势。

表2 – 22 社区儿童服务家庭经济情况差异比较

	很好	较好	一般	较低	低保	F	P
	M ± SD	M ± SD	M ± SD	M ± SD	M ± SD		
服务种类	3.15 ± 0.76	3.29 ± 0.71	3.43 ± 0.71	3.72 ± 0.69	3.56 ± 0.60	23.19	0.000 ***
服务质量	2.85 ± 0.88	3.12 ± 0.74	3.32 ± 0.79	3.66 ± 0.81	3.48 ± 0.76	35.24	0.000 ***
供给主体	3.64 ± 1.17	3.81 ± 1.12	3.96 ± 1.04	4.20 ± 1.00	4.06 ± 1.05	9.43	0.000 ***
保障机制	3.46 ± 0.80	3.66 ± 0.81	3.76 ± 0.74	3.89 ± 0.78	3.85 ± 0.78	10.60	0.000 ***
社区环境	2.92 ± 1.07	3.10 ± 1.05	3.29 ± 0.96	3.63 ± 0.90	3.37 ± 0.96	18.27	0.000 ***

"低保"家庭的学生对于社区儿童服务的满意程度介于家庭经济情况一般和家庭经济情况较低的家庭之间。说明需要重点关注较低经济情况的家庭。由于中国实施精准扶贫政策，对于"低保"家庭的扶持已经较为完善，但对于接近"低保"但未达到"低保"标准的经济情况较低的家庭来说更需要公益组织、政府等的多方的扶持。

四 建议

通过对农村社区儿童服务现状与差异分析，从而提出建议，期待我国社区儿童服务能够为学生创设良好的生活环境、提供数量充足且质量良好的社区儿童服务，满足学生及家庭多方面的需求，更好地促进中小学生的健康成长。

（一）有针对性地补充服务种类

针对性体现在两个方面，一是从不同服务种类的维度上看，居民互助服务、家长自助服务（接送学生和辅导作业）、组织劳动服务、课后辅导服务需要增加，尤其关注课后托管服务和志愿者参与的公益服务。社区成员互助也是一种资源合理利用的有效形式。二是从服务种类的差异上看，首先，农村＜乡镇＜县城，说明需要有针对性地依次补充三个地区的服务种类。其次，针对家庭经济困难（较低和低保）的家庭，提供相应的支持和帮扶。综合发挥各方面的优势，有针对性地增加服务种类，为中小学生的健康成长提供支持。

（二）切实提升服务质量

从服务质量的不同维度上看，中小学生对于医疗服务和教育培训服务比较满意，但是对校车服务、课后辅导服务、娱乐服务、托管服务不太满意。最不满意的是图书服务和学校的午餐服务。要解决此类问题，首先，要增加相应的工作人员，配齐高素质的服务人员。其次，要增强指导与培训，提升服务人员的基本素质和业务水平。最后，要加强对于服务质量的评价，综合参考社区人民群众如中小学生、中小学生家长的意见，不断提升服务队伍的素质，从而为中小学生和家庭提供高质量的社区儿童服务。从服务质量的差异上看，一是为女生提供适宜的服务，提升女生对服务质量的满意度。二是为中学生提供多元化的服务，提升服务质量。三是依次提升农村、乡镇、县城的服务质量。四是为经济困难家庭提供服务，保障服务质量。

（三）多渠道增加服务供给主体

从服务供给主体的不同维度上看，主要有午餐服务和教育培训服务，应增加社会组织、社区工作人员、中小学教师以及中介公司的参与。采用激励机制，吸引不同主体参与社区儿童服务。从不同方面满足中小学生不同层次的需求。给予不同主体开展社区儿童服务的自主权，调动多方参与的积极性，发挥主动性与创造性。从服务供给主体的差异上看，一是首先要增加对于农村地区的供给，其次是乡镇，最后是县城。二是要增加对经济困难家庭的供给。三是增加供给的同时，还要不断提高服务能力，这样才能为不同地区的中小学生提供数量充足、质量有保障的社区儿童服务，促进中小学生的身心健康发展。

（四）构建服务保障体系

从保障机制的不同维度上看，比较好的是制度保障，需要完善的是组织保障和经费保障。在组织保障上，一是需要学校组织同学参与敬老院服务和村（小区）的劳动，中小学生既是服务的受益者，同时作为服务主体也可以为他人提供服务。二是需要学校组织课后托管服务及教师课后服务功课。在经费保障上，国家应增加对于课后辅导及托管的经费投入，为提供辅导的教师提供奖励。从保障机制的差异上看，一是增加和完善关于中学生的社区儿童服务保障机制。二是依次完善农村、乡镇、县城的社区儿童服务保障机制。三是完善经济困难家庭的保障机制。

（五）加强社区图书服务

从社区服务环境的不同维度上看，环境安全方面较好，但是缺乏活动器械和图书服务。需要增加适合中小学生的活动器械与设施的投放，重点完善图书馆和图书室，多渠道整理、完善图书馆的书籍、建立书籍借阅和使用制度。增加适宜中小学生阅读和学习的书目。从社区服务环境的差异上看，一是要增加适宜女生运动的器械；二是要提高农村和乡镇地区的环境质量；三是要为经济困难（较低和低保）家庭聚集的地区提供更多的设施和图书。

第三节　教师参与社区儿童服务的调查

学校、社区、家庭是儿童教育的三个主要途径。目前农村的儿童教育主要依托了学校教育这一途径，另外两个途径（家庭、社区）在目前基本被忽略了。在城乡人口流动的背景下，重视社区教育、家庭教育，并加强二者与学校教育之间的联系，是促进儿童发展的科学渠道。由于学校教育在家庭教育中主导或影响，学校教师在社区教育或社区服务中也具有重要影响。在教师待遇相对不高，学校逐渐远离农村的背景下，来讨论教师参与农村社区服务的可能更有必要。

一　调查对象与调查工具

（一）研究对象

中小学教师449人，其中男教师为109人，占24.3%，女教师为340人，占75.7%。无党派人数为243人，占54.1%；中国共产党党员 192 人，占 42.8%；其他民主党派 14 人，占 3.1%。无职称人数为 61 人，占 13.6%；员级职称为 24 人，占 5.3%；助理级职称为 86 人，占 19.2%；中级 210 人，占 46.8%；高级职称为 68 人，占 15.1%。未婚人数为 59 人，占 13.1%；已婚人数为 387 人，占 86.2%（另有 3 人未填）。小学教师人数为 333 人，占 74.1%；初中教师人数为 72 人，占 15.9%；高中教师人数为 43 人，占 9.6%。在学历方面，本科以下教师人数为 55 人，占 12.2%；大学本科教师人数为 375 人，占 83.5%；本科以上教师人数为 15 人，占 3.3%（另有 4 人未填）。25 岁以下教师人数为 37 人，占 8.2%；25—30 岁教师人数为 56 人，占 12.5%；30—35 岁人数为 77 人，占 17.1%；35—40 岁人数为 119 人，占 26.5%；40 岁以上人数为 160 人，占 35.6%。农村教师人数是 20 人，占 4.5%；乡镇教师为 26 人，占 5.8%；县城教师为 100 人，占 22.3%；地级市教师为 165 人，占 36.7%；省级市教师 124 人，占 27.6%；城市郊区教师为 14 人，占 3.1%。

（二）研究方法

研究工具。自制农村教师社区儿童服务调查问卷，被访者一般包括职称、性别、政治面貌、年龄、学历、闲暇时间、婚姻状况、家庭位置、工作学校所处阶段、教师任教年级等。

问卷内容。农村教师社区儿童服务调查问卷是在回顾文献的基础上自行编制而成，主要包括五个维度：一是班上学生参与社区活动（包括问卷的第 1、3、4、7、16、18 题）；二是教师参与社区活动（包括问卷的第 2、11、12、17 题）；三是教师辅导学生学业（包括问卷的第 5、6、9 题）；四是教师了解学生家庭情况（包括问卷的第 13、20 题）；五是教师自身服务条件（包括问卷的第 8、10、14、15、19 题）。问卷总的克隆巴赫系数 $\alpha = 0.721 > 0.7$，说明问卷具有较高的内部一致性信度。问卷总的效度为 0.768，达到统计学的要求。

教师参与社区儿童服务水平包括教师组织儿童参与社区活动情况、教师组织社区儿童娱乐活动情况、教师参与社区儿童学业服务情况及教师了解儿童以及家庭生活情况等。教师自身服务能力包括教师在校工作情况、教师职业培训情况及教师家庭生活情况等。

总共发放问卷460份，回收449份，有效回收率97.6%。

二 教师参与社区儿童服务的现状

（一）班上学生参与社区儿童服务水平调查现状

1. 班上学生参与社区活动情况

在班上学生是否参与周边社会（或社区）活动方面，没有或很少参与社区组织活动的人数达到82.2%。

2. 学校组织学生参与社区服务情况

在学校是否组织学生参与到周围社会（或社区）活动方面，学校很少组织学生参与到周围社会或社区举办的活动，人数占比达到80.6%。在工作时间外组织学生参与非学业类活动的教师比较少，没有参与组织的教师达到73.3%。在学校组织学生参与社会实践活动方面，以打扫卫生（22%）、捐助（20%）和志愿者（21%）、去养老院（18%）等为主。

3. 社区组织的儿童活动情况

在学校周围的社区（居委会或街道）是否组织儿童参与活动方面，83.6%的教师认为学校周围的社区（居委会或街道）很少组织儿童参与活动，这也在一定程度上说明社区缺乏适合儿童的活动。在社区组织活动方面，社区主要组织的活动有打扫卫生（22%）、服务老人（22.2%）和服务幼儿（15.2%）等活动。

（二）教师参与社区活动情况

教师参与社区活动比较少，而且在少数参与的活动中，多以社区居民身份参加。偶尔参与活动人数占比为24.9%；没有参与人数甚至达到58.4%。可见，教师在参与社区组织活动方面比较少。

在是否参与社区其他人组织的活动方面，教师没有或很少参与到社区其他人组织的活动中，占比达到98%。在是否参与组织学校周围社区的活动，教师没有或很少参与组织学校周围社区的活动，占比达到98.2%。教师参与社区活动时的身份主要是居民（占比75.5%），而以组织者和校外专家身份参与的不足25%。

（三）教师参与社区儿童学业服务情况

本书在儿童社区服务需求调查中，调查者发现，学生的学业指导服务需求比较强烈，但在现实的学校教育中，很少有学校关注这一部分（甚至还有地方下文明令禁止教师的学业指导，当然这种禁令是指向有偿指导，但也令部分学校"闻风丧胆"）。是否在工作时间外辅导过其他班级的学生方面，教师本人没有在工作外辅导其他班学生的比例达到63%。

在工作时间外辅导学生的教师情况方面，工作时间外参与过辅导学生的教师比例达到55.7%。学校是否分配了指定关注（或辅导）班上学生方面，学校很少分配教师指定关注（或辅导）班上学生，比值达到83%。

在教师对做好留守儿童教育建议方面，认为应该从家长方面进行教育的人数为119人，占17.4%；认为从教师方面入手的有208人，占30.5%；认为应从学校方面进行教育有113人，占16.5%；而认为应从政府方面和社会方面入手的人数分别是有66人及65人，占9%。因此，教师对于留守儿童教育建议主要是从教师方面入手。

（四）教师了解社区儿童家庭生活情况

在对班上学生（学生）的家庭情况了解程度方面，完全了解学生家庭情况的教师很少，仅为17.4%。多数教师只是部分了解学生家庭情况。教师认为现在学生需要是社会交往（22.9%）和亲情（22.5%），学业和（19.7%）安全（20.2%）居后。教师认为，现在学生主要问题表现在心理（30.7%）、学习（21.4%）及人际与社会实践（18.6%）方面。

（五）教师服务社区儿童的基础

1. 教师服务学生的基础

教师到学校主要通过坐私家车（25.2%）和步行（26.5%）；坐班车（2%）和骑摩托车（6.5%）人数最少。教师到学校时间，0—30分钟的人数占80.4%。教师住在学校内人数为29人，占6.5%；教师住在学校周围人数为159人，占35.4%；离学校有点远的人数有190人，占42.3%。学校实行坐班人数最多，达到45%；其次是考勤制，占比33.6%，实行弹性坐班人数占比20.5%。

2. 教师的闲暇时间

在教师闲暇时间方面，教师闲暇时间不多，比值达到 49.3%，且集中在法定节假日期间。教师在闲暇时间所做的事情中，教师主要活动是做家务（17.5%）、备课（14.6%）、带学生（13.7%）和上网（12.5%），与同事一起娱乐的教师占 9.9%。

教师在闲暇时间所做事情中，选择个人兴趣的占 37%；家庭生活要求的人数占 31.6%；学校要求人数占 15.6%；朋友邀请占 8.3%。可以看出，教师在闲暇时间所做的事情主要受家庭生活要求及个人兴趣影响。

3. 教师配偶情况

配偶在企业工作的占 26.7%；在事业单位工作的占 49.2%；自己创业的占 8.2%；没有工作的占 4.5%；单身的占 10.9%。因此，可以看出，教师配偶在企事业单位工作为主，占 75.9%；其中在事业单位工作最多，占 49.2%。

在"是否有人与你一起讨论过学校所在地居民生活中的事情"方面，教师很少或几乎没有讨论过学校所在地居民生活中的事情，比值达到 91.1%。在获知周边社区事情的方式方面，教师获知周边事务主要从邻居或家长（31.2%）、网络（26.8%）及黑板（宣传栏）（21.6%）来了解。

三 教师指导社区儿童服务的差异性分析

（一）班上学生参与社区儿童服务的差异分析

1. 班上学生参与周边社会社区的活动的差异分析

"班上学生是否参与周边社会（或社区）活动"与教师职称（$P = 0.000$，$P < 0.001$）、年龄（$P = 0.000$，$P < 0.001$）及学校位置（$P = 0.000$，$P < 0.001$）等显著相关，与党派（$P = 0.044$，$P < 0.05$）、婚姻状况（$P = 0.007$，$P < 0.01$）存在相关。但与性别（$P = 0.111$，$P > 0.05$）、学历（$P = 0.532$，$P > 0.05$）、闲暇时间（$P = 0.722$，$P > 0.05$）、家庭位置（$P = 0.067$，$P > 0.05$）、学校阶段（$P = 0.456$，$P > 0.05$）和管理制度（$P = 0.939$，$P > 0.05$）不相关。

表2-23　　　　　　　　班上学生参与社区活动的因素分析

	班上学生是否参与周边社会（或社区）的活动	学校周围社区（居委会或街道）是否组织儿童参与活动	学校是否组织学生参与周围社会（社区）活动
职称	0.000 ***	0.146	0.175
性别	0.111	0.079	0.008 **
党派	0.044 *	0.947	0.665
年龄	0.000 ***	0.055	0.681
学历	0.532	0.772	0.118
闲暇时间	0.722	0.530	0.058
婚姻状况	0.007 **	0.024	0.168
家庭位置	0.067	0.000 ***	0.000 ***
学校位置	0.000 ***	0.000 ***	0.000 ***
学校阶段	0.456	0.001 **	0.238
管理制度	0.939	0.036 *	0.148

注：* P < 0.05，** P < 0.01，*** P < 0.001。

　　"学校周围社区（居委会或街道）是否组织儿童参与活动"与家庭位置（P < 0.001）、学校位置（P < 0.001）等存在显著相关，与学校阶段（P = 0.001，P < 0.01）和管理制度（P = 0.036，P < 0.05）存在相关。但与教师职称（P = 0.146，P > 0.05）、性别（P = 0.079，P > 0.05）、党派（P = 0.947，P > 0.05）、年龄（P = 0.055，P > 0.05）、学历（P = 0.772，P > 0.05）、闲暇时间（P = 0.530，P > 0.05）、婚姻状况（P = 0.024，P > 0.05）等不存在相关。

　　"学校是否组织学生参与周围社会（或社区）活动"与家庭位置（P < 0.001）和学校位置（P < 0.001）存在显著相关，与性别（P = 0.008，P < 0.05）存在相关。但与职称（P = 0.175，P > 0.05）、党派（P = 0.665，P > 0.05）、年龄（P = 0.681，P > 0.05）、学历（P = 0.118，P > 0.05）、闲暇时间（P = 0.058，P > 0.05）、婚姻状况（P = 0.168，P > 0.05）、学校阶段（P = 0.238，P > 0.05）及管理制度（P = 0.148，P > 0.05）等不存在相关。

2. 班上学生是否参与周边活动的具体分析

"班上学生是否参与周边社会（或社区）的活动"在教师职称上存在十分显著的差异。无职称教师认为没有、很少、有一些、比较多和很多的比例分别为 6.7%、13.3%、38.3%、10.0% 和 1.7%；员级职称教师的比例分别为 8.3%、50.0%、29.2%、0 和 4.2%。助理级教师的比例分别为 14.0%、32.6%、41.9%、9.3% 和 1.2%。中级教师的比例分别为 11.9%、29.5%、43.8%、9.0% 和 2.9%。而高级职称教师比值为 7.4%、32.4%、44.1%、5.9% 和 4.4%。认为没有或很少的比例按教师职称排列分别是：20%、58.3%、46.6%、41.4%、39.8%。按教师职称来看，认为有一些或比较多、很多的比例，不同职称教师的比例依次是：50%、33.4%、52.4%、55.7%、54.4%，似乎有提升的趋势，但不明显。认为没有或很少的比例按教师职称排列分别是：20%、58.3%、46.6%、41.4%、39.8%。除了无职称教师外，认为没有或很少有的比例呈现递减趋势，这也间接说明了，除无职称教师外，参与周边社区活动随教师职称提升呈上升趋势。

"班上学生是否参与周边社会（或社区）的活动"在教师的党派上存在显著差异。无党派教师认为没有、很少、有一些、比较多、很多和不知道的比值分别为 10.7%、28.0%、41.6%、7.0%、1.6% 和 11.1%；党员比值分别为 11.5%、30.7%、41.7%、9.9%、4.2% 和 2.1%；其他民主党派比值为 0、42.9%、50.0%、7.1%、0 和 0。可以看出，具有党员身份的教师班上学生参与周边社会（或社区）活动的相对较多。

"班上学生是否参与周边社会（或社区）的活动"在教师年龄上存在十分显著的差异。35—40 岁年龄阶段的教师班上的学生比较积极参与周边社会（或社区）的活动，其次是 40 岁以上年龄段教师班上的学生，再次是 30—35 岁年龄段教师班上学生。总体看来，25 岁以下年龄段教师班上学生参与社区活动比较少。

"班上学生是否参与周边社会（或社区）的活动"在教师婚姻状况上存在十分显著的差异。班上学生是否参与周边社会（或社区）的活动中认为没有、很少、有一些、比较多、很多和不知道的教师中，未婚教师比值分别为 8.5%、11.9%、42.4%、8.5%、3.4% 和 25.4%；而已婚教师比值分别为 10.9%、32.0%、42.1%、8.3%、2.6% 和 4.1%。总体看来，未婚教师班上孩子参与社区活动要比已婚教师班上学生多。

"班上学生参与社区儿童活动"在学校位置上存在十分显著的差异。农村地区学校周围社区很少有儿童适宜的活动，所以农村学校的学生参与的少。在有一些选项中，随城市级别的提升，参与学生的比例呈上升趋势。

3. 学校周围社区（居委会或街道）是否组织儿童参与活动的具体分析

在"学校周围的社区（居委会或街道）是否组织一些儿童参与活动"方面，没有组织和很少组织选项中，家庭位置处于农村社区的比例最高，达到 70%；其次是乡镇社区，比例为 65.4%；而县城社区的比例为 59%；而地级市社区和省级市社区比值最少，分别为 49.1% 和 34.7%。说明农村和乡镇社区组织儿童活动比较少，而地级市和省级市社区组织儿童活动最多。总体来看，家庭位置处于省级市和地级市的社区，组织儿童活动最多，而农村和乡镇的社区很少组织。

学校位置处于农村和乡镇社区的学校中，很少或没有组织儿童活动的最多，占比分别为 87.5% 和 75%；其次是学校处于城市郊区的社区，占比为 57.1%；学校处于县城社区的占比为 52.2%；地级市的占比为 47.4%；而省级市最少，占比为 30.7%。经常组织儿童活动的社区中，学校处于省级市社区最多，比值为 14.2%。可以看出，学校位置越靠近城市，社区越喜欢组织儿童活动。相反，学校位置越远离城市，社区就越少组织或几乎没有儿童活动。

由于学校教育在不同阶段有不同重点，而且会选择不同的地方建校，体现出社区与学校之间的关联性。具有小学阶段学校的社区组织一些儿童参与的活动的占比为 9.3%；而具有初中阶段和高中阶段学校的社区，占比较小，分别为 6.1% 和 6.4%。总体来看，具有小学阶段学校的社区比较喜欢组织儿童活动。

周围社区儿童活动与学校的管理制度之间存在相关关系。没有或很少组织儿童社区活动的学校中，弹性制学校的占比是 41.3%、坐班制学校是 51.5%、考勤制学校是 50.4%。有一些、经常、很多儿童社区活动的学校中，弹性制学校的比例是 44.6%、坐班制学校是 42.6%、考勤制学校是 42.4%。可见，弹性制学校的比例相对高一些。

4. 学校是否组织学生参与周围社会（社区）活动的具体分析

"学校是否组织学生参与社区活动"在教师的性别上差异显著。男教师中的 50.4%、女教师中的 56.7% 认为学校有时或经常组织学生参与到周围社会（或社区）。这在一定程度上说明了女性教师相比与男教师更倾向于积极组织儿童参与周围社会（或社区）活动。

"学校是否组织学生参与社区活动"在教师家庭位置上差异显著。家庭处于农村的学校经常组织学生参与到周围社会（或社区）活动中的比例为 0；其次是县城和乡镇，占比分别为 10% 和 11.5%；再次是城市郊区，占比为 14.3%；而地级市和省级市最多，占比分别为 19.4% 和 23.4%。教师家庭位置在城市的话，教师所在学校比较喜欢组织学生参与到周围社区活动；而教师家庭位置处于农村和乡镇的，教师所在学校很少组织社区活动。

"学校是否组织学生参与社区活动"在教师所在学校上差异显著。显然学校处于省级市和地级市的比较喜欢组织学生参与周围社会（社区）活动，占比为 22.1% 和 20.8%。其次是县城和城市郊区的学校，占比均为 9.5%；而农村和乡镇学校很少组织学生参与社会周围活动。

（二）教师参与社区活动的差异分析

1. 教师参与社区组织活动的差异分析

"参与社区组织的活动（如打双扣）"与学校阶段（$P = 0.002$，$P < 0.01$）和管理制度（$P = 0.002$，$P < 0.01$）存在相关；与职称（$P = 0.542$，$P > 0.05$）、性别（$P = 0.357$，$P > 0.05$）、党派（$P = 0.936$，$P > 0.05$）、年龄（$P = 0.463$，$P > 0.05$）、学历（$P = 0.187$，$P > 0.05$）、闲暇时间（$P = 0.475$，$P > 0.05$）、婚姻状况（$P = 0.333$，$P > 0.05$）、家庭位置（$P = 0.265$，$P > 0.05$）及学校位置（$P = 0.139$，$P > 0.05$）不存在相关。

表 2 - 24　　　　　　　　　　**教师参与社区活动的影响因素分析**

	参与社区组织的活动（如打双扣）	参与社区其他人组织的活动（如街舞）	参与组织学校周围社区的活动（如娱乐活动）
职称	0.542	0.439	0.275
性别	0.357	0.969	0.076
政治面貌	0.936	0.386	0.396
年龄	0.463	0.772	0.200
学历	0.187	0.876	0.556
闲暇时间	0.475	0.442	0.843
婚姻状况	0.333	0.676	0.363
家庭位置	0.265	0.040 *	0.346
学校位置	0.139	0.052	0.146
学校阶段	0.002 **	0.005 **	0.014 *
管理制度	0.002 **	0.121	0.210

注：$^*P < 0.05$，$^{**}P < 0.01$，$^{***}P < 0.001$。

"参与社区其他人组织的活动（如街舞）"与家庭位置（P = 0.040，P < 0.05）和学校阶段（P = 0.005，P < 0.01）存在相关；与职称（P = 0.439，P > 0.05）、性别（P = 0.969，P > 0.05）、政治面貌（P = 0.386，P > 0.05）、年龄（P = 0.772，P > 0.05）、学历（P = 0.876，P > 0.05）、闲暇时间（P = 0.442，P > 0.05）、婚姻状况（P = 0.676，P > 0.05）、学校位置（P = 0.052，P > 0.05）和管理制度（P = 0.121，P > 0.05）不存在相关。

"参与组织学校周围社区的活动（如娱乐活动）"与学校阶段（P = 0.014，P < 0.05）存在相关；与职称（P = 0.275，P > 0.05）、性别（P = 0.076，P > 0.05）、党派（P = 0.396，P > 0.05）、年龄（P = 0.200，P > 0.05）、学历（P = 0.556，P > 0.05）、闲暇时间（P = 0.843，P > 0.05）、婚姻状况（P = 0.363，P > 0.05）、家庭位置（P = 0.346，P > 0.05）、学校位置（P = 0.146，P > 0.05）和管理制度（P = 0.210，P > 0.05）不相关。

2. 教师参与社区组织活动的具体分析

教师"参与社区组织活动"在教师的闲暇时间上差异显著。小学阶段教师参与社区组织的活动，如打双扣或其他活动的比例为

45.3%；初中阶段教师为23.1%；高中阶段教师为25.6%。可以看出，小学阶段教师参与社区组织的活动最多，而初中最少。整体参与社区组织的活动并不多，小学阶段、初中阶段、高中阶段教师没有或偶尔参与的教师比例均超过了75%。

教师"参与社区组织活动"在学校管理制度上差异显著，如打双扣或其他活动方面，弹性制学校没有参与比例达到75%，而坐班制学校教师没有参与社区组织的活动比值为54.5.1%；而实行考勤制学校为53.%。这一点不太好理解，从理论上来说，教师闲暇时间越多，越应可能参与社区活动，但事实并非如此。

3. 参与社区其他人组织活动的差异分析

教师"参与社区其他人组织的活动"在教师家庭所在位置和学校阶段上差异显著。家庭位置位于农村的教师偶尔参与为45%；其次是县城和省会城市，占比分别为27%和22%；城市郊区最少，占比为14.3%。家庭位置处于乡镇和县城的教师参与社区其他人组织的活动（如街舞等活动）最多。

小学教师参与"社区其他人组织的活动"，如街舞等活动中，偶尔、有时、经常的比例分别为25.2%、12.6%和0.9%；初中教师分别为10.8%、4.6%和0。高中分别为15.2%、6.5%和4.3%。综合来看，小学阶段教师参与社区其他人组织的活动，如街舞等活动最多，而初中阶段教师参加最少。

4. 教师参与组织学校周围社区的活动的差异分析

小学阶段教师在"参与组织学校周围社区的活动"，如娱乐活动中，偶尔、有时和经常的比例分别为31.5%、15.6%和1.5%；初中教师分别为16.9%、10.8%和0；而高中教师分别为25.5%、12.8%和2.1%。因此，综合来看，小学阶段参与组织学校周围社区的活动（如娱乐活动等）最多，而初中阶段教师最少。

（三）教师参与社区儿童学业辅导的差异分析

1. 教师参与社区儿童学业服务的差异分析

"在工作时间外辅导学生的同事情况"与职称（$P = 0.726$，$P > 0.05$）、性别（$P = 0.761$，$P > 0.05$）、党派（$P = 0.293$，$P > 0.05$）、年龄（$P = 0.576$，$P > 0.05$）、学历（$P = 0.700$，$P > 0.05$）、闲暇时

间（P=0.478，P>0.05）、婚姻状况（P=0.096，P>0.05）、家庭位置（P=0.283，P>0.05）、学校位置（P=0.520，P>0.05）、学校阶段（P=0.187，P>0.05）和管理制度（P=0.156，P>0.05）等不存在相关。

表2-25　　　　影响教师参与社区儿童学业服务的因素分析

	在工作时间外辅导学生的同事情况	在工作时间外辅导过其他班级的学生	学校分配关注班上学生
职称	0.726	0.093	0.008 **
性别	0.761	0.003 **	0.002 **
政治面貌	0.293	0.174	0.027 *
年龄	0.576	0.722	0.009 **
学历	0.700	0.529	0.323
闲暇时间	0.478	0.060	0.299
婚姻状况	0.096	0.221	0.731
家庭位置	0.283	0.991	0.301
学校位置	0.520	0.376	0.716
学校阶段	0.187	0.000 ***	0.000 ***
管理制度	0.156	0.040 *	0.000 ***

注：* P<0.05，** P<0.01，*** P<0.001。

2. 教师在工作时间外辅导过其他班级学生的差异分析

"在工作时间外辅导过其他班级的学生"与学校阶段（P=0.000，P<0.001）存在显著相关，与性别（P=0.003，P<0.01）和管理制度（P=0.040，P<0.05）存在相关；与职称（P=0.093，P>0.05）、党派（P=0.174，P>0.05）、年龄（P=0.722，P>0.05）、学历（P=0.529，P>0.05）、闲暇时间（P=0.060，P>0.05）、婚姻状况（P=0.221，P>0.05）、家庭位置（P=0.991，P>0.05）及学校位置（P=0.376，P>0.05）不存在相关。

"学校是否分配了指定关注班上学生"与学校阶段（P=0.000，P<0.001）及管理制度（P=0.000，P<0.001）存在显著相关；与

职称（P = 0.008，P < 0.01）、性别（P = 0.002，P < 0.01）、政治面貌（P = 0.027，P < 0.05）和年龄（P = 0.009，P < 0.01）存在相关。与学历（P = 0.323，P > 0.05）、闲暇时间（P = 0.299，P > 0.05）、婚姻状况（P = 0.731，P > 0.05）、家庭位置（P = 0.301，P > 0.05）和学校位置（P = 0.716，P > 0.05）等不存在相关。

3. 教师在工作时间外辅导过其他班级学生的具体分析

"在工作时间外辅导过其他班级学生的情况"在教师性别上存在十分显著的差异。男教师在工作时间外辅导过其他班级的学生，选择偶尔、有时、经常等选项比例分别为23.9%、21.1%和3.7%；而女教师比例分别为，17.9%、10.3%和2.4%。可以看出，男教师在工作时间外辅导其他班级的学生比女教师相对多一些。

教师"在工作时间外辅导过其他班级的学生"在学校阶段上差异显著。其中小学教师有过在工作时间外辅导其他班级学生的比例为28.8%，初中教师为46.1%，高中教师为61.7%。可以看出，高中教师在工作时间外辅导过其他班级的学生比例最大，其次是初中教师，而小学教师最小。

教师"在工作时间外辅导过其他班级的学生"在学校的管理制度上差异显著。相对来说，学校管理得越松，教师的闲暇时间就越多。实行弹性坐班制的学校，教师在工作时间外辅导过其他班级的学生比例最大（4.3%），其次是考勤制（3.3%），坐班制最小（1.5%）。反过来来说，辅导其他班级学生在实施考勤制学校最少（66.9%），实施弹性学校（48.9%）相对多一些。

4. 学校分配关注班上学生的具体分析

"学校分配关注班上学生"在教师职称上差异显著，高级职称教师被分配制定关注学生比值为60.3%；而中级职称教师比值为42.4%；助理级职称教师为45.4%；员级职称教师为41.7%；而无职称教师比值为20%。可以看出，高级职称教师更倾向于被分配指定关注班上学生，其次是中级和助理级教师，而无职称教师最少。

"学校分配关注班上学生"在教师性别上存在显著差异。男教师有过被指定关注班上学生最多，比例为58.6%；而女教师比值为

37.6%。学校分配关注班上学生在教师的政治身份上存在显著差异。是中国共产党党员的教师中的 48.4% 被分配了指定关注（或辅导）班上学生；其他民主党派的教师中的 42.9%、无党派教师中的 38.3% 被分配关注班上学生。因此，身份为党员的教师更倾向于被分配了辅导学生的任务，其次是其他民主党派，无党派最少。

"学校分配关注班上学生"在教师的年龄上差异显著。学生 25 岁以下教师中的 21.6%、25—30 岁年龄段教师为中的 37.4%、30—35 岁年龄段教师中的 45.5%、35—40 岁年龄段教师中的 46.3%、40 岁以上年龄教师中的 45.7% 被分配了指定关注（或辅导）班上学生。可以看出，30 岁以上的教师更倾向于被分配辅导学生的任务。

"学校分配关注班上学生"在学校阶段上差异显著。小学教师有过分配指定关注（或辅导）学生比例为 32.4%；初中教师比例为 66.1%；高中教师比例为 80.9%。可以看出，高中教师有很大可能被分配指定关注学生，比值超过 80%；其次是初中教师，小学教师中的 30% 有过分配指定辅导学生的任务。

"学校分配关注班上学生"在学校的管理制度上差异显著。实行弹性制的学校，教师有过分配指定关注（或辅导）班上学生的比例为 73.9%；坐班制学校的教师为 34.6%；考勤制学校的教师为 34.4%。可以看出，实行弹性坐班制度的教师接受学校指定关注（或辅导）班上学生的可能性最大。

（四）教师了解社区儿童家庭生活的影响因素分析

1. 教师了解儿童情况的差异分析

对班上学生（孩子）的家庭情况了解程度与教师性别（$P = 0.043$，$P < 0.01$）和学校阶段（$P = 0.012$，$P < 0.01$）存在相关；与教师职称（$P = 0.701$，$P > 0.05$）、党派（$P = 0.071$，$P > 0.05$）、（教师）年龄（$P = 0.674$，$P > 0.05$）、学历（$P = 0.771$，$P > 0.05$）、闲暇时间（$P = 0.304$，$P > 0.05$）、婚姻状况（$P = 0.165$，$P > 0.05$）、家庭位置（$P = 0.945$，$P > 0.05$）、学校位置（$P = 0.370$，$P > 0.05$）和管理制度（$P = 0.059$，$P > 0.05$）不存在相关。

表 2-26　　　　　　　影响教师了解学生情况的因素分析

	职称	性别	党派	年龄	学历	闲暇时间	学校阶段
学生家庭	0.701	0.043*	0.071	0.674	0.771	0.304	0.012*
心理需要	0.200	0.460	0.013*	0.485	0.706	0.711	0.085
媒体需要	0.962	0.500	0.619	0.895	0.828	0.018*	0.570
社会交往	0.056	0.073	0.904	0.001**	0.835	0.895	0.296
亲情需要	0.010*	0.057	0.799	0.009**	0.680	0.375	0.011*
安全需要	0.017*	0.003**	0.582	0.004**	0.355	0.332	0.000***
学习需要	0.233	0.065	0.284	0.011*	0.419	0.263	0.203
物质需要	0.540	0.235	0.471	0.238	0.650	0.012*	0.269

注：* $P < 0.05$，** $P < 0.01$，*** $P < 0.001$。

学生在学习、人际交往与社会实施、德行、安全、生活等方面的需要与教师个人情况不相关；而学生在心理方面的需要判断，与教师党派之间有一定相关（$P = 0.013$，$P < 0.05$）；学生在网络媒体方面的需要与教师闲暇时间之间有一定相关（$P = 0.018$，$P < 0.05$）。学生的亲情需要判断与教师职称、年龄、学校阶段相关；学生安全需要的判断与教师职称、性别、年龄、学校阶段相关。学习需要的判断与教师的年龄相关。

2. 教师了解班上学生家庭情况的具体分析

教师了解班上学生（孩子）的"家庭情况"在教师的性别上差异显著。女教师对班上学生的家庭稍微了解、知道部分和完全知道的比例分别为11.2%、69.4%和17.6%；而男教师比例分别为15.6%、61.5%和16.5%。因此，综合来看，女教师要比男教师对班上学生的家庭情况更要了解。

教师了解班上学生（孩子）的"家庭情况"在学校所处阶段上差异显著。小学阶段在对班上学生（孩子）的家庭情况了解程度中，完全了解的最多，占比为20.7%。其次是初中，比例为9.2%；而高中最少，比例仅为6.4%。可见，小学阶段教师对学生家庭了解程度更为深入。

另外，教师为无党派人士中的48.97%、教师为中共党员中的

36.98%、教师为民主党派中的 35.71% 认为学生有"心理需要"。学生在网络电子媒体影响方面的需要在教师的闲暇时间上差异显著，认为几乎没有闲暇时间的教师中的 4.26%、认为有一些闲暇时间中的 3.45%、认为只有法定节假日中的 9.23%、认为闲暇时间比较多的教师中的 7.67% 认为学生存在网络电子媒体影响的需要。

"心理需要"问题的判断在教师的党派上差异显著（P = 0.013，P < 0.05）。其中无党派教师中的 48.98%、民主党派教师中的 35.71%、党员教师中的 36.98% 认为班上学生心理问题比较突出。无党派身份教师的比例最高。

"社会交往"需要的判断在教师的年龄上差异显著（P = 0.001，P < 0.05）。25 岁以下教师中的 78.38%、26—30 岁中的 71.43%、31—35 岁中的 83.12%、36—40 岁中的 73.11% 认为班上学生存在"社会交往"需要，即 31—35 岁年龄段的比例最高。

"亲情需要"的判断在教师的年龄（P = 0.009，P < 0.05）、职称（P = 0.01，P < 0.05）、学校阶段（P = 0.011，P < 0.05）上差异显著。93.94% 的 25 岁以下教师、67.86% 的 26—30 岁教师、70.03% 的 31—35 岁的教师、68.91% 的 36—40 岁教师认为儿童存在"亲情需要"。其中 25 岁以下教师的比例最高。无职称的教师中的 81.67%、员工中的 75%、助理教师中的 67.44%、中级教师中的 67.14%、高级职称教师中的 61.76% 认为儿童存在"亲情需要"。整体来看，虽然认为儿童存在"亲情需要"的比例比较高，但随教师职称的提升，认为学生存在"亲情需要"的比例呈下降趋势。72.67% 的小学教师、60% 的初中教师、51.06% 的高中教师认为学生存在"亲情需要"，小学教师的比例最高。

"安全需要"判断在教师的职称（P = 0.017，P < 0.05）、性别（P = 0.003，P < 0.01）、年龄（P = 0.004，P < 0.01）、学校阶段（P = 0.000，P < 0.01）上差异显著；安全需要判断与学生亲情需要类似，认为学生存在安全需要的教师中，小学阶段教师的比例最高，其次是初中教师。另外，女性教师（66.18%）应该比男性教师（48.62%）更注重学生安全。无职称教师比有职称教师更注重学生安全，并且随教师职称的提升，认为学生存在"安全需要"的教师比例呈下降需要。在

不同年龄中，25 岁以下教师中的 81.81% 、26—30 岁教师中的 62.5% 、31—35 岁教师中的 66.23% 、36—40 岁教师中的 63.03% 认为班上学生存在"安全需要"，25 岁以下教师比例最高。学生"学习需要"的判断在教师的年龄（$P = .0.01$，$P < 0.05$）上的差异显著。25 岁以下教师认为学生存在"学习需要"的比例达到 84.84%，比例最高。

（五）影响教师自身服务能力的差异分析

1. 教师服务社区能力与基本条件的差异分析

在"是否有人与你一起讨论过学校所在地居民生活中的事情"（社区讨论）与教师的职称（$P = 0.388$，$P > 0.05$）、性别（$P = 0.133$，$P > 0.05$）、党派（$P = 0.645$，$P > 0.05$）、年龄（$P = 0.587$，$P > 0.05$）、学历（$P = 0.896$，$P > 0.05$）、闲暇时间（$P = 0.469$，$P > 0.05$）、婚姻状况（$P = 0.846$，$P > 0.05$）、家庭位置（$P = 0.807$，$P > 0.05$）、学校位置（$P = 0.419$，$P > 0.05$）、学校阶段（$P = 0.860$，$P > 0.05$）和管理制度（$P = 0.139$，$P > 0.05$）等不存在相关。

教师"住处情况"在家庭位置（$P = 0.000$，$P < 0.001$）和学校位置（$P = 0.000$，$P < 0.001$）上存在显著差异；在性别（$P = 0.004$，$P < 0.01$）上差异显著；但在职称（$P = 0.316$，$P > 0.05$）、年龄（$P = 0.856$，$P > 0.05$）、学历（$P = 0.772$，$P > 0.05$）、婚姻状况（$P = 0.456$，$P > 0.05$）上等不存在显著差异。

"管理制度"在职称（$P = 0.000$，$P < 0.001$）、性别（$P = 0.000$，$P < 0.001$）、年龄（$P = 0.000$，$P < 0.001$）、家庭位置（$P = 0.000$，$P < 0.001$）和学校位置（$P = 0.000$，$P < 0.001$）上存在显著差异；在婚姻状况（$P = 0.002$，$P < 0.01$）方面差异显著；但在学历（$P = 0.566$，$P > 0.05$）上不存在显著差异。

"学校阶段"在性别（$P = 0.000$，$P < 0.001$）、学历（$P = 0.000$，$P < 0.001$）、家庭位置（$P = 0.000$，$P < 0.001$）和学校位置（$P = 0.000$，$P < 0.001$）等方面存在显著差异；与职称（$P = 0.001$，$P < 0.01$）存在相关，但与年龄（$P = 0.063$，$P > 0.05$）、婚姻状况（$P = 0.940$，$P > 0.05$）等不存在相关。

教师"闲暇时间"在职称（$P = 0.001$，$P < 0.01$）和年龄（$P =$

0.010，P < 0.05）上存在显著差异，但在性别（P = 0.114，P >
0.05）、学历（P = 0.230，P > 0.05）、婚姻状况（P = 0.276，P >
0.05）、家庭位置（P = 0.249，P > 0.05）和学校位置（P = 0.283，
P > 0.05）上不存在显著差异。

表 2 - 27　　　　　　教师服务他人条件的影响因素分析

	住处情况	管理制度	学校阶段	闲暇时间	班级类型（地域）	班级类型（专业成长）
职称	0.316	0.000 ***	0.001 **	0.001 **	0.001 **	0.000 ***
性别	0.004 **	0.000 ***	0.000 ***	0.114	0.361	0.174
年龄	0.856	0.000 ***	0.063	0.010 *	0.269	0.000 ***
学历	0.772	0.566	0.000 ***	0.230	0.296	0.846
婚姻状况	0.456	0.002 **	0.940	0.276	0.513	0.001 **
家庭位置	0.000 ***	0.000 ***	0.000 ***	0.249	0.000 ***	0.983
学校位置	0.000 ***	0.000 ***	0.000 ***	0.283	0.000 ***	0.266

注：* P < 0.05，** P < 0.01，*** P < 0.001。

"班级类型（地域）"在家庭位置（P = 0.000，P < 0.001）和学校
位置（P = 0.000，P < 0.001）上存在显著差异；在职称（P = 0.001，
P < 0.01）上存在差异；在性别（P = 0.361，P > 0.05）、年龄（P =
0.269，P > 0.05）、学历（P = 0.296，P > 0.05）、闲暇时间（P =
0.211，P > 0.05）和婚姻状况（P = 0.513，P > 0.05）上等不存在显著
差异。

"班级类型（专业成长）"在职称（P = 0.000，P < 0.001）和年
龄（P = 0.000，P < 0.001）上存在显著差异；在婚姻状况（P =
0.001，P < 0.01）上存在差异；在性别（P = 0.174，P > 0.05）、学
历（P = 0.846，P > 0.05）、闲暇时间（P = 0.085，P > 0.05）、家庭
位置（P = 0.983，P > 0.05）和学校位置（P = 0.266，P > 0.05）上
不存在显著差异。

2. 教师服务他人情况的差异分析

社区其他人与教师本人的社区讨论在任何因素上没有显著差异

（P＞0.05）。教师到学校的途径（工具）在教师的家庭位置（P＝0.001，P＜0.01）、学校位置上存在差异（P＝0.034，P＜0.05）。教师到学校所花时间在教师的家庭位置（P＝0.000，P＜0.01）、学校位置上存在差异（P＝0.000，P＜0.01）。教师在闲暇时间带学生在教师的职称上存在差异（P＝0.009，P＜0.01）。教师配偶工作在教师职称（P＝0.000，P＜0.001）、教师的党派（P＝0.024，P＜0.05）、年龄（P＝0.000，P＜0.001）、闲暇时间（P＝0.039，P＜0.05）、婚姻状况（P＝0.000，P＜0.001）、家庭位置（P＝0.003，P＜0.01）、学校位置（P＝0.017，P＜0.05）、管理制度（P＝0.009，P＜0.01）等方面存在差异。教师通过邻居获取社区信息在教师的党派（P＝0.025，P＜0.01）之间存在差异。教师通过网络获取社区信息在学校位置（P＝0.040，P＜0.05）上存在差异。

表 2 - 28　　　　教师服务他人情况的影响因素分析

	到校途径（工具）	到校所花时间	闲暇时间带学生	社区讨论	配偶工作	通过邻居获取社区信息	通过网络社区信息
职称	0.204	0.063	0.009 **	0.388	0.000 ***	0.723	0.069
性别	0.150	0.003 *	0.174	0.133	0.466	0.896	0.173
党派	0.143	0.954	0.190	0.645	0.024 *	0.025 *	0.357
年龄	0.214	0.280	0.778	0.870	0.000 ***	0.117	0.053
学历	0.523	0.318	0.211	0.896	0.026 *	0.565	0.118
闲暇时间	0.300	0.828	0.126	0.469	0.039 *	0.673	0.924
婚姻状况	0.768	0.086	0.074	0.846	0.000 ***	0.585	0.856
家庭位置	0.001 **	0.000 ***	0.778	0.807	0.003 **	0.963	0.177
学校位置	0.034 *	0.000 ***	0.346	0.419	0.017 *	0.857	0.040 *
学校阶段	0.873	0.508	0.866	0.860	0.522	0.056	0.496
管理制度	0.819	0.929	0.759	0.139	0.009 *	0.394	0.904

注：* P＜0.05，** P＜0.01，*** P＜0.001。

3. 教师"住处情况"的具体分析

教师"住处情况"在教师性别上差异显著。男教师住在学校内比例为15.6%，离学校有点远的比例为33.9%。而女教师住在学校内的比男教师少（3.5%）；住处离学校有点远的比例为45.1%，比男教师多。可以看出，男教师住处在学校内或学校周围，而女教师住处多远离学校。

教师"住处情况"在教师家庭位置上差异显著。农村教师住在学校周围的比例为80%；乡镇教师为57.6%；县城教师为56.6%；地级市教师比例58.8%；省级市教师比例53.2%；城市郊区比例57.2%。住在学校内，农村教师和乡镇教师比例最高，分别为45%和19.2%；其余不到10%。可以看出，农村教师和乡镇教师多住在学校内。

教师"住处情况"在学校位置上差异显著。学校位于农村的，教师住在学校内的比例最多，为42.8%；其次是乡镇，比例为34.1%；而县城、地级市、省级市和城市郊区学校教师住在学校的不到3%。而住在学校周围的农村学校教师的比例为37.5%；乡镇学校教师为31.8%；地级市学校教师为55.8%；省会城市学校教师比例为51.8%；城市郊区学校教师为57.1%。

4. 教师所在学校"管理制度"的具体分析

教师所在学校的"管理制度"在教师职称上存在差异。高级教师实行弹性坐班制的最多，比例为39.7%；其次是助理级教师，比例为24.4%；中级教师，比例为19%，而无职称教师和员级职称教师比例最低，分别为1.7%和8.3%。坐班制比例最高的是员级职称教师和无职称教师，分别为48.3%和54.2%；高级教师最少，比例为41.2%；实行考勤制教师，比例最高的是无职称教师和员级教师，比例最低的是高级教师和中级教师。可以看出，职称越高的教师实行弹性坐班制的比例越高。而职称越低的教师实行坐班制和考勤制的比例越高。教师所在学校的工作制度在教师性别上存在差异。男教师中的39.4%、女教师中的46.8%实行坐班制。

教师所在学校的"管理制度"在教师年龄上存在差异。25岁以下教师实行坐班制（45.9%）和考勤制（48.6%）；25—30岁教师实行坐班制（39.3%）和考勤制（44.6%）；30—35岁和40岁以上教师实行坐班制，比例分别为45.5%和46.5%。而实行考勤制，按教师年龄从小到大，比例分别为 48.6%、44.6%、28.6%、37.0% 和 26.3%；弹性坐班制所占比例分别为 2.7%、12.5%、24.7%、17.6% 和 27.5%。可见，年龄越小的教师实施考勤制的比例越高，年龄越大的教师实行弹性坐班的比例越高。

教师所在学校的"管理制度"在教师婚姻状况上存在差异。未婚教师实行弹性坐班制、坐班制和考勤制的比例分别为 16.9%、37.3% 和 44.1%；而已婚教师的比例分别为 21.2%、46.3% 和 32.3%。可以看出：无论结婚与否，实行坐班制的比例都比较高。但考勤制方面未婚教师比已婚教师多，未婚教师实行弹性坐班制比已婚教师少。

教师所在学校的"管理制度"在家庭位置上存在差异。家庭位于农村、乡镇、县城和城市郊区的教师实行考勤制的比例要多于地级市教师和省级市教师。省级市、地级市和县城教师喜欢实行弹性坐班制，农村教师实行弹性坐班制比较少，比值仅为 10%。

教师所在学校的"管理制度"在学校位置上差异显著。除了坐班制比值均等外，位于农村、乡镇、县城和城市郊区的学校倾向于实行坐班制和考勤制；而学校位于地级市和省级市的更倾向于实行弹性坐班制。

5. 教师"闲暇时间"的具体分析

教师"闲暇时间"在教师职称上存在差异。高级职称教师中的 7.4% 几乎没有闲暇时间，比例最低；高级职称（52.9%）和中级职称（41%）教师有一些闲暇时间，比例相对偏高；无职称（26.7%）和教员级职称（29.2%）教师有一些闲暇时间，比例相对偏低。只有法定节日有闲暇时间的教师，无职称和教员级（员级）职称教师比例相对偏高，均达 60%；而高级职称（35.3%）和中级职称（46.2%）教师偏低。整体上，教师拥有闲暇时间比较多的情况比较少。

教师"闲暇时间"在教师年龄上存在差异。在几乎没有时间闲暇上，年龄段分布在 30—35 岁和 35—40 岁，比例分别为 14.3% 和 13.4%；而 25 岁和 25—30 岁较少，比例为 5.4% 和 7.1%。基本上近半数只有法定节假日的教师，25—30 岁的教师过半，达到了 57.1%，35—40 岁教师居其次，达到 49.6%。

6. 教师在"闲暇时间带学生"的具体分析

整体来看，在"闲暇时间带学生"，在有职称的教师中，随教师职称的提升有减少趋势。有职称的教师在闲暇时间辅导学生的比例均超过没有职称的教师，没有职称的教师比例最小（31.67%）。有职称的教师选择在闲暇时间辅导学生或孩子的比例均高于没选择的比例。

7. 教师"配偶工作"的具体分析

教师"配偶工作"情况在教师年龄、职称、政治面貌等方面存在差异。一般来说，有职称的教师，其配偶在企业或事业单位的比例要稍大一些，员级（66.33%）、助理（72.09%）、中级（79.05%）、高级（81.18%），并且随着教师职称的提升，教师配偶在企业、事业单位工作的比例呈上升趋势。

8. 教师"到校途径"的具体分析

一般来讲，居住在学校内或学校周边的教师会选择步行，离学校有点远的教师会选择自行车，离学校比较远的教师则会选择摩托车、公交车或班车。学校位置在农村的教师会选择自行车或摩托车，在省城的教师会选择班车、公交车。

四 调查结论

（一）学生参与的社区活动存在城乡差异

1. 班上学生参与周边社区的部分活动，有部分（40.3%）很少或没有参与周边社区的活动。班上学生参与周边社区活动在教师职称、年龄、学校位置上存在显著差异，在教师的政治面貌、婚姻上存在差异。除无职称教师外，班上学生参与周边社区活动随教师职称提升呈增加趋势。班上学生是否参与周边社会（或社区）的活动在教师政治身份上存在差异。具有党员身份的教师班上学生参与周边社会（或社区）活动的学生相对较多。年龄在25岁以下的教师，其班上学生参与社区活动比较少。未婚老师中的20.3%、已婚教师中的42.9%没有或很少参与周边社区活动。也就是说，未婚教师班上学生参与周边社区活动活动的比例要高于已婚教师班上学生的比例。

班上学生参与社区儿童活动与学校位置之间存在显著相关。农村学生参与的比例最小，省城学校参与的学生比例最大，城郊学生参与的比例介于乡镇学校与县城学校学生参与的比例之间。

2. 学校周围社区常规举办儿童参与的活动比较少。学校周围社区组织儿童参与的活动在教师的家庭位置、学校位置、学校阶段上存在显著差异。农村地区组织活动相对少。学校位置越靠近城市，社区越喜欢组织儿童活动。相反，学校位置越远离城市，社区越很少或几乎没有组织儿童活动。弹性制管理的学校周围社区组织的儿童活动的比例相对高一些。

3. 部分学校很少或偶尔（42.3%）组织学生参与学校周围社区的活动，比例比较高。学校组织学生参与社区活动在教师的性别上存在差异。女性老师认为所在学校学生组织学生参与社区活动的比例要高于男性教师所在学生。在教师家庭位置上存在差异，随教师家庭位置的提升，没有或偶尔有的比例呈现下降趋势。可见，教师家庭位置越向省城中心趋近，学校越有可能组织学生参与社区活动。学校组织学生参与社区活动在教师所在学校上存在显著差异。整体来看，随学校地理位置的变化（县城与乡镇学校例外），学校组织学生参与社区活动的可能性越大。

（二）教师参与社区活动情况存在学校阶段与管理制度、家庭位置等方面的差异

教师参与社区组织的活动整体并不乐观，没有参与的教师比例超过了50%，在参与的教师中，与学校阶段、学校管理制度有一定相关。偶尔参与、有时参与、经常参与的小学教师有45.3%、初中教师有23.1%、高中教师有25.6%。小学教师参与的相对多一些。实行弹性工作制的教师，没有参与的教师比例最高（75%），实行考勤制的学校教师参与社区活动的比例相对高一些。

教师参与社区其他人组织的活动在家庭位置、学校阶段上存在差异。家庭位置处于乡镇和县城的教师参与社区其他人组织的活动，如街舞等活动最多。小学阶段教师参与社区其他人组织的活动，如街舞等活动最多，而初中阶段教师参加最少。而教师参与组织社区活动在学校阶段上存在差异，小学阶段参与组织学校周围社区的活动，如娱

乐活动等最多，而初中阶段教师最少。

（三）教师参与儿童学业辅导情况存在性别、学校阶段等差异

没有在工作时间外辅导学生的教师只有 33.6%，参与辅导学生的教师则占 55.7%。在这一点上，不存在任何差异。多数教师（63%）没有在工作时间外辅导过其他班级学生；教师参与学业辅导在教师性别、学校阶段、学校管理制度上存在差异。男性教师辅导其他班级学生比女性教师相对多一些。高中教师在工作时间外辅导过其他班级的学生比例最大，其次是初中教师，而小学教师小。

学校基本没有分配指定关注或辅导学生的任务（54.8%）。学校指定关注或辅导学生在教师职称、性别、政治身份、年龄、学校阶段、管理制度等上存在差异。在分配过关注或辅导学生的教师中，随教师职称的提升，接受辅导学生任务的教师比例呈上升趋势。男性教师接受辅导或关注学生的任务比女性教师要多。作为中国共产党党员的教师更多接受学校指定的辅导学生的任务。30 岁以上教师更倾向于被分配辅导学生的任务。高中教师被分配指定关注学生的人数最多，比值超过 80%。实行弹性坐班制度的教师接受学校指定关注（或辅导）班上学生的可能性最大。

（四）教师了解儿童情况有年龄、性别、职称等方面差异

多数教师只是部分了解学生家庭情况。教师对学生家庭情况的了解在教师性别、学校阶段上存在差异。女教师更心细，比男教师对班上学生的家庭情况更了解。小学阶段教师对学生家庭的了解程度更为深入。教师认为目前学生的需要分别在社会交往、亲情、安全上。相对而言，心理问题被认为最突出，其次是学习、人际交往。

学生心理需要的判断在教师政治身份上存在的差异。认为学生心理问题突出的教师中，无党派身份教师（48.98%）的比例最高。学生的社会交往需要判断与教师的年龄相关。83.12% 的 31—35 岁年龄段的教师认为学生存在社会交往方面的需要。

学生的亲情需要判断在教师的职称、年龄、学校阶段上存在差异。认为存在亲情需要的 25 岁以下教师的比例最高。虽然认为儿童存在亲情需要的比例比较高，但随教师职称的提升，认为学生存在亲情需要的比例呈下降趋势。小学教师的比例最高。

学生安全需要判断在教师的职称、性别、年龄、学校阶段上存在的差异；无职称教师比有职称教师更注重学生安全，并且随教师职称的提升，认为学生存在安全需要的教师比例呈下降趋势。小学阶段教师的比例最高，其次是初中教师。女性教师应该比男性教师（48.62%）更注重学生安全。

（五）教师参与服务儿童活动的基本条件：城乡优于农村

教师的住处在教师的性别、家庭位置、学校位置上存在差异；男教师住处在学校内或学校周围，而女教师住处多远离学校。农村教师和乡镇教师多住在学校内。学校位于农村的，教师住在学校内比值最多。

学校管理制度在教师职称、年龄、婚姻状况、家庭位置、学校位置上存在差异。职称越高的教师实行弹性坐班制的比例越高，而职称越低的教师实行坐班制和考勤制的比例越高。未婚教师实行弹性坐班制要比已婚教师少。农村教师实行弹性坐班制比较少。学校位于地级市和省级市的更倾向于实行弹性坐班制。

教师的闲暇时间在职称上存在差异；教师拥有较多闲暇时间的情况比较少，相对而言，职称越高教师拥有闲暇时间的可能性越大。在闲暇时间辅导学生，在有职称的教师中，随教师职称的提升有减少趋势。

第四节　家长参与社区活动及社区儿童服务调查

儿童是有需要的，从不同立场来判断儿童需要的结论有可能不一样的。儿童立场、教师立场、家长立场代表不同的"利益"关联群体。不管如何，社区、家庭、学校三者之间的合作则必要的。三者间围绕儿童上学、教养问题产生的合作才有可能真正的合作。

农村社区文化受家庭承包责任制的影响很大，以血缘关系为纽带的关系是农村社区文化的典型特征。加上城乡之间的人口流动等问题，三者形成了当代农村社区文化的主要背景。在此综合背景下，村民是否参与服务于公众的社区服务（包括儿童服务）是一个很大的现实挑战。然而，在关注儿童教育背景下，家长还是有可能围绕着儿童的发展问题产生相关的合作的。但农村社区服务现状存在很大的不足，村民参与社区儿童服务是否有可能则是许多人关心的现实。

一 调查对象与调查工具

(一)研究对象

男性儿童家长 1370 人，占 50.1%；女性儿童家长 1365 人，占 49.9%。孩子年龄方面 0—6 岁儿童占 0.8%；7—12 岁人数儿童占 49.2%；13—15 岁人数儿童占 23.3%；16—18 岁儿童占 25.7%；19 岁以上儿童占 1%。小学生占 60.8%；初中生占 16.4%；高中生占 22.8%。看护人中，父母占比 85.9%；祖父母（外祖父母）占比 8.2%；亲戚占比 1.8%；其他人数占比 3.9%。看护人学历小学以下人数占比 5.4%；小学学历家长占比 25.7%；初中学历家长占比 48.3%；高中（职高）、中专学历家长占比 15.6%；大专学历家长占比 2.6%；大学及以上学历家长占比 2.4%。农村学校学生占比 38.1%；乡镇学校学生占比 22.3%；县城学校学生占比 23.7%；地级市学校学生占比 3.3%；省级市学校学生占比 3 人；城郊学校学生占比 11.9%。农村儿童学生占比 69.2%；乡镇儿童占比 15.7 人；县城儿童占比 7.5%；地级市儿童占比 2.1%；省级市儿童占比 0.1%；城郊儿童占比 5%。其中，父母都在本地工作的学生占比 57.1%；父母都在外工作的学生占比 16.5%；只有母亲在外工作的学生占比 3.5%；只有父亲在外工作的学生占比 22.5%。

(二)研究方法

研究工具。自制农村社区儿童服务调查问卷，被访者信息包括最近看护人、工作情况、看护人学历、节假日生活、居住地、学校位置等。

问卷内容。农村社区社区儿童服务调查问卷是在回顾文献的基础上自行编制而成的，主要包括五个维度，一是农村社区儿童服务需求现状；二是农村社区服务的环境；三是农村家长对儿童服务的需要；四是农村家长参与农村合作的经验；五是农村社区家长参与社区服务的可能。总共发放问卷 2800 份，回收 2743 份，有效回收率为 8.0%。问卷的总克隆巴赫系数 α = 0.850 > 0.7，说明问卷具有较高的内部一致性信度。问卷总的效度为 0.873，显著性为 0.001，达到统计学的要求。

二 家长参与社区儿童服务的现状

（一）社区儿童服务的现实水平低

主要体现孩子上学、指导家长教育方法、引导孩子、辅导孩子等方面的服务空缺。在"村里有人负责接送孩子上学"上，农村社区有人负责接送孩子的占比不足 10%。在"村里有人指导如何教育孩子"上，有人指导如何教育孩子的占比不足 20%。在"村里有人能引导孩子，效果好"上，将近 60% 的家长认为村里没人能引导孩子，此外还有将近 20% 的家长不确定村里是否有人能引导孩子。在"村里有人能辅导孩子学习"上，家长认为村里没有人能辅导孩子的比例达到 70%。

（二）社区儿童活动的环境欠缺

社区儿童活动环境欠缺主要体现在物质环境与精神环境方面的不足。在"村里孩子一起学习"上，村里孩子一起学习占比不到一半，30% 的父母认为村里孩子没有一起学习，说明村庄缺少组织儿童一起学习的机构或个人。不能确定的有 475 人，占 17.3%。在"村里或社区的社团活动多"上，认为"村里活动社团多"的家长比例仅为 17%。将近的 60% 家长认为存在社团不多，也在一定程度上说明了村庄缺乏社团活动。此外，25.7% 不确定，可能是社团宣传不到位或不对外开放影响了村民判断。

在"村里有社会组织"上，认为"村里或社区有社会组织"的家长占比 32%，而认为"没有社会组织"的家长占比 42%，说明村里缺乏社会组织，导致村里社团活动开展积极性差。此外，还有 26% 为不确定。在"村里有孩子一起学习或玩耍的地方"上，认为"村里有孩子一起活动地方"的家长比例仅为 41.3%，而认为"没有学习或玩耍地方"的家长占比达到 42.5%，此外，存在 16% 不确定，说明村里缺少适合孩子学习或玩耍的地方。另外，在"村里的活动场所情况"上，认为村庄没有活动场所的家长达 55%，且只有小型活动场所的家长为 31.2%。认为拥有中型和大型活动场所的家长不到

15%，说明村庄活动场所不足。

（三）社区儿童服务的需要广泛存在

通过调查，研究者发现社区儿童服务需求广泛存在。在"经常辅导孩子做功课"上，有55%的家长在家经常辅导孩子做作业，但也存在将近30%的家长在家没有给孩子做作业。不能确定的为432人，占15.7%。

在"在家经常陪孩子玩"上，看护人"在家平常陪孩子玩"的不到50%，而有32%的家长在家时不经常与孩子玩，甚至存在18%不确定。可以看出，农村看护人陪伴儿童玩耍占比较少。在"节假日，孩子主要待在家里"上，节假日待在家里的孩子达62%；没有待在家里的孩子占比不到20%，此外，还有将近10%不确定。

在"孩子生活开心"上，将近70%的孩子觉得生活开心，但也存在一定比例孩子觉得生活不开心，为13%。此外，还有14.9%不知道是否开心。在"教育孩子很省心"上，认为"教育孩子省心"的家长仅为50%；而觉得"不省心"的家长为30%；还有16.4%为不确定。总体看来，家长教育孩子存在一定困难。在"孩子上学方便"上，上学不方便人数占比至少有15%。另外，在"孩子上学方式"上，孩子主要是自己去学校，坐校车占比较少。家长送以及与其他孩子一起上学的儿童也有一些比例（34%），家长也有一些合作的需要。在"孩子住宿情况"上，大部分孩子上学选择住在自己家里。

在"孩子的居住地位置"上，农村学生占60.5%，乡镇学生占15.7%、县城学生占15.9%，郊区为学生占4.8%，城市学生占2.8%。在学校地处中，农村学校生占38.1%，乡镇学校学生占22.3%、县城学校学生占23.7%。可以看出，一部分农村和县镇儿童在城市学校就读。

（四）家长社区合作的经验不足

理论上讲，家长如果有社区合作经验，这种经验也应该可以迁移到孩子教育上。但事实上，农村家长的社区合作经验并不丰富。在"村里组织村民一起娱乐"上，村里经常组织村民一起娱乐的不足30%；而村里不组织村民娱乐的达50%；此外还有24%不能确定。

在"邀请您和其他人一起运动，您会参与"上，家长想参与活动及不想参与活动、不能确定的均相似，均接近 1/3。在"劳作中，常与人换工"上，平时干活面临人手不足时常与人换工的家长不到40%。在"村里经常组织村民一起劳动"上，村里（或社区）经常组织村民一起劳动的占比仅为 21%，而相反的是，不常组织一起劳动的达到 50%，此外，还有 27.7% 为不确定，说明村里很少组织村民一起劳动。

在"动员集资参加村里的集体劳动，您会参加"上，村民愿意参加集体劳动的达到 45%，而不愿参与的仅为 30%，说明大部分村民愿意参加集体劳动。此外，还有 24.2% 为不确定。在"家里在生产劳动过程中，碰到困难时的解决方式"上，主要解决方式是找亲戚帮忙和独自解决，占比分别为 35.6% 和 33.1%。在"生产过程中一些大型水利工程通常解决方式"上，村庄建设大型水利工程主要为村里组织，其次是自己想办法，但占比不高，而占比最高的是不清楚。在"以前种地需要耕牛的解决办法"上，解决方法主要是自家购买，然后是找其他人租。

（五）家长进行社区儿童服务合作的可能

在建构主义者看来，儿童的学习是以一定的经验为基础的。家长在儿童服务上的决策也应符合此原理。家长在儿童服务事务上是否进行合作，在理论上应该与家长是否有过合作经验有关。

在"建议家长轮流接送孩子上下学"上，村里很少有人提出同村孩子一起由家长轮流接送孩子服务，占比仅为 20%。在"常与周围邻居交流教育孩子的方法"上，经常与邻居交流教育孩子方法的仅为一半，将近 30% 父母不交流，不确定为 21%。

在"村里孩子一起玩"上，将近 70% 的孩子有一起玩耍的同伴。有 13.2% 不能确定，还没有玩伴的孩子占 15%。在"有必要组织孩子们一起玩"上，觉得有必要的占比为 35%，而觉得没必要的占比达到 45%，此外，还有 18.3% 为不确定，说明农村孩子看护人比较忽视孩子与同伴一起玩耍。

在"如果组织村里孩子一起活动您会让孩子参加"上，65% 的看护人都选择让孩子参加，仅 17% 的看护人不想让他们参加，说明村庄缺少孩子活动的组织者。在"愿意组织孩子们一起活动"上，愿意组织孩子活动的家长为43.6%，不愿意组织的家长为38.7%，此外，有18.2%的家长不确定，说明大部分家长没有意愿组织孩子活动。在"村里活动由谁组织好"上，多数家长认为由村委组织，其次是由有能力的村民或居民组织。

在"村里的孩子一起学习、一起活动，您愿意由谁来组织"上，愿意学校组织的人数最多，占比为51.8%；然后是退休的教师和公益组织，占比分别为13.2%和10.3%，说明村庄希望学校承担起组织孩子学习或活动的责任。

三　社家长参与社区儿童服务的差异分析

（一）社区儿童服务水平的差异分析

1. 看护者与社区儿童服务水平之间的差异分析

从表2-29来看，"村里有人指导如何教育孩子"（P<0.01）、"村里有人能辅导孩子学习"（P<0.05）在看护人身份上存在差异；"村里有人负责接送孩子上学""村有人指导如何教育孩子""村里有人引导孩子，效果好""村里有人能辅导孩子学习"在看护人学历上存在显著差异；看护儿童数分别与"村里有人负责接送孩子上学""村里有人指导如何教育孩子""村里有人引导孩子，效果好""村里有人能辅导孩子学习"在看护儿童数上存在显著差异；"村里有人负责接送孩子上学""村里有人能辅导孩子学习"在父母工作地方上存在0.001水平上的显著差异。

表2-29　　　　**看护者与社区儿童服务水平之间的差异分析**

	看护人身份	看护人学历	看护儿童数	父母工作
村里有人负责接送孩子上学	0.631	0.000 ***	0.000 ***	0.014 *
村里有人指导如何教育孩子	0.004 **	0.044 *	0.000 ***	0.885
村里有人引导孩子，效果好	0.285	0.004 **	0.001 **	0.063
村里有人能辅导孩子学习	0.027 *	0.000 ***	0.022 *	0.001 **

注：* $P<0.05$，** $P<0.01$，*** $P<0.001$。

2. 儿童相关因素与社区儿童服务水平之间的差异分析

从表 2 - 30 来看，社区儿童服务水平在孩子居住地、孩子性别上不存在差异；"村里有人负责接送孩子上学""村里有人能辅导孩子学习"在学校位置上存在 0.01 水平上的差异；"村里有人负责接送孩子上学""村里有人指导如何教育孩子""村里有人引导孩子，效果好""村里有人能辅导孩子学习"在儿童年龄段、年级段上存在 0.01 水平上的差异。

表 2 - 30　　儿童相关因素与社区儿童服务水平之间的差异分析

	居住地	学校位置	性别	年龄段	年级段
村里有人负责接送孩子上学	0.135	0.000 ***	0.719	0.000 ***	0.000 ***
村里有人指导如何教育孩子	0.123	0.921	0.873	0.000 ***	0.000 ***
村里有人引导孩子，效果好	0.917	0.552	0.080	0.000 ***	0.000 ***
村里有人能辅导孩子学习	0.059	0.008 **	0.481	0.000 ***	0.000 ***

注：* P < 0.05，** P < 0.01，*** P < 0.001。

3. "村里有人负责接送孩子上学"的具体分析

"村里有人负责接送孩子上学"在看护人学历上存在 0.001 水平上的显著差异。大学及以上学历看护人认可比例（26.8%）相对较高，小学以下和小学学历家长认可比例相（12.9%）相对较小，除大专层次看护人外，看护人认可的比例有随看护人学历增加而提升的趋势。

"村里有人负责接送孩子上学"在看护儿童数上存在 0.05 水平上的差异。看护 1 个孩子的家长认可比例（21.5%）相对较高；看护 3 个孩子的家长否认比例（79.5%）相对较高。整体来看，家长否认的比例要远高于认可的比例。

"村里有人负责接送孩子上学"在父母工作上存在显著差异。父母都在本地工作认可比例（17.6%）相对较高，在外地工作的母亲认可的比例（12.3%）相对较低。选择不能确定选项，母亲在外地工作的比例（15.5%）相对较高；否认村里有人负责接送孩子上学的，父母都在外地工作的比例（73.7%）与父亲在外工作的比例（73.2%）相对较高。整体来看，否认村里或社区有人负责接送孩子上学的比例远高于肯定的比例。

"村里有人负责接送孩子上学"在学校位置上存在 0.001 水平上的显著差异。学校在乡镇的家长认可的比例（21.4%）相对较高，城郊学校家长认可比例（9.6%）相对较低。在"不能确定"选项中，学校地处省城的家长比例（25%）相对较高。整体来看，认为"基本不符"与"完全不符"的比例要远超"完全符合"与"比较符合"的比例。学校在地级市家长否定的比例（60.7%）相对较低，其他层次的学校家长否定的比例也超过了 60%。

"村里有人负责接送孩子上学"在儿童年龄段上存在 0.001 水平上的显著差异。18 岁以上儿童家长认可的比例（29.6%）相对较高，除 0—6 岁孩子的家长外，其他年龄段孩子的家长，有随儿童年龄增长认可比例增长的趋势。在否认村里有人接送孩子上学上，0—6 岁孩子的家长否认比例相对（76.2%）较高。

"村里有人负责接送孩子上学"在儿童年级段上存在 0.001 水平上的显著差异。孩子为高中家长认可的比例（20%）相对较高，小学家长（15.7%）与初中家长（15.8%）差不多。否认这项服务的家长中，小学儿童家长（73.1%）与初中儿童家长（72.1%）比例相对较高。整体来看，否认此项服务家长比例要远超认可家长比例。

4. "村里有人指导如何教育孩子"的具体分析

"村里有人指导如何教育孩子"在看护人身份（P = 0.004，P < 0.01）上存在 0.01 水平上的差异。其他人为看护人认可的比例（21.7%）相对较高，父母作为看护人认可的比例（17.5%）相对较低；整体来看，否认的比例要高于认可的比例，特别是父母看护的儿童，否认比例（63.7%）相对较高。

"村里有人指导如何教育孩子"在看护人学历（P = 0.044，P < 0.05）上存在 0.05 水平上的差异；看护人学历在大学以上者认可的比例（28.4%）相对较高；学历为小学的看护人否认比例（67.2%）相对较高。

"村里有人指导如何教育孩子"在看护儿童数（P = 0.000，P < 0.001）上存在 0.001 水平上的显著差异。看护 1 个儿童的家长认可

的比例（20.7%）相对较高，看护 4 个儿童的家长认可的比例（14.3%）最低。整体上，认可教育指导的家长比例随看护儿童数量的增加而呈现减少趋势。

"村里有人指导如何教育孩子"在孩子年龄（P＝0.000，P＜0.001）上存在 0.001 水平上的显著差异。16—18 岁儿童的家长认可的比例（25.4%）相对较高，0—6 岁儿童的家长认可的比例（4.8%）相对较低。整体上，随孩子年龄的增加，家长认可家庭教育指导的比例呈现提升趋势。

"村里有人指导如何教育孩子"在孩子年级（P＝0.000，P＜0.001）上存在 0.001 水平上的显著差异；相对来说，高中段家长认可的比例（24.1%）相对较高，小学段家长认可的比例（15.2%）较低。

5. "村里有人引导孩子，效果好"的具体分析

"村里有人引导孩子，效果好"在看护人学历上存在 0.01 水平上的差异。整体来看，否认这一观点的比例要远高于认可的比例。在认可这一观点的看护人中，学历在小学以下的看护人认可比例（31.9%）相对较高，小学学历看护人认可的比例（22.4%）相对较低。引导孩子效果与看护儿童数量之间在 0.01 水平上存在显著相关。看护 1 个儿童的家庭认可的比例（30.8%）相对较高，看护 2 个孩子的家长认可比例（22.8%）相对较低。

"村里有人引导孩子，效果好"在儿童年龄段上存在 0.001 水平上的显著差异。孩子年龄在 19 岁以上的家长认可的比例（48.1%）相对较高，0—6 岁孩子的家长认可的比例（14.3%）相对较低。整体来看，随儿童年龄的增长，家长认可的比例呈现增加趋势。引导孩子效果与年级之间在 0.01 水平上存在显著相关。高中家长认可的比例（31.6%）相对较高，小学段家长认可的比例（22.9%）相对较小。

6. "村里有人能辅导孩子学习"的具体分析

"村里有人能辅导孩子学习"在看护人身份上存在 0.05 水平上的差异。在"完全符合"与"比较符合"上，亲戚与其他人作看护的比例（25.7%、25.4%）相较较高，父母、祖父母的比例（16.3%、16.5%）相对较低。

"村里有人能辅导孩子学习"在看护人学历上存在 0.001 水平上

的显著差异。在"完全符合"与"比较符合"上，学历为大学以上家长的比例（35.8%）相对较高，小学以下学历家长的比例（14.2%）相对较低。除大专学历家长（16.7%）外，认同村里有人辅导儿童学习的比例，随家长学历提升呈现上升趋势。

"村里有人能辅导孩子学习"在看护儿童数上存在 0.05 水平上的差异。在"完全符合"与"比较符合"上，看护 1 个儿童的家长认同比例（18.9%）相对较高，看护 2 个儿童家长的认同比例（15.7%）相对较低。否认"村里有人能辅导孩子学习"的比例均超过了 65%。

"村里有人能辅导孩子学习"在父母工作上存在 0.01 水平上的差异。在"基本不符"与"完全不符"上，父母均在外工作的比例（73.2%）相对较高，父母均在本地工作的比例（65.7%）相对较低。

"村里有人能辅导孩子学习"在学校位置上存在 0.01 水平上的差异。在"完全符合"与"比较符合"上，地级市学校家长认可的比例（32.6%）相对较高，城郊学校家长认可的比例（12.3%）相对较低。

"村里有人能辅导孩子学习"在儿童年龄段上存在 0.001 水平上的显著差异。在"完全符合"与"比较符合"上，16—18 岁孩子的家长认可的比例（24%）相对较高，0—6 岁孩子的家长认可的比例（4.8%）相对较低。整体来看，随儿童年龄的增长，家长认可的比例呈现上升趋势。同样，"村里有人能辅导孩子学习"在儿童年级段上存在 0.01 水平上的差异。随儿童年级段的增加，家长认同"村里有人能辅导孩子学习"的比例呈现上升趋势。整体来看，否认比例超过认可比例。

（二）社区儿童活动环境的差异分析

1. 看护者与社区儿童活动环境之间的差异分析

从表 2-31 来看，社区儿童活动环境在看护人、看护儿童数、父母工作上不存在差异。"村里社团活动多""村里有社会组织""村里有孩子一起活动地方"在看护人学历上存在显著相关（P≤0.001）。

表2-31　　　　　看护者与社区儿童活动环境之间的差异分析

	看护人身份	看护人学历	看护儿童数	父母工作
村里孩子一起学习	0.734	0.061	0.563	0.934
村里社团活动多	0.737	0.000 ***	0.001 **	0.000 ***
村里有社会组织	0.724	0.000 ***	0.000 ***	0.000 ***
村里有孩子一起活动地方	0.432	0.001 **	0.000 ***	0.048 *

注:* $P < 0.05$,** $P < 0.01$,*** $P < 0.001$。

2. 儿童相关因素与社儿童活动环境之间的差异分析

从表2-32来看,"村里有社会组织"($P < 0.001$)"村里有孩子一起活动的地方"($P < 0.01$)在居住地上存在差异。"村里孩子一起学习"($P < 0.05$)"村里社团活动多""村里有社会组织"($P < 0.001$)在学校位置上存在差异。"村里有孩子一起活动地方"在儿童性别上存在差异。"村里孩子一起学习"($P < 0.001$)"村里社团活动多""村里有社会组织""村里有孩子一起活动地方"($P < 0.001$)在儿童年龄段上存在差异。

表2-32　　　　儿童相关因素与社儿童活动环境之间的差异分析

	居住地	学校位置	儿童性别	年龄段
村里孩子一起学习	0.070	0.026 *	0.330	0.008 **
村里社团活动多	0.119	0.000 ***	0.807	0.000 ***
村里有社会组织	0.000 ***	0.000 ***	0.753	0.000 ***
村里有孩子一起活动地方	0.001 **	0.396	0.033 *	0.000 ***

注:* $P < 0.05$,** $P < 0.01$,*** $P < 0.001$。

3. "村里孩子一起学习"的具体分析

"村里孩子一起学习"在学校位置上存在0.05水平上的差异。在"完全符合"与"比较符合"上,省城学校家长认可的比例（75%）相对较高,乡镇学校家长认可的比例（43.2%）相对较低。除农村学校家长（48.7%）外,家长认可的比例有随学校位置提升呈现增长趋势。

"村里孩子一起学习"在儿童年龄段上存在0.001水平上的显著

差异。在"完全符合"与"比较符合"上，13—15 岁孩子的家长认可的比例（52.4%）相对较高，19 岁孩子的以上家长认同的比例（37%）相对较低。在不认可的选项中，除 19 岁孩子的家长（51.8%）外，0—6 岁孩子的家长不认可比例（47.6%）相对较高，16—18 岁孩子的家长不认可比例（30.8%）相对较低。整体上，除 19 岁孩子的家长外，家长否认"村里孩子一起学习"的比例随儿童年龄增长呈现下降趋势。

4. "村里有孩子一起活动地方"的具体分析

"村里有孩子一起活动地方"在看护人学历上存在 0.01 水平上的显著差异。在"完全符合""比较符合"上，大专学历看护人的比例（47.2%）相对较高，学历小学以下学历看护人的比例（35.3%）相对较低。整体来看，除大学以上学历看护人（46.2%）外，认为"村里有孩子一起活动的地方"的比例有随看护人学历提升而呈现上升趋势。

"村里有孩子一起活动地方"在看护儿童数上存在 0.001 水平上的显著差异。在"完全符合""比较符合"上，看护 1 个儿童的认可比例（45.7%）相对较高，看护 3 个儿童的认可比例（32%）相对较低。在"完全不符""基本不符"上，看护 3 个儿童的比例（54.9%）相对较高，看护 4 个儿童的否认比例为（48.4%），而看护 1、2 个的否认比例分别是 37.9%、42.7%。相对来说，儿童数量少的家庭更有可能认为儿童公共活动场地较多。

"村里有孩子一起活动地方"在父母工作上存在 0.05 水平上的差异。在"完全符合""比较符合"上，父母都在外地工作的比例（44.1%）相对较大，母亲在外工作的比例（35.1%）相对较小。

"村里有孩子一起活动地方"在儿童居住地上存在 0.01 水平上的显著差异。在"完全符合""比较符合"上，居住在农村的家长认可比例（38.5%）相对较低，居住在郊区的家长认可比例（57.2%）相对较高。相对来说，农村儿童公共活动场地最少。

"村里有孩子一起活动地方"在儿童年龄段上存在 0.01 水平上的显著差异。在"完全符合""比较符合"上，16—18 岁孩子的家长认可比例（49.3%）相对较高，7—12 岁孩子的家长认可比例（35.8%）相对较低。整体来看，家长认同"村里有孩子一起活动地方"的比例随儿童年龄增长有增加的趋势。

5. "村里有社会组织"的具体分析

"村里有社会组织"在看护人学历上存在0.01水平上的显著差异。在"完全符合"与"比较符合"上,高中、中专学历看护人比例(44%)相对较高,小学学历看护人比例(25.1%)相对较低。整体来看,认可"村里有社会组织"的比例随看护人学历提升呈上升趋势。

在看护儿童数量上存在0.01水平上的显著差异。在"完全符合"与"比较符合"上,看护1个儿童的家长比例(38.1%)相对较高,看护4个儿童家长比例(8.7%)相对较低。整体来看,家长认同"村里有社会组织"的比例随看护儿童数量的增长呈现下降趋势。在父母工作上存在显著差异。父母均在本地工作的家长认可比例(35.5%)相对较高,母亲在外工的家长认可比例(17.5%)相对较低。

在居住地上存在0.01水平上的显著差异。在"完全符合"与"比较符合"上,城郊家长比例(49.6%)相对较高,农村家长比例(28.6%)相对较低。

在学校位置上存在0.01水平上的显著差异。地级市学在"完全符合"与"比较符合"上,校家长比例(43.4%)相对较高,城郊学校家长比例(24.2%)相对较低。

在儿童年龄段上存在0.01水平上的显著差异。在"完全符合"与"比较符合"上,19岁学生家长比例(59.2%)相对较高,7—12岁儿童的家长比例(25.9)相对较低。整体来看,除0—6岁儿童的家长(38.1%)外,家长认为"村里有社会组织"的比例随儿童年龄增长有增加趋势。

6. "村里社团活动多"的具体分析

"村里社团活动多"在看护人学历上存在0.01水平上的显著差异。在"完全符合"与"比较符合"上,大学以上学历看护人比例(38.8%)相对较高,大专学历看护人比较(13.9%)相对较低。整体来看,否认村里(社区)社团活动的比例要高于肯定的比例。

在看护儿童数量上存在0.01水平上的显著差异。在"完全符合"与"比较符合"上,看护1个儿童家长比例(19.2%)相对较高,看护2个、3个儿童家长的比例(15.9%、15.6%)相对较低。但是不认可的比例，分别是 54.9%、57%、61.8%、69.3%，即不认可社区社团活动多的比例要高于认可比例，而且家长不认可的比例随家中儿童数量的增加呈上升趋势。

在父母工作上存在 0.01 水平上的显著差异。在"基本不符"与"完全不符"中，母亲在外的比例（65.9%）相对较高，父母均在本地的比例（53.2%）相对较低。在学校位置上存在显著差异。在"基本不符"与"完全不符"中，城郊学校家长比例（79.1%）相对较高，地级市学校家长比例（46%）相对较低，省城学校家长比例也达到了 75%。相对来说，地级市学校家长认同村里有社团活动的比例（31.4%）是最高的。

在儿童年龄段上存在 0.01 水平上的显著差异。在"完全符合"与"比较符合"上，19 岁学生的家长比例（33.3%）相对较高，其次是 16—18 岁儿童的家长比例（23.8%），0—6 岁儿童的家长比例（9.6%）相对较低。整体来看，家长认同"村里社团活动多"的比例随儿童年龄增长呈上升趋势。

（三）影响社区儿童服务的差异分析

1. 看护者与社区儿童服务的需要之间的差异分析

"经常辅导孩子做功课""在家经常陪孩子玩""孩子生活开心""孩子上学方便""孩子上学方式""孩子住宿情况"在看护人身份上存在 0.01 水平上的差异；"经常辅导孩子做功课""在家经常陪孩子玩""孩子生活开心""教育孩子很省心""孩子上学方便""孩子上学方式"在看护人学历上存在 0.01 水平上的差异；"教育孩子很省心""孩子上学方式"在看护儿童数量上存在 0.01 水平上的差异；"经常辅导孩子做功课""孩子生活开心""孩子上学方便""孩子住宿情况"在父母工作上存在相关差异。

2. 儿童相关因素与社区儿童服务的需要之间的具体分析

"经常辅导孩子做功课""孩子生活开心""孩子上学方便""孩子上学方式""孩子住宿情况"在儿童居住地上存在差异；"经常辅导孩子做功课""在家经常陪孩子玩""节假日，孩子待在家里""教育孩子很省心""孩子上学方便""孩子上学方式""孩子住宿情况"在学校位置上存在差异；"在家经常陪孩子玩""孩子上学方式""教育孩子

表2-33 　　　看护者情况与社区儿童服务需要之间的差异分析

	看护人身份	看护人学历	看护儿童数	父母工作
经常辅导孩子做功课	0.000 ***	0.000 ***	0.126	0.014 *
在家经常陪孩子玩	0.000 ***	0.000 ***	0.965	0.072
节假日，孩子待在家里	0.054	0.192	0.158	0.124
孩子生活开心	0.000 ***	0.007 ***	0.626	0.037 *
教育孩子很省心	0.143	0.000 ***	0.000 ***	0.331
孩子上学方便	0.000 ***	0.001 **	0.479	0.005 **
孩子上学方式	0.004 **	0.000 ***	0.000 ***	0.477
孩子住宿情况	0.000 ***	0.995	0.763	0.000 ***

注：* P < 0.05, ** P < 0.01, *** P < 0.001。

很省心""孩子住宿情况"在儿童性别上存在显著差异；"经常辅导孩子做功课""孩子生活开心""教育孩子很省心""孩子上学方便""孩子上学方式""孩子住宿情况"在儿童年龄段上存在差异。

表2-34 　　儿童相关因素与社区儿童服务需要之间的差异分析

	居住地	学校位置	性别	年龄段
经常辅导孩子做功课	0.000 ***	0.000 ***	0.167	0.000 ***
在家经常陪孩子玩	0.462	0.000 ***	0.003 **	0.501
节假日，孩子待在家里	0.296	0.028 *	0.179	0.683
孩子生活开心	0.000 ***	0.563	0.954	0.008 **
教育孩子很省心	0.003 **	0.000 ***	0.000 ***	0.000 ***
孩子上学方便	0.035 *	0.016 *	0.134	0.000 ***
孩子上学方式	0.000 ***	0.000 ***	0.001 **	0.000 ***
孩子住宿情况	0.000 ***	0.000 ***	0.002 **	0.000 ***

注：* P < 0.05, ** P < 0.01, *** P < 0.001。

3. "孩子上学方式"的具体分析

"孩子上学方式"在看护人身份上存在0.01水平上的显著差异。整体来看，儿童自己上学的比例较其他方式要高。其中，看护人是亲戚时，自己上学的比例（74.6%）相对较高；在"家长送""坐校车"的方式中，祖父母作为看护人时的比例（30.9%、16.4%）相对较高；"与其他孩子结伴上学"的方式整体比例较低。相对来说，自己独自上学的比例相对较高，其次是"家长送""坐校车"，"与其他孩子一起上学"的比例相对较小，是最后一种选择。

"孩子上学方式"在看护人学历上存在 0.001 水平上的显著差异。大学及以上学历的看护人中，孩子自己上学的比例（75%）较高，除学历为小学以下的看护人以外，其他学历看护人，随看护人学历提高，儿童自己上学的比例呈现递增趋势。整体来看，儿童自己上学是第一选择，其次是家长送。在大专以上学历看护人中，最后一种选择才是"坐校车"。

"孩子上学方式"在看护儿童数上存在 0.001 水平上的显著差异。整体来看，让孩子自己上学是第一选择，其次是家长送，"与其他孩子一起上学"是最后的选择。相对来说，在"让儿童自己上学"中，有 1 个孩子的看护人比例（56.3%）相对较高；在"家长送"的选项中，看护 3 个孩子的看护人比例（38.3%）相对较高。在"与其他孩子一起上学"方式中，看护 1 个孩子的看护人比例（9.7%）相对较高。相对来说，1 个孩子的看护人更倾向于培养于儿童与他人的交往。

"孩子上学方式"在看孩子现居住地上存在 0.001 水平上的显著差异。整体来看，儿童"自己去"的上学方式也是第一选择。相对来说，农村儿童比其他区域儿童更倾向于选择"坐校车"上学，这可能与学校离家比较远有关；乡镇儿童比其他区域儿童更倾向于"与其他孩子一起上学"，这可能与学校离得近有关。

"孩子上学方式"在学校位置上存在 0.001 水平上的显著差异。相对来说，地处农村的学校中，"家长送"成为首选，其次是"自己去"；地处乡镇以上的学校，更倾向于儿童"自己去"，不过，在城郊的学校，"家长送"的比例（45.8%）超过了"自己去"的比例（44.9%）。"坐校车"选项中，乡镇、农村学校要超过其他区域的学校。

"孩子上学方式"在孩子性别上存在 0.01 水平上的显著差异。在"自己去"与"坐校车"选项上，男孩略高于女孩；在"家长送""与其他孩子一起去"的选项上，女孩要高于男孩。相对而言，孩子的独立性要求要略低于男孩，合群性要求则略高于男孩。

"孩子上学方式"在孩子年龄段上存在 0.001 水平上的显著差异。在小学以及幼儿园阶段，"家长送"的比例要高于"自己去"的比例。在初中以后，"自己去"则成为儿童上学的首要方式；19 岁以后，"与其他孩子一起去"超过"家长送"，这可能与学校离家远有关。相对来说，随儿童年龄增长，"与其他孩子一起去"的比例呈现增长趋势。

4. "孩子上学方便"的具体分析

"孩子上学方便"在看护人身份上存在 0.001 水平上的显著差异。在认可"孩子上学方便"中，看护人是父母的认可比例（79.6%）相对较高；在否定"孩子上学方便"中，看护人是其他人的比例（26.6%）相对较高。整体来看，对孩子上学方便的肯定的比例要远高于否定比例。

"孩子上学方便"在看护学历上存在 0.01 水平上的显著差异。在"完全符合"与"基本符合"上，大专学历看护人的比例（84.7%）相对较高，小学以下学历看护人的比例（74.8%）相对较低；在"基本不符"与"完全不符"中，小学学历（17.1%）以及小学以下学历（17%）看护人的比例相对较高。

"孩子上学方便"在父母工作情况上存在 0.01 水平上的显著差异。父母都在本地工作的"孩子上学方便"的比例（80%）相对较高，父母都在外地工作的"孩子上学方便"的比例（71%）最低；否定"孩子上学方便"中，父母都在外地工作的比例（19.3%）相对较高，接近 1/5。

"孩子上学方便"在居住地上存在 0.05 水平上的差异。整体上，对"儿童上学方便"的肯定要高于否定。在"完全符合"与"比较符合"中，居住城市郊区儿童的比较（82.4%）相对较高。在"基本不符"与"完全不符"中，居住县城儿童的比例（19.4%）相对较高。

"孩子上学方便"在学校位置上存在 0.05 水平上的差异。相对而言，学校地处农村的儿童最为方便（81.3），学校地处省城的儿童方便程度最低（62.5%）。在"基本不符"与"完全不符"中，学校地处省城的儿童比例（25%）相对较高。因此，学校地处农村的，以及学校地处省级市的"儿童上学方便"度最低，即不方便比例最高。

"孩子上学方便"在儿童年龄段上存在 0.001 水平上的显著差异。在"完全符合"与"基本符合"中，0—6 岁儿童的比例（90.5%）相对较高，这与当下国家重视农村学前教育政策有较大关系。16—18 岁儿童上学方便的比例（72.9%）相对较低。

5. "经常辅导孩子做功课"的具体分析

"经常辅导孩子做功课"在看护人身份上存在 0.001 水平上的显著差异。在"完全符合"与"比较符合"中，父母是看护人的比例（58.6%）相对较高，亲戚是看护人的比例（32.8%）相对较低。

"经常辅导孩子做功课"在看护人学历上存在 0.01 水平上的差异。在"完全符合""比较符合"中，学历为大学以及上看护人的比例（71.7%）相对较高，学历小学以下看护人认可的比例（40.1%）相对较低。整体来看，随着看护人学历的提升，辅导儿童做功课的比例呈现上升趋势。

"经常辅导孩子做功课"在父母工作上存在 0.05 水平上的差异。在"完全符合""比较符合"中，父母都在本地工作的比例（59%）相对较高，父母都在外地工作的比例（42.8%）相对较低。可见，父母都在本地工作或只有其中一方在外工作时，也经常给孩子辅导功课，而当父母都在外工作时，辅导孩子功课的机会就相对较少。

"经常辅导孩子做功课"在居住地上存在 0.001 水平上的显著差异。在"完全符合""比较符合"中，居住在城市郊区的家长认可的比例（60%）相对较高，其次是居住在农村的家长（58.7%），居住在城市的家长认可的比例（42.1%）相对较低。

"经常辅导孩子做功课"在学校位置上存在 0.001 水平上的显著差异。在"完全符合""比较符合"中，农村学校的家长认可的比例（65.7%）相对较高，县城学校的家长认可的比例（43.1%）相对较低。

"经常辅导孩子做功课"在儿童年龄段上 0.001 水平上的存在显著差异。在"完全符合""比较符合"中，0—6 岁儿童的家长认可的比例（90.4%）相对较高，19 岁以上学生的家长认可的比例（40.7%）相对较低。整体来看，随着儿童年龄的增加，家长辅导孩子做功课的比例呈现下降趋势。同样，"经常辅导孩子做功课"与孩子年级之间在 0.01 水平上的显著相关。在"完全符合""比较符合"中，小学家长的比例（63.4%）相对较高，高中家长的比例（41.8%）相对较低。

6. "在家经常陪孩子玩"的具体分析

"在家经常陪孩子玩"在看护人身份上存在0.001水平上的显著差异。在"完全符合"和"比较符合"中，父母看护的比例（51.7%）相对较高，亲戚看护的比例（38.8%）相对较低。

在看护人学历上存在0.001水平上的显著差异。在"完全符合"和"比较符合"中，大学以上学历看护人的比例（67.1%）相对较高，小学以下学历看护人的比例（41.5%）相对较低。整体来看，在家陪孩子玩耍的比例随看护人学历的提升而呈上升趋势。

在学校位置上存在0.001水平上的显著差异。在"完全符合"和"比较符合"中，省城学校的家长比例（62.5%）相对较高，城郊学校家长的比例（41.5%）相对较低，乡镇学校家长相对偏低（48.4%）。在儿童性别上存在0.01水平上的差异。在"完全符合"和"比较符合"中，女孩家长的比例（51.8%）比男孩家长的比例（47.8%）略高。

7. "节假日，孩子待在家里"的具体分析

"节假日，孩子待在家里"在学校位置上存在0.05水平上的差异。在"完全符合"与"比较符合"上，省城学校家长的比例（75%）相对较高，城郊学校家长的比例（58.2%）相对较低。整体上，认可比例要高于否认比例。

8. "孩子生活开心"的具体分析

"孩子生活开心"在看护人身份上存在0.001水平上的显著差异。在"完全符合"与"比较符合"上，看护人为父母的比例（73.1%）相对较高，亲戚作为看护人的比例（59.7%）相对较低。

在看护人学历上存在0.001水平上的显著差异。在"完全符合"与"比较符合"上，学历为大专的看护人比例（83.3%）相对较高，学历为大学以上的看护人的比例（62.7%）相对较低。

在居住地上存在0.001水平上的显著差异。在"完全符合"与"比较符合"上，城郊家长的比例（75.6%）相对较高，农村家长比例为74%，城市家长的比例（65.7%）相对较低。相对而言，农村和城郊家长认为儿童开心。

在儿童年龄段上存在0.001水平上的显著差异。19岁以上学生的

家长比例（85.1%）相对较高，其次是0—6岁儿童的家长比例（80.9%），相对而言，16—18岁儿童的家长比例（67.3%）较低。儿童家长认为儿童开心的比例要超过不开心比例。

9. "孩子住宿情况"的具体分析

"孩子住宿情况"在看护人身份上存在0.001水平上的显著差异。孩子住学校时，看护人依次是其他人（39.4%）、亲戚（39.4%），父母（12.1%）与祖父母（18.2%），比例相对较小；住自家时，父母作为主要看护人（78.2%），其次是祖父母（66%）；住学校周围时，主要看护人是其他人（35.2%）。

在父母工作上存在0.001水平上的显著差异。不管父母工作处于何种情况，孩子住自家是首要选择，当然，当父母都在外地工作时，比例（50%）相对较小。除父亲在外工作外，在父母工作的其他情况下，学校是第二种选择，但比例要远低于住自家比例。只有当父亲在外工作时，孩子选择租住学校周围的比例要高于住学校。

在居住地上存在0.001水平上的显著差异。农村和城郊孩子中的80%以上选择住自家，选择住亲戚家的比例相对较小。县城孩子选择租住学校周围的比例（32.7%）要高于住学校的比例（21.5%）；农村、乡镇、城郊儿童均把住学校作为第二选择。

在学校位置上存在0.001水平上的显著差异。农村学校中93.2%孩子选择住自家，县城学校中的32.6%的孩子选择住学校，县城学校的孩子基本以住自家（35.2%）、学校、租住学校周围（29.2%）为主要方式。地级市学校孩子县城学校孩子类似。省级学校孩子主要选择住自家和学校。

在孩子性别上存在0.01水平上的显著差异。男女生把住自家作为第一选择，其次是选择住学校，但住学校的女生比例（15.9%）略高于高生比例（13.8%）；而租住学校周围的男生比例（11.8%）要略高于女生比例（8.9%）。

在孩子年龄段上存在0.001水平上的显著差异。随孩子年龄的增长，选择住自家的比例呈下降趋势。从13—15岁开始，孩子选择住学校的比例要高于选择租住学校周围的比例。从19岁开始，住学校的比例（40.7%）要高于住自家的比例（29.6%）。

10. "教育孩子很省心"的具体分析

"教育孩子很省心"在看护人学历上存在 0.001 水平上的显著差异。大学及以上学历的看护人认可比例（62.7%）相对较高，而小学学历认可比例（46%）相对较小。大专和大学及以上认可比例均超过60%；整体上，看护人认可的比例有随看护人学历增加而增长的趋势。

"教育孩子很省心"在看护孩子数量上存在 0.001 水平上的显著差异。看护 1 个孩子认可比例（61.2%）相对较高，而看护 4 个孩子认可比例（38.5%）相对较小。可以看出，看护人认可"教育孩子很省心"的比例有随看护孩子数量的增加而减小的趋势。

"教育孩子很省心"在儿童居住地上存在显著差异。居住地在农村认可比例（50.4%）相对较小，而在居住地在城市认可比例（64.4%）相对较高，且有以城市为中心向四周辐射逐渐减少的趋势。

"教育孩子很省心"在学校位置上存在 0.01 水平上的显著差异。学校在省级市的家长认可的比例（75%）相对较高，农村学校家长认可比例（43.9%）相对较低。在"不能确定"选项中，学校位置处地级市的家长的比例（19.1%）相对较高，且有以省级市为中心向四周辐射逐渐减少的趋势。

"教育孩子很省心"在儿童性别上存在 0.001 水平上的显著差异。女孩家长认可"教育孩子很省心"的比例（57.4%）相对较高，男孩家长认可比例（49.7%）相对较低。因此，家长认为女孩子比男孩子教育相对要省心一些。

"教育孩子很省心"在儿童年龄段上存在 0.001 水平上的显著差异。19 岁以上（19 岁还是儿童）家长认可的比例（77.7%）相对较高，0—6 岁儿童的家长认可比例（33.3%）相对较低，且有随着年龄的增加而增大的趋势。因此，年龄越小的孩子教育越不省心。

（四）影响家长社区合作经验的差异分析

1. 看护者与"家长社区合作经验"之间的差异分析

"邀请您和他人一起运动，您会参与""劳作中，常与人换工"在看护人身份上存在差异（P < 0.01）；"村里组织村民一起娱乐""邀请您和他人一起运动，您会参与""村里经常组织村民劳动""动员集资参加村里的集体劳动，您会参加"在看护儿童数、看护人学历上存在差异（P < 0.05）。"村里组织村民一起娱乐""村里经常组织

村民劳动""动员集资参加村里的集体劳动,您会参加"在父母工作上存在差异($P < 0.05$)。

表2-35　　看护者与"家长社区合作经验"之间的差异分析

	看护人身份	看护人学历	看护儿童数量	父母工作
村里组织村民一起娱乐	0.295	0.000 ***	0.000 ***	0.007 **
邀请您和他人一起运动,您会参与	0.001 **	0.000 ***	0.041 *	0.060
劳作中,常与人换工	0.001 **	0.158	0.000 ***	0.054
村里经常组织村民劳动	0.395	0.000 ***	0.079	0.000 ***
动员集资参加村里的集体劳动,您会参加	0.601	0.000 ***	0.031 *	0.018 *

注:* $P < 0.05$,** $P < 0.01$,*** $P < 0.001$。

2. 儿童相关因素与家长社区合作经验之间的差异分析

"村里组织村民一起娱乐""邀请您和他人一起运动,您会参与""村里经常组织村民劳动""动员集资参加村里的集体劳动,您会参加""劳作中,常与人换工"在学校位置、儿童年龄段上存在差异($P < 0.01$);"劳作中,常与人换工""村里经常组织村民劳动"在居住地上存在差异($P < 0.05$);"邀请您和他人一起运动,您会参与""动员集资参加村里的集体劳动,您会参加""村里经常组织村民劳动"在儿童性别上存在差异($P < 0.05$)。

表2-36　　儿童相关因素与家长社区合作经验之间的差异分析

	居住地	学校位置	性别	年龄段
村里组织村民一起娱乐	0.019 *	0.000 ***	0.170	0.000 ***
邀请您和他人一起运动,您会参与	0.075	0.000 ***	0.033 *	0.001 **
劳作中,常与人换工	0.000 ***	0.000 ***	0.164	0.000 ***
村里经常组织村民劳动	0.010 *	0.000 ***	0.043 *	0.000 ***
动员集资参加村里的集体劳动,您会参加	0.358	0.000 ***	0.011 *	0.000 ***

注:* $P < 0.05$,** $P < 0.01$,*** $P < 0.001$。

3. "村里组织村民一起娱乐"的具体分析

"村里组织村民一起娱乐"在看护人学历上存在 0.001 水平上的显著差异。在"完全符合""比较符合"中，大学及以上学历家长的比例（53.8%）相对较高，小学以及小学以下学历家长的比例（20.2%、20.4%）相对较低。整体来看，家长参与村民娱乐活动的比例有随家长学历提高呈上升趋势。

"村里组织村民一起娱乐"在看护儿童数量上存在 0.001 水平上的显著差异。看护 1 个儿童家长认同的比例（31.8%）相对较高，看护 3 个孩子家长认同的比例（17%）相对较低。整体来看，家长不认同的比例要高于认同的比例。不认同家长的比例随看护儿童数量的增长呈上升趋势。

"村里组织村民一起娱乐"在父母工作上存在 0.01 水平上的显著差异。认同比例相对高的是父母都在本地工作的家长（27.6%），母亲在外工作的家长认同的比例（21.6%）相对较低。

"村里组织村民一起娱乐"在居住地上存在 0.05 水平上的差异。在"完全符合"和"比较符合"中，城市家长认同比例（38%）相对较高，农村家长认同比例（22.4%）相对较低。

"村里组织村民一起娱乐"在学校位置上存在 0.001 水平上的显著差异。在"完全符合"和"比较符合"中，地级市学校家长的比例（36.7%）相对较高，农村学校家长的比例（21%）相对较低。

"村里组织村民一起娱乐"在儿童年龄段上存在 0.001 水平上的显著差异。在"完全符合"和"比较符合"中，19 岁学生家长认同比例（33.3%）相对较高，7—12 岁儿童的家长的比例（18.6%）相对较低。整体来看，除 0—6 岁儿童的家长（23.8%）外，认为"村里组织村民一起娱乐"的比例随儿童年龄而呈上升趋势。

4. "邀请您和他人一起运动，您会参与"的具体分析

"邀请您和他人一起运动，您会参与"在看护人身份上存在 0.01 水平上的显著差异。在"完全符合"和"比较符合"中，看护人为亲戚的比例（37.3%）相对较高，看护人为祖父母（外祖父母）的比例（27.6%）相对较低。

"邀请您和他人一起运动，您会参与"在看护人学历上存在

0.001 水平上的显著差异。在"完全符合"和"比较符合"中，看护人学历从小学以下到大学及以上的比例分别为 24.4%、28.6%、34.8%、46.9%、37.5% 和 47.7%。可见，参与社区的成人娱乐活动，随看护人学历的提升呈上升趋势。

"邀请您和他人一起运动，您会参与"在看护儿童数量上存在 0.05 水平上的差异。在"基本不符"和"完全不符"中，看护儿童数量从 1 个到 4 个的看护人认同比例分别为 35.4%、37%、40.2% 和 44%。可见，在不"参与社区成人娱乐活动"上，占比随看护儿童数量的增加而呈上升趋势。

"邀请您和他人一起运动，您会参与"在学校位置上存在 0.001 水平上的显著差异。地级市学校家长认同的比例（49.5%）相对较高，省城学校家长不能确定是否参与不参与。与儿童性别之间在 0.05 水平上存在一定相关。女孩家长认同比例（35.2%）要略高于男孩家长的比例（34.5%）。

"邀请您和他人一起运动，您会参与"在儿童年龄段上存在 0.01 水平上的显著差异。在"完全符合"和"比较符合"中，0—6 岁到 19 岁以上儿童的家长的比例分别为 42.9%、31.8%、34.7%、40.1% 和 48.1%。整体来看，除 0—6 岁儿童的家长外，其他年龄段家长参与社区成人娱乐活动的比例有随儿童年龄增加而提升的趋势。

5. "动员集资参加村里的集体劳动，您会参加"的具体分析

在看护人学历上存在 0.001 水平上的显著差异。在"完全符合"和"比较符合"中，高中、中专学历看护人比例（53.5%）相对较高，小学学历看护人比例（40.5%）相对较低。整体来看，学历在初中以上看护人认同比例 46% 以上，小学及小学以下学历看护人认同比例在 41% 以下。

在看护儿童数量上存在 0.05 水平上的差异。在"完全符合"和"比较符合"中，看护 4 个儿童的家长比例（49.5%）相对较高，看护 3 个儿童的家长比例（43.7%）相对较低。但在否定的比例中，从看护儿童数量 1 个至 4 个的否认比例依次是：26.7%、30.5%、34.4%、35.2%，总体来看，不参与村里组织的集体劳动比例随看护儿童数量的增长呈现上升趋势。

在父母工作上存在 0.05 水平上的差异。在"完全符合"和"比较符合"中,父母都在本地工作的比例(47.9%)相对较高,母亲在外工作的比例(34%)相对较低。与儿童性别之间在 0.05 水平上存在一定相关。在"完全不符"和"基本不符"中,男孩家长比例(32.3%)要高于女孩家长比例(27.5%)

在学校位置上存在 0.001 水平上的显著差异。在"完全符合"和"比较符合"中,农村学校学生家长、乡镇学校学生家长、县城学校学生家长、地级市学校学生家长、省城学校学生家长、城郊学校学生家长比例依次是 47.6%、48.3%、49.4%、54.6%、37.5%、27.6%。除省城学校家长和城郊学校家长外,家长参与社区组织的"集资式劳动"的比例随学校区域的提升而呈现上升趋势。

在儿童年龄段上存在 0.001 水平上的显著差异。在"完全符合"和"比较符合"中,不同年龄段家长的比例依次是:52.4%、41.2%、47.2%、52.8%、59.2%,整体来看,除 0—6 岁儿童家长外,其他年龄段儿童家长"参与村里集资劳动"的比例随儿童年龄增长呈上升趋势。

(五)影响家长进行社区服务合作可能的差异分析

1. 看护者与家长进行社区服务合作可能之间的差异分析

"与邻居交流教育方式""有必要组织孩子们一起玩"在看护人身份上存在差异(P<0.05);"建议家长轮流接送孩子上下学""村里孩子一起玩""有必要组织孩子们一起玩"在看护人学历上存在差异(P<0.05);"村里孩子一起玩""有必要组织孩子们一起玩"在父母工作上存在差异(P<0.05)。

表 2-37　　看护者与家长进行社区服务合作可能之间的差异分析

	看护人身份	看护人学历	看护儿童数	父母工作
建议家长轮流接送孩子上下学	0.087	0.025 *	0.403	0.892
与邻居交流教育方式	0.021 *	0.000 ***	0.653	0.692
村里孩子一起玩	0.368	0.043 *	0.993	0.020 *
有必要组织孩子们一起玩	0.048 *	0.022 *	0.109	0.006 **
愿意组织孩子们一起活动	0.259	0.127	0.235	0.995

注:* P<0.05,** P<0.01,*** P<0.001。

2. 儿童相关因素与家长进行社区服务合作可能之间的差异分析

表 2 - 38 来看，"村里孩子一起玩""愿意组织孩子们一起活动"在居住地上存在显著差异（P < 0.001），因此，社区服务合作可能在学校位置上存在差异。"愿意组织孩子们一起活动"在儿童性别上存在差异（P < 0.01）；"建议家长轮流接送孩子上下学""村里孩子一起玩""愿意组织孩子们一起活动"在儿童年龄段上存在差异（P < 0.01）。

表 2 - 38 儿童相关因素与家长进行社区服务合作可能之间的差异分析

	居住地	学校位置	性别	年龄段
建议家长轮流接送孩子上下学	0.116	0.002 **	0.662	0.000 ***
与邻居交流教育方式	0.948	0.001 **	0.209	0.382
村里孩子一起玩	0.000 ***	0.000 ***	0.528	0.001 **
有必要组织孩子们一起玩	0.309	0.000 ***	0.133	0.916
愿意组织孩子们一起活动	0.000 ***	0.000 ***	0.005 **	0.000 ***

注：* P < 0.05，** P < 0.01，*** P < 0.001。

3. "建议家长轮流接送孩子上下学"的具体分析

"建议家长轮流接送孩子上下学"在看护人学历、学校位置、孩子年龄段等方面存在差异。整体来看，否认"建议家长轮流接送孩子上下学"的比例要高于肯定的比例。小学以下学历看护人"建议家长轮流接送孩子上下学"的比例（23.1%）相对较高，小学学历看护人的比例（16.7%）相对较低；在否认"建议家长轮流接送孩子上下学"中，小学学历看护人的比例（70.7%）相对较高。

在"建议家长轮流接送孩子上下学"中，学校地处地级市的家长认可的比例（28.1%）相对较高；否认"建议家长轮流接送孩子上下学"中，学校地处城郊的看护人比例（66%）相对较高。

19 岁以上的儿童看护人认可"建议家长轮流接送孩子上下学"的比例（29.6%）相对较高；否认"建议家长轮流接送孩子上下学"中，0—6 岁儿童家长的比例（76.2%）相对较高。

4. "与邻居交流教育方式"的具体分析

"与邻居交流教育方式"在看护人身份上存在 0.05 水平上的差异。父母作为看护人的认可比例（48.3%）相对较高，看护人为亲戚时的认可比例（37.3%）相对较低；

"与邻居交流教育方式"在看护人学历上存在 0.001 水平上的显著差异。学历为大学以上的看护人认可的比例（59.7%）相对较高，学历为小学 5 的看护人认可的比例（38.5%）相对较低，整体上，随看护人学历提升，看护人认可的比例呈现上升趋势。

"与邻居交流教育方式"在学校位置上存在 0.01 水平上的显著差异。农村学校的家长认可的比例（50.6%）相对较高，县城学校家长认可的比例（45.7%）相对较低；在否认与邻居交流的选项中，城郊学校家长否认的比例（40.6%）相对较高。整体来看，家长与邻居交流儿童教育方式的比例要超过不交流家长的比例。

5. "愿意组织孩子们一起活动"的具体分析

"愿意组织孩子们一起活动"在居住地上存在 0.001 水平上的显著差异。在"完全符合""比较符合"中，农村家长与省城家长认可的比例（46.1%）相对较高，郊区家长认可的比例（29.8%）相对较低。整体来看，除郊区家长外，其他区域家长认可的比例要高于否认的比例。

"愿意组织孩子们一起活动"在学校位置上存在 0.001 水平上的显著差异。在"完全符合""比较符合"中，省城学校家长认可的比例（50%）相对较高，县城学校家长认可比例（40.7%）相对较低。除城郊学校家长外，其他区域家长认可的比例高于否认的比例。

"愿意组织孩子们一起活动"在儿童性别上存在 0.01 水平上的显著差异。在"完全符合"与"比较符合"中，女性儿童家长（45.1%）比男性儿童家长（42.2%）更倾向于"儿童一起活动、玩耍"。整体来看，认可的比例超过了否认的比例。

"愿意组织孩子们一起活动"在儿童年龄段上存在 0.001 水平上的显著差异。16—18 岁与 19 岁以上儿童的家长认可的比例（48.2%、48.1%）相对较高，0—6 岁儿童家长认可比例（19.1%）相对较低。整体来看，"愿意组织儿童一起活动"的家长比例随儿童年龄增长呈现上升趋势。

6. "村里孩子一起玩" 的具体分析

在看护人学历上存在 0.05 水平上的差异。在 "完全符合" 和 "比较符合" 上，看护人学历从小学以下到大学以上的比例分别为 62%、69.1%、72.6%、73.7%、63.3% 和 68.7%，相对而言，学历为初中、高中的看护人认同的比例相对较高，小学以下学历看护人认同的比例相对较低。

在父母工作上存在 0.05 水平上的差异。在 "完全符合" 和 "比较符合" 中，父母都在本地工作的比例（73%）相对较高，母亲在外地工作的比例（59.7%）相对较低。

在居住地上存在 0.001 水平上的显著差异。在 "完全符合" 和 "比较符合" 中，城郊儿童家长、农村儿童家长的比例（75.6%、73.8%）相对较高，城市家长的比例（63.1%）相对较低。农村儿童一起玩耍的比例要高于城市儿童。

在学校位置上存在 0.001 水平上的显著差异。在 "完全符合" 和 "比较符合" 中，农村学校儿童家长比例（75.5%）相对较高，省城学校家长比例（50%）相对较低。整体来看，随学校区域的提升，家长认同儿童一起玩耍的比例呈下降趋势。

在儿童年龄段上存在 0.01 水平上的显著差异。在 "完全符合" 和 "比较符合" 中，0—6 岁儿童家长比例（76.2%）相对较高，16—18 岁儿童家长、19 岁以上学生家长比例（66.5%、66.4%）相对较低。整体来看，家长认同儿童一起玩耍的比例随儿童年龄增长呈现下降趋势。

7. "有必要组织孩子们一起活动" 的具体分析

在看护人身份上存在 0.05 水平上的差异。看护人为父母时的认可比例（36.7%）略高，看护人为祖父母时的认可比例（31.5%）略低。父母应该比祖辈更关注同伴交往。

在看护人学历上存在 0.01 水平上的差异。在 "完全符合" 和 "比较符合" 中，学历为中专、高中的家长比例（44.9%）相对较高，初中学历家长比例（30.8%）相对较低。相对而言，除小学学历家长外，其他学历家长认可儿童一起玩的比例随家长学历提升有增加趋势。

在父母工作上存在显著差异。在"完全符合"和"比较符合"中，父母都在本地工作的比例（37.3%）相对较高，母亲在外地工作的比例（30.9%）相对较低。在学校位置上存在0.001水平上的差异。农村学校家长认可比例（40.9%）相对较高，城郊学校家长与县城学校家长认可比例（29.5%、30.1%）相对较低。

四 调查结论

（一）社区儿童服务水平总体偏低

农村社区儿童服务的范围比较广，在家长看来，儿童的上学与教育相对比较重要。但整体情况不太乐观，各种服务均存在较大的不足。例如，"村里有人负责接送孩子上下学""村里有人引导孩子，孩子听得进""村里有人能辅导孩子学习"整体上否认的比例要远超认可的比例。

部分社区儿童服务水平在看护人学历上存在一定差异。"村里有人负责接送孩子上学""村里有人能辅导孩子学习"，除大专学历家长外，认同的比例，随家长学历提升呈现上升趋势。

部分社区儿童服务在儿童年龄上存在一定差异。"村里有人负责接送孩子上学"，在否认村里有人接送孩子上学上，0—6岁儿童的家长否认比例相对（76.2%）较高。"村里有人指导如何教育孩子""村里有人能辅导孩子学习""村里有人引导孩子，效果好"，整体来看，随儿童年龄的增长，家长认可的比例呈现提升趋势。

部分社区儿童服务在学校位置、看护人身份、看护儿童数量上存在一定差异。例如，"村里有人负责接送孩子上学"，学校在乡镇的家长认可的比例（21.4%）相对较高，城郊学校家长认可比例（9.6%）相对较低。"村里有人指导如何教育孩子"，特别是父母看护的儿童，否认比例（63.7%）相对较高。整体上，认可教育指导的家长比例随看护儿童数量的增加而呈现减少趋势。"村里有人引导孩子，效果好"，看护1个儿童的家庭认可的比例（30.8%）相对较高。

（二）农村社区儿童活动环境不乐观，但向好的方向发展

儿童年龄与家长对社区儿童活动环境的认可比例之间存在一定相关性。在"村里孩子一起学习"上，除19岁孩子的家长外，家长否

认"村里孩子一起学习"的比例随儿童年龄增长呈现下降趋势。认同"村里有孩子一起活动地方""村里社团活动多"的家长的比例随儿童年龄增长呈上升趋势。在"村里有社会组织"上，除0—6岁儿童家长（38.1%）外，家长认同的比例也随儿童年龄增长有提升趋势。

家长看护的儿童数量影响家长对社区儿童服务环境的判断。"村里有孩子一起活动地方"，儿童数量少的家庭更有可能认为儿童公共活动场地较多。家长不认可"村里社团活动多"的比例随家中儿童数量的增加呈上升趋势。而家长认同"村里有社会组织"的比例随看护儿童数量的增长呈现下降趋势。

看护人学历也影响着家长对部分社区活动环境的判断。"村里有孩子一起活动地方"，除大学以上学历看护人（46.2%）外，认为"村里有孩子一起活动地方"的比例有随看护人学历提升而上升趋势。认可"村里有社会组织"的比例也有随看护人学历提升呈上升趋势。

另外，儿童居住地位置与家长对社区环境的判断，如"村里孩子一起学习"是一种心理环境。除农村学校家长（48.7%）外，家长认可的比例有随学校位置提升呈现增长趋势。

（三）农村社区儿童服务需要呈现多元化

部分服务已经达到一定水平。儿童上学方便的肯定比例要远高于否定比例。儿童家长认为儿童开心的比例要超过不开心的比例。社区儿童服务需求在儿童性别上存在一定差异。住学校的女生比例略高于男生比例（女∶男＝15.9%∶13.8%）。在"自己去"与"坐校车"选项上，男孩略高于女孩；在"家长送""与其他孩子一起去"的选项上，女孩要高于男孩。在"在家陪孩子玩耍"上，女孩家长的比例（51.8%）比男孩家长的比例（47.8%）略高。

社区儿童服务需求在儿童年龄上存在一定差异。相对而言，在"孩子上学方便"上，0—6岁儿童的比例（90.5%）相对较高，即认为方便的比例最高。随儿童年龄的增长，选择住自家的比例呈下降趋势。从13—15岁开始，儿童选择住学校的比例要高于选择租住学校周围的比例。从19岁开始，住学校的比例（40.7%）要高于住自家的比例（29.6%）。相对来说，随儿童年龄增长，"与其他孩子一起上学"的比例呈现增长趋势。随着儿童年龄的增加，家长辅导儿童功课的比例呈现下降趋势。"教育孩子很省心"上，儿童年龄越小，家长教育认可比例越低。说明低龄儿童教育指导在现实中有较大市场。

社区儿童服务需求在儿童居住地上存在一定差异。相对来说，农村儿童比其他区域儿童更倾向于选择"坐校车"上学，这可能与学校离家比较远有关；乡镇儿童比其他区域儿童更倾向于"与其他孩子一起上学"，这可能与学校离的近有关。居住城市郊区儿童的比较（82.4%）相对最方便。"经常辅导孩子做功课"上，居住在城市郊区家长认可的比例（60%）相对较高，其次是居住在农村的家长（58.7%），居住在城市的家长认可的比例（42.1%）相对较低。农村家长在"教育孩子很省心"上，比例最低，说明了农村家长对儿童教育指导的要求最高。

社区儿童需求在看护人学历上存在一定差异。在"孩子上学方便"上，大专学历看护人的比例（84.7%）相对较高。大学及以上学历的看护人中，孩子自己上学的比例（75%）较高。"经常辅导孩子做功课""在家经常陪孩子玩"的比例随看护人学历的提升而呈上升趋势。

学校位置与社区儿童需求之间相关。农村和城郊儿童中的80%以上选择住自家，农村学校中93.2%的儿童选择住自家，县城学校的儿童基本以住自家（35.2%）、学校（32.6%）、租住学校周围（29.2%）为主要方式，省级学校儿童主要选择住自家和学校。学校地处农村的儿童"上学"最为方便（81.3），学校地处省城的儿童方便程度最低（62.5%）。"在家经常陪孩子玩"上，省城学校的家长比例（62.5%）相对较高，城郊学校家长的比例（41.5%）相对较低。在"节假日，孩子待在家里"上，省城学校家长比例（75%）相对较高，城郊学校家长比例（58.2%）相对较低。

看护人身份也影响着社区儿童的需求。"经常辅导孩子做功课"上，父母是看护人的比例（58.6%）相对较高；看护人为父母的儿童开心比例相对较高。相对而言，农村和城郊家长认为儿童开心。在家陪孩子玩耍上，父母看护的比例（51.7%）相对较高，亲戚看护的比例（38.8%）相对较低。看护人是亲戚时，儿童"自己上学"

的比例（74.6%）相对较高。

另外，父母工作对儿童的照顾还是有一些影响，特别在"经常辅导孩子做功课"上。父母都在本地工作或只有其中一方在外工作时，也经常给孩子辅导功课，而当父母都在外工作时，辅导孩子功课的机会就相对较少。

（四）家长参与社区合作的经验不充足

家长参与社区合作的经验在一定程度上应该可以迁移到社区儿童服务上。但家长参与社区合作的经验整体不乐观，否定情况远胜于肯定情况。看护人的学历以及看护儿童数量、儿童年龄在一定程度上会影响到看护人参与社区合作的积极性。在看护人学历与参与社区合作之间存在一定相关，在"家长参与村民娱乐活动""参与社区的成人娱乐活动"的比例有随家长学历提高呈上升趋势。

看护的儿童数量与社区合作之间存在一定关联，特别是不参与社区合作与看护儿童数量之间有明显相关，如不参与村民娱乐活动、不参与社区的成人娱乐活动、不参与村里组织的集资劳动的比例随看护儿童数量的增长呈现上升趋势。

家长参与社区合作在儿童年龄上存在一定差异。在"村里组织村民一起娱乐""邀请您和他人一起运动，您会参与""村里经常组织村民劳动"上，除0—6岁儿童家长外，其他年龄段家长参与的比例随儿童年龄增长呈上升趋势。

此外，儿童性别、学校位置也与家长参与社区合作之间有一定相关。在"邀请您和他人一起运动，您会参与"上，女孩家长认同比例（35.2%）要略高于男孩家长的比例（34.5%）。在"动员集资参加村里的集体劳动，您会参加"上，除省城学校家长和城郊学校家长外，家长参与社区组织的"集资式劳动"的比例随学校区域的提升而呈现上升趋势。

（五）家长有进行社区儿童服务合作的愿望

整体来看，否认"建议家长轮流接送孩子上下学"的比例要高于肯定的比例。家长的社区儿童服务合作意愿在学校位置上存在一定差异。在"建议家长轮流接送孩子上下学"上，学校地处地级市的家长认可的比例（28.1%）相对较高。"有必要组织孩子们一起玩"上，农村学校家长认可比例（40.9%）相对较高，城郊学校家长与县城学校家长认可比例（29.5%、30.1%）相对较低。"愿意组织孩子们一起活动"上，除郊区家长外，其他区域家长认可的比例要高于否认的比例。"村里孩子一起玩"上，随学校区域的提升，家长认同儿童一起玩耍的比例呈下降趋势。

家长的社区儿童服务合作意愿在家长学历上存在一定差异。"有必要组织孩子们一起玩"上，除小学学历家长外，其他学历家长认可儿童一起玩的比例随家长学历的提升有增加趋势。"与邻居交流教育方式"方面，整体上，随看护人学历提升，看护人认可的比例呈现上升趋势。

家长参与社区儿童服务的合作意愿在儿童性别、儿童年龄、看护人身份上存在一定差异。"愿意组织孩子们一起活动"上，女性儿童家长（45.1%）比男性儿童家长（42.2%）更倾向于"儿童一起活动、玩耍"。"愿意组织孩子们一起活动"的家长比例随儿童年龄增长呈现上升趋势。而"村里孩子一起玩"上，家长认同儿童一起玩耍的比例随儿童年龄增长呈现下降趋势。"与邻居交流教育方式"上，父母作为看护人的认可比例（48.3%）相对较高，家长与邻居交流儿童教育方式的比例超过不交流家长的比例。

第三章　农村社区儿童服务的
问题与探索

我国的社区福利目前更多定位在面向所有儿童的基本疫苗服务和面向特殊儿童的物质保障服务上。从某种意义上，这只是一种保底性质的福利，是狭义的福利。理想的社区儿童服务应该在儿童的发展过程中发挥一定的作用。除了解决儿童的生存问题外，更应该在儿童的发展上，与家庭教育、学校教育一起形成合力。目前的社区更多的只是提供儿童生活的空间，并没有发挥出应有的教育与交流功能。

第一节　农村社区儿童服务的问题

传统的社区服务旨在通过群众性的自我服务实现社区的自治，结合综合性的管理与服务来实现社会整合，以此达到促进社会的协调发展。[①] 由于儿童是国家的未来，儿童的发展既与当下的和谐相关，也与国家的未来息息相关。因此，社区儿童服务还应该具有一定的教育功能，与家庭、学校一起共同完成教育儿童的使命。

一　社区儿童服务的理想状态

社区是儿童成长的家园，社区生活是儿童成长的"沃土"，包括儿童服务在内的社区服务的质量直接影响着人口的素质。理想的农村社区能保持适度的凝聚力，除了成人间的互动外，还能适度关注儿童

---

① 孙光德、董克用：《社会保障概论》，中国人民大学出版社2004年版，第406页。

的发展。

（一）理想的农村社区儿童服务类型

1. 科学的孕婴服务

科学的孕婴服务实际上是系列的服务，具体包括：孕妇产前、产后检查与心理指导，儿童健康服务，以及对母婴的保健计划等。从目前的情况来看，应该实施有针对性的健康指导服务，特别是关于各类传染病的预防以及新生儿健康指导的，有条件的地方能建立新生儿健康档案。在合适的时间渗透早期教育的理念、方法及技巧。农村社区儿童的健康指导服务从时间上来讲，应该从出生前到成年，服务内容则包括怀孕妇女的孕期保健、新生儿健康指导及保教知识指导。

2. 安全方面的服务

包括各个方面，如食品安全、生命安全、道路交通安全。安全的环境让人不会担心村里过往的车辆，不会担心村前后的小溪污染、溺水，也不会担心突然而至的"人贩子"的拐骗。安全的环境让人也不会担心村里小商店的零食存在质量问题，也不会担心儿童在村外野地里放火造成财产损失，也不会担心犯罪分子的性侵使儿童身心受到伤害。社区安全形成网络，防止各类儿童犯罪案件的发生。

3. 合适的早教服务

受中小学布局调整方面的影响，同时也由于适龄入学儿童数量的整体下降，很多农村基本上也形成了一镇一公立幼儿园与2—3所民办园同时并存的新格局。而有些地方甚至全镇就一所幼儿园。农民对子女的学前教育有自己的看法，这些看法不同于现行的专家学者的观点。农民认为，孩子上幼儿园就是学东西的，他们把上幼儿园等同于上小学，如果不让孩子在幼儿园学知识，而是纯粹地玩耍，还不如在家自己玩。

理想的乡村教育应该担负三重使命，即：一是向高等学校输送人才；二是向城市建设输送人才；三是农村建设和改造的人才。[1] 而不应是单一地向高校输送人才，形成新的"应试教育"。至少在课程设置上应具有一定的针对性。但这种分类应该在初中时才能体现出来，

---

[1] 钱理群、刘铁芳：《乡土中国与乡村教育》，福建教育出版社2008年版，第296页。

在小学阶段，教师应尽可能做到促进学生的全面发展，并提供有针对性的学业指导。由于家庭经济条件不一，特别是留守儿童占较大比重。现行的教育过于强调学业，忽略了学生的身心发展需要，对经济困难的学生缺少资助。

理想的农村学前教育应该考虑各乡村的实际，能够达到一个班额的，尽量就近入园，并达到一定的质量标准，政府实行统一师资方面的调配。其次才是统一入园制度，如果乡镇统一规划，应该有妥善的福利补贴，对离校较远的孩子实施校车补贴资助。

4. 娱乐方面的服务

孩子们有固定的游乐场所，而且有基本的户外游戏设施。有一起游戏的地方，特别是集体游戏的场所。在人民公社时代，生产队是农村最基层的组织，具有基层社区及社会生活共同体的特征。① 在成人劳作的时候，学龄前的孩子在一起做各种游戏。房前屋后的空地、大树以及小溪也都成为儿童游戏的场所。

小学生放学后也会留在学校玩各种体育类游戏。特别是简易的乒乓球台成为小学生们留恋的场所。但小学布局调整，学校离得远，孩子们放学后都立即回家。有时，孩子们也会在房屋前后，玩一点捉迷藏之类的游戏，而更激烈的打仗、斗鸡（牛）类游戏玩得少了。

特别是由于人口减少，农村适龄儿童数量骤减，一些大型的游戏基本玩不起来。加上农村家长忙于打工，爷爷奶奶们也忙于生计，农村儿童在与同伴交往、面对挫折、协商等方面普遍存在不足。由于农村中小学生在平常的节假日，把更多的时间放在电视与电子游戏上，与同伴交往的时间减少了。

现在农村的孩子不会爬树，不会捉鱼，不会游泳，更不会下地干农活，属于生活在农村里的"城市孩子"。很多本应是农村孩子的本领却远离了农村儿童，在城市孩子去兴趣班学技能的时候，农村孩子则待在家里看电视。农村儿童应有的童年生活正逐渐远离"农村"。

农村儿童应该生活在生态式的农村社区，能与同伴一起学到农村

① 许远旺：《规划性变迁：机制与限度——中国农村社区建设的路径分析》，中国社会科学出版社 2012 年版，第 3 页。

儿童才具有的本领。生态式的农村社区中，有树可以爬，有安全的、干净的小溪可以游泳，可以捉鱼，还有许多同年龄的伙伴一起玩大型的游戏，通过游戏锻炼合作、协商、毅力等个人生活能力和品质。

5. 特殊儿童应有的保障服务

表现在能对特殊儿童的缺陷早发现、早干预、早治疗，尽可能形成家庭与社区的合作机制，通过社区平台，形成对残疾儿童家庭的帮扶制度，并对残疾儿童家庭实行减免以及生活、康复方面的国家补助。特别是结合当代特殊儿童康复理论，对特殊儿童实施早预防、早干预，形成国家、家庭、社区、特殊教育机构多位一体的综合服务体系。形成国家补贴、社会资助的宏观帮扶机制。

6. 有针对性的学业辅导

学业辅导在城市地区主要由社区辅导机构或校外教育机构来完成，但在农村地区，由于农村居住地相对分散，校外教育机构一般不太认可学业辅导的效益，所以，对学生的学业辅导，需要由学校里的教师通过某种合适的渠道来完成。在目前情况下，现行政策不允许教师开办课外辅导班，这是主要基于少数教师教育伦理方面的缺失而形成的统一的政策。不可否认的是，在农村中小学中，还是有许多中小学生存在学业辅导方面的需求，这种在城市中小学通常由校外机构或大学生家教完成的事务，在农村地区成为真空。

很多农村中小学教师针对留守儿童问题采取了家访的方式，形式相对单一，缺少针对性。一是忽视了农村文化，邻里关系，熟人社会的特点；二是忽略了儿童的身心发展需要。特别是对家庭教育不到位的学生，学校的辅导缺少针对性，脱离了农村文化，脱离了农村儿童的需要。

（二）农村社区儿童服务的品质追求

1. 服务种类齐全

理想的农村社区能满足不同儿童的不同需要。但现实的农村儿童发展过程中的需要，有一定地域差异，从传统的以生存需要为主，走向以发展性需要为主。少数贫困地区的儿童以及贫困家庭的儿童可能会面临物质方面的需要，这部分儿童的福利主要由民政部门提供。多数地区，由于改革开放和新农村建设，在物质方面已经达到了相对富裕的水平。但也由于农村文化的相对封闭性、公共性服务水平的整体不足，儿童服务的要求不能充分满足是这些地区的整体特点。未来农村社区儿童服务需要更多的专业教育人共同的参与，提供高质量的儿童服务。

从调查来看，生活水平越高的地区，儿童对学习的焦虑程度越高。调查组发现，县城学校儿童的学习压力（61.62%）要大于乡镇学校儿童（51.15%）、乡镇学校儿童学习压力则大于农村学校儿童。非留守儿童的学习压力大于留守儿童。

农村儿童的问题，实际上要小于城市。在"回家一有空就上网或打游戏"这一问题上存在地区差异，家住农村的儿童表示"不符合"的所占比重最大，为68.24%；比重最小的是家住省级市的儿童，占40.21%。非留守儿童对"回家一有空就上网或打游戏"抵制力最小。

2. 服务质量有保障

农村社区的儿童应该满足儿童多种需要的基础上，提供较高质量保障，而不是过去"假冒伪劣的温床"。有质量保障的儿童服务，既有物质方面的服务，更有学业上的指导。社区儿童服务应该在专业人员的指导下，提供适合儿童发展需要的服务，是儿童发展过程中的重要促进因素。社区儿童服务应该能提供多种活动，让农村儿童远离各种现代科技带来的"毛病"。

3. 形成多元参与体系

在一定的社会环境中，特别是重视儿童发展、强调良好的服务环境建设背景下，各级政府、社区、公益组织（企业）、志愿者、学校、家长共同形成一个理想的"生态"模型。在这种模型中，各级政府的作用是第一要素。正是各级政府的功能发挥，促进社区及其他要素共同围绕社区儿童服务展开相关活动，以促进儿童的成长。

二 农村社区儿童服务的问题

应该说，我国现行的儿童服务还是有一定的进步，主要表现在特殊儿童群体基本得到了生活保障，所有儿童都有基本的免疫服务。但由于历史、地理、文化等方面的原因，目前的农村社区儿童服务还存在着些许不足：

（一）社区儿童服务体系不完备

由于很多社区服务只是把原属于街道办事处的职能简单转化社区

服务，这种服务只是形式上的，并没有从服务理念，特别是服务制度上进行转变。现行的社区服务制度更多的还是停留在原有的居民服务（如申报低保、计划生育指标申报以及儿童免费疫苗等方面），没有根据形式的变化，拓展新的工作范畴。

服务内容不全面。理论上，我国的社区服务包括针对特殊对象的服务和面向一般居民的服务，[①] 但现实中的社区服务只完成了其中的少数内容。多数社区只关注了老年人问题，忽视了社区内其他居民的需求，如社区内没有相关的残疾人服务，很少社区有针对社区内年幼儿童的临时看护服务。没有考虑社区居民的需求，更没有一种培养社区未来公民的意识，很少组织针对 18 岁以下儿童的活动（70% 以上的家长认为没有相关的儿童服务活动）。

种类少表现得比较明显，主要体现在以下方面。

校车服务不充分。调查组中小学生时发现，在上学路上的时间超过 30 分钟的儿童占 42.4%。坐校车的儿童占 9.4%，距离远的儿童多数选择了坐公交车，占 16.9%。

23.5% 的儿童认为没有固定的玩耍场所。调查家长时发现，社区儿童服务项目少，认为社区有人负责接送孩子上下学的家长不足 10%，村里有人指导家长如何教育孩子的不足 20%，将近 60% 的家长认为村里没人能引导孩子，此外还有将近 20% 的家长不确定村里是否有人能引导孩子。家长认为村里没有人能辅导孩子的比例达到 70%。

半数家长不认可村里的环境，认为"村里（或社区）有孩子一起学习或玩耍的地方"的仅为 41.3%，而认为"没有学习或玩耍地方"的占比达到 42.5%。认为村庄没有活动场所的家长达到 55%。这也表现在儿童节假日的表现，节假日待在家里的孩子达 62%。

在少数组织的社区服务活动中，主要是打扫卫生、捐助和志愿者等方面活动，孕婴、托育服务缺乏。2015 年国家卫生计生委调查发现，60.5% 的家庭因为无人看护而不愿意生育"二孩"；2016 首个"二孩家庭日"的数据显示，86.5% 的"二孩"家庭将"没人照管"

---

① 江立华、沈洁:《中国城市社区福利》，社会科学文献出版社 2008 年版，第 214 页。

列为生育"二孩"的最大困难。[①] 2016 年，全国学前儿童入园数据中，3 岁前入托比例仅占 2.36%。而现实中对于入托却有广泛的需要。[②] 我们在调查中也发现，65.5% 的幼儿在三岁前没有上过托儿所。

调查组在河北调查时发现，县城中的家长对 3 岁前儿童的托管服务有较大需求。其中一个家长直接说，她是一个单亲妈妈，自己一人带孩子最困难的时候，是孩子生病，自己又要上班，她真的感觉很难受。

调查组在河北调查时还发现，我国目前的儿童照顾中临时看护服务基本空缺。调查发现，有临时看护服务的幼儿园只占 19.7%，多数幼儿园（65.6%）不提供临时看护服务。多数家庭（71.8%）周围没有临时看护服务。

特殊儿童的服务少。我国社区对家庭的支持工作非常薄弱，由于社区工作的支持体系不完善，许多支持活动无法展开。调查者发现，65.6% 的家庭认为所在社区没有无障碍设施，85.1% 的家庭所在居委会没有相关部门和工作人员。91.9% 的家庭表示所在社区从未开展过关于特殊儿童教育的家长培训。[③]

智力障碍家庭普遍存在生活困难，2014 年调查发现，存在智力障碍人员的家庭中的 44.2% 的家庭人均月收入没有达到（山西省）最低生活保障线。[④]

（二）社区环境不到位

1. 社区儿童活动物质资料比较欠缺

儿童活动物质资料包括活动场地和活动材料。虽然不少社区逐渐开始关注社区服务，特别是老年人的交往与锻炼等问题，设置了老年人娱乐室；但社区服务未形成良好的运行机制，中老人缺少锻炼场

---

① 顾晓红：《"公共托育"期待相关各方搭把手》，《联合时报》2016 年 11 月 18 日。
② 杨菊华：《理论基础、现实依据与改革思路：中国 3 岁以下婴幼儿托育服务发展研究》，《社会科学》2018 年第 9 期。
③ 黄晶晶、刘艳虹：《特殊儿童家庭社会支持情况调查》，《中国特殊教育》2006 年第 4 期。
④ 胡晓毅、冯雅静等：《山西省智力障碍学生家庭生活质量调查研究》，《现代特殊教育》2016 年第 10 期。

所，社区儿童缺少交往平台。在冬天，社区儿童没有公共的室内游戏场所，夏天也没有适合儿童的户外活动器械。虽然不少社区开始配备户外的运动器械，但只适合成年人操作。由于部分社区建立时只考虑到收费，没有考虑到社区服务，为了迎合当代社区管理的要求，临时配置了活动室，这些活动室多数只服务于成年人，不适合年幼儿童的活动。活动室功能单一，有的社区虽设立了活动室，但活动面积过小，还有的置于社区内居民楼的顶层，平常只是摆设，利用率低。有的服务半径过大，导致社区内很多居民很少知晓相关的组织机构的存在。

2. 环境设施不到位

环境因素与儿童的发展之间存在间接关系。舒适、安全的环境有利于儿童的身心发展。社区的环境，包括各种物质因素，如社区的配套设施，不仅仅局限于小区（村）里的整体"容貌"。

环境不到位，认为"垃圾处理不到位"的儿童有 24.3%，21.7% 的儿童不认可村里或社区里的治安环境。教育环境奇缺，主要表现在农村儿童在兴趣班方面的参与程度不高，"没有参加兴趣班"的同学达到了 70.5%。

家庭经济条件好的儿童较家庭经济条件差的儿童更有可能拥有固定玩耍场所。独生子女更有可能拥有固定玩耍场所，非留守儿童较留守儿童更有可能拥有固定玩耍场所。留守儿童的课后服务应该受到更大关注。

儿童的家庭位置与儿童家庭周围有固定玩耍场所在 0.01 水平上显著相关。城市地区儿童较农村地区儿童周围有更高的固定玩耍场所比例。城郊地区儿童的满意度最高，达到 65.83%。

3. 缺少教育氛围：儿童被当作被保护者

由于独生子女政策的影响，有相当一部分家长对子女实施过度保护政策，形成了当代儿童"饭来张口""衣来伸手"的不良习惯。在社区活动中，儿童也只是被动地参与相关活动，如兴趣班，很多并不是儿童自己的兴趣，而是家长主导的兴趣，这也是一种缺少主人翁精神的表现。儿童只是被动地参与家长为儿童选择的种种活动，在某种意义上，这也是社区儿童服务形式单一的表现。社区中的儿童服务，只是把儿童当作一种"容器"来灌输某种知识或技能，儿童并没有作为未来公民而参与社区的服务，如让儿童参与社区的敬老爱幼以及社区公益劳动，更多地是"演戏"。儿童偶尔的交往，也只是停留在固定的几个伙伴之间，很少有小组类的有组织的活动，更不用说常规性的儿童活动。在城市社区，儿童除了外出上兴趣班以外，多数时间只是待在家看电视或者独自游戏；在农村地区，儿童也多限制在与固定的几个伙伴进行交往或在家看电视。

4. 现有社区儿童服务的商业化色彩太浓

由于儿童和家长有相关的服务需要，如家长由于工作太忙或者家长能力发展限制，现代城市家长有让孩子习得某项技能的要求。社区内有很多的服务项目，特别是在培训班与课后托管服务等方面，这些服务多是收费性的服务。由于是收费性的服务，只有家庭经济条件达到一定水平的家庭，才有可能接受相关的服务。在实际调研过程中，我们发现一些地方打造"早教进社区"的活动，实际上也是鼓励有资质的个体参与社区早教活动，这些活动的前期宣传阶段有一些是免费的，但后期活动收费比较昂贵（一个小时收费 150 元，一周一次，一个月 600 元），显然超过了社区居民的承受能力。

（三）质量差：社区儿童服务质量难以得到保证

针对家长的托管需要，很多小学附近开办了不少的托管服务机构，虽然有少数地方开始关注托管服务质量，如服务场所的消防、卫生，服务人员的资质与身心健康水平，但儿童服务质量的管理与收费标准还是空白，除了颁发营业执照时实行收费管理外，很少有政府机构关注儿童服务质量这一部分。很多儿童托管机构存在消防安全隐患，[①] 多数从业者没有任何资质证书，导致儿童社区服务质量难以得到保证。

特殊教育服务不到位，很多面向特殊儿童的康复与教育服务，服务并不到位。部分特殊学校只考虑本地特殊儿童教育较少考虑农村特殊儿童，造成农村特殊儿童的不便。对特殊儿童家长的服务并不到位，如忽视家长的需求。虽然家长自己成立了一些组织，但得到社会的支持不够。例如，为智障儿童家庭照顾者提供的支持多集中表现为

---

① 马英娟：《家庭式托管班火爆多少在托管》，《燕赵晚报》2015 年 7 月 2 日。

客观物质形式，多涉及经济援助、辅助照顾等，较少涉及家长的主观心理等层面，特别是专业性支持不够。[①]

（四）社区居民对社区儿童活动的参与性不够

随着经济的发展，各地新建了很多大型的小区。由于现代生活的节奏变快，居住在同一小区内的居民很可能从属于不同的行业或单位，相互之间的交集少，社区内居民之间的交往也很少。社区居民参与社会儿童活动过于理性，除了考虑自身的时间、精力投入外，还考虑儿童效益回报，[②] 由于缺少专业人员的参与，社区居民缺少对社区活动的认同感和信任感。从目前的情况来看，社区儿童活动最多只是形式上的表现，社区内的活动也基本不多。虽然媒体上介绍了一些社区开展了各种各样的社区居民活动，如"千人宴""流水席"类的活动，[③] 但这些活动并未形成常规性的制度，而且只是少数地方开展。

1. 社区居民参与社区儿童活动不多

首先表现为社区内的儿童活动不多，缺少社区活动组织，缺少社区活动的"领头羊"，没有人出面组织社区的儿童活动。其次是社区活动没有相应的场地。许多社区主要由高层建筑组成，而这些高层建设的设计主要出于经济收益方面的考虑，很少考虑到社区居民与儿童的日常活动需要。近年来，部分地方开始把街道转变为社区，开始有了固定的办公场所，这也仅仅是办公的地方而不是社区居民和社区儿童活动的地方。再次是缺少相关活动的基本经费支持，现行的经费只能维持社区工作人员的办公，远远不能满足社区活动组织的经费要求。最后是社区居民缺少闲暇时间，年轻的父母们把更多的时间用于个人职业发展，用于儿童发展的时间偏少。其实，由于社区内居民的职业众多，从教育理论的角度来讲，应该是丰富的儿童教育资源，但家长们都忙于个人的事业发展，生活压力和工作压力大。[④] 在某小区

---

① 祝玉红、张红：《智力障碍儿童家庭照顾者的社会支持状况研究》，《社会保障研究》2018 年第 4 期。

② 陈彬：《关于理性选择理论的思考》，《东南学术》2006 年第 1 期。

③ 《重庆荣昌乡村摆起千人百桌刨汤宴》（http：//news. sohu. com/20100117/n269631750. shtm）。

④ 刘秋丽：《当前社区志愿服务存在问题及对策研究》，《社科纵横》2014 年第 2 期。

问到一位年轻的家长是否愿意作为志愿者组织儿童的活动时，一位家长说太忙了，另一位家长说周末要上课，还有一位家长说周末要辅导其他人弹琴。

2. 部分儿童参与性不高

关心他人、服务他人的活动是以熟悉他人为前提的。特别是随着儿童年龄的增长，儿童对周围邻居越淡漠，低年级儿童比高年级儿童更为熟悉自己的邻居。家庭经济条件对儿童的社会交往有一定程度的影响，调查发现，儿童整体对邻居都比较熟悉，但家庭经济条件较好的儿童比家庭条件较差的儿童，对自己邻居熟悉的比例更高。非独生儿童较独生儿童更为熟悉周围邻居。农村地区学校儿童较城市地区学校儿童对周围邻居更为熟悉。较非留守儿童，留守儿童更为熟悉周围邻居。调查发现，不熟悉周围的邻居的儿童达到 7.2%。帮助老人，是以熟悉老人需求为前提的，而 37.9% 的儿童不知道周围老人是否需要帮助。

在关爱老人上，参与儿童数量要多于不参与儿童数量。相对而言，家庭经济处于低保的儿童与老人聊天的比例（60.60%）相对较高，家庭经济条件一般的儿童与老人聊天的比例相对（44.81%）较低。相较于留守儿童，非留守儿童（51.92%）更倾向于经常与周围老人聊天。不与老人聊天的儿童比例，父母均在外的儿童比例（25.91%）较高。女生（49.83%）陪老人聊天的比例要略高于男生（46.61%）。不参与公益劳动的儿童达到了 14.5%，还有 12.2% 的儿童不能确认是否参与。

3. 教师生活相对封闭，参与社区生活服务消极

教师形成了一个相对封闭的生活区域，在这个教师生活的"区域"中，教师参与社区服务或社区活动的比例低，调查发现，教师没有或很少参与到社区其他人组织的活动中，比例达到 98%。即使参与社区活动，也是以居民身份，以组织者和校外专家身份参与的不足 25%。教师本人很少关注社区生活，教师很少或几乎没有讨论过学校所在地居民生活中的事情，比例达到 91.1%。可见，农村学校基本不参与社区活动。另外，教师本人很少在工作外辅导其他班学生，比例达到 63%。

4. 企业、组织参与少

虽然我国的志愿者服务目前有一些影响力，但主要集中少数贫困

地区和城市中的务工人员子女上,对特殊儿童的志愿服务比较少。调查者发现,获得过孩子父方和母方单位支持的家庭分别仅占全部家庭的14.5%和9.1%,特殊儿童家庭接受的个人帮助同样较少。97.7%的家庭从未得到过社工或义工的帮助。[①]

农村儿童缺少课业辅导,闲暇时间多数在看电视、打游戏。在这种情况下,迫切需要有人出面组织儿童一起活动,但农村地区组织儿童共同活动的概率极低。调查家长时发现,村里孩子一起学习的占比不到一半,30%的父母认为村里孩子没有一起学习。

第二节 农村社区儿童服务的 影响因素分析

一 农村社区经费不足

虽然新公共管理更重视战略管理,严格限制政府管理的界限和规模,让市场发挥更大的作用。新公共服务理论认为,公共利益应是政府的基本立场,公共利益是共同价值观的结果。[②]

但政府在社区的一定财政投入却必不可少。不管是农村正式组织还是农村非正式组织,如果没有经费支持,任何农村组织都不可能开展活动。但是,农村的经费很有限,如果没有村级企业,村委会基本没有活动经费。自国家对农村实行税费改革、实行镇统管的政策后,农民负担大大减轻。精减了农村相关人员,降低了管理成本,但村委会也基本就是摆设。相对来说,城市社区服务的经费来源就多得多,有各种企业、团体,甚至政府相关部门也可能提供相关的经费。

一项有力的证明:学前教育领域的政府投入与学前教育的成效之间有较大的关联。从入园率和学前教育领域的财政投入来看,二者关联性比较大。自2010年国家《中长期教育发展规划纲要》颁布并实施以来,我国学前教育领域的财政投入越来越大,入园率也随之不断

---

① 黄晶晶、刘艳虹:《特殊儿童家庭社会支持情况调查》,《中国特殊教育》2006年第4期。

② 侯玉兰:《新公共服务理论与建设服务型政府》,《国家行政学院学报》2005年第4期。

上升。在 2009 年之前的十年，学前教育经费在全国教育经费总量中占比持续偏低，仅占 1.2%—1.3%，从根本上难以有效支撑学前教育事业的发展，① 幼儿园入园难问题明显。

2009 年以后的四年间，学前教育财政经费投入增长最快，2009—2013 年，年均增长 43%，学前教育入园问题也得到有效缓解，2013 年的生入园率达到 67.5%。② 2015 年毛入园率为 75%，2016 年为 77.4%，2017 年毛入园率达到 79.6%，2018 年年底，我国学前三年入园率达到了 81.7%。

二　农村社区组织机构不健全

从理论上来讲，社区组织有正式组织与非正式组织。农村正式组织大致有政治组织、经济组织、文化事业组织和社团组织。③ 其中的政治组织有乡镇人民政府、村民委员会、村党支部。经济组织有户际联合体、村办企业。文化事业组织有文体组织、教育组织（包括小学、夜校和技术学校）、卫生所、福利机构（敬老院、托儿所、幼儿园等）。社团组织主要有共青团、妇代会、民兵连等。

部分农村还有基于公益和互益目的成立的农村维权类社会组织，如农村老年协会，农村用水户协会等。④ 其中的村民委员、村党支部在多数农村社区服务中担负主要职能。不过，正式组织的功能并不理想，由于人民公社体制的解体以及实行家庭联产承包责任制，农村以农民的自我管理为主，国家政权逐渐与农村分离。特别是农业税的取消，村民自治组织没有足够的财力支持而自行消散。⑤ 由于农村精英外流，农村的基层管理者素质并不高，加上村民生活的自治以及少数基层管理者的腐败、不检点，村干部和村组织在村民中的威信并不

---

① 洪秀敏、庞丽娟：《学前教育事业发展的制度保障与政府责任》，《学前教育研究》2009 年第 1 期。

② 张绘：《我国学前教育经费投入的共性问题如何解决》，《财会科学》2016 年第 9 期。

③ 黎熙元：《现代社区概论》，中山大学出版社 2007 年版，第 133—134 页。

④ 李熠煜：《农村社会组织和社区管理》，湘潭大学出版社 2014 年版，第 53 页。

⑤ 杨嵘均：《乡村治理结构调适与转型》，南京师范大学出版社 2014 年版，第 11—1154 页。

高，这也影响了农村基层管理的效能。

社区志愿服务可以分为两个层面：个人和组织。[①] 志愿组织一般带有公益性质，也称公益组织，公益组织与志愿者在某种程度上是一体的。公益组织参与公益性活动，也是通过志愿者来执行的。所以，公益组织是团体，志愿者是个体。从参与志愿服务的身份来看，有社区居民（包括农村居民）、大中学生，还有社团成员、机关人员。[②] 我国志愿服务的种类很多，其中以社区志愿服务和青年志愿服务影响最大。[③]

现行的理论上存在学校、家庭、社区一体化的教育途径，但更多学校只是关注学校与家庭之间的联系，这种联系有时也表现为负担、责任的转移，家长们投诉部分学校不注重课堂教学效果，布置作业与课后复习全部交给家长。

调查家长时发现，"村里经常组织村民一起娱乐"与儿童年龄段之间在 0.01 的水平上存在显著相关。在"完全符合"和"比较符合"中，19 岁学生家长认同比例（33.3%）相对较高，7—12 岁儿童家长的比例（18.6%）相对较低。整体来看，除 0—6 岁儿童家长（23.8%）外，认为"村里经常组织村民一起娱乐"的比例随儿童年龄增长而呈上升趋势。

"村里经常组织村民一起娱乐"与居住地之间在 0.01 水平上存在显著相关。在"完全符合"和"比较符合"中，城市家长认同比例（38%）相对较高，农村家长认同比例（22.4%）相对较低。

组织机构不健全：虽然邻里互助有一定的风气，但没有形成组织。农村学校儿童接受邻居帮助的比例（52.24%）相对较高，县城学校儿童（44.03%）、城郊学校儿童（43.81%）接受邻居帮助的比较相对较低。

调查家长时还发现，农村社区组织少，认为"村里或社区有社会

---

① 毕素华：《社区志愿激励机制探析：个人和组织的两层面分析》，《社会科学研究》2011 年第 6 期。

② 中国志愿服务联合会：《邻里守望在中国》，人民出版社 2017 年版，第 7 页。

③ 赵国彤、曾俊玮：《从公共政策角度分析如何保障社会志愿服务》，《南方论刊》2015 年第 12 期。

组织"的家长有31.9%，这个比例小于否认的家长比例（42.1%），但家长看法与学校位置之间在0.01水平上存在显著相关。在"基本不符"与"完全不符"中，城郊学校家长比例（79.1%）相对较高，地级市学校家长比例（46%）相对较低，省城学校家长比例也达到了75%。相对来说，地级市学校家长认同村里有社团活动的比例（31.4%）是最高的。

调查480位教师时发现，多数学校没有组织儿童参与社区活动，认为学生没有或很少参与社区组织活动的教师比例达到82.2%。事实上，学校很少组织学生参与周围社会或社区举办的活动（占比80.6%）。83.6%的教师认为学校周围的社区（居委会或街道）很少组织儿童参与活动，这也在一定程度上说明社区缺乏适合儿童的活动。

在"有人提出过同村孩子一起由家长轮流接送"上，完全符合的为221人，占8.1%；比较符合的为340人，占12.4%；基本不符为411人，占15.0%；完全不符为1342人，占48.9%。此外，不能确定的为423人，占15.4%。可以看出，社区很少有人提出过同村孩子一起由家长轮流接送孩子服务，认为提出的占比仅约为20%。

在一项针对流动人口的调查中，调查者发现，87.5%的人没有加入流入地的各种正规社团组织。其中主要原因是没有组织的邀请。①

三 农村社区管理滞后

社区工作人员素质不高，未接受专门的培训，特别是社会服务方面的培训；街道办事处转变为社区服务中心以后，在服务功能与服务意识上还是停留在街道办事处水平。多数社区服务人员只是从事低级的常规性服务，缺少开拓性意识，缺少联系社区内居民的方法与途径。志愿者、家庭、社区三者之间割裂开来。

（一）农村社区管理不到位

理想的新农村建设，是以人民的幸福生活为出发点的。农村村委会

---

① 何爱民：《论青海省流动人口社区融和机制的构建》，《青海师范大学学报》（哲学社会版）2016年第1期。

的设施虽然从结构上看似齐全，实际的利用率并不高，多数情况下是一把锁。公共事务活动少，这也与农村生活特点有关，农民生产的自由性与村干部关系并不大。除了常规性的卫生以外，农村公共服务内容并不多。多数农村社区工作人员只担负了基本的盖章职能。由于农村的青壮年人口向城市的流动，留在农村的人群基本以"3861"（妇女、老年人、儿童）为主，村干部的素质不高，也开展不了有效的活动。

虽然少数农村也有企业入驻，但多数地方的农村还是以农业为主。整体以农民为主的农村人口，在日常生活中虽然面临一些困难，如老人照顾、儿童看护，以及生病后无钱去医院，这些本应是农村社区的工作内容，但目前却很少有农村社区管理涉及这些方面。村干部也不知道应不应该管这些，即使村干部想管，也管不了。

农村的管理水平与农村的地理位置有一定关系。在调查社区是否有集资式劳动时，发现与社区位置有一定相关，在"完全符合"和"比较符合"中，农村学校家长、乡镇学校家长、县城学校家长、地级市学校家长、省城学校家长、城郊学校家长比例依次是：47.6%、48.3%、49.4%、54.6%、37.5%、27.6%。除省城学校家长和城郊学校家长外，家长参与社区组织的"集资式劳动"的比例随学校地理位置的提升而呈现上升趋势。

（二）学校缺少配套的管理措施

从生态学的意义来看，农村儿童的成长发生在不同的子系统，涉及学校、社区、家庭等，这需要三者的有机融合。但在学校管理方式上，采取的管理措施并没有起到促进作用，相反甚至起阻碍作用。具体表现在：一是没有促进教师辅导学生；二是没有促进教师参与社区活动。特别是坐班制与打卡制起到的作用是负面的。

调查发现，周围社区儿童活动与学校的管理制度之间存在相关关系。没有或很少组织儿童社区活动的学校中，实行弹性制学校的比例是41.3%、坐班制学校是51.5%、考勤制学校是50.4%。有一些、经常、很多儿童社区活动的学校中，实行弹性制学校的比例是44.6%、坐班制学校是42.6%、考勤制学校是42.4%。可见，实行弹性制学校的比例相对高一些。

现行学校对有特殊需要学生的关爱不够。在学校是否分配了指定关注（或辅导）班上学生方面，调查发现认为"没有"的教师人数占54.8%，只有14.5%的教师认为"经常"。但是教师辅导其他班级学生与学校的管理制度有关联。相对来说，学校管理得越松，教师的闲暇时间就越多。实行弹性坐班制的学校，教师在工作时间外辅导过其他班级的学生比例最大（4.3%），其次是考勤制（3.3%），坐班制最小（1.5%）。反过来说，辅导其他班级学生在实施考勤制学校最少（66.9%），实施弹性学校（48.9%）相对多一些。

学校分配关注班上学生的任务与学校的管理制度相关。实行弹性制的学校，教师有过分配指定关注（或辅导）班上学生比例为73.9%；坐班制为34.6%；考勤制为34.4%。可以看出，实行弹性坐班制度学校的教师接受学校指定关注（或辅导）班上学生的可能性最大。

学校组织学生参与社区活动与教师的性别相关。男教师中的50.4%、女教师中的56.7%认为学校有时或经常组织学生参与到周围社会（或社区）。在一定程度上说明了女性教师相比与男教师更倾向于积极组织儿童参与周围社会（或社区）活动。认为没有或偶尔的教师中，则是男教师居多，男教师中的49.5%、女教师中的40%认为很少或没有。

学校组织学生参与社区活动与教师所在学校地理位置之间存在显著相关。显然学校处于省级市和地级市的比较喜欢组织学生参与社会周围活动，比例分别为22.1%和20.8%。其次是县城和城市郊区的学校，比例均为9.5%；而农村和乡镇学校很少组织学生参与社会周围活动，比例为6.3%和6.8%。

小学阶段教师在参与组织学校周围社区的活动，如娱乐活动中，偶尔、有时和经常比例分别为31.5%、15.6%和1.5%；初中教师分别为16.9%、10.8%和0；而高中教师分别为25.5%、12.8%和2.1%。因此，综合来看，小学阶段参与组织学校周围社区的活动，如娱乐活动等最多，而初中阶段教师最少。

四 农村社区缺乏制度保障

儿童福利供给主体有国家、家庭、民间公益组织。从不同的角度切入福利的路径，体现出单一的"市场取向"或"政府取向"，迈向综合的"社会取向"。① 而公益性、福利性的服务，需要一定的物质基础与财政投入，这是以相关制度的存在为前提的。农村社区服务应该形成促进多元参与的制度，多种制度如行政机制、社会机制（志愿机制、自治机制）、准市场机制、市场机制、混合机制等多种机制的互动和互补。②

一般来说，农村社区服务中心组建和运转中的资金投入实行以市镇两级财政投入为主、社会各界参与为辅的做法。③ 但这种措施是以配套的政策或制度为前提的。如农村生活垃圾的处理，没有足够的经费投入，农村生活垃圾处理就难以持续。例如，云安县采取了"政府拿一点、集体补一点、群众集一点"的办法，构建县镇村"三级联动"的财政投入机制，保障服务下乡。④

管理制度的有效实施是农村社区服务的有效措施。例如，云安县强化农村生活垃圾处理的管理制度，确保了农村环境卫生。根据生活垃圾处理的事务，理顺农村生活垃圾处理管理体系，入环卫设施规划建设、经费投入、宣传发动等多方面协助，把各级管理者纳入考核对象，形成了云县农村垃圾考核体系，并对农村生活垃圾处理的村庄根据评估考核标准给予不同层次的奖励。⑤

现行农村社区缺少各种制度，同时也没有相关的法律保障。一是缺少动员志愿者参与农村社区儿童服务的机制；二是缺少个体志愿者服务社区儿童的支持措施；三是缺少促进学校参与社区儿童服务的制度。

在"动员集资参加村里或小区的集体劳动，您会参加"上，完全符合的为 184 人，占 6.7%；比较符合的为 415 人，占 15.1%；不能

---

① 陈立周：《当代西方社会福利理论的演变及其本质》，《辽宁大学学报》（哲学社会科学版）2011 年第 2 期。

② 杨贵华：《转型与创生："村改居"社区组织建设》，社会科学文献出版社 2014 年版，第 196 页。

③ 尤琳：《中国乡村关系》，中国社会科学出版社 2015 年版，第 176 页。

④ 徐勇、邓大才等：《中国农村村民自治有效实现形式研究》，中国社会科学出版社 2015 年版，第 243 页。

⑤ 徐勇、邓大才等：《中国农村村民自治有效实现形式研究》，中国社会科学出版社 2015 年版，第 244 页。

确定的为 760 人，占 27.7%；基本不符的为 364 人，占 13.3%；而完全不符的为 1017 人，占 37.1%。可以看出，村民愿意参加集体劳动的比例达到 21.8%，而不愿参与的仅为 50.4%，说明大部分村民不愿意参加集体劳动。此外，还有 27.7% 为不确定。

在"村里（或社区）经常组织村民一起劳动"上，完全符合为 180 人，占 6.6%；比较符合为 419 人，占 15.3%；不能确定为 760 人，占 27.7%；基本不符为 366 人，占 13.4%；完全不符为 1015 人，占 37.0%。可以看出，村里（或社区）经常组织村民一起劳动占比仅为 21.9%，而相反的是，不常组织一起劳动达到 50.4%，此外，还有 27.7% 为不确定，说明村里很少组织村民一起劳动。

目前的情况是，现行学校管理制度在很大程度上不利于农村中小学教师参与农村社区儿童服务。学校对青年教师"管"得比较"死"。教师所在学校的工作制度与教师年龄相关。25 岁以下教师实行坐班制（45.9%）和考勤制（48.6%）；25—30 岁教师实行坐班制（39.3%）和考勤制（44.6%）；30—35 岁和 40 岁以上教师实行坐班制，比例分别为 45.5% 和 46.5%。而实行考勤制，按教师年龄段从小到大，比例分别为 48.6%、44.6%、28.6%、37.0% 和 26.3%；弹性坐班制分别为 2.7%、12.5%、24.7%、17.6% 和 27.5%。可以看出，年龄阶段越小的教师实施考勤制的比例越高，年龄阶段越大的教师实行弹性坐班的比例越高。

教师所在学校的工作制度与家庭位置相关。家庭位于农村、乡镇、县城和城市郊区的教师实行考勤制比例要高于地级市教师和省级市教师。省级市、地级市和县城教师喜欢实行弹性坐班制，农村教师实行弹性坐班制比较少，比例仅为 10%。

第三节　农村社区儿童服务的本土探索

一　多元主体参与背景下的我国社区儿童服务模式探析

社区儿童服务是社区服务的主要内容之一，是一种满足儿童需要的服务，具有多元化、综合性特征。① 虽然我国社区建设整体上还不完善，由于我国自古就存在重视儿童教养的传统，围绕着儿童的成长与教育需要，政府、基层社区、学校以及家长共同探讨儿童的服务问题，形成了具有较强中国特色的社区儿童服务模式。

（一）儿童服务的福利模式

针对儿童的福利，受益者一般是儿童，然而，现实当中的儿童服务福利模式，既是家长的福利，同时也是儿童的福利，通过方便家长，服务儿童。其主要承担主体，可以是家长所在的部门（单位），也可以是儿童所在社区，还可以是地方政府相关部门（如民政局）。

这种福利模式有一定的服务范围，主要针对所在部门或所在辖区的儿童。把服务于儿童作为一种福利。目前针对全体儿童的免疫服务，主要以儿童健康成长为出发点，通过社区服务中心面向辖区内的儿童（包括外来常住人口）。

根据福利的受众差异，可以分为全民的福利和特殊受众的福利。我国政府针对所有儿童的免疫服务，依托社区来进行，是广义上的社区儿童免疫服务，这是一种针对所有儿童的福利。而针对特殊人群，特别是弱势儿童群体（如残障儿童）的服务，如相关体检、学业指导，带有很强的福利取向。

狭义上的社区儿童服务，也是在社区内进行的（并非所有社区都存在这种儿童服务）。只有经济发展水平相对较高的社区，以及社区功能完善并有专门的经费支持或者功能相对完善的部分工会有可能组织专门性的儿童服务，特别是儿童看护、游戏与亲子教育等方面的内容。如部分企业为本企业内部员工子女提供的免费托管或看护服务，这是企业内部职工的福利。企业职工子女的福利也是依托社区来进行的。国内大型企业针对企业内部职工的福利，也有儿童服务内容，如在职工上班时间提供的子女免费看护（正规的看护也称为早期教养），如大庆油田曾经为油田内部职工提供的免费入托，为下井职工提供免费全托，都属于儿童服务范畴。铁路系统也曾为双职工家庭提供全托的儿童看护与照料服务，这是铁路系统职工的福利。这些针对

---

① 严仲连：《社区服务刍议》，《东北师大学报》（哲学社会科学版）2008 年第 1 期。

儿童的服务，旨在解决职工的后顾之忧，服务场所一般依托在厂矿或者职工居住的社区。然而，受经济发展因素的影响，特别是企业推向市场以后，曾经被许多企业纳入职工福利的儿童服务逐渐被企业抛向市场。

社区内的儿童福利，主要依托企业形式而存在，即企业的职工形成特定的社区，企业工会或后勤部门实施完成。在经济浪潮的影响下，福利形式的儿童服务越来越少，更多的儿童服务或者儿童所需要的特殊服务主要通过家庭参与来完成（由家庭承担相应的责任）。

由于儿童的需要是多方面的，针对特殊对象（如有特殊需要的儿童）的服务由相关部门组织完成，如民政、妇联，还有工会、村委等。目前的儿童服务福利模式实际上还有一种特殊的指向，即指针对有特殊需要的儿童，实施的是一种福利性服务。①

针对特殊需要儿童的福利模式，只是针对有特殊需要的儿童展开，主要由民政部门组织，实际上也是一种政府针对弱势群体儿童实施的福利，包括看护服务、寄养服务等形式。目前，针对有特殊需要的儿童提供的教养服务，已经形成一定规模并取得了较大成就。其中，也有一种由社区内居民提供的寄养服务，主要针对孤残儿童，旨在促使这些儿童更好地融入社区生活，促进这些儿童的社会化。

妇联组织的针对留守儿童的服务、针对贫困地区女童的"春蕾计划"，以及共青团中央组织的"希望工程"都是针对特殊儿童群体的服务，是一种针对特殊儿童群体的福利，其中，针对留守儿童的服务，最终由社区居民落实，如长春市妇联在农安县组织的"儿童之家"，由妇联提供相关的前期物质投入，引导当地居民组织附近的留守儿童一起游戏、学习。近年来，长春市妇联组建了200多所"儿童之家"尝试为3岁前儿童提供游戏与交往的场地。这两种服务形式在一定程度上也是社区儿童服务的表现。

由于福利模式的儿童服务体现了一定的福利取向，这种形式的儿童服务在一定范围内，具有较强的公平性。福利模式的提供主体一般

---

① 刘继同：《儿童福利的四种典范与中国儿童福利政策模式的选择》，《青年研究》2002年第6期。

是政府、企业或社区，需要一定的经济基础。对于经济条件不太好的地方政府部门或企业有很大的难度。一些已经成立的服务机构，由于缺少专业服务人员，加上配套的设施不充足，服务质量也不高，对儿童的吸引力不大。而社区的福利在一定程度上也是由社区所在的政府部门提供的。由于居民居住相对分散，多数地方财政也不宽裕，特别是社区配套的服务制度不完善，社区内提供的服务相对较少，农村社区为农村儿童提供的服务更少见。

（二）居民自发的互利互助模式

互助式儿童服务模式有很多种，一般采取工换工的形式开展儿童服务，在农村与城市地区都有。农村地区一些年轻家长由于工作的需要，家里又缺少老人照看小孩，就采用换工形式，换取他人代为照看孩子。换工一般发生在家族内部（或邻里之间），主要是家庭内部的老人在家帮忙代为照看孩子，基本以不出事为主要目的，很少有教育类活动。年轻父母或者帮年老者做一些年老者想做又无法做的事，如收割庄稼类的重体力活（在集体农庄时期多采用换工分的形式，由年轻家长代给年老者工分，最后上报生产队）。至于相互代为接送孩子上学类的活动，在农村相对少见。

城市里的互助式服务多数由孩子之间形成游戏或学习伙伴，一般有两种形式，一种主要发生在周末，几个小朋友（一般是三四位小朋友）家长采用轮流的形式代为照看孩子，家长的具体职责是组织孩子的游戏和饮食。碰到重大活动时，集体一起活动，如外出游览公园或旅游。这种形式的家庭互助式活动，主要出发点是为孩子多找几个玩伴，以弥补独生子女缺少玩伴的不足。这种形式的互助多发生在家长文化水平较高而且重视儿童身心全面发展的高素质人群之间，家长之间的教育理念相似，而且家长之间相互认可各自的孩子及教育理念，如果教育理念不一致，互助小组活动可能坚持不了多久，或者由于对小组内某个孩子的性格不认可，活动也会夭折。

部分城市还有一种互助形式，主要根据家长的经济水平以及当地的交通等情况，具体有二三人式的互助式合作，也有五人以上的小组合作，主要围绕孩子入学问题展开。由于孩子上学离家比较远，要乘坐交通工具。条件好的家庭（如有家庭汽车）会采用轮流的负责方式，轮流接送孩子入学。小组的家庭则主要发生有校车的地区，校车等待时间总会有一定的变化，家长们在小组内采用轮流值日的形式，组织孩子候车或者等候放学回来的孩子。

也有部分家长采用值日的形式，组织孩子集体上学、放学以及集体做功课、游戏等活动。这种形式的自助一般是学校离居住地有1000—2000米，不需要乘坐公共交通，居住地相对集中，而且同上一所学校，家长比较重视孩子的教育，有公共的活动地点（如放学后写作业的地方），家长的工作时间相互之间可以错开，即不是同一天上班（或上学）。这种情况的社区儿童服务，也多发生在素质比较高、时间相对宽松的人群，而且家长之间不计较得失。通过互助小组，孩子的自立能力增强。①

居民自发的互利互助模式，是出于居民和儿童的需要而产生的，具有较强的自发性，也呈现出一定的主体性。对居民之间的价值观有较强的要求，如在消费观念、儿童教育观念等方面需要有较强的相似性，特别是有共同的需要，并能在资料上达到互补，而且局限在同性别儿童身上。由于现代社会发展比较快，高素质家长之间的价值观趋同现象比较少，所以自发的互利互助模式在现实中并不多见。

（三）社区儿童服务的学校模式

由于学校在儿童发展过程中起重要作用，特别是学校在社会以及家长心目中具有较高的地位，由以学校为主体组织的儿童服务，一般比较适合儿童的发展需要，效率也相对较高。随着课程改革的深入，以及重视考试文化等因素的影响，学校也在探索与社区儿童服务相关的活动，具体有以下三种。

1. 教师或教师家属组织的儿童学习指导或生活指导

这种形式的儿童服务，本质是一种家庭托管服务，但在现实中，基本以班级为单位，教师采取有偿服务的形式，开展对本班学生的课外学业指导。这种服务目前已经被教育部门严令禁止。而教师家属开展的有偿生活服务，主要针对学生生活方面的需要，提供有偿服务，

① 《五个家庭组成互助小组轮流带孩子》（www.lkwww.net/news/2015 - 05/136781.shtml）。

主要是食宿方面，同时兼顾学业方面的监督。这种形式的儿童服务在条件不太好的农村中小学比较多。

由于教师过于重视经济方面的利益，公益不足，把课堂内与课堂外的关系异化，有些教师把本应在课堂上讲的内容留在课堂外来讲，或者对于是否参与家庭指导的学生采取不同的态度，导致正常的家属托管服务变得不正常。

理想的情况是，教师形成公益型组织，或者学校形成制度，在课程上进行改革，以适应学生有差异的需要。鼓励教师针对学生个体的需要，采取有针对性的辅导。这种辅导应该形成制度：学校一方面减少公共课时数，以减轻教师的工作压力；另一方面，把减少的课时数增加到个别化指导上。而不是在课堂上简单重复练习，导致学生丧失学业兴趣，通过课外有针对性的指导，提高学生在学业方面的兴趣。

教师指导学生形成的学习互助小组，通过组织社区内的学生形成学习型合作小组，鼓励学生之间在学业上相互帮助。可以是同年级儿童之间形成互助，由成绩较好的儿童担负组织责任；也可以是不同年龄之间的儿童形成的互助，年龄大的、成绩相对好的儿童指导年龄小的儿童。这种形式的学习互助小组，需要教师的参与或监督，否则，对儿童没有约束力，儿童之间很难在兴趣上达成共识，容易产生冲突。

2. 学校教师以综合实践课程为平台，开展的儿童社区服务

这种模式基于这样的理念：将社区服务与知识学习结合起来，形成一种开放式的教育方式。儿童通过参与社区生活，并以社区主人的身份彻底融入社区生活，以培养儿童的公民道德感和社会责任感。[①]这种学习方式融入社区的日常生活，使传统的社区服务转变为服务型学习。[②] 目前的社区儿童服务时间相对有限，多数局限在"三月学雷锋"时为敬老院老人表演节目，或在清明节时祭扫烈士墓等。

部分学校布置的相关社区服务实践，在社区组织不健全的情况

---

① 许瑞芳：《美国服务学习对我国社区服务的启示》，《思想理论教育》2010 年第 16 期。

② "Service Learning Definition"（http：//www.closcup.org/servlern/sl_asler.htm）.

下，很多只停留在书面阶段，没有相对完整的教育计划，缺乏系统性，教育理念也没有深度，即存在较大的随意性和层次性较低，形式化现象比较严重。

理想的社区儿童服务，应该是一个相互帮助，儿童可以帮助老年人，还可以帮助年幼的儿童。同伴之间还可以在成人指导下，采取合作的形式，为社区居民做力所能及的事。由于目前社区居民之间并未形成真正的合作共同体，居民对社区生活的不参与，社区管理与社区服务与经济挂钩，在一些居民看来，居民只是社区生活的享受者、社区服务的监督者，而不是社区生活的参与者。社区管理者还需要进一步缓和与居民之间的对立关系。

学校组织的相对成熟的社区服务，即公益性教育，除了学校与社区之间的有效联系外，还需要家庭的积极参与。家长可以作为社区的居民提供与社区需要相关的信息给学校，也可以作为服务的指导者和监护者，提醒学生在服务中的安全，并为学生的社区服务提供及时帮助。[①] 在目前情况下，由于学校与社区之间的合作往往是单向的，即只有学校主动与社区的联系，没有社区向学校提供信息或资源。

各地方中小学发起的公益服务，以学生的全面发展为目标，以德育活动或社会课为依托，开展的校外服务，主要以儿童参与社会活动为主。部分学校尝试融入综合课程范畴。常见的服务型活动主要是服务敬老院，或者参与街道、社区的清洁活动。目前也有部分中小学参与周边交通秩序的维护、图书馆秩序的维持等活动。这些中小学服务社区的活动基本发生在城市地区。

3. 政府支持下的学校托管服务

目前一些中小学开展的延伸服务，主要针对"3点半"现象，学校3点半放学，家长却没有下班，家长不得不找托管班来看护孩子。针对这一广大家长反映强烈的问题，许多地方政府采取了学校延长服务时间，班上教师实施看护与辅导。如长春市为解决小学生每日课后的"真空管理期"难题，长春市日前决定安排专项经费，支持各小学校开展学生课后免费托管服务。免费托管服务所需资金由市、区两

---

① 张志红：《我国公益教育联动机制的构建》，《当代教育与文化》2013年第6期。

级财政部门负责筹措，托管经费按生均每天 2 元安排。① 东北师范大学附属小学实施了动态离校时间，家长可以 14：30 接孩子，也可以在 16：00 接孩子，其间的一个半小时，小学生在学校由学校教师代管，主要辅导学生完成家庭作业。

虽然政府已经意识到了家长的需要，做了相关的尝试，在实践过程中，也得到了家长的广泛认可。但事实上，由于儿童需要的多元性，以及家长工作的千差万别，以政府出资，学校承担的儿童课后托管服务也很难彻底解决家长的后顾之忧，所以，这种儿童服务的作用是相对的。

（四）公益性的社区儿童服务模式

由于是公益性的服务，社区儿童享受的是免费服务。我国的社区志愿者服务，多数情况下也是一种针对特殊儿童群体的福利或公益行为。针对社区儿童的志愿者服务，既可以由志愿者群体组织并实施，也可以由相关政府机构招募志愿者完成。

公益性的社区儿童服务的存在有一定的条件，一是涉及的儿童群体比较大，形成了一定的社会舆论；二是家庭暂时没有注意到此类问题或注意到了此类问题却无法或不愿意解决。如留守儿童问题。

在城市社区中，参与兴趣班或课后补习的中小学生占有很大的比例，或者家长每天都有时间监督子女的功课，但进城务工的农民工子女则很少有机会参加，另外，由于进城务工的农民工把更多的时间用于工作，以及农民工自身的文化素质限制，农民工子女很少得到家长在学业上的指导。针对这类问题，东北师范大学的"厚朴公益学校"和"红烛志愿者"为农民工子女提供的学业指导就属于此类服务。

华中农业大学的本禹志愿者最早从关爱农村儿童入手，即从深入贫困山区支教开始，拓展到关爱留守儿童、关爱进城农民工子女、关爱老人和残疾人等志愿服务活动。其中也有企业参与的公益活动。企业参与社区儿童服务更多体现在提供物质帮助方面，如提供免费衣物、学习用品等。

---

① 搜狐教育：《长春：各小学校试行学生课后免费服务》（http://www.sohu.com/a/126245904_157476）。

部分高校团委也组织了公益性的社区儿童服务，主要招募大学生、研究生到贫困地区进行支教活动。从现实的情况来看，志愿者参与的公益性社区儿童服务，部分满足了儿童的现实需要，如交往与基本的学习辅导等方面的需要，但对于儿童成长来说，帮助儿童实现更高层次的需要则需要更有经验，特别是有一定教育经验与教育方法的教育工作者参与。

"春蕾计划"是由中国儿童少年基金会发起并组织，是一项针对贫困地区女童重返校园的社会公益行动，旨在培养女童获得建设家乡的本领。2005 年以后，随着《义务教育法》的修订，国家实施的"两免一补"助学政策的实施，"春蕾计划"的活动内容也有变化，求助范围扩大到了高中、大学阶段，延伸到了"留守儿童""流动儿童"等方面。① 这些活动基本发生在校园甚至是社区，与现行的社区儿童服务有一定的重合。

也有政府机构通过提供活动场地以及税务减免等活动支持社区经营者参与相关的公益活动。这类公益性一般具有一定变化性和阶段性，即提供公益活动的个体或经营者，在完成一个阶段的公益活动后，就可更换另外的经营者参与。

相对来说，公益性服务在我国数量相对有限，而需要服务的对象太多，且社区的设施没有跟上社区儿童的要求。就北方地区而言，0—3 岁儿童的社区教养明显存在很大的不足，社区更偏重于与创收相关的服务，而不是提供社区内的免费服务。

公益模式主要是以志愿者为主，而儿童的需要却是持续的。虽然在部分大中城市也有志愿者每周提供一次公益性辅导服务（如东北师范大学的红烛志愿者），但儿童基本上每天都会有一定的学业困惑。虽然每周一次的辅导也解决了不少儿童的学习困惑，但其作用还是没有达到最佳。相对来说，农村地区的志愿者服务更多地集中在暑假，其作用也同样相对有限。

（五）创业者的有偿社区儿童服务模式

所谓的有偿服务，是指根据市场要求，在提供相关服务后而获得

---

① 《春蕾计划基金》（http://www.springblossom.org/）。

一定的报酬。社区有偿儿童服务是一种主要针对儿童需要的服务形式，根据服务对象的差异，社区有偿服务主要有针对中小学生的托管服务，针对学前儿童的教养服务和临时性的托管服务。

针对中小学生的托管服务主要发生在课后，民间也称其为课后托管。从业者在学校周边地区设置基地，提供相关的服务。主要解决那些工作繁忙的家长无暇接送或辅导孩子功课的问题，有时还监管孩子的生活方面，实际上是家长角色的替代。最初主要提供接送或中午热饭服务。现在则针对孩子的个体差异，提供有针对性的学业辅导，或者学习习惯的培养。服务内容从单一的生活服务，走向多样化、多层次的服务。

虽然存在教育方面的服务内容，但课后托管还是不同于一般的培训学校。培训学校是提供学习者知识、技能的教育机构，而托管服务的重心应在生活管理方面。目前的托管服务渗有学业辅导的任务，更多地充当家长角色，并不具有培优方面的性质。

托管服务内容，受当地学校作息时间的影响，如果当地的学校中午时间留的比较长，或者学校不提供午餐便利的话，托管服务还会包括午休与午餐。有的地方，如果多数学生有带饭习惯的话，托管服务还可能有热饭服务。

整体来看，托管服务主要存在于城市各中小学周边，农村地区虽然有托管方面的需要，但是在交通条件较好的中小学附近，较少有托管服务。学生上学路途比较远的农村中小学，以及没有提供住宿条件的农村中小学可能会存在相关的托管服务。多数农村中小学的托管服务由教师家属提供。

学前阶段的社区儿童服务有两种形式，一是正规的学前教育，由社区学前教育机构提供，主要针对入学前儿童群体的服务，形成了相对固定的教育模式和一定的办学规模；二是临时性托管，针对在家教养的婴幼儿，家长需要工作，孩子只是有临时性的托管需要，如节假日。

在少数地方也有针对幼儿的托管服务（即接送幼儿入园，并在放学后继续完成看护服务）。由于幼儿园的入园与离园时间与家长工作时间存在错位，幼儿离园后，家长还得工作较长时间，特别是在城市的打工人群，托管服务应运而生。也有少数正规的学前教育机构提供针对小学生的课后托管服务，在中午或小学生放学后提供临时性的休息场所。

在我国的社区托管服务中，除了正规的学前教育机构外，其他的社区托管服务基本处于管理的真空地带。社区服务的内容还没有固定下来，儿童的需要又是多样化的，政府还未就社区儿童服务形成统一的行业标准，导致各地的托管服务存在质量参差不齐的情况。

在政府财力有限的情况下，创业者的加入，事实上是解决了社会问题，同时也提供了部分就业岗位。这类活动主要存在的争议是：服务质量不能保证，政府与社区的公益偏少。以社区托管服务为例，部分托管服务机构人员无资质，[①] 消防设施存在安全隐患，政府部门的介入力度有限或者根本没有办法介入。

这种模式的儿童服务，多数情况下涉及儿童的学业指导，而学业指导业务对师资的素质有一定要求，现实中的类似服务中，存在多数师资不达标现象，而且在设施上也有很多机构存在设施不达标现象，有的甚至存在安全隐患，因此，政府加大监管力度显得尤其重要。

二 农村留守儿童问题期待"三位一体"的农村社区服务

我国留守儿童数量整体呈上升趋势。2000 年，全国农村 14 岁以下留守儿童总量接近 2000 万，[②] 2008 年的中国留守儿童总量有 5800 万人，留守儿童总量超过儿童总数的 20%。[③] 2014 年，留守儿童数量为 6102.55 万。[④] 也有专家认为，这一数字应该达到 1 亿，因为还有 3600 万流动未成年人。家庭教育缺失被认为是导致留守儿童问题产生的根本原因，但在"以经济建设为出发点"的今天，在地方经济发展受限的情况下，不让家长们外出，似乎并不可行，在此背景下，围绕优质的农村社区服务，探讨政府、学校与社区间的合作，应该有利于农村留守儿童问题的解决。

① 新华网：《兰州"小饭桌"陷监管困境 1 室 1 厅住进 16 个孩子》（http：//news. xinhuanet. com/local/2015 – 03/12/c_ 1114622368. htm）。
② 段成荣、周福林：《我国留守儿童状况研究》，《人口研究》2005 年第 1 期。
③ 陈丽平：《中国农村留守儿童：5800 万》，《法制日报》2008 年 3 月 3 日第 2 版。
④ 胡涵、郭琳：《那些孩子为谁在留守》，《新京报》2015 年 7 月 13 日第 A19 版。

（一）留守儿童问题的再认识

留守儿童问题的解决在于对留守儿童问题本质的认识。一般人认为，留守儿童问题是家长的外出导致留守儿童家庭教养的缺失，继而形成的系列发展问题，特别是由于缺少父母在思想认识、价值观念上的引导和帮助，留守儿童容易产生认识、价值上的偏离和心理发展的异常。当代留守儿童问题主要体现在学业不良、身心发展受影响、安全难以保障等方面。这种观点认为，留守儿童问题的根源在于家长的外出，留守儿童问题的解决需要发挥家庭的首要作用，即家长回归到家庭教育渠道。

1. 留守儿童的主要问题

留守儿童问题表现为缺少关爱、缺少学业辅导，或者表现为劳动素质、思想道德素质和心理素质等偏差，[①] 从我们的调查来看，当今的留守儿童问题是由于父母远离造成留守儿童脱离社区生活而产生的系列发展问题。

首先，隔代教养为主的教养方式造成农村留守儿童缺少与同龄伙伴交往的机会。由于父母的外出，留守儿童多由祖父母代为照顾，形成隔代教养的基本格局。而农村祖父母一是出于担心儿童的安全，而限定儿童与他人的交往；二是受知识水平、时间、精力的限制，例如，多数农村的祖父母文化水平偏低，同时还要兼顾农活，农村祖父母在教育儿童上多采取将其限制在家同时又放任自由，致使留守儿童一方面缺少与他人交往的机会，另一方面又把大量的时间用于电视、手机等电子媒介上。

加上农村社会的变动，经济条件好的家庭向城镇迁移，整体上，农村适龄儿童数量呈现快速减少的趋势。与此同时，农村中小学布局调整，即便七八个村共一所小学，也有很多小学的学生数不过200人，平均到每个村，也就是说一个村有可能只有五六个孩子在一个年级，如果这个村有四个或五个组（或队）的话，一个组可能只有一两个孩子，农村儿童的相互间住址距离较远。这在客观上造成了同龄儿童交往少的现象。

其次，参与农村社区交往活动有限。农村社区的典型特征是家庭

---

① 任运昌：《农村留守儿童政策研究》，中国社会科学出版社2013年版，第4页。

为单位来进行所有的社会交往活动，[1] 由于农村留守儿童父母的外出，农村留守儿童家庭成员在结构上的暂时空缺。在以家庭为单位进行的农村社会交往活动中，留守儿童就成了农村社区交往活动中的"旁观者"，除了重大的活动（如红、白喜事）外，留守儿童基本不会与其他人产生互动。我们在一项针对湖北、山西、山东农村中小学的调查发现，2410 名中小学生中，经常与周围老人说话、聊天的学生占44.6%，基本不与周围老人说话的学生也达到了 39%，另有 16.4%的学生不能确定是否与周围老人聊天。基本不参与辅导周围低年级同学的学生占了 46.5%，不能确定是否参与辅导其他学生的则占 18%，只有 35.5%的学生确定帮助了其他年龄小的学生。

2. 农村留守儿童问题：农村社区生活与农村学校的割裂

留守儿童问题固然是家庭教育的缺位造成的儿童发展系列问题，换一个角度来看，则是家庭教育、社区（或社会教育）与学校教育之间的脱节造成的。特别是家长在社区生活中的缺席导致社区在儿童发展中的作用日渐式微。

当代家长有两大任务不可回避：一是生产、生活的任务；二是子女的教养任务。随着市场经济的发展，特别是当代农村家庭的生产、生活也打上了经济的烙印，这两大任务之间的冲突更为激烈，在"子女的未来发展"（即子女的教育）与"眼前的发家致富"（即生产、生活）之间，农村家长更多地选择眼前的发家致富，从而导致农村留守儿童家庭教育在子女教育中的作用逐渐减弱。

由于市场经济的影响，特别是家庭承包责任制，凸显了家庭单位的功能，社区在儿童成长中的作用逐渐弱化。在多数农村地区，家庭已很少参与社区的公益性活动，社区缺少专业的人员，儿童在社区中受到的影响越来越小，现有的农村社区除了生存方面的需要外，儿童成长中的其他需要，特别是学业指导、交往以及服务他人较难得到满足，也就是说，社区在儿童成长中的积极作用并未完全发挥。在社区教育与学校教育间关系渐行渐远的时候，由于家庭教育与学校教育之间的割裂，留守儿童问题也就越发明显。

---

① 黎熙元：《现代社区概论》，中山大学出版社 2007 年版，第 139 页。

在应试教育时代，以学校教育为中心，以家庭教育为辅，基本围绕着儿童的学习展开。随着教育改革的深入，学校教育愈发强调与生活的有机联系。家庭教育、社会教育与学校教育之间联系日趋紧密。当学校教育回归到与生活的联系时，家庭、社会的作用就凸显出来。所以说，当代农村留守儿童问题的存在，固然是由于家庭教育的缺位，其中其实也隐藏着社区功能的不足。社区功能的缺失凸显了家庭因素在儿童发展中的重要性。

（二）解决农村留守儿童问题的路径探索

从我国留守儿童问题产生以来，各级政府组织以及留守儿童所在的学校都开展了相关研究，探讨留守儿童问题的解决，形成了被社会认可的多种"典型"路径，总结起来，主要围绕学校、家庭、社区以及三者间的合作等方面展开。

1. 学校教育曾被当作解决留守儿童问题的主要渠道

由于九年义务教育主要由学校来完成，而且学校教育在儿童发展过程具有重要地位，把学校作为解决留守儿童问题的主要途径是许多教育研究者认为理所当然的事。通常的做法是：了解留守儿童的基本信息，然后采取有针对性的措施是目前解决留守儿童教育问题的主要措施，这是一般学校所说的"建立留守儿童档案"。2007 年，中央七部门联合下发的《关于贯彻落实中央指示精神　积极开展关爱农村留守充动儿童工作的通知》（特别是贵州毕节四兄妹事件）后，各级政府高度重视留守儿童问题，许多农村中小学校为落实留守儿童教育问题，开始了相关留守儿童的登记工作。

建立档案是基础，有针对性的教育才是目的。一些学校针对留守儿童的情感问题，采取了一些与父母每周通一次电话的方法，然而效果并不明显。还有一些学校通过教师对留守儿童的关爱或相关教育措施，试图解决留守儿童情感方面的问题，应该说起到了一定的效果。由于留守儿童问题的艰巨性，特别是家庭与社区参与的不足，在一定程度上限制了学校功能在留守儿童问题上的发挥。

2. 解决留守儿童问题试图通过家庭"突破"

留守儿童问题的产生主要是由于父母的外出务工产生的，在分析留守儿童问题时，不时有人讨论家庭的责任问题。从 2015 年开始，有学者强调留守儿童的家庭责任，并认为家庭责任缺失才是导致留守儿童的首要因素。[①] 2016 年，就有政协委员提出，关爱留守儿童不应忽视父母和家庭的责任。[②] 从此时起，社会舆论开始重点关注家长在留守儿童教育中的作用，重点强调家长的远离而导致家庭教育的空缺，凸显家庭在留守儿童教育中的重要性。

在此之前，相关地方就探讨了家长的家庭致富需要与儿童发展需要之间的矛盾，如江西部分地区协调企业在留守儿童多的地区开办工厂、企业，并鼓励留守儿童家长就近就业，以此拉近家长与儿童之间的空间距离，从源头上解决留守儿童问题，这在一定程度上减少了留守儿童数量。由于多方面的原因，特别是地方经济发展空间的限制或个人能力方面的因素，部分青壮年的外出务工不可避免，在部分省市的留守儿童问题也依旧存在。

3. 社区服务路径的尝试

尝试应用社区服务来探讨留守儿童问题的解决，具有一定的政府导向性，而且呈现出逐渐深入的趋向。最初的留守儿童关爱与服务基本就是在社区范围内开展的，如长春市的"留守儿童之家"基本就是以社区为基地展开的。虽然中福会则在部分地区筹建"少年儿童活动中心"，具有一定的服务半径，但也体现出一定的社区特征。

从福利的角度来看，政府应该提供针对留守儿童的福利，而且应该通过留守儿童生活的社区来实现。目前，民政部门正探讨农村儿童福利主任、儿童福利督导员的儿童福利工作体系，旨在把留守儿童纳入儿童福利体系之中。[③] 此外，部分地方的志愿者组织关注留守儿童问题时，也是通过志愿者进社区来实施，如有地方的"爱心妈妈"志愿者活动，尝试应用社会力量对留守儿童进行帮扶和关爱。[④]

---

① 廖德凯：《留守儿童监护首要责任在家庭》，《中国教育报》2015 年 3 月 9 日第 2 版。

② 刘长铭：《关爱留守儿童不应忽视父母和家庭的责任》，2016 年 3 月 11 日（http: //news. xinhuanet. com）。

③ 民政部：《〈国务院关于加强农村留守儿童关爱保护工作的意见〉政策解读》，2016 年 2 月 4 日（http: //www. mca. gov. cn）。

④ 程明学：《杨昀琰. 崇阳县"爱心妈妈"传递真情》，2013 年 1 月 16 日（http: // www. xnnews. com. cn）。

2016 年，国务院印发的《关于加强农村留守儿童关爱保护工作的意见》，强调了建立完善家庭、政府、学校、社会共建农村留守儿童关爱服务体系。其中部分内容涉及了社区儿童服务问题，如支持社会组织、爱心企业举办农村留守儿童托管服务机构。[①] 近年来，部分志愿者组织和个人探讨的留守儿童托管，尝试在乡镇或者小学附近建立留守儿童托管中心，以生活、学习以及心理辅导为主要服务内容。[②] 这些无偿或有偿的社区服务，在一定程度上探讨了立足于社区来解决留守儿童问题。由于目前针对留守儿童的服务，多数出于经济效益的目的而筹建，只能建立在乡镇，由此导致偏远农村留守儿童的不便。而且出于经济利益角度的儿童服务，由于没有真正动员所有居民参加，并不能让儿童真正融入社区生活之中，儿童也通常只是作为社区生活的服务对象，很少主动融入服务他人的活动之中。

4. 致力于学校与社会、家庭的三方合作

留守儿童问题，也被认为是社会各界的共同合作问题，特别是学校与家长、社会三方合作被认为是有效的途径。2013 年 5 月，教育部办公厅发布了《关于开展"翼校通关爱留守儿童大型公益活动"的通知》，[③] 旨在关注留守儿童的情感和心理需求，形成社区、学校、家长三方亲情接力、有机联动机制。特别是妇联、民政、关工委等部门的介入，在一定程度上深化了留守儿童问题解决途径的系统性，如，多地开展的"留守儿童之家"和"农家书屋"，在一定程度上反映出了社会对留守儿童问题的关注。2013 年 1 月，教育部等五部门发布了《关于加强义务教育阶段农村留守儿童关爱和教育工作的意见》。[④] 旨在探讨新的留守儿童工作模式，如"代理家长"，开展行之

---

① 民政部：《民政部副部长邹铭出席国务院吹风会解读〈关于加强农村留守儿童关爱保护工作的意见〉》，2016 年 2 月 20 日（http：//www. gov. cn）。

② 朱本双：《竹山创新留守儿童托管模式》，2017 年 2 月 16 日（http：//new. xinhua-net. com）；中南民族大学：《中南民族大学志愿服务队深入民族地区开展"关爱留守儿童助力精准扶贫"专项社会实践活动》，2016 年 9 月 8 日（http：//www. seac. gov. cn）；蔡梦帷：《80 后女青年辞去上市公司工作回乡开留守儿童培训班》，《楚天时报》2015 年 4 月 1 日第 A05 版。

③ 焦新：《千里亲情一线牵》，《中国教育报》2013 年 6 月 1 日第 2 版。

④ 教育部等五部门：《关于加强义务教育阶段农村留守儿童关爱和教育工作的意见》，2013 年 1 月 4 日（http：//www. gov. cn）。

有效的关爱活动。这种思路在一定程度上越来越接近社区参与留守儿童问题解决的本质，即从儿童的日常生活与居民的广泛参与性上呈现出社区生活的特征。

5. 留守儿童问题呼唤优质社区服务的介入

理想社区能真正实现人与人之间的和谐共处，达到"幼有所育、学有所教、劳有所得、病有所医、老有所养、住有所居、弱有所扶等"的社区建设目标。① 而理想的农村社区有两个方面的含义：一方面是指一种生态式社区。任何一个人生活在这样的社区中，都能体验到人与自然的和谐共处，体会到个体存在的价值。社区建设合理，物质生活便利，同时，有全方位的安全保障体系，不存在安全方面的隐患。另一方面，理想的农村社区生活能为儿童提供基于血缘的亲情和同伴的友情。在理想的农村社区中，有儿童熟悉的邻居、亲人与伙伴，有来自周围人的关心。儿童作为一个主体参与社区建设，既能得到周围人的肯定，也能得到周围人的帮助。也就是说，理想的农村社区能提供儿童发展所需要的"服务"，能满足儿童生存与发展的需要。

理想的农村社区能提供优质的社区服务。理想的农村社区设施齐全，有适合各种天气的儿童活动场所，能满足儿童交往与运动的需要，并有机会发展儿童的个人兴趣与爱好。理想的社区内部，人与人之间充满友善与关心。在理想的社区中，儿童还可以参与社区各种自助式服务，在关心、帮助他人的过程中，培养作为未来公民所需要的责任感，并让儿童体验个体存在的价值。在这样的社区中，当儿童面临学习中的困惑时，也会有同伴的帮助或者有专业人员的指导。

理想的社区是人与人之间存在互动、交往的社区，有丰富的社区生活吸引儿童，有满足儿童各种需要的社区服务或社区活动。儿童有足够的机会参与社区活动。儿童之间有朋友的陪伴，还有成人的指导。能在成人（特别是专业人员）的指导下，探索与生产、生活相关的问题，并通过这些活动，获得与身体有关的技能提高以及情感方面的满足。在理想的农村社区，还可以利用农村生产生活资源，让儿童自主发展。并

---

① 霍小光：《习近平在武汉考察》，2018 年 4 月 26 日（http：//www.xinhuanet.com）。

能通过服务他人的活动，获得个人道德的升华。理想的社区同时也是培养儿童公民精神的"沃土"。在这样的社区中，儿童作为社区的一员，既是社区的服务对象，也是社区服务的参与主体。

（三）对农村社区服务的挑战：当下的农村社区服务难以满足农村儿童的需要

优质的社区服务是以美好的社区生活环境为前提的，一般存在于以人为本、邻守相望的社区，这样的社区提供的服务是专业的，社区环境设施齐全，组织结构完善（特别是志愿者组织），服务专业，制度健全。

1. 当代农村社区组织不健全，不能提供优质的社区儿童服务

农村儿童的需要满足程度低。以贵州某镇为例，61%的学生认为村里没有固定的玩耍场所（非留守儿童则达到了62.8%），67.4%的留守儿童认为没有得到哥哥、姐姐在学业上的辅导；62.8%的留守儿童认为生病后看病不方便；87.2%的留守儿童没有参与兴趣班。虽然部分农村社区装置了农家书屋，但空间有限，书籍也不多，对农村儿童很难有吸引力。以农家书屋为依托的社区活动中心多数设置在户外，活动器材比较少，而且离多数农村儿童住的地方比较远，使用的儿童也很少。

造成这种现象的主要原因在于农村社区组织不完善。农村社区组织是农村社区服务的重要依托。从理论上来看，农村社区中的正式组织应该包括政治组织（乡镇人民政府，村民委员会、村党支部）、经济组织（村办企业）、文化卫生事业组织（农村文化室、小学、卫生所、幼儿园、敬老院）、社团组织（妇代会、民兵连）等。① 但由于人口流动，以及地方经济水平的限制，很多农村的正式组织并不完善，很多村没有正式的社团组织，部分村落的村企业私有化，村民委员会和村党支部成员长年不健全（部分成员外出打工，有的甚至居住在县城）。

2. 农村社区缺少专业的社区儿童服务人员

农村社区缺少专业的服务人员。社区服务的本质是专业化，缺少

---

① 黎熙元：《现代社区概论》，中山大学出版社2007年版，第133—134页。

专业化工作人员，是目前农村社区存在的主要问题。尽管很多地方在尝试发展农村留守儿童托管服务，但这些服务机构目前还更多地依存于乡镇中心，真正融入农村中小学的并不多。如果没有国家财政的补贴，这些在乡镇小学附近的留守儿童托管机构会面临更多的生存困境。

农村托管服务的选址存在一定的偏向，由于关注办学效益，多数托管中心开设在乡镇中心，很少有直接办在农村的。即便有的农村开设了义务托管服务，但没有专职老师。① 对于托管机构的监管，目前还缺少有效的措施。对于托管服务，目前还是有一些不同的看法，也需要进一步探讨。② 如服务质量的界定，收费标准的确立，托管机构的工作人员的资格等问题，需要进一步进行研究。

3. 农村社区暂时缺少关注留守儿童的保障制度

从现行福利政策来看，我国福利主要集中在弱势群体身上。农村社会救助关注的是"基本物质生活陷入困境的农民"；③ 农村社会保险关注的则是"因非自愿原因暂时或永久失去劳动能力的农村社会劳动者"（主要指失能农民）；而农村社会福利关注的也是"农村特殊对象和社区居民"，主要是农村"无劳动能力、无经济收入和无法定抚养人的孤寡老弱残疾农民"；农村优抚安置对象是"对国家和社会有功劳的特殊社会群体"。

农村儿童福利也基本存在同样的思路，即以农村弱势儿童群体为主，主要包括孤儿、残疾儿童。但也逐渐向普通儿童福利方向拓展，如建立和健全了儿童计划免疫制度，实施义务教育制度。④ 从现行的儿童福利体系来看，国家的福利只是针对特殊儿童群体，虽然有适度普惠的趋向，但目前的情况与普惠性还相距甚远，也就是说，我国目前的普惠性农村社区福利缺少充足的国家财政支持。

---

① 龚雪、梁炜：《尴尬！武汉小学教师生校内托管家长叫好老师喊累》，http://news. cnhubei. com。

② 严仲连：《我国社区儿童服务的问题与对策》，《社会科学家》2016 年第 1 期。

③ 刘豪兴：《农村社会学》，中国人民大学出版社 2008 年版，第 424—426 页。

④ 姚建平：《国与家的博弈——中国儿童福利制度发展史》，上海人民出版社 2015 年版，第 99—100 页。

4. 农村学校教育脱离了儿童的社区生活

对于农村儿童而言，农村童年的价值特质和生活经验弥足珍贵，它能够对人成年后的工作经历、处世态度、生活方式等产生巨大的影响，这种影响甚至会波及下一代。这些影响因素主要来自农村自然、农村情感、农村劳作和农村文化。① 然而，在城乡一体化过程中，越来越多的农村生活发生了变化，农村的学校教育离农村生活越来越远，农村儿童的教育逐渐丧失了农村独有的"味道"。②

乡村教育的特殊性是中国教育现代化进程中面临的，但至今还远没有深层触及的问题。我们把目光集中在乡村教育的普及时，乡村教育对于乡村生活的意义便遭到了遗弃。③ 其中的主要因素在于乡村教师。在陶行知等老一辈知识分子看来，乡村学校应该是改造乡村的中心，完成改造乡村生活的使命，"乡村教师是改造乡村的灵魂"。④ 这一神圣使命，在过去没有实现，在今天依旧未能完成。乡村教师并没有成为改造乡村的中坚力量，乡村教师的地位、素质在一定程度上限制了乡村功能的进一步发挥。随着城乡一体化的扩大、各地中小学布局调整，以及民办教师的退出，乡村教师逐渐演变为一种类似于城市的职业——他们居住在县城，学校只是教师工作的地点，他们只在学校与学生有交集，一放学，教师回了镇或城，学生则回了村或屯。回到村屯的学生，一旦父母不在家，就成了留守儿童。

（四）基于留守儿童发展需要的"三位一体"农村社区服务建设思路

目前主流的观点认为留守儿童问题是由留守儿童家庭教育的缺失导致的。这种看法有一定的合理性，但也不全面。尽管婴幼儿情感的满足最初依托于家庭，随着儿童年龄的增长，儿童发展的最终目的还是走向社会，所以，儿童的社会交往在儿童情感发展过程中起着重要

① 刘铁芳：《乡土的逃离与回归：乡村教育的人文重建》，福建教育出版社2008年版，第101页。
② 严仲连、孙亚君：《"农村味"消失的童年》，《当代幼教》2016年第5期。
③ 刘铁芳：《乡村教育的问题与出路》，《读书》2001年第12期。
④ 华中师范学院教育科学研究所：《陶行知全集》（第二卷），湖南教育出版社1984年版，第3页。

作用，儿童的发展也必然是家庭、社会、学校共同作用的结果。留守儿童问题的解决也应该由学校、家庭、社区协同作用。而借助农村社区来解决农村留守儿童问题，基本思路是通过农村社区生活的丰富化与社区服务的多样化，达到社区服务的优质化，以此营造促进农村留守儿童身心健康发展的生态式环境，这需要包括留守儿童家长在内的农村居民广泛参与以及学校核心作用的充分发挥。

1. 政府应在农村社区建设中发挥主导作用

政府在社区建设中的作用在社区建设初期时表现得特别明显，特别是在社区领导、组织、投资上都是责任主体，[①] 所以，在一定意义上，社区服务功能的发挥是以政府职能的充分发挥为前提的。目前社区中的诸多问题，与政府在社区层次的管理与投入不到位有很大关系。特别是农村社区的专业化程度更低，多数只是由村主任兼任，离达到懂现代教育理念、服务村民的要求更远。这与目前村主任要求不高有很大关系。

对于农村社区的建设，政府应该在这样几个方面着力：一是致力于使所有留守儿童受益的社区福利；二是致力于改善目前村主任素质偏低的局面，使农村社区建设定位在和谐社区、生态社区建设所需要的高素质人才；三是致力于制定促进各种组织服务留守儿童的政策或制度，如出台配套的政策，鼓励企业或个人从事与农村留守儿童福利相关的事务，甚至可以把支持农村留守儿童的志愿服务时限作为给予相关行业许可证的条件。

2. 推进适合农村社区的专业服务

促进农村留守儿童融入农村社区以及农村社区为留守儿童提供针对性服务，是一项非常专业的工作，需要相应的专业人员，特别是社工人员，把留守儿童教养问题与农村空巢老人问题整合在一起，这属于社会工作专业领域的工作方法。这种方法要求既能服务于农村老年人，又能服务农村儿童，最终能把老年人工作与儿童工作整合到一起，发挥农村社区组织的特点和整体功能，社会工作专业人员一般具有较强的组织能力，这是目前农村社区工作中最短缺的职业。

---

① 张永理：《社区治理》，北京大学出版社 2014 年版，第 224 页。

农村留守儿童问题一定程度上是由父母的外出导致的，这势必影响到父母在社区服务中的参与，而农村社区服务天然地存在村民参与程度低的情况。如何利用农村文化，尽可能以家庭形式采取形式多样活动吸引农村家庭的参与，这也是对目前农村社区服务工作的一大难题。

专业人员的参与、配套的经费以及相应的管理措施，可以有效地吸引留守儿童，培养留守儿童的兴趣爱好。由于农村缺少相关的专业人员，受教育水平的限制，多数农民把更多的精力放在与生产、生活相关的技能上，具有某一行业技能、技巧的农民比较少见。

3. 完善并深化农村社区组织

农村社区组织（也称农村社会组织）是实现农村社区（或社会）的协调整合和有序发展的重要方式。[①] 我国传统的农村社区组织基本围绕着农村社会的生存延续和秩序稳定组建。[②] 由于经济利益的关联，许多农民会自发形成一些与经济相关的组织，但是缺少服务于老年人和儿童的组织，一方面是由于政府财政紧缩，为减轻农民负担而减少了农村基层组织的相关配置编制；另一方面，多数村民和村支书都没有把儿童服务和老年人服务放在重要位置，不太理解老年服务和儿童服务的特殊性。因此，针对农村留守儿童问题的社区儿童服务需要改变现行的农村社区形式，进一步探讨农村社区的相关组织建设问题，在可能的情况下，还需要政府的进一步引导。

在可能的情况下，需要有更高一级的组织（特别是社区外精英组织）或机构加入，[③] 以此带动农村村民在儿童服务问题上的自治。对于农村社区来说，政府在最初对社区服务提供相关的组织资源有利于农村社区服务中的自组织发展，特别是相关专业人员的配备和综合活动场地的提供，有利于开展相关的儿童服务。如果只有一方面而忽视另一方面，则可能达不到理想效果。如在某些地方兴办的"儿童之家"，尽管为儿童提供了活动场地，由于缺少专业人员的引导，参与

---

① 李守经：《农村社会学》，高等教育出版社 2000 年版，第 73 页。

② 钟涨宝：《农村社会学》，高等教育出版社 2010 年版，第 107 页。

③ 赵小平、陶传进：《社区治理：模式转炽的困境与出路》，社会科学文献出版社 2012 年版，第 124—153 页。

活动的儿童不积极，达不到活动的预期目标。

4. 发挥农村学校的主导作用

理想的社区儿童服务应该有学校的参与，特别是学校教师作为个人参与社区服务应是比较理想的方式之一。由于学校教师在儿童与家长心目中具有一定的权威性，当学校教师以某种角色参与社区儿童服务时，无疑对儿童、家长具有较强的影响力。在目前的情况下，单纯地依靠学校教师的家访并不能解决所有问题，如贵州毕节的四兄妹事件，学校教师也试图与社区（即村委）一起，但由于社区（村委）工作与家庭教育的不到位，学校干预功能失效。因此，有效干预方式应该是学校发挥主导作用，社区（村委）、家庭全力配合，以此达到满足留守儿童情感发展的需要，进一步促进留守儿童身心的和谐发展。

第四章 农村社区儿童服务的
保障机制

社区儿童服务是以一定的物质基础为前提的，以多元主体参与为主，既有福利取向，又有教育取向。农村社区儿童服务需要政府发挥主导作用，在一定财政投入的基础上，通过制定合适的制度引导企业、公益组织与公众参与，通过专业服务确保服务的质量。

第一节 社区儿童服务中的经费保障

社区儿童服务需要一定的物质条件，而物质条件的存在是以一定的经费为基础。农村社区儿童服务作为当代儿童的福利，应该由政府提供主要的财政投入。由于社区服务的整体不足，在一定程度上直接影响到社区儿童服务的运行。

一 农村社区儿童服务的经费问题与对策

（一）农村社区儿童服务经费的有利与不利因素

在农村社区服务中心的资金投入上一般实行以市镇两级财政投入为主、以社会各界参与为辅。[①] 也就是说，农村社区建设包括社区服务的经费是以政府投资为主。由于农村社区建设开展得比较晚，特别是农村经济的特殊性以及家庭承包制度，农村社区建设自人民公社制度以后，公共服务相对滞后。

---

① 尤琳：《中国乡村关系》，中国社会科学出版社 2015 年版，第 176 页。

1. 农村社区儿童经费筹措的有利因素

政府的财政投入。在儿童服务方面，我国目前的儿童免疫计划，以社区医院为据点，面向所有儿童。另外，各级政府逐渐重视学前阶段的教育，正在把3—6岁阶段的学前教育纳入财政范畴。各级政府对学前阶段（3—6岁）的投入逐年增长。学前三年教育本是社区儿童服务的重要内容。特别是强调就近入园，一村一幼儿园等政策，强调农村幼儿园的便利性质，使农村小规模幼儿园逐渐推广。针对不同地区，政府有不同的财政投入方式，贫困地区主要实行国家财政补贴。我国目前儿童保障方面的项目大致有儿童计划免疫、儿童保健、儿童抚育津贴、儿童免费教育，部分地方还有免费的营养午餐。[1] 也是农村社区儿童服务的重要内容，有明确的经费来源，确保了农村社区部分儿童服务的顺利实施。

多数村庄的基本设施相对完善。每个乡村的基层组织健全、整体建制相对完善，基本设有村支书、村主任等岗位，这些基层管理者在一定程度上来看是较好地完成了上级下达的基本任务，履行着"办理本村公共事务和公益事业，调解民事纠纷，协助维护社会治安，促进基层社会民主和社会主义物质文明、精神文明"。[2] 每个乡村基本有配套的设施，如图书室、健身器材。每个村或每两个邻近村都有卫生室、小型超市等。各乡村形成了以镇为中心的文化、经济中心。多数乡镇还有专门的养老院。

新农村建设受到关注。新农村是生态农村，也是和谐农村，是适合各类人群生活的农村。在新农村中，环境卫生、整洁，配套设施完善，空气清新、环境优美，人民生活富裕，幸福感强，即达到中国共产党十六届五中全会通过《十一五规划纲要建议》中所说的"生产发展、生活宽裕、乡风文明、村容整洁、管理民主"等要求。社会主义新农村建设，为农村社区服务水平的整体提升带来了发展机遇，在社会主义新农村建设过程中，各级政府会加大对农村公共事业的公共

---

① 孙光德、董克用：《社会保障概论》，中国人民大学出版社2004年版，第272—273页。

② 李熠煜：《农村社会组织和社区管理》，湘潭大学出版社2014年版，第10—11页。

财政投入，在进一步发展农村义务教育和职业教育、农村医疗卫生等公共事务的基础上，建立和完善社会保障制度，这种保障制度将是面向所有人群的普惠性福利，以实现农村幼有所教、老有所养、病有所医。①

2. 农村社区儿童服务的经费筹措的不利因素

其一，社区服务的经费整体不足。或者说，农村社区根本就没有相关的社区服务方面的财政投入。一般采用专款专用，如低保、特困家庭补助直接发放到服务对象手中。相关的服务（便民式购物、卫生）则由个体承包。而针对普通儿童或普通人群的服务（除免疫服务外）一般由家庭支付。农村其他公共服务则处于停滞状态，在很长时间内，多地农村被人诟病的环境问题，主要是由于没有经费而无法解决。除了五保户、低保户外，农村其他老人的养老问题、重大疾病问题也由于经费不足而无法解决。

其二，农村社区取消了农业税。在很长一段时间，农村是征收农业税的，这也是许多农村公共服务费用的主要来源。农业税是国家对一切从事农业生产、有农业收入的单位和个人征收的一种税。② 与农业税相伴随的，还有地方附加税，即地方在征收农村税（正税）的时候，还可以根据地方实际，在一定比例内，附征一些税额，以满足地方的需要，如乡统筹、教育集资。有一段时间的农村中小学民办教师工资基本就是由农村附加税当中的教育集资来解决的。事实上，这些附加的费用往往要多于正式的农业税，并且通常是地方解决教育经费的主要渠道。③

其三，农村精英的外出。农村青壮年人口向城镇流动，农村的人口生态整体出现不和谐现象。乡村儿童数量在一定程度上，已经不太利于儿童的发展。从理论上来讲，学前阶段的儿童应该有同年龄的伙伴，以促进儿童的社会化。由于农村精英的外出，农村部分适龄儿童

---

① 中共中央党校出版社：《建设社会主义新农村》，中共中央党校出版社 2006 年版，第 1—20 页。

② 百度百科："农业税"（https：//baike.baidu.com）。

③ 管义伟、李燕楠：《中国农村社区服务体制的变迁及其后果》，中国社会科学出版社 2016 年版，第 90—91 页。

也随之流向城市，减少了留守农村的儿童与同伴交往的机会，也减少了参与农村社区服务、社区儿童服务的主体数量，提升了农村社区服务、社区儿童服务的成本。

（二）农村社区儿童服务的经费筹措

新农村背景下的社区服务主体是政府、市场、社区居民等多种主体。[1] 农村社区服务的经费来源大致有项目资金、市场化资金、农村集资、村集体资金、政府以奖代补资金等。这些来源在一定程度上也给农村社区儿童服务的经费筹措提供了思路。虽然是社区服务的内容之一，与社区其他服务不同，社区儿童服务还有自身的特殊性，那就是服务对象还处于成长状态，具有较强的可塑性，对于农村儿童来说，留守儿童与儿童营养问题均是现实需要关注的。

1. 扩大儿童福利范畴，增加国家财政投入

（1）做好社区服务的经费规划。对社区建设中的服务应该有相关的服务项目，要有经费预算。并有配套的制度与管理人员。通过经费调动村民参与社区服务与社区儿童服务的积极性。由于文化传统的影响，农村社区建设相对滞后，特别是小农经济的影响，农民心胸相对狭小，而且农村精英外出，农村基层某些管理人员素质相对低下，不能创造性地解决农村社区建设方面的问题。

近几年由于国家的重视，农村的基础设施虽然有了很大的改善，村村通了公路，但是多数农村由于缺少村办企业，加上农业税的停收，农村基层办公费与社区建设费用很有限。农民的生活卫生习惯相对较差，而且关注自我利益现象严重，较少考虑公共利益。在此背景下，农村社区建设的高素质管理人员以及社区建设的费用都需要政府承担。

（2）要把社区儿童服务置于普惠性福利的范畴。从国外的经验来看，发达国家的社区儿童服务一般与儿童的福利相联系，既有国家或省里提供的福利，也有社区的福利。在以儿童身心发展为出发点，重点关注弱势儿童群体的同时，社区儿童服务也面向所有儿童。

---

① 管义伟、李燕楠：《中国农村社区服务体制的变迁及其后果》，中国社会科学出版社 2016 年版，第 133—139 页。

对于农村儿童来说，社区服务应该承担起重要的责任。农村留守儿童多，特别是受经济发展浪潮的影响，农村青年向城市的流入，形成了农村留守儿童问题。另外，由于经济与生活习惯等方面的影响，相比于城市儿童，农村儿童的营养、心理健康、社会交往、卫生习惯等问题也更突出。从理论上来讲，农村儿童也是弱势儿童群体，政府应该在营养、心理、社会交往方面承担一定的责任。

合理的情况是：适当推广普惠式儿童福利，并与儿童福利政策相配套，让包括农村儿童在内的广大儿童享受到相应的福利。目前的儿童福利只是底线标准，以面向所有儿童的免疫服务和特殊儿童的福利为基本政策，缺少面向所有儿童的福利。

2. 企业、团体、个人捐赠

在部分社会福利研究的中间派看来，公众的福利除了政府的责任外，个体和非政府也应有同等责任。这一理论也同样适合农村社区儿童服务。我国农村自古就有捐资的传统。古代农村以家族为依托对弱势群体进行捐资，成为我国福利的一种重要传统，这一传统在当代也被延续下来，部分农村地区的乡村公路和水利设施就是由外出务工人员、在外办企业企业家或者在政府重要部门工作的人员捐资修建的。[①] 我国当代的希望工程项目就是针对弱势儿童群体进行的一项规模、影响比较大的社会性资金筹措方式。即使是在当代，农村也有捐赠的传统，如外工人员回乡修路、修桥，捐资助学等。

我国古代的福利主要以济贫为主，还没有达到普惠程度。动员村民为儿童营造良好的环境而进行集资，这在国外部分社区比较常见。国外的社区儿童服务中，不同民间组织、企业或个人经常有常规性的捐资活动，支持社区儿童服务，直接指向儿童的和谐发展与全面发展。但在儿童相关福利还没有普惠、大众对儿童发展的认识还没有达到应有高度情况下，动员外出村民为农村儿童的全面和谐发展进行捐赠还是有较大难度。

3. 政府多部门参与：结合具体的项目来落实

我国儿童福利虽然是民政部门的事务，但儿童的发展涉及多个部

---

① 贾先文：《农村公共服务社区化研究》，社会科学文献出版社2015年版，第131页。

门。社区儿童服务应该以儿童发展为出发点，通过相关部门的活动，带动包括农村儿童在内的所有儿童的参与。特别是要有经费预算，并有配套经费支持，以项目的形式，鼓励专业人员参与社区儿童服务，以此保证社区儿童服务的质量。国内多个城市针对儿童问题与家庭需要，引导产生的冬令营、夏令营活动多由地方教体局资助，拓展了儿童对于体育的兴趣，增强了体质。而针对放学后问题产生的以学校为基地的托管服务，则由地方教育局出资，在一定程度上，解决了放学后没人看管的难题。

4. 部分服务引入市场资金

在新公共理论看来，社区服务中的参与者除了政府外，还应该有市场的参与，通过把公众视为顾客，将顾客满意程度作为衡量政府绩效的标准。① 社区儿童服务领域应该有市场机制的作用，政府应该引导民营企业参与社区儿童服务行业。在适当情况下，政府还应该进行培育。我国目前的学前教育领域大力引入民办幼儿园，鼓励普惠性幼儿园，在一定程度上促进了学前教育事业的发展。但是0—3岁的婴儿照顾服务、农村中小学生课后托管还存在很大空缺，以及部分民办幼儿园收费过于昂贵、民办幼儿园服务质量问题投诉较多等，这些需要政府进一步厘清管理机制，为民办机构参与农村社区服务提供更多的便利与监督。

二　政府应在社区儿童服务中发挥应有职能

政府对国家监护负有不可推卸的责任，未成年人的国家监护属于"社会公益"，更离不开政府这个"大管家"。② 作为未来国家的公民，儿童的发展（除了特殊儿童群体外，还应该包括所有普通儿童）理应由政府承担相应的责任。

（一）儿童福利保障是政府的应有职能

出于疾病、年龄、自然灾害、战争等方面的原因，每一个社会都

---

① 张再生、杨勇：《新公共管理视角下的中国服务型政府建设》，《东北大学学报》（社会科学版）2009年第2期。

② 陈翰丹、陈伯礼：《论未成年人国家监护制度中的政府主导责任》，《社会科学研究》2014年第2期。

会存在一些生活困难的特定人群，为这些人群提供一定的生活保障，自古以来就是政府维护社会稳定的重要内容，使他们老有所养、幼有所育。儿童福利保障是社会保障的重要内容。这种针对特殊儿童群体的保障，也是儿童福利中的一种。当代西方发达国家，甚至提供了包括所有儿童的福利，即普惠型福利。

在民国时期，当时的国民政府就提供了多项政策，促进儿童福利，特别是国际红十字会的加入，进一步提升了我国儿童福利的水平与现代化水平。新中国成立后，我国政府承担了弱势儿童群体（特别是孤儿、残疾儿童）的福利保障，成立了专门的机构。并随着特殊教育研究的发展，探讨了促进特殊儿童融入社会的服务模式（如家长制），也根据我国的国国情探讨了有中国特色的特殊教育教育制度（随班就读政策），在一定程度上促进了我国特殊儿童的社会化。

如 1995 年的中国，除了政府投资兴办的 73 所儿童福利院外，还有 1200 多个社会福利院、近万个孤儿学校、康复中心、弱智儿童训练班、社会站等组织。① 这些机构的设置在一定程度上确保了我国弱势儿童群体（孤残儿童）生存和发展的权利。

1. 农村社区儿童服务的快速发展是发挥政府职能的结果

学前教育属于准公共物品，并具有普惠性和公益性特点。政府责任就不可推卸。② 学前教育发展的经历也说明了政府责任的重要。我国教育管理方式主要有四级，中央、省、县、乡镇。出于历史原因，我国教育体系中的管理方式，在一段时间主要是以县为主，地方教育的规划、发展以及财政投入主要通过县政府来完成，其他方式作补充。学前教育的发展基本沿袭了这一方式，即以县（区）为主。

当地方政府推卸责任，把学前教育推向市场的时候，学前教育事业的发展就遭受打击。2005 年，以深圳市政府为首，其他各地政府纷纷仿效，公办幼儿园转民办，幼儿教师工龄买断③，企业幼儿园也纷纷"转手"，至 2009 年，中国学前教育入园率急剧下降，学前教育

---

① 中华人民共和国国务院新闻办公室：《中国儿童福利院》，《中国社会报》1996 年 4 月 9 日第 1 版。

② 邬平川：《我国学前教育投入的政府责任探究》，《教育学报》2014 年第 3 期。

③ 王海英：《深圳公办园转企现象透视》，《学前教育研究》2009 年第 8 期。

事业遭受沉重打击，各地出现入园难问题。①

2010 年以后，《国家中长期教育发展规划纲要》出台并实施，促进学前教育发展的系列政策出台，国家也划拨了专门的经费（500 万元）支持西部学前教育事业发展，各地政府也纷纷出台了三年或五年发展规划，学前教育事业开始迎来发展史上的"春天"，从 2010 年开始，入园率逐步回升，到 2017 年年底，我国学前教育入园率提前完成了 75% 的发展目标，达到了 79.6%，这是中上收入国家的平均水平。在某些城市甚至达到了 95% 或 98%，在理论上甚至超过了义务教育所追求的普及率。

此外，我国政府也有面向所有儿童的相关服务。如面向全体儿童的免疫服务旨在提高所有儿童的免疫力，一般以社区医院为基点，服务于所有儿童，为了方便服务所有儿童，采取以本为依据，看本而不看户口，基本做到了广覆盖、保基本。而在面向农村的学前教育服务中，各地政府以发展农村学前教育为首要任务，通过建立乡镇中心幼儿园、小规模幼儿园来满足农村家长的需要。

面向弱势儿童群体的社会保障服务；针对孤儿和残疾儿童，也分别采取了有针对性的服务。采用政府补贴，社区执行的方式，在全国各地推广了以县为主的、针对残障儿童的特殊学校和孤儿的孤儿院。并根据中国文化的特点，采取了多形式的福利模式，如家庭寄养、领养和家庭社区支持。② 基本以国家、亲属和第三部门的救助和支持为主，实行吃、住、行、教、医的全方位保障体系，在 20 世纪 80 年代以后，逐步形成了国家、集体、社区、民间组织和个人共同参与的局面。③

2. 城市社区儿童服务也体现了地方政府的努力

在很多城市，有针对儿童的服务。这些活动主要由地方政府部门或者社区组织，起到了很好的社会效果。如长春市的假期冬令营、夏令营，利用寒假或暑假的时间，长春市教体局委托专业机构（高校或

① 严仲连：《入园难问题的政策学思考》，《教育理论与实践》2012 年第 26 期。
② 许文青：《中国孤儿及中国的美好未来》，《社会福利》2006 年第 5 期。
③ 刘继同：《院舍照顾到社区照顾：中国孤残儿童养护模式的战略转变》，《社会福利》2003 年第 10 期。

专业机构）组织适合儿童的体系活动，使长春市数万儿童受益。丰富了假日生活，增强了体制，培养儿童的锻炼兴趣。在此过程中，长春市教体局起到了组织、招标、宣传、质量监控以及经费支持等方面的作用。各专业机构则利用已有的设施、场地和专业人员实施专业性服务。

普洱市相关部门组织了社区儿童活动。如思茅区滇运社区成立了假期学校，通过开展有趣的活动把儿童从网吧中"解放"出来，同时，还拓展校外学习，开展"小小志愿者活动"，组织青少年儿童到小区清除杂草、垃圾、小广告等实践活动，培养儿童服务社区的精神。① 其中就涉及社区、五老、专业教师等不同部门、不同行业之间的协作，利用社区幼儿园、青少的活动中心室等社区资源组织丰富的活动，吸引社区儿童参加。

（二）社区儿童服务中的问题也是政府责任不到位的结果

尽管我国的儿童福利有很大的进步，特别是弱势儿童群体得到一定的关照。但与西方发达国家相比，我国的儿童福利体系中，还存在一些不足，主要体现在针对普通儿童的福利上，针对特殊儿童的福利，也并非尽善尽美。从儿童福利的需求来看，儿童福利服务包括三个方面：补充性儿童福利、支持性儿童福利、替代性儿童福利。② 目前的儿童福利主要集中在替代性儿童方面，有一些补充性儿童福利，如对经济困难的家庭，部分城市实行学前教育补偿（有的地方实行的是教育券），但并未推广。支持性儿童福利则很少，较少关于教育指导以及日常的公益性教养指导。

1. 婴幼儿托育与照顾服务存在缺失

受经济社会发展水平的限制，我国目前的儿童看护服务处于比较低的水平。③ 尽管曾经也探讨过相关的儿童看护服务，但随着经济、社会的转型，相关服务消失在历史的长河之中。

20世纪60—70年代，当时的工厂，为解决婴幼儿照看的问题，

① 《普洱市思茅区滇运社区假期学校》（http://www.wenming.cn）。
② 陆士桢：《中国儿童社会福利需求探析》，《中国青年政治学院学报》2001年第6期。
③ 刘继同：《儿童健康照顾与国家福利责任》，《中国青年研究》2006年第12期。

都设有哺乳室。但自 1980 年后，这种企业开办的哺乳室就停办了。不管是农村，还是城市，普遍存在缺少婴幼儿照料服务，特别是缺少老人的家庭，年轻妈妈为了看护孩子，要么花高费请保姆（通常是请保姆的费用要接近个人工作获得的薪金），要么自己辞职在家带孩子。2016 年，我国放开家庭"二孩"政策，但在部分地方的实施效果并不如意，原因虽然是多方面的，家庭存在无人看护婴幼儿的问题是一个重要的因素。

虽然各地的学前教育事业发展势头很好，但也有一些不和谐的声音。例如，北京的"红黄蓝"和上海的携程事件，都反映出我国学前教育领域还存在一些空缺，或者政府执行不到位的情况。上海携程事件一方面说明了婴幼儿照顾需要的存在；另一方面也说明了管理过程中存在一些漏洞，如没有相关的质量标准，忽视了对教师的管理，特别是 0—3 岁教育还没有纳入学前教育管理体系。"红黄蓝"事件则说明我们的相关管理部门在管理过程中，存在形式主义现象，缺少对学前教育质量特别是民办学前教育机构服务质量的监管。

2. 特殊儿童教育的早期干预不足，融入社区生活程度差

虽然目前有很多例子来说明特殊儿童很好地融入了社会，成为自食其力的劳动者。但也有很多特殊儿童生活困难，不能较好地融入社会。在特殊儿童成长过程中，或是家长承担更多的责任，或是家长与社区、学校以及特殊机构之间缺乏有机关系。

在我们的调查中，虽然多数的特殊儿童家长认为得到了社会的帮助。但这种帮助相对有限，如某位脑瘫儿童的家长，虽然辞去了工作在家看护孩子，而且有社区志愿者的帮助，但还是感觉身心疲惫。由于社区志愿者通常是一周来一次，只是暂时替换孩子母亲去购买生活用品。

在某市特殊儿童培训学校，我们也接触了部分从农村来的家长，为了陪伴身体残疾的孩子，就在学校所在城市打临时工，不管冬天还是夏天都住在车库，车库条件有限，冬天室内没有暖气，最低时的室内温度降到零下 20 多摄氏度，没有空调，而且室内不通风，夏天室内温度则达到 30 多摄氏度。

国内外的经验已经证实了，特殊儿童早期干预是最有效的方式。

但我国目前缺少 3 岁前的教育干预，一般的特殊儿童教育，是从小学开始。条件好一点的地级市，才在特殊学校附设幼儿园，由于缺少特殊师资，这些特殊学校的学前教育质量很难得到保证。农村的特殊儿童多数只是到了义务教育年龄后，才集中到县城的特殊学校就读。早期特殊教育基本处于空白状态。

3. 城乡儿童课后托管难

不管是农村，还是城市，都存在儿童放学后的托管难题，即"3点半"现象。由于学校放学早，特别是受素质教育与强调学校减负思想的影响，几乎所有学校的放学时间提前到了 3 点半，而家长们的下班时间几乎都停留在传统的 5 点，这样就造成了学生放学没人看护的现象。针对这类问题，各地开展了许多探讨，如长春所有小学实行了弹性离校时间，学生既可以早一点（2 点半）离校，也可以在学校完成作业后（4 点）再离校。广东天河区采用引进校外教育培训机构参与学校的课后托管。① 广西则采用社区参与的方式。

4. 农村儿童课后生活贫乏

农村的夏天对于农村儿童是充满诱惑，又带有危险的季节。由于天气炎热，以及对游泳的好奇，每年都有一些农村孩子溺水身亡。在我们调查中，农村儿童的假期活动相对贫乏，除了在节日，由家长带着走走亲戚外，其余时间就是待在家里看电视，打游戏。相对来说，城市儿童的课后生活就丰富得多，有学舞蹈、钢琴、绘画的，也有学习篮球、网球、乒乓球以及各种棋类的，还有学习奥数、书法、英语的。

5. 农村社区机构缺少强有力的组织者与支持者

由于农村社区主要由村主任兼顾，而农村村主任大多在能力方面跟不上时代的要求，目前的村主任只是简单地完成盖章、发放补贴等基本事务，在服务居民、组织村民参与公共服务方面缺少方法。事实上，在我们调查中发现，农村家长还是存在参与社区儿童公益服务方面的愿望的，但是农村社区很少组织类似的活动。

（三）政府在社区儿童服务中的职能范畴

从国内外社区儿童服务的历史和现实来看，社区儿童服务的顺利

---

① 《越秀天河拟全面铺开校内托管》，《广州日报》2018 年 3 月 4 日。

开展在一定程度上是政府的职能，社区儿童服务的每个环节都不能脱离政府的直接或间接支持，如在组织、管理、经费投入、政策制定与实施等方面。

　　首先，在理念上，应关注社区儿童服务的公平性问题。如何合理调配资源，合理布局，让每位儿童尽可能得到合适的服务是地方政府的首要职责。政府应该制定切实可行的政策促进城乡社区儿童服务的公平，切实解决广大人民群众反映强烈的课后托管难、婴幼儿照料不方便、农村儿童学业指导难等现实问题。因此，就涉及到规划与布局方面的责任。[①] 但是，目前的社区规划存在很多的问题，一是规划不合理，二是没有规划。目前农村社区建设缺少规划的现象比较突出，导致资金、土地、人才等资源得不到充分的利用。[②] 社区服务规划不合理主要体现在社区的选址不能辐射所有儿童，如社区的学校、幼儿园位置偏远，不利于儿童的参与，有的甚至彻底抛开学校机构（包括幼儿园）。特别是目前的学校布局调整，人为扩大了社区与学校机构之间的距离，导致学校与社区割裂。

　　其次，制定有效制度，保障服务的质量。政府应该采取行之有效的方式，促进城乡农村社区儿童建设，如管理制度的制定、高素质管理人员的选拔与管理、经费的筹措、服务质量的监管等。具体到社区儿童服务机构的物理空间要求与专业服务人员的调配等。特别是社区资源的合理规划与利用，如把学校或幼儿园建立在社区，并以学校或幼儿园为基地探讨新背景下的社区文化建设，以此促进社区儿童服务的开展。

　　最后，政府还应该动员、组织社会团体以及广大居民参与社区儿童服务。制定行之有效的政策，鼓励、动员各地企业、团体或个人参与社区儿童服务，支持拥有专业知识、技能的志愿者开展常规性的社区儿童服务，为城乡儿童提供高质量的、有针对性的服务。

　　志愿者服务是我国社区建设中的重要组织部分，是一种社会整体

---

　　① 谢菊：《中国政府在社区建设中的责任》，《云南行政学院学报》2000 年第 4 期。
　　② 李秀忠：《我国农村社区建设公共覆盖机制问题探讨》，《东岳论丛》2013 年第 1 期。

行动。我国目前的志愿者行动中有一定的政府引导，如行政志愿者活动，是在政府推动下开展的一种志愿者活动。还有一种是怀有仕途目的的志愿者活动，如保研。① 志愿者服务也需要一定保障经费来支持，特别是一定的经济补偿更有利于提高志愿服务的积极性。

另外，非营利性组织在未来社会也将起到越来越重要的作用。但非营利性组织的质量监督与管理也离不开政府的责任。现实中的非营利组织似乎并不太重视绩效和成果。然而，非营利性组织的绩效和成果其实更加重要，也更难测评和控制。② 一方面，需要通过非营利组织内的管理者个人和团队的素质以及合适的制度、文化建设；另一方面政策部门的政策、引导与支持也非常重要。

不同的管理制度具有不同的效果。如传统的行政吸纳模式虽然强调政府的作用，体现的是权威，具有明确的垄断与控制特征，但民众、社会团体的参与性不强。而服务吸纳行政模式则通过提升政府公共服务能力，关注社会资源的整合，强调发展社会组织与政府之间的伙伴与合作关系，以满足社区居民的公共服务需求。③（在吸纳社会力量的同时，也应大力推进政府购买公共服务，使政府与社会组织达到真正的合作。）

第二节　农村社区儿童服务的组织保障

农村社区服务的组织一般分为正式组织与非正式组织。政府主导的组织为正式组织，正式组织大致分为政治组织、经济组织、文化事业组织和社团组织，如村委会、村计生办、共青团支部、民兵营、妇代会、企业、经济联合会。非正式组织主要包括传统的宗族组织、同乡会、老人会等。④ 也有研究者（如俞可平）把农村社会组织按职能

---

① 丁元竹、江汛清、谭建光：《中国志愿服务研究》，北京大学出版社 2007 年版，第 223—224 页。

② 彼得·德鲁克：《非营利组织的管理》，机械工业出版社 2009 年版，第 80 页。

③ 李凤琴、林闽钢：《中国城市社区公共服务模式的转变》，《河海大学学报》（哲学社会科学版）2011 年第 2 期。

④ 黎熙元：《现代社区概论》，中山大学出版社 2007 年版，第 133—136 页。

划分为民间：权力组织、服务组织、民间组织等。①

一 社区儿童服务需要公益组织与志愿者的参与

（一）志愿者服务对于农村社区儿童服务的意义

农村社区儿童是目前的弱势群体。单纯依赖学校教育很难彻底地解决农村儿童的教育问题。出于历史的原因，农村中小学校很难留下优秀师资，即便是当代的中小学布局调整，虽然在整体上有所改观，但依旧不能改变城乡教师素质差异的客观存在。

当代儿童的成长需要虽然具有一定的多元性，但有一个共同点，即需要服务的专业性。不管是农村儿童，还是城市儿童普遍都存在学业指导方面的困惑，只不过，城市家庭拥有更多的教育资源，要么父母学历高、懂教育，由父母在家里进行学业辅导；要么找一家合适的课后辅导，或者大学生家教。

农村儿童就不一样，由于农村地区居住分散，课后有偿辅导机构在农村地区比较少，特别是镇以下的乡村，而且农村家长学历普遍不高，新的课程改革又有许多新的话题，强调学校教育与生活的有机联系，这是许多家长在以前的教育中没有接触过的内容，因此，学历相对较低的家长很难胜任，更不用说由于父母外出打工，承担看管任务的祖辈。当然，这并不排除少数农村家长具有指导儿童学业的能力，如少数接受过高等教育的家长，是完全可以胜任的。如何利用这一些少部分人的资源服务其他儿童？这也是当代农村社区儿童服务需要重点关注的一个话题。要求提供专业辅导，这是目前农村儿童面临的首要需求，也是当代农村社区服务的主要任务。

其次，农村儿童还具有一定的交往需要（特别是与同伴交往的需要），以及服务他人的需求。虽然农村儿童并不能意识到这种需求的存在，但服务他人的意识和能力对个体的成长来说，具有十分重要的意义，有利于培养农村儿童的公民意识。而且目前农村社区也存在许多需要帮助的人，特别是空巢老人在当代农村已经成为时代关注的一个话题。

---

① 俞可平：《中国民间组织与治理——以福建省漳浦县长桥镇东生村为例》，《中国社会科学季刊》2000年夏季号。

再次,学校教育尽管也强调与生活的联系,却忽视了走向社会,走向社区,忽略了周围生活的变化与问题,特别是农村空巢老人的问题,很少看到有农村学校组织相关的公益活动。可以说,目前的学校教育(特别是农村中小学教育)更多地聚焦于考试和分数。从根本上忽略了培养社会主义建设者与接班人这一宏伟目标。

专业服务人员群体更多地集中于高校,如何利用高校的师资力量以及大学生资源服务农村儿童,是目前许多高校正在探讨的实践问题,许多高校已经产生了影响深远的志愿者群体,如华中农业大学的"本禹志愿者",东北师范大学的"红烛志愿者"都以农村儿童为服务对象,在社会上产生了良好影响。

案例:

浙江师范大学的 D 教授出生于安徽九华山脚下的某乡村并在当地小学当过 7 年民办教师。2015 年,D 教授带着他的一位研究生,在他的家乡办了几期夏令营。由 D 教授的研究生当志愿者,以村里空下的前小学校园为营地,以周边农村儿童为服务对象,开展为期两周的夏令营活动。在夏令营期间,志愿者白天安排了文化课方面的活动,如暑假作业、书法、绘画、诗歌、乡村生活体验,同时,还开设了系统体育活动,如小组拔河、踢毽子、徒步、唱歌。极大地丰富了农村儿童的生活,锻炼了农村儿童的生活自理能力,以及相关的传统文化熏陶。

(二)志愿者参与农村儿童公益活动中的问题

1. 农村社区儿童服务中的公益活动偏少

自从"三农"问题受到社会关注以后,基于城乡教育中的不公平现象,农村中小学教育以及进城农民工子女教育都受到了关注。各地院校出现了许多社会影响力比较大的大学生志愿者服务活动。相比于农村中小学校的志愿者,农村社区儿童服务中的志愿者活动相对少见。农村儿童的离校或放学后的活动较少受到关注。

造成这种现象的原因主要是社区儿童服务在我国城乡社区服务中整体发展程度不高,学校教育并未与社区活动形成有效的合作整体。在前面的调查中发现,目前中小学教师中,没有参与社区活动的教师达到了 58.4%。80.6% 的教师认为,学校很少组织学生参与社区举办的活动。各级机构以及各级政府对农村中小学教育的注意力还集中在师资、办学条件等与学校教育直接相关的因素上，对于与学校教育间接相关的因素关注程度不够。

2. 农村公益活动存在一定"走秀"成分

农村中小学大学生志愿者服务在社会上的影响比较大，与此同时，部分志愿者的服务活动存在一定程度上的形式主义。有的人把支教当成赶时髦，教学缺乏责任心；有的则把支教当作个人的生活体验，怎么教、教什么完全由个人的心情来决定；有的人则把支教当作个人晋级的台阶……①其中的暑期支教尤其明显，由于支教时间只有一个月左右，支教团员频繁更换，支教团员盲目备课，教学内容没有层次，内容重复，脱离当地学生的水平。②

主要原因在于相关组织的管理不到位、缺乏严格的支教制度，对支教人员的选拔不规范，支教目的与内容要求不明确，如缺少选拔与培训，管理过程缺少监控，支教人员说来就来，说走就走，根本不考虑对支教对象的影响。

3. 农村儿童公益活动的本地志愿者参与程度偏低

由于实行农村联产承包责任制的缘故，农村的集体经济基本解体，家庭成为生产的基本单位。这种农村的基本劳动形式在1978年之后，影响到农村生活的各个方面。一方面，对于公共事务基本采取"事不关己，高高挂起"的态度。另一方面，由于农民文化水平普遍不高，对待子女的教育问题存在不同的看法，既担心他人教不好自家的孩子，也担心自家孩子在与其他家孩子交往过程中吃亏，或担心自己对其他家孩子的管教不被认同，从而引起成人之间的纷争。此外，还有一部分人认为，孩子的教育问题主要由学校的教师来处理，家长或者农村的村民是没有权利也没有能力教好孩子的。因此，农民不大参与地方儿童公益活动。

（三）社区公益服务需要发挥政府部门的协调功能

社区公益服务活动是有一定的条件，一方面需提供基本的活动空

---

① 秦风明：《切莫让"下乡支教"变了味》，《农村日报》2017年8月30日。
② 巫蓉、倪明威：《大学生短期支教对改善农村教育的效果调查》，《科技创业月刊》2015年7月。

间，如活动场地；另一方面，也有居民个体和社区志愿组织的成长。[①]
即以成熟的社区存在为基础。然而出于各种原因，目前的多数农村社区还处于初级或次级形态。[②] 在此背景下，提供促进儿童发展的公益性活动需要发挥政府的协调与组织功能。

这种政府部门的功能主要体现在促进志愿服务机制的建立与执行上，通过维护志愿者利益达到志愿者服务的合理性与合法性。如加拿大就有相对成熟的志愿服务体系，温哥华市的部分社区就执行了相当的鼓励政策：对于参与社区服务的商户，社区在管理与税收方面提供便利，参与社区服务的业主可以优先得到社区提供的店面从事商业服务。参与边远地区学前儿童方面志愿服务的大学生，则可以得到政府提供的财政补贴，如减免学费，以及获得教师资格证方面的实践学分。

美国也有类似的项目，如密歇根州的"服务学者项目"（The Michigan Community Service Scholars Program，MCSP）为参与社区服务的大学生提供奖学金，只要在一学年中自愿完成 300 小时的社区服务，可以获得 1000 美元的奖学金，平均下来，每周的社区服务时间要达到 9.5—10 小时。[③④]

我国志愿者服务需要在制度上进行完善，一方面要保障一定的服务质量，另一方面也需要保障志愿服务者、志愿服务组织以及志愿服务对象的合法权益。[⑤] 因此，一定的组织、管理功能是志愿服务的前提，同时还有保障、激励与监督等方面的职能。

我国农村地区相对偏远，如何利用大学生志愿者参与农村社区的儿童服务，高校、地方组织、农村社区之间如何形成有效连接，服务农村儿童的成长，还需要进一步探讨。

---

① 毕素华：《社区志愿激励机制探析：个人和组织的两层面分析》，《社会科学研究》2011 年第 6 期。
② 黎熙元：《现代社区概论》，中山大学出版社 2007 年版，第 9 页。
③ 沈蓓绯：《美国大学生社区志愿服务与职业生涯发展关系研究》，《教育发展研究》2009 年第 Z2 期。
④ "MCSP Student Engagement Stories"（https：//lsa. umich. edu/mcsp）.
⑤ 宋喆：《我国志愿服务立法的实践困境与现实对策》，《江汉论坛》2014 年第10 期。

（四）志愿服务需要机制创新

当代社会对社区儿童服务的质量有一定要求，而服务质量的保证要素存在两个方面，一是服务人员的素养；二是合适的服务空间。从目前情况来看，专家的参与指导对于还没有成形的社区儿童服务尤其重要，因此，探索专家—志愿者—社区三者协同合作的长效机制是一种根本性的思路。形成三方面共赢的局面，志愿者获得专业成长，社区服务得到有效补充，专家也应该在一定程度上获得相关的利益补偿。

陶行知先生在南京晓庄的培养制度有一定的启示，在晓庄农村，师范学生半天上学，半天到农村参加服务，把专业学习与社区服务联系在一起。这种思路，既解决了农村幼儿园师资不足的问题，也让师范生的专业技能得到了锻炼。

当代也有一些大学开展了类似于服务社区的大学生课程改革。在大学教师的指导下，把大学生的专业学习与服务社会相联系，既增加了大学生对专业学习的兴趣，同时也服务了社区。南京林业大学建立了专业学习与大学生志愿服务的长效机制。[①] 并且形成了相关的组织机制，对志愿服务中的优秀指导教师和学生志愿者进行表扬，并且提供了一定的交通、餐饮和通信补贴，形成了专业学习和志愿服务相结合的良好氛围。上海师范大学教育学院学前教育系，经常在学院大厅开展亲子活动，以上海师范大学年轻教师0—3岁子女为服务对象。长春师范大学教育科学学院也有类似的活动，在大学教师的指导下，在校大学生做志愿者，开展早教服务活动。东北师范大学体育学院则与长春市教体局联合，通过项目形式，组织在校体育专业大学生开展假期（主要是寒暑假）体育锻炼活动，如冬季滑雪、滑冰、冰球，夏季的游泳，两个假期同时开设羽毛球、乒乓球、篮球、武术、花样跳绳等。每个活动的负责人是高校教师。这类活动已经开展多年，极大地丰富了城乡儿童的假期生活。

专家、志愿者、社区三方合作、互利互惠的机制是以一定的物质

---

① 杨东：《专业特色背景下大学生志愿服务长效机制的构建》，《学理论》2017年第4期。

基础为保障而形成的可操作性程序。这需要政府发挥一定的引导作用，促成三方合作，并且应该有相应的监督与评价机制，使志愿服务的质量得到保障。

二 农村社区儿童服务中的企业参与

企业一般是指以营利为目的，运用各种生产要素（土地、劳动力、资本、技术和企业家才能等），向市场提供商品或服务，实行自主经营、自负盈亏、独立核算的法人或其他社会经济组织。[①] 可见，企业是一种生产性经济组织，并不是所有从事商品生产和经营的经济组织都是企业，只有当该经济组织实行自主经营、自负盈亏、独立核算时，才能算作企业。[②]

儿童服务无疑是一种福利，在某种程度上，应该是面向所有儿童的福利。从福利的角度来看，政府应该承担相应的责任得到一致的认同，但对于政府作用到底是什么，理论研究者还是有分歧的。新公共服务理论者认为，政府应该是掌舵者、促进者、协作者而不应该是划桨者，政府虽然有财政责任，但不应该承担所有责任，应该制定相应的政策引导多元参与。

冲突取向的社会福利理论中的新右派理论认为，政府在福利方面的投入应该有所节制，要重视市场的作用，家庭和志愿组织应该扮演更主动的角色。[③] 冲突取向的社会福利理论中的中间派也同样不赞同国家过多地提供福利，这一理论强调政府、非政府和个人共同参与福利供给。[④]

（一）现实依据：企业参与社区服务的事实

特殊人群的福利，离不开企业的参与。如针对弱势儿童群体，孤残儿童教养，就有社会参与模式。老年人看护也有企业参与。例如，改革开放以来，大量价格相对低廉的苏杭地区剩余劳动力在进入经济

---

① 《企业的概念》（https：//wenwen. sogou. com）。

② 《企业》（https：//jingyan. baidu. com）。

③ 苑涛：《欧洲社会福利理论中的中间道路学派及其影响》，《南开学报》2000 年第 2 期。

④ 潘屹：《西方福利理论流派》，《社会福利》2002 年第 2 期。

领域的同时，也进入了上海非营利部门的社区服务性组织机构。① 非营利组织其实具有一种企业化的市场品格，除了不以营利为目的外，在追求效率、提高质量、满足市场需求等方面都很像企业。②

社区非营利组织在近几年中已经突破了原有的社区服务范畴，扩展为涵盖社区福利、社区救助，以及教育、医疗保健、卫生体育、环境保护、家政服务、小区管理等全方位的社区工作，成为实施中国式社会保障的主要场所。

近年来的非营利性教育机构中，普惠性幼儿园的建设取得了很大成就。普惠性民办园具有"便利性、有质量、低价位、多样性、公平性"等特点。③ 国务院《关于学前教育深化改革规范发展的若干意见》提出，2020年，我国普惠性幼儿园的比例将达到80%。2018年，我国民办幼儿园的比例超过了62%，即民营企业在现有的普惠性幼儿园中发挥了不可忽视的作用。在未来一段时间，民办幼儿园也将继续参与普惠性幼儿园的运营与管理。

从现实来看，企业参与了孤残儿童托管服务。改革开放以来的儿童福利基本由单一的国家独自承担转向国家、社区、企业、家庭、非营利组织共同承担。我国现有的儿童福利由收容安置、基础教育和康复转变为儿童卫生保健、儿童基础教育、儿童法律保护以及儿童生存与环境改善四大领域。孤残儿童的集中供养（院舍照顾）也转变为多方参与，涉及单位或个人的助养、家庭寄养、社区照顾等，形成国家、社区、企业、家庭和非政策组织共同兴办儿童福利事业的局面。④

企业也参与社区养老服务。我国东部沿海地区，借鉴西方社会的购买服务，建立了政府购买养老服务、非营利组织提供养老服务、居家享受养老服务的政府购买居家养老服务政策。非营利组织作为居家养老服务的提供者，开展居家养老服务。其经费主要来源于政府的资

① 杨团：《中国的社区化社会保障与非营利组织》，《管理世界》2000年第1期。
② 杨团：《中国的社区化社会保障与非营利组织》，《管理世界》2000年第1期。
③ 丁秀棠：《"普惠性"目标定位下民办学前教育的现状与发展》，《学前教育研究》2013年第3期。
④ 刘继同：《儿童福利的四种典范与中国儿童福利政策模式的选择》，《青年研究》2002年第6期。

助与财政拨款，慈善捐款和企业捐助，非营利组织提供服务获得的收入。[①] 现实生活中，参与居家养老服务的非营利组织多为物业企业，物业企业参与养老服务主要目的不是营利，但充分利用现有资源，规模化的养老服务，仍可增加物业企业和员工的服务收入。[②]

农村社区儿童服务需求满足表现出一定的特殊性，即以县城为中心，呈递减趋势。农村的社区儿童服务，目前主要以中小学校为"平台"，开展午餐或托管服务。由于农村留守儿童问题比较突出，家长与儿童都有相关的需求，多数农村社区儿童服务围绕留守儿童托管与教育问题。[③] 部分农村中小学的儿童托管服务甚至由中小学教师的家属组织。

（二）企业参与社区儿童服务的挑战

作为非营利性组织的企业参与社区服务所体现的便利性、公益性，使之成为当代社区服务的一种趋势，这种情况在经济发达地区非常普遍，特别是养老行业，以及部分孤残儿童照顾方面。但也面临一些现实困境。

1. 农村社区儿童服务的利益回报有限

尽管非营利性企业参与社区服务给居民带来了便利，但由于利益回报率过低，多数非营利性企业面临生存困境。非营利性企业的生存条件在于生产成本的降低，而生产成本的降低是与接受服务的数量密切相关。由于农村人口密度相对较小，企业提供的儿童服务也不一定能得到认同，因此，农村社区接受儿童服务的对象相对有限，企业的利益回报也相对有限，这对企业的生存和发展极为不利。

2. 农村社区儿童服务的质量难以保障

如果说我国城市地区面临课外辅导班质量参差不齐的话，农村社

---

① 祁峰：《非营利组织参与居家养老的角色、优势及对策》，《中国行政管理》2011年第 10 期。

② 何景梅、马云俊、王海燕：《浅议物业企业参与居家养老服务的意义》，《经济研究导刊》2014 年第 19 期。

③ 蔡梦帷：《80 后女青年辞去上市公司工作回乡开留守儿童培训班》，《楚天时报》2015 年 4 月 1 日第 A05 版。朱本双：《竹山创新留守儿童托管模式》（http://new.xinhuanet.com）。

区儿童服务由于师资问题，同样难以保障质量。由于经费的限制，加之目前中小学校禁止在职中小学教师参与课后辅导，参与农村社区儿童服务的企业员工普遍在教育知识、技能有限，即参与农村社区儿童服务的企业员工素质难以适应农村儿童身心发展的需要。对于基础相对薄弱的农村儿童来说，托管班与辅导班的服务很难达到适应性与有效性。

3. 农村社区儿童服务的需求种类多元

虽然农村社区经济相对有限，农村儿童性格整体纯朴，但由于基础教育设施与公共教育资源的相对贫乏，与城市儿童相比，农村儿童的文化素养整体不及城市儿童。与此同时，由于农村青壮年向城市的流动，农村留守儿童比例相对较大，这一方面造成了农村儿童情感发展的需要，另一方面也造成了农村儿童家庭教育的缺失。加之，农村中小学教师素养的整体偏低，农村儿童的需要也呈现多元化，部分农村儿童可能由于家长的外出，而出现托管需要；部分农村儿童可能由于家长文化素养不高，也出现认知发展需要；部分农村儿童可能由于家长的长期在外务工，而出现情感需要，同时还有些农村儿童可能由于家庭经济问题，而出现营养方面的需要；等等。有些农村儿童还可能存在多种叠加的需要。

4. 管理体制不健全

由于社区服务在我国部分地区的发展还存在空白，社区建设相对滞后，社区管理整体滞后，社区服务数量、质量很难适应当前经济快速发展的需要。而农村社区建设更由于基层管理人员素养的低下以及配套经费的缺失，特别是地方政府的不重视，农村社区服务管理整体落后，缺少相应的管理制度。

（三）企业参与社区服务需要政府的引导与监督

1. 做好农村社区服务的整体规划

美丽乡村是我国新农村建设的远景计划。地方政府对县域内村、镇发展要有一定的规划或宏图，这个发展要把人民的生活需要放在第一位，并把包括儿童服务在内的社区服务纳入社区建设的整体规划之中，并做好预算。新农村建设一般以县为主，乡镇具体实施。引导乡镇社区建设以村为单位、动员村民主动参与农村社区服务。在可能的情况下，还需要引导地方企业参与，以达到一定的服务质量要求。

2. 完善配套机制

从新公共服务理论来看，社区服务的企业参与，需要市场机制作为保障。企业参与农村社区服务需要地方政府的干预，特别是地方政府要有配套的管理机制、财政经费投入或扶持机制。对薄利甚至无利服务，政府应该有相应的税收减免或财政补贴政策，以减轻企业负担，使企业能更好地服务社区，为社区居民、社区儿童提供服务。在获利较多、竞争较强的领域，政府应该提供相应的制度引导市场规范发展，避免市场无序甚至恶性竞争。

现行的民营企业参与学前教育事业，在一定程度上促进了我国学前教育事业的发展。但也面临诸多问题，一是少数企业过度市场化；二是少数地方政府过度执法。国务院《关于学前教育深化改革规范发展的若干决定》之后，部分地方对民办园采取了过激措施，强令民办幼儿园"关门"，企业的正当利益难以得到保障。因此，地方政府要读懂国家政策，避免过度执法。

3. 实施监督与管理

企业参与社区儿童服务，也需要政府的监督与管理。有些服务内容并未被纳入政府管理范畴，如很多地方的课后服务存在管理空白。并不是所有的企业在参与社区服务中体现出诚信，重视利益、获取最大利益是部分企业者的"本心"，资本的本质具有一定的逐利性。

前几年的焦作孤残儿童看护机构就存在克扣儿童生活费的问题，云南某幼儿园园长在牛奶中兑水，以及陕西某幼儿园给儿童喂药等事件，均是以获取最大利益为目的。而近年来的虐童事件频发，则说明了教师素养不达标，同时，也说明了对儿童教育服务的监督缺乏。同一企业的虐童事件多次出现，也说明了政府对企业的管理不到位。

第三节　农村社区儿童服务的人力资源保障

农村社区儿童服务中的人力资源主要包括家长、专业人员，以及志愿者。由于农村儿童需要的特殊性，农村社区儿童服务也需要农村中小学教师的参与。但在部分学校禁止中小学参与课后辅导的背景下，如何调动中小学教师参与农村社区儿童服务的积极性，有待于进一步研究。

一 农村社区儿童服务需要家长参与

儿童的教育起始于家庭，同时也不能离开社区，即一定数量的人居住的时空范围，或称区域性的社会。① 作为社区中的一员，儿童也享受着社区的福利服务。作为未来社会的公民，儿童也通过服务他人获得自身的发展。社区儿童服务以儿童为核心，具体有两层含义：其一是指服务于儿童，把儿童作为服务对象（即服务的客体）；其二是指儿童在社区中服务他人，儿童成为社区服务的主体。② 社区儿童服务是社区服务的重要内容，迫切需要家长的参与。

（一）家长参与社区儿童服务的必要性

社区儿童服务以儿童为主，作为儿童监护人的家长则以不同角色参与社区儿童服务，这有利于提高儿童参与社区服务的积极性与自信心，巩固学校与社区联系的成效，并有利益于家庭教育质量的提升。

1. 家长参与的本质是社区参与

（1）家长参与：从学校到社区

目前的学校教育领域存在一些关于家长参与的讨论，这些讨论关注的是家长参与学校教育过程。国外研究者普遍认为家长参与是家长参与儿童教育的过程，虽然也存在家庭参与与学校参与之分，最终目的却体现在对学校教育过程的参与。③ 这也是教育界讨论比较多的"学校、家庭、社区"三方合作。现实中的家长、社区、学校合作中的家长参与、社区参与，是以三方共赢为目的，即除了实现学校变革目的之外，家长自身和社区都获得自身的发展。④

---

① 黎熙元：《现代社区概论》，中山大学出版社 2007 年版，第 4 页。

② 严仲连：《我国社区儿童服务的问题与对策》，《社会科学家》2016 年第 1 期。

③ Janet Goodalland John Vorhaus, *Review of Best Practice in Parental Engagement*, London: Department For Education, 2011, pp. 3 - 4.

④ 武云斐：《走向共生的家长、社区与学校合作——美国的实践及其启示》，《教育发展研究》2010 年第 4 期。

在多数关于家长参与语境的讨论中，学校是教育活动的主导者，家长和学校的合作目的在于儿童的学习和发展。[①] 所谓社区参与是指社区居民和组织以各种方式或手段直接或间接介入社区治理或社区发展的行为和过程。[②]

（2）家长作为社区居民应该参与社区儿童服务

就理论而言，作为理想社区中的一员，任何一个公民都应该参与社区中的公益活动。[③] 作为社区居民的家长，参与社区公益是不可回避的事情。虽然自古以来的儿童教育多是由家庭承担的，但也不能完全离开社会（特别是社区的作用）。服务于家庭、服务于儿童是当代社区儿童服务的出发点，在一定程度上，社区儿童服务成为当代社区教育甚至社区服务的主要内容之一。[④]

（3）家长作为直接受益者也应该参与社区儿童服务

尽管社区儿童服务以儿童为服务对象，以儿童的需要为出发点，以培养未来公民为首要目的，但社区儿童服务同时还是服务于家长的，以方便家长的工作、生活为次要目的，这体现在对当代社区儿童服务的要求（便捷、普惠、公益）之中，因此，家长也是社区儿童服务的受益者。从权利与义务这个角度来看，家长也应该承担社区儿童服务的相关义务。除了作为社区中的居民，家长本身也是社区儿童服务的受益者，家长参与社区儿童服务就理所当然。

2. 社区儿童服务需要家长的参与

社区教育在儿童发展过程中起着重要作用。由于目前社区儿童服务的资源相对有限，社区工作人员与社区志愿者相对不足，家长参与社区儿童服务显得尤其重要，这对保障社区儿童服务的进行有重要意义。

（1）儿童的发展是家庭、社区、学校共同作用的结果

尽管学校教育在儿童发展过程担负主要任务，但其培养的儿童最

① 周文叶：《家长参与：概念框架与测量指标》，《外国教育研究》2015 年第 12 期。

② 夏建中：《中国城市社区治理结构研究》，中国人民大学出版社 2012 年版，第 228 页。

③ 张莉：《社区参与：社会稳定的基础》，博士学位论文，吉林大学，2011 年，第 106—107 页。

④ 江立华、沈洁：《中国城市社区福利》，社会科学文献出版社 2008 年版，第 214 页。

终还是走向社会、服务社会，并成为有利于社会的人。而家庭、社区则是儿童生活的重要场所，儿童在家庭获得情感满足，在社区获得同伴友谊，并在这两个场所获得关于周围生活的知识。学校教育效果的巩固也需要家庭、社区的支持，只有得到家庭、社区支持，学校教育才能得到最佳的效果。

社区儿童服务是社区服务的重要内容，与社区内的儿童发展紧密相关，是当代公民教育的重要途径，也是学校教育中采取的一种促进儿童社会化的重要途径。没有家庭的参与，社区服务（特别是社区公益活动就成了"空壳"）就失去了存在的依据。正是由居住并生活在同一地方的各个家庭形成了一个物理意义上的社区。只有当各个家庭积极参与社区的活动，成为社区生活的共同组成部分时，才形成真正意义上的社区。学校与社区的联系，也因为家长的参与而得到巩固。可见，家长的参与有利于学校、家庭、社区之间形成最佳的合力。

（2）家长的参与有利于保障社区儿童服务的进行

家长的参与一方面提供了社区儿童服务的保障；另一方面在一定程度上又实施着对社区儿童服务质量监督，确保社区儿童服务的一定质量水平。社区儿童服务通常发生在一定的空间，是以一定的物质基础为前提，以一定的活动设计为基础的。在目前的社区配套设施不到位、社区功能还不完善的情况下，特别是社区工作人员配置少、整体水平不高的情况下，儿童可获取相应的社区服务资源比较少。因此社区儿童服务也需要家长的支持，特别是活动组织与实施、场地准备、活动安排等，使社区儿童服务的活动资源（特别是人力资源）有一定保障。此外，家长的参与也间接地对社区中的儿童服务活动实行了某种程度的监督，保障社区儿童服务以满足儿童的发展需要。

（3）家长的参与有利于增强儿童参与的信心

家长的参与也是对活动本身的一种肯定与支持，以示范性直接影响儿童对活动的参与程度。家长是儿童成长过程中的见证人，也是对儿童最了解的人，家长也是儿童情感依恋的主要对象。不管是哪一个年龄段的儿童，在情感上存在对家长的不同程度依恋，在参与社区儿童服务过程中，都需要得到家长的肯定。而家长以不同角色或方式参与社区儿童服务，既是对活动本身的支持，也是对儿童发展的关注，同时也能满足儿童情感的需要，这有利于提升儿童服务他人的积极性与自信心。

3. 家长参与社区儿童服务的价值

家长参与社区儿童服务的最终目的在于提高社区儿童服务的质量以及获取儿童服务的便利。就现实中的家长来说，参与社区儿童服务，除了让儿童获得发展外，也能让家长获得一定程度的发展。

（1）家长的参与有利于家长的自我提升

家庭是儿童成长的主要阵地，家庭教育质量直接影响着儿童的发展。然而，家庭教育水平并不等同于家长的文化程度，目前的家庭教育理念、方法都需要整体提升，不管是什么学历的家长，都需要在家庭教育上进行再教育。家长通过参与社区儿童服务，可以实现自身在家庭教育方面的成长。例如，家长参与社区儿童服务时，通过观察不同家庭儿童的表现，以及与其他家长讨论儿童成长过程中的困惑，有利于家长反思个人的家庭教育理念，改善或提升个人的家庭教育方法。

（2）家长的参与有利于家长之间形成教养互助共同体

儿童发展过程中的社会性发展要求，在一定程度上，要求扩大儿童的活动空间，让儿童走向社区、走向社会。然而现代家长普遍存在自身工作与子女教养之间的冲突，个人的精力、时间的有限与子女教养上的时间需求之间矛盾重重。而参与社区儿童服务，有利于家长之间形成儿童教养上的共识，即达成文化上的关联，形成社区内的儿童教养共同体。在一定程度上，达到家长之间的资源合理配置，形成儿童教养的合力，继而缓解家长生产、工作与子女教养之间的时间冲突。如在儿童教养共同体内，家长之间根据不同家长的工作时间和特长形成相应的教养活动安排，这可解决家长个体因为工作而无法照顾儿童学习或上学接送的困难。

（3）家长的参与有利于社区的民主自治

虽然家长也是社区儿童服务的利益关联者，作为受益方参与社区儿童服务是权利与责任对等关系的要求，但是家长参与社区儿童服务，既体现了社区居民主体性的存在，也是社区民主自治的一种表现。当家长把这种社区儿童服务的参与程度扩展至社区中的其他服务时，即家长自主发起社区中的儿童服务时，作为居民的家长就参与了社区的日常事务或社区公共服务，家长的参与也就体现了社区建设中的自组织方式，① 这也就达到了社区建设所追求的民主自治。所以，社区儿童服务中的家长参与在一定程度上也具有一定"政治学参与"色彩，特别是由家长们自己组织的儿童教养互助，更能体现社区的较高自治程度。②

（二）家长参与社区儿童服务的方式与角色

从社区服务的现实与未来发展趋势来看，所有的社区服务都离不开家庭的参与。成人及其子女（儿童）的主动参与有利于社区的整体建设。在目前的社区建设中，以儿童为中心的服务活动，需要家长选择一定的方式并担负一定的角色。

1. 家长参与社区儿童服务的方式

（1）连续性参与和非连续性参与

家长参与社区服务活动有不同的分类方式，按参与的连续程度，有连续性参与和非连续性参与。所谓的连续性参与即家长从活动的策划、组织、实施全程参与，而非连续性参与指只参与活动中的部分环节。家长选择连续性参与或非连续性参与通常取决于家长的个人闲暇时间。一般来说，如果家长工作太忙，家长通常会选择非连续性参与。

（2）直接参与和间接参与

按家长是否出现在儿童社区服务活动现场或者是否在社区儿童服务中担当角色，家长参与可以分为直接参与和间接参与，所谓直接参与是家长出现在社区儿童服务的现场或者家长在社区儿童服务活动中担当某种角色，而间接参与则指家长不出现在社区儿童服务活动现场，或者家长虽然没有在社区儿童服务活动中担负责任，但通过其他途径促进了社区儿童服务活动，如家长原本是为社区类居民提供休闲服务，争取到了一些活动器材或场地，这些活动器材或场地最终也为社区内的儿童服务提供了便利。

---

① 王敬尧：《参与式治理：中国社区建设实证研究》，中国社会科学出版社 2006 年版，第 123 页。

② 董小燕：《公共领域与城市社区自治》，社会科学文献出版社 2010 年版，第 153—155 页。

（3）个体参与、家庭参与和组织参与

此外，家长参与还可以按参与时的主体依存方式进行划分，分别以个人身份、家庭身份或组织成员身份参与，即个体参与、家庭参与、组织参与。家长的个体参与主要基于家长个人的兴趣，家长组织、动员或协助社区内其他居民开展的针对儿童的服务活动，或者作为家长（抑或某方面的专家）对社区内的儿童服务活动过程与效果进行评价。个体参与通常以家长个体的兴趣为前提，以个人时间许可为基础，一般以公益性参与为主，多数情况下需要家长投入一定时间、精力。

作为家庭成员参与主要指家长作为家庭的一员参与社区中的服务活动（包括儿童服务），这种情况下的社区服务通常是要求每个家庭派出成员参与的，而参与社区服务活动的家庭成员，除了家长本人以外，还可以是家庭中的长辈、家庭中的儿童。如某社区把家庭教育与社区公益相结合，以家庭为单位，参与社区的公益活动，①家长就是以家庭成员的身份参与社区儿童服务。家庭成员在儿童服务活动中的角色是不一样的，一般来说，儿童通常是社区儿童服务的中心，当儿童成为服务他人或服务的对象时，家庭中的其他成员通常作为支持者。

作为组织成员参与是指家长以某公益性组织成员的身份参与社区儿童服务。有些家长出于个人兴趣方面的原因，参与了一些公益性组织。这些组织在开展相关的社区儿童服务活动时，家长作为组织中一员，参与社区内活动的设计、组织与实施。由于目前的公益性组织数量相对不多，家长作为组织成员参与社区内的儿童服务活动机会相对有限。由相关公益性组织出面组织的儿童活动多属于正规的活动，通常会以地方或辖区政府部门的支持为前提。

2. 家长在社区儿童服务中的角色

现实中的社区儿童服务活动需要相关部门或家长的合作，涉及策划、组织、实施、评价等环节，由于社区服务水平的不同，不同社区

---

① 吴显连、叶雪霞：《家庭式参与让社区志愿服务更具活力》，《中国社会工作》2017年第10期。

的家长在社区儿童服务中发挥的作用也是不同的。根据家长在活动中承担的责任大致有以下角色。

（1）活动的组织者。家长主要担负社区内的活动组织任务，具体包括活动设计、活动场地与活动材料的寻找、活动的评价等方面。在社区设置还不完全的情况下，社区内的公共设施非常欠缺，尤其是服务于儿童或老年人的场地严重不足。而由于儿童成长的需要，儿童需要与他人或社会进行交往，以取得社会性方面的发展。特别是年幼儿童缺少交往经验，更需要家长的组织与引导，以提供儿童社会性发展的机会。因此，如何动员社区内的其他儿童参与活动、动员其他家长支持活动是目前社区服务的主要难题。

（2）活动的参与者。家长参与社区公益组织、社区或社区其他家长组织的服务于儿童的活动。根据家长在活动中担负的责任不同，参与的程度也不一样，家长在活动中的具体角色也不尽相同，如儿童竞赛活动中的评委，儿童演出时的观众，通知其他家长知晓社区儿童服务活动的相关信息，就儿童活动的资源与场地与社区内相关部门之间的沟通，等等。参与者与组织者之间，并不是绝对划分的。作为系列活动的参与者，在实施具体活动时，就可能成为具体活动的组织者了。如在儿童教养共同体中，轮流担负儿童教养任务的家长，在某一具体活动中，甚至起到领导者与组织者的作用，这种作用直接影响到活动的质量与效果。

（3）活动的支持者。作为支持者的家长，从广义角度来看，也是活动的参与者，只不过由于本身不在具体的活动现场。狭义层面就表现为对社区儿童服务活动的肯定态度，具体有两种表现，一是支持其他家庭或社会组织的儿童服务活动，二是支持家庭成员（或儿童）服务他人。特别是当儿童具有服务他人的能力与意识后，更需要家长的支持与帮助。当家庭中的其他成人或儿童参与社区内的儿童服务活动时，家长的个体参与就为家庭参与所替代。

（4）活动的监督者或评价者。由于对儿童的深入了解，家长同时又是儿童活动质量的利益相关者，家长对儿童参与的社区活动普遍比较关注。一般情况下，家长对社区内的儿童活动是否适合儿童都会有比较准确的定位。当家长对社区儿童服务活动的过程与结果进行关注时，会对过程与结果的适应性进行界定，家长实际上就承担了儿童服务活动的监督与评价角色。在可能情况下，家长甚至还可以根据儿童的需要，对社区儿童服务活动提出相关建设性意见，以保证社区内儿童服务的质量。

（三）影响家长参与社区儿童服务的因素

目前的社区组织功能不完善，以及家长个人方面的因素影响，形成了当前家长参与社区儿童服务较少或没有参与的现状。社区方面的原因有以下表现：社区方面缺少相应的组织或条件，特别是缺少公益性组织的参与，没有社区儿童服务活动的牵头人。此外，社区儿童服务的传统也影响着家长的参与。

1. 家长个人方面的因素

从理论上来讲，任何一个家长或成人都可以为社区中的儿童服务提供支持，并在社区儿童服务中担当一定的角色，但事实是：并不是每一位家长都乐意参与到社区中的儿童服务。[①] 造成这种现象的原因是多方面的。其一是缺少时间，家长把主要时间和精力都放到个人的职业发展中，特别是有一定工作或活动任务的家长，可能会全身心投入个人的工作，缺少参与儿童活动的时间，家长甚至忽视了与儿童的交往。在前面的家长调查中，我们发现，45.7%的家长并不认可孩子在一起玩耍。

其二是家庭教育理念不正确，并缺少家庭教育方面的方法。许多家长要么把教育儿童的责任转移到学校，要么认为"只要儿童的成绩好就代表一切都好"或"孩子大了自然就好了"，不重视儿童的家庭教育。不管是高学历家长，还是低学历的家长，很多家长缺少与儿童交往以及教育儿童的知识与技能，往往单纯依赖某一种方法教育儿童，如犯错即打或有进步就奖（如金钱或高档物品）。

其三，家长认为自身能力或素质不高，不足以服务于社区儿童服务活动，特别是与儿童活动相关的活动组织需要一定的专业知识与技能，如唱歌、跳舞、讲故事、做游戏等。由于看护婴幼儿的祖辈多数不识字，照料婴幼儿的祖辈们对参与社区内的这些活动普遍缺少

---

① 严仲连：《我国社区儿童服务的问题与对策》，《社会科学家》2016 年第 1 期。

自信。

2. 社区环境方面的影响

从客观上来讲，社区内缺少适合地方气候的设施（如器材、场地）也影响着家长参与社区儿童服务的积极性。在前面的中小学生社区服务调查中，我们发现，只有38.3%的学生认为家庭周围有适合的器械，16.2%的同学认为家庭周围有图书馆（室）。

我国城乡由街道管理转为社区管理后，社区管理的设施普遍滞后，办公地点普遍缺乏，许多社区只有几间临时的办公室作为社区居民的临时性服务点，使社区工作人员的主要任务更多体现在传递或执行上级相关部门的文件（如盖章、发放补贴）。

在房价逐渐上涨的背景下，社区内公共用地普遍不足，社区内的有限用地均被当作商业开发，社区内普遍没有计划设置针对各个年龄段民居的活动设施，有限的几间空房也仅仅是用来当作老年人活动室，以迎接上级的检查。也就是说，我国目前社区建设在环境方面，普遍存在先天不足，缺少配套的服务设施。

3. 社区儿童服务传统的影响

我国目前的学校均有把儿童培养成社会主义"建设者"和"接班人"的教育目的，强调德育为先，并把德育渗透于教育教学的各个环节，贯穿于学校教育、家庭教育、社会教育的各个方面。[①] 理论上虽然强调儿童的服务精神，如强调公民意识的培养，但传统的儿童服务更多的是把儿童当作服务对象，而缺少儿童参与。不管是公益性服务，还是有偿服务，均把儿童以及家长作为被服务对象，家长参与的机会少，如社区儿童卫生保健服务，家长只是听候通知，等着把孩子带到社区医院打疫苗或进行身体检查。有偿服务也是把儿童或家长当作服务对象，如社区中的照看服务，儿童与家长通常是服务的对象。

虽然我国的社会主义的核心价值观中包括友爱精神，但从现实来看，我国目前的社区缺少服务他人的氛围。尽管我国社会曾经有辖区内居民相互关照、互帮互助的良好氛围，但随着市场经济的发展，"一切向钱看""各人自扫门前雪"等价值观念影响甚广，人与人之

---

① 柳海民：《教育学原理》，高等教育出版社2011年版，第245—247页。

间的关系逐渐变得淡漠成为某种事实。① 社区内居民之间交往日渐减少，成年人把更多的时间放到生产活动上，儿童的教育问题也单纯地转变为学校与家庭之间的事情，个人（特别是社区中的精英）或组织都不愿意参与服务他人的活动，在"金钱至上"的影响下，一切与服务有关的活动都被打上了"金钱的烙印"。社区在儿童教育中的作用日渐式微。

4. 社区儿童服务的有效性与公益性之间未能形成有效联结

受市场经济的影响，只要有需求的地方，就会有市场。由于当代家长普遍重视儿童的"吃、喝、玩、乐"或者"教育"，社会上开发了以儿童为消费对象的系列儿童服务。这些服务由于有专业指导并以儿童发展为导向，因而也吸引了许多儿童与家长参与其中。特别是与儿童学习相关的活动，在专业人士的组织下，在各地形成了一定程度的影响，但这些活动多数是有偿性服务。与此同时，一些由公益组织提供的相关儿童服务的设施，却因为没有专业人员的引导与参与，或者缺少场地，多数活动则是半途而废。总体来看，有效的社区儿童服务并未与公益性之间形成有效联结。

（四）筹划有效的社区儿童服务以提高家长参与的积极性

通过专业性引领增强社区儿童服务的有效性从而获得家长的认同感是目前社区儿童服务的重点，而政府的支持与宏观设计是社区儿童服务存在的基石。在现阶段，学校或公益组织的介入，有利于专业人员的参与，使社区儿童服务专业化，因此，学校或公益组织的介入有利于提高家长参与社区儿童服务的积极性。可见，家长参与并不意味着家长是唯一参与，而是协同参与。

1. 培植儿童服务中的文化关联

家长参与社区儿童服务，一般认为有两个条件：一是认可儿童服务对于儿童产生的积极意义；二是对于儿童教养有共同的观点或看法，即在社区儿童服务方面，形成文化上的关联。通过学校的介入，特别是学校中的相关专家（专业人员）的介入，切实提高活动的质量，满足儿童的兴趣，培养儿童的技能，提高儿童的能力，切实把活

---

① 张纯：《城市社区形态与再生》，东南大学出版社 2014 年版，第 80—83 页。

动的有效性落到实处，使儿童的进步得到展现，促使家长认同社区儿童服务。另外，以儿童参与的活动为平台，引导家长进一步树立科学的家庭教育理念，继而让家长对社区儿童服务理念产生认同感，初步确定持续参与社区儿童服务的意向，这就是在社区儿童服务中培植家长参与的意愿，使儿童服务与家长参与之间形成一定的文化关联。

2. 通过社区组织的介入促成家长参与社区服务的氛围

社区组织主要有社区正式组织与社区非正式组织两种。公益组织多为社区非正式组织。社区正式组织与社区非正式组织共同努力，可以引导社区内家长、儿童共同参与促进儿童交往与服务他人的活动。让家长、儿童对社区中的儿童服务有认同感，让儿童与家长通过参与相关活动获得快乐与友谊，并对社区产生归属感。在可能情况下，社区还通过各种方式鼓励家长形成自助性或互助性服务共同体，促进家长之间形成在儿童教养或服务方面的互助、协作。根据目前的社会需要，社区甚至可通过儿童服务项目的形式鼓励家长进行自助或互助式服务，如政府提供场地或经费方面的资助，鼓励家长之间的互助、协作。

3. 政府责任的有效管理是影响儿童社区服务的核心

不能仅仅凭借动员学校、公益组织的积极参与就想解决社区中儿童的发展问题。如果没有相应的激励机制，学校教师（特别是专业人员）就会缺少参与社区儿童服务的动力，这应该是目前社区儿童服务未能有效开展的直接因素。

探讨由地方政府承担的经费补贴机制，鼓励有专业特长的家长参与。通过地方政府对有专业特长并被其他家长和儿童认可的专业人员（包括家长）实行经费补贴，以项目的形式，调动专业人员参与的积极性，继而调动家长参与社区儿童服务的积极性。如长春市教体局每年假期通过项目形式，鼓励高校教师、志愿者组织实施青少年夏令营，获得家长和儿童的广泛认同和参与，引起了较大社会反响。

4. 有效的社区儿童服务需要专业人员的介入

有效性社区儿童服务一定以儿童的需要为出发点，以让儿童获得发展为目的。对儿童需要的判定需要一定的专业知识，因此，有效社区儿童服务是以专业人员的参与为保证的。与社区儿童服务有关的专业知识包括两种，第一种是社区服务的组织与管理方面的专业知识，专业性组织有利于活动的组织与实施；第二种是与儿童发展需要相关的专业知识（包括2类），其一是儿童身心发展方面的知识，其二是儿童目前在学校学习的学科方面知识，有经验的专业教师一般既了解儿童的发展水平，又拥有数学、艺术、体育等相关学科知识。一般来说，中小学职业教师同时还具有一定的活动组织与管理方面的知识。当相关的学科专业教师参与到社区儿童活动中，就能引导儿童获取知识、技能方面的发展。

相对而言，学校才是儿童获取学科知识、技能的场所。社区只是儿童生活的家园。但现代教育发现，越来越多的社区在儿童的教育过程中发挥重要作用，即成为影子教育。[①] 从某种意义上来说，社区儿童服务的内容，除了社会性交往之外，还承担了适合个体需要（即个体差异）的教育任务，这种任务越来越需要专业教师的参与。因此，学校如何参与到社区儿童服务，成为社区儿童服务中的专业引导者，还有待于进一步探讨。

5. 设置有效机制调动家长的参与

由于家长参与社区儿童服务具有一定的志愿者性质，多数情况下，家长为社区内的儿童提供的是无偿性服务。同时家长参与社区儿童服务也有"换工"的成分在内，即由于家长之间存在资源（如时间、专业等）差异，家长在无偿服务于其他家庭时，也希望在需要的时候能得到其他家庭的帮助。为了动员所有家长参与社区儿童服务，社区工作人员或活动组织者完全可以借鉴当代志愿者管理方面的经验，采用积分方式，通过提供服务获取积分，按提供服务的难度与时间积累不同数量积分。当家庭需要社区内的服务时，可以按不同服务类型以及需求服务的时间支付相应的积分从而获得服务，这需要社区管理者或相关公益组织把家长的专业服务与有效的社区管理相联系，以此调动家长参与社区儿童服务的积极性。在可能的情况下，社区管

---

① 马克·贝磊、廖青：《"影子教育"之全球扩张：教育公平、质量、发展中的利弊谈》，《比较教育研究》2012年第2期。

理者还可以把社区中的所有服务纳入管理体系，形成社区内人人参与的氛围。

由于现代生活背景下的父母，多数隶属于一定的组织或单位，可利用这些组织或单位的隶属关系，特别是利用组织或单位福利形式，调动家长参与社区儿童服务的积极性。这在某种程度上，也是组织或单位参与社区服务的一种形式。

二　我国城乡社区儿童服务需要专业引领

由于社区儿童服务主要针对农村儿童身心发展需要，提供符合儿童身心和谐发展需要的便利，如照料、学前保教、学业和活动指导、儿童交往机会等。[①] 涉及的专业性服务人员，除了以上方面的师资（如育婴照顾、幼儿教育、青少年活动）以外，应该还有相关的管理人员（这类人员也可以是专业社工[②]），对这些活动的组织与实施提供管理。

（一）社区儿童服务专业的内涵

专业的内涵有两个方面，一是指相关的技术人才，如有特长的专业人员，一般受到过长时间的专业训练（特别是各行业的本科教育水平或长时间的实践性训练），包括各种兴趣班的教师和相关服务机构的工作人员（如学前教育机构的教师）。二是管理方面的人才，包括宏观管理和微观管理两个层面，其一是指在政府相关部门，能协调不同部门之间的业务，促进政府各部门间的合作，并对所在区域的儿童服务做出较为合适的设计或规划；其二是指在社区的具体管理，能协调社区与相关机构、团体之间的关系，促成相关机构、团体参与社区儿童服务，并能调动社区内居民积极参与。专业内涵实际上就是一种专业性的社会工作。[③]

专业管理人员是社区儿童服务的动力来源，专业师资资源是社区儿童服务的核心。二者有机组合，形成社区儿童服务中不可缺少的主

---

① 严仲连：《社区儿童服务刍议》，《东北师大学报》（哲学社会科学版）2018 年第 1 期。

② 杨贵华：《社区公共服务发展与专业社会工作的介入》，《东南学术》2011 年第 1 期。

③ 夏建中：《社区工作》，中国人民大学出版社 2015 年版，第 51—53 页。

要因素。成熟的社区，应该以社区为平台，通过社区管理人员的运营与管理，特别是形成相关的动力机制，促进各机构或企业的专业人员有效参与，满足社区儿童的多元需要。

（二）社区儿童服务对专业人员的素养要求

社区儿童服务的特征体现在多元性、普惠性、便捷性、综合性等方面。① 这也说明了社区儿童服务实质上也具有一定的教育取向，是广义教育的一种，旨在促进儿童身心的和谐发展。社区提供的儿童服务也是广义社区教育的一种，与学校教育、家庭教育一起共同促进儿童的发展。因此，社区儿童服务工作人员的身份应是社区儿童教育工作者，他们应该具备以下知识与能力。

1. 强烈的责任感与使命感

社区教育在儿童成长过程中具有重要作用，是促进儿童社会化的重要途径，也是培养未来公民的基础。这与家庭的和谐、社会与民族的未来有紧密联系，是一项意义长远并重大的工作。儿童的素质直接影响着国家的未来，作为社区儿童服务的专业人员，理应在儿童发展过程中起到促进作用，并应该有强烈的使命感和责任感，把培养儿童、为儿童提供便利作为自身使命，充分调动社区内外的各种因素促进儿童健康发展。

2. 具备儿童身心发展与教育的基本知识

由于社区儿童服务的对象是儿童，社区的相关工作人员应该对儿童身心发展的知识和教育原理有基本的了解，特别是从出生到幼儿园、小学、初中、高中各个阶段的儿童身心发展特点有初步了解，大致了解不同年龄阶段的儿童具有的不同发展特点。此外，对儿童教育的原理也应该有一定的理解，大致知晓家庭、社区、学校在儿童发展中的不同作用，并对社区教育以及社区工作方法有自己的理解。其中涉及心理发展、医学、生理、教育、安全等方面。

具备地方文化方面的粗浅知识。地方文化也是中华文化在地方的反映与体现，是当地人长期探索大自然过程中积累的经验，是一种当地人与当地自然资源共处的地方智慧。了解中华文化和地方传统文化

---

① 严仲连：《社区儿童服务刍议》，《东北师大学报》（哲学社会科学版）2018 年第 1 期。

（特别是地方习俗）是融入社区的基础和前提。只有了解了地方文化或习俗，才有可能真正尊重当地居民，并得到当地居民的认可与信任。

3. 观察、了解儿童的能力

作为社区儿童服务的专业人员，服务的对象是不同年龄阶段的儿童，观察不同年龄阶段儿童的特点，判断儿童的发展需要，这是做好社区儿童服务的前提，只有全面及时了解儿童发展方面的信息，才有进一步为儿童提供适合儿童发展需要的服务的可能。

当然，了解儿童的渠道除了观察以外，还有交谈、问卷等其他途径。交谈和问卷的对象可以是家长或家庭中的其他成员，也可以是儿童本人或儿童的同伴。通过与儿童或儿童周围生活中的其他人交流、沟通，可以获得与儿童发展需要相关的信息。

4. 较强的沟通能力与组织能力

访谈能力通常与沟通能力相联系。主要体现在言语表达能力与言语理解能力两个方面。特别是与弱势群体沟通时，还有特殊的要求，如与听障人群沟通时，就应该对手势语有一定体验，与婴幼儿沟通时，就需要对婴幼儿语言有一定的了解。与老年人沟通时，由于老年人听力方面有较大程度的下降，需要沟通者有更大的耐心。

一方面，由于社区儿童服务具有一定的群众性特征，它是面向社区内的所有儿童以及儿童家长开展的，需要社区所有居民的参与，这对社区儿童服务人员的组织能力有比较高的要求。另一方面，儿童的成长主要通过儿童参与各种不同类型的活动来完成，通过参与形式丰富的活动，儿童获得与生活相关的体验，进而获得身心的全面发展。然而，社区中的活动主要由社区工作人员来组织的，活动主题的选择，活动场地、材料的准备，活动信息的宣传，以及家长的参与，活动的实施等，都对社区儿童服务工作人员能力有比较高的要求。

5. 应用现代设备的基本能力

现代社会不是一个孤立的社会，即便身处农村，也可以通过网络获得最新的信息，与儿童服务相关的信息也可以通过现代化信息手段获取。在组织社区儿童的活动中，可以与外界进行适时沟通交流，获取更有针对性的指导与帮助，以帮助组织者拓展思路，找到更有效的办法。另外，由于当代农村流动人口比较多，通过网络的联系更便捷、经济，也更有利于促进社区居民之间的沟通。

（三）城乡社区儿童服务的差异在于专业服务的质与量

1. 农村儿童的需要的特殊性

由于农村相对特殊的文化与环境，特别是由于公共服务产品的不足以及城乡教育差异的存在，农村儿童与城市儿童呈现出不同的需要，具体表现在以下方面。

（1）农村儿童的需要体现为显现需要与隐含需要并存，其中有一些是自己能意识到的，有一些则是自己意识不到的。农村儿童自己能意识到的需要主要是教师的关爱、学业指导、同伴的交往等方面。而不能意识到的需要则是个体素质的全面发展以及未来职业发展的要求，这种不能意识到的需要主要受文化、身心发展水平的限制而不能对未来有正确的判断。

（2）农村家长比较重视学业方面。同时，多数家长却疏于指导或者缺少指导能力，也就是说，农村家长对于学校教育有着直接的追求。由于目前的学校教育强调与家庭教育的一致性，加上基础教育改革的生活取向，学校教育与家庭教育、社区教育的联系要求越来越紧密，这对家庭教育有了较高要求，然而，农村家长的外出务工或文化素质的限制，明显达不到学校教育对家庭教育的要求，这需要社区提供相应的平台，促进家长之间形成在儿童教养问题上的互助。

（3）农村儿童具有一定的情感需要。由于农村地区留守儿童相对较多，农村儿童更需要情感方面的关爱，这种关爱应该是来自亲情、友情，以及教师。对这些农村儿童来说，自立与情感同样重要，现行的教育目标追求的是儿童自立，家长追求的却是学业，当学业一旦达不到理想要求就会放弃，而且家长也不会参与相关的教育过程。在农村家长看来，家庭的经济收入远比儿童的学业重要得多，虽然儿童的学业也比较重要。虽然也有部分农村家长试图参与到儿童的教育过程，但面对日新月异的中小学课本，很多家长束手无策，或者只是简单的打骂。对于农村留守儿童的情感需要，是可以通过其他途径来得到满足的。有些地方采取提供打电话的方式，效果并不理想。

2. 城乡社区儿童服务的差异：农村社区教育资源欠缺

（1）农村社区服务资源存在数量上的不足

农村社区服务需要与学校教育配合，融入社会环境当中，特别是农村社会的未来发展。由于农村家长在农村儿童教育中的参与程度不够，在农村家长看来，农村儿童的教育问题主要是学校的事情，不需要家庭的参与，家庭功能最多是提供经济方面的支持。农村儿童的社区教育基本处于放养状态，即处于最低级的原初水平——以家族为单位，以血缘关系为纽带展开。

由于城市公共设施齐全，城市社区儿童尽管也存在不少问题，但整体上还是比农村优越。特别是由于城市拥有大量的专业服务人员，在市场引导下，城市儿童的需要能得到合理满足。以兴趣班为例，我们在一所小学以及一所幼儿园调查发现，至少94%以上的儿童或幼儿都在校（包括幼儿园）外参加了兴趣班，有的甚至参加了不少于4个，既有针对学业的数学、英语、语文、书法方面的兴趣班，也有针对特长培养方面的兴趣班，如舞蹈、绘画、足球、武术等。

相对来说，农村儿童的兴趣班参与情况就不乐观，少数农村儿童只是选择了为数不多的兴趣班，如绘画、书法，这些班的辅导教师多数也没有受过正规的专业训练。农村儿童缺少其他的兴趣培养途径。这与农村地区服务种类少有很大的关系，专业的师资一般集中农村中小学，但在农村中小学中的调查发现，农村中小学艺体老师数量极度缺乏。农村社区开展的社区儿童服务数量很有限。

（2）农村社区服务质量相对低下

学前儿童的保教也是社区儿童服务的一个方面。自党的十七大以来，农村学前教育有了很大程度的发展，农村幼儿园数量和农村幼儿的入园率都有了显著提高，但城乡差距还是很明显，主要表现在两个方面：一是政府在城乡学前教育机构的投入上存在明显的城乡差异，① 部分地方政府对城市幼教机构的投入明显要高入农村，不过，从2017年的统计来看，政府在农村学前教育的经费投入的增幅（95.81%）上要

---

① 刘焱：《学前一年教育纳入义务教育的条件保障研究》，北京师范大学出版社2014年版，第226页。

高于城市的增幅（40.11%）[①]。二是幼教机构的师资也存在明显的城乡差异，城乡幼儿园的教师素质高，能提供高质量的学前教育服务，农村幼儿园师资则水平低，教师流动频繁。[②] 由于执行了农村教师优先计划，部分农村幼儿教师的收入水平有了一定程度的提升，达到了3550.38 元，高于县城的 3446.37 元，但还是不及城市教师水平。部分西部幼儿教师的收入水平还是偏低，特别是民办幼儿园教师收入水平偏低，如在西南某县的农村民办园教师的月收入勉强达到 1200 元。

（四）专业人才参与农村社区服务的阻碍因素

农村的文化、经济天然地限制了农村村民的思维方式，加上城乡之间的区位差异存在，农村儿童生活的社区很难吸引到专业人才，具体的影响在以下方面。

1. 农村的环境天然地阻碍着农村社区服务

首先，农村文化本身的制约。[③] 农村文化是一种小农文化，以宗族为主，特别是家庭承包责任制，以家庭为单位的农村文化，更多地以家庭为单位从事农业生产，不太关注周围的情况，更不愿意参与服务周围人群的活动。

其次，农村生存生态的变化。在城乡一体化过程中，更多的农村精英（农村青壮年）思考的是如何在城市发家。因此，有文化、能力强的农村人口基本向城镇或者城市流动，留下来的基本是身体不太好的或者文化素质不高的人群。农村社区儿童服务主要存在的问题是社区存在形式低，处于初级状态，远没有达到高级社区的水平。

最后，农村家长家庭教育观念存在偏差以及与儿童交流不通畅。在现实中，我们发现，农村家长在家庭教育的理念、方法上存在一些偏差，要么存在认为"只有读书好，其他不用管"的"唯读书为上"的观念，要么认为"读书没有用，大学毕业也找不到工作，最后还是打工仔的命"式的读书无用。在与儿童交流上缺少方法，与儿童交流

---

① 邬志辉：《〈中国农村教育发展报告 2017〉发布》，《中国教师报》2017 年 12 月24 日。

② 胥兴春：《人力资本和社会支持与农村幼儿教师流动的实证研究》，《教师教育学报》2016 年第 4 期。

③ 黎熙元：《现代社区概论》，中山大学出版社 2009 年版，第 139 页。

时，不懂得倾听，要么打断儿童的话语，要么直接训斥，方法简单、粗暴。其原因在于对家庭教育认识存在偏差，一般的农村家长认为家庭教育就是"指导孩子的学习"，而"自己文化水平不高，指导不来"，所以，一般采取放任式方式。家长对儿童参与社区活动，就有可能采取抵制的态度。

2. 政府部门在农村社区建设中的作用还没有完全体现

首先，政府部门对农村社区建设的重视程度有限，虽然有一些地方开展了农村社区建设探索，但还处于初级阶段，远没有达到成熟社区所体现的"邻里相望"的水平。农村社区还是保留着以家庭为主的特色，没有形成共同体或合作组织。农村社区配置不到位，多数农村由村主任兼任，有的村主任甚至是文盲，达不到现代农村建设对管理者的素质要求。在农村服务设施上，多数农村社区形式化现象严重，很多设施利用率低，更谈不上为儿童提供服务。部分农村的农家书屋和图书数量少、陈旧。

其次，教育体系内还没有找到更好的办法鼓励农村中小学教师参与农村社区儿童服务。在市场经济影响下，一些教师尝试在课外提供有偿服务，其中部分教师为了获取更多的经济利益，采取"课堂不讲，课外讲"的方式来拉拢更多的生源，导致教师伦理的丧失。针对这种情况，目前国内教育系统基本推行了中小学在编在岗教师不能参与有偿家教的活动，以维护教育系统的纯洁性。这种制度固然从根本上扼制了不道德教师的不道德行为，却也导致许多教师不敢、也不愿在课外辅导学生。

3. 农村中小学校远离了农村社区建设

其中有多方面的原因，具体体现在地理位置、农村师资来源的变化以及农村师资结构失衡等方面。

第一，农村中小学难以融入农村社区建设。农村中小学距离农村比较远，很难对中小学周围农村起到文化辐射和文化影响的作用。农村中小学的责任仅仅停留在义务教育，缺少社会责任方面的担当。这也是一个非常重要的现实问题。离开了农村中小学的影响，农村社区的现代生态建设很难达到理想效果。家长也很难介入中小学教育中，这使学校与社区、家庭之间难以形成合力。

第二，农村中小学教师对学生的影响更多地局限在学校。当代农村中小学教师的生活基本远离了儿童所在的乡村。对农村教师来说，尽管教育目的也强调学生的全面发展，强调教书育人，但作为家庭的一员，教师也有家庭的责任。特别是教师的家庭居住地远离儿童所在的乡村时，教师对儿童的影响就只会局限在学校。这种影响主要源自今天农村中小学教师来源强调师资的素质与学历，却限制了本地教师参与地方中小学工作，从源头上解决了长期限制农村师资不达标的问题，同时也造成了农村中小学教师与农村生活的远离。

第三，农村学校中的师资失衡。随着我国教育现代化步伐的加快，我国农村小学教师的素质得到了很大提高，这固然提高了农村教育的水平，同时，也带来了新的问题，由于农村中小学教师多是通过招考进入教育系统，很少有教师融入当地农村的生活，也就是说，农村社区天然地缺少了精英。另外，农村中小学教师中本身在结构上失衡，艺体类教师严重不足。特别是有艺术、体育专长的教师严重不足，农村中小学的课外活动很难实质性地展开。

（五）专业人员的参与需要来自政府及社会团体的经济资助

专业服务人员的配备在一定程度上体现了服务的专业化，在目前多体现了政府的行为。2018 年，习近平总书记在十九大报告中明确提出了乡村书记公务员化的设想，这对于提供农村社区服务水平是一个很好保障措施。相对来说，乡村书记公务员在某种程度上体现了农村服务的专业化水平。而专业化的乡村社区服务水平将从根本上提高农村社区服务质量，调动村民参与的积极性，促进企业、社会团体、学校与农村社区服务之间的有效衔接，形成学校、社会、家庭在儿童教育上的合力，使目前质量低下的农村服务得到彻底扭转。

在与儿童学习相关的儿童服务方面，相关专业人员参与农村社区儿童服务需要体制的突破：一是鼓励专业团体以志愿者身份介入农村社区儿童的服务，以此获得专业性知识、技能的供给。这需要专业团体对农村儿童服务市场的关注，也需要政府对农村儿童服务市场进行培育，以此促进农村儿童服务的根本性改变。受市场经济的制约，农村儿童服务在供求关系上，都未能形成良好的市场秩序，一方面，缺少专业性供给链；另一方面，由于农村居住地的分散，也未能形成有效的、规模性的需求。

二是以学校为媒介，以县为主，实行走班制式服务，实行政府供给。如同特殊教育领域，特殊教育方面的师资通常联系几所学校，为几所学校的特殊儿童提供专业训练。这种方式的社区服务以相关技能（如武术、篮球、舞蹈），也可以与相关技术（如烘焙、雕刻）相结合，通过送教上门的方式让儿童获得更多的发展机会。通过专业教师定时到农村中小学送教的方式，在县域内为各农村中小学提供相关技艺方面的师资。特别是在课余时间提供的服务，更具有灵活性。

三是为学校配给专业师资，以此提高农村中小学相关专业水平，为高质量儿童服务提供师资保障，特别是与艺体相关的师资。以此获得县域内农村中小学师资水平的全面提高，并鼓励具有专业特点的教师在课余时间为有兴趣的农村儿童提供指导，或者培养农村儿童的相关兴趣。

四是为学校体制内的教师提供相关的资助以鼓励教师参与社区儿童服务。目前的明确制度是禁止教师参加课外有偿家教或有偿辅导，这种制度固然限制了部分教师的不道德行为，同时也全面否定了教师提供辅导学生学业的积极性。

但是，与儿童学业相关的辅导，则由于教师补课问题受到了很大的诟病，诸如"课内不讲、课外讲"等问题，与教师是否提供有效的辅导以及这种课外辅导是否收费在目前的中小学教育领域存在很大的争议。

由于各种因素的存在，学生之间的学业差异是客观的，彻底否定参与课外辅导，这对没有人辅导学业的学生很不利，特别是农村学生。如何在学业辅导与是否收费之间达到平衡，则需要进一步探索。

五是致力于建设以学校为中心的农村生态社区，并借此建立社区儿童服务体系。围绕农村中小学校建立的农村社区，把学校资源、社区资源统整起来，形成资源的有效利用体系，并强化学校与社区之间的有效联结，在此基础上，形成社区、学校、家庭三者间的融通。这一点的实现在目前面临着学校布局调整，农村中小学校学生数量锐减的挑战。当学校真正成为农村社区的中心后，农村中小学校的专业教师才有可能真正融入农村社区生活，从而参与社区儿童服务。

（六）农村社区儿童服务专业化师资的路径探索

1. 建立基于社区儿童服务需要的人才培养与选拔体系

由于社区服务本身是一种交叉性专业，除了社会学参与外，还应根据服务对象的年龄特点，有不同的学科参与，如服务于年幼儿童的学前教育学，服务于青少年的儿童教育以及相关学科，服务于老龄人的老龄人心理学，以及服务于妇女的妇女心理学等。

服务于 18 岁以下儿童的社区服务的明显特点是照料性与照顾性的统一。在低龄阶段，强调保教一体。在较高年龄阶段，应该是在成人监督下的自我成长，即接受他人的服务，同时也服务他人。这需要专业人员的参与，建立基于社区儿童服务需要的人才培养与选拔体系是解决包括农村社区在内的各类社区儿童服务人才问题的最终路径。形成社区儿童方面的大专业，涵盖与儿童发展相关的各个学科，培养有专业、懂儿童、善于与儿童交流的专门人才。

由于社区服务需要多学科的参与，同时，也需要社区管理者能统筹规划、合理应用社区资源，让不同水平、不同特点的服务对象都能得到合适的服务。这也是对目前社区服务空间设计的一项挑战。

2. 探讨促进社会团体参与的制度

随着我国高等教育的发展，各类专业的大学毕业生在种类、数量上都超过了想象。如何引导这部分资源走向社区服务行业，需要政府各部门探讨合理的促进机制，鼓励这部分年轻人成为新型服务行业的中坚力量，在可能情况下，还可以采取政府采购行为，引导、规范大学毕业生的创业行为。

三　农村社区与农村学校的一体化发展

生态式环境成为当代社会的一种理想追求。在这样的社区中，人与人关系融洽，人人参与社区建设，社区中的每一个人都是社区的一分子。这种形同原始社会的社区氛围一度也是当代社区的"理想家园"。然而，由于农村经济、人口的特殊性，特别是农村空间的特殊性，农村生活对当下青年的吸引力越来越低。在众多农村生活的回忆中，农村学校在保持农村生活吸引力方面发挥着重要作用。

（一）学校与社区完美融合的记忆

在相当长的一段时间内，由于农村经济发展的相对封闭性，农民日出而作、日落而息的生产、生活方式，以及没有工业的渗透，农村的田园生活充满浪漫。通过与自然的交往以及学校在儿童心目中的绝对权威，农村生活也在一代人心目中成了儿童成长的"天堂"。

1. 农村的田园生活是儿童学习的重要渠道

尽管学校教育是儿童获得知识的主要渠道，通过学校教育系统地习得做人、做事的知识，特别是跳出"农门"的知识，即书本知识。但农村的田园般生活也是农村儿童获得的宝贵财富。在目前成年人的心目中，特别是离开农村在城市生活的部分人群（特指20世纪70年代以前出生的学者）心目中，农村生活是美好的，小溪、田野都是农村儿童学习的课堂，周围的树木、花草、瓜果也都成了日常生活中的学习内容。房前屋后的小树，让农村儿童学会了攀爬。在放牛、喂养家禽的过程中，认识了动物的习性。在村头的小溪里，农村儿童学会了游泳，也认识了荷花、荷叶、莲蓬和青蛙。在种植农作物的过程中，获得了农业知识。特别是在参与田间劳动过程中，农村儿童认识了各种农作物和蔬菜，也对各种农具熟悉万分，既锻炼了身体，又锤炼了意志，对农业、农村以及农民有了直接的体验，也获得了品性上的升华。

与农村乡邻日常交往过程中的你来我往，让儿童对尊重他人、平等交往、互助合作有了切身体会。特别是在比较大型的生产劳动过程中，农村村民的互相协作与支持，给农村儿童作出了模范。由于农村社区的特点，虽然居住相对分散，同时又相对开放，农村儿童通常都有几个一起玩耍的伙伴。在一起上学、一起戏耍、一起学习的过程中，让农村儿童之间结下了深厚的友谊。另外，农村的家长里短故事，一家发生的事情过不了多久就会传遍全村，这也让农村儿童体验了乡情和亲情。亲戚朋友间的礼尚往来，农村儿童跟着家长走亲访友，让农村儿童也接触了更多的人，这增进了农村儿童对亲情、乡情的认识，促进了农村儿童社会性的发展。

2. 农村学校融入了农村儿童的心灵深处

农村学校几乎成了记忆中农村儿童的天堂。放假了，农村儿童最喜欢去的地方，也是学校，因为学校就在村里，来去方便。几个水泥板搭起来的乒乓球台可以让农村儿童玩上一天。老师也是村里的，有什么调皮的事情，村里的老师总会有第一反应。学校教师多和家人一起住在村里，在闲暇时间，他们也参与田间劳动。学校也有"上面"派来的老师，这几位外来的教师平常吃住在学校，也会顺便参与农村同事的劳动，这让农村儿童感到劳动是一件极其自然的事情。农村学校也一度组织学生参加农村的劳动，如拾麦穗、拾棉花，甚至捡粪。甚至偶尔也会看到成年人（主要是在校老师与其他学校的老师）在满是泥土的操场上打篮球。几块简易的水泥板拼成的乒乓球台多被高年级的同学"占领"，球拍则多是用简易木板制作，即使这样，乒乓球台在那时也是很受欢迎的运动，在课间是永远有人排队，甚至在星期天，也有农村儿童放下碗筷后匆忙到学校打球。就在这样简易的乒乓球台上，老师让农村儿童获得了锻炼的习惯，让农村儿童学会了规则，学会拼搏，锻炼了身体，也锻炼了意志。农村学校基本成了农村儿童的心灵"家园"。

农村学校同时也是农村社区的文化中心，村里放电影了，最佳的场地无疑也是学校的操场。村里遇到紧急情况的救援（如血吸虫防治），也多选择以学校为基地。可以说，农村学校是农村生活中不可缺少的一部分。有的农村学校甚至还为农民开设文化和科技补习班，请镇上的农业专家专门给农民讲解相关的农业知识。

（二）农村问题的演变：从"三农"问题到空心村

1. "三农"问题

由于国家政策的需要，我国自 20 世纪 60 年代以后大力实施城市优先的发展战略，通过农村来补贴城市，以保国家战略重点，后来在多地则演变为"面子"工程，为了地方政府的"面子"，地方政府在公共设施方面，采取城市优先的战略。在教育投入上则体现为"重点"学校政策，使教育领域呈现城乡之间、普通学校与重点学校之间差异明显。

在此背景下，农村的基本公共设施长期滞后。农业生产产能落后，加上没有限制的生育政策，农民生活贫困。改革开放以后，虽然实施了计划生育政策，但城乡差异依旧没有得到改善，城乡之间差异显著，农村温饱问题难以解决，即"三农"问题突出。这一问题的实质是经济贫困，原因是农村产业单一、交通落后。

2. "新三农"问题与空心村

对农村经济落后问题的解决，是以农村经济发展为基本政策，一方面努力提高农业产能；另一方面大力促成农村人口向城市转移，让农村富余人口参与城市建设。由于农村人口向城市的转移，农村经济得到了提升，农村的贫困问题基本得到了根治，但农村问题产生了新的变化，即农村人口减少，空心村现象比较突出，除了过年，农村会出现暂时的繁华外，平常见到的都是妇女、儿童和老人，即386199人（妇女、儿童、老人）成为农村留守的主要组成。[①] 这也是目前乡村出现的"新三农"问题，即农村空心化、农业边缘化、农民老龄化。

3. 农村环境恶化

随着家庭承包制的实施，为数不多的公共资源也日渐消失。吸引农村儿童堆稻草、捉迷藏等游戏由于环境的消失，在儿童的生活中也逐渐消失。

同时，农村环境急剧恶化，原来清澈的小溪变成了臭水沟，终年发出恶臭味。随着农药、化肥的使用，特别是留在农村各地的农民年龄偏大，原来受农民青睐的有机肥料也变得无人理睬。由于经济的驱使，一些稍微大一点的树也被镇上的工厂代购。也就是说，农村的树变少了，水、空气都被污染了。加上无处不在的人贩子和日渐增多的机动车，待在农村的儿童活动空间越来越小，基本被限定在家里，和手机、电视、游戏机为伴。

由于工业化、城镇化、市场化的影响，特别是农村生活环境的不便以及农村教育与城市教育的客观差异，农村生活对农村新一代农民的吸引力越来越小。不少研究者对农村的未来走向表示担忧，并且认为"乡土中国"将过渡到"城镇中国"，"农村文明"最终被"城市文明"所取代。这也是近年来网络流行的乡愁悲歌。

农村问题引起越来越多学者的关注，特别是空心村问题，是否会

---

① 项继权、周长友：《"新三农"的问题和出路?》，《中国农村经济》2017年第10期。

真的导致农村文明的消逝？2017 年的中共十九大召开，党和国家领域人明确提出了美丽乡村、生态农业的建设目标，立足于把农村建设成宜居乡村。在这一背景下，农村学校建设将迎来新的发展机遇。

（三）农村儿童问题的反思：学校、家庭与社区的脱离

对农村学校教育问题的研究主要体现在以下几个方面，一是教育质量；二是师资水平；三是办学条件；四是留守儿童。造成这四个问题的根本原因在于国家的农村、农村学校教育政策。在城乡关系中，我国长期的政策是重城市、轻农村，使城乡差距越来越大。在一定程度上来说，城乡差距的根源在于国家政策的选择。

农村与农村学校教育存在先天的投资不足造成农村学校留不住优秀教师。城乡差距的扩大导致农村青壮年人口向城市流动。似乎是人口的减少加剧了农村学校的消亡，也似乎是农村学校的消亡加速了农村人口向城市（镇）的流动。由于农村优秀教师的向上流动，加速了农村教育质量的下降，也加剧了农村家长对农村教育质量的不信任。在这种恶性循环中，农村学校的数量越来越少，有钱的家庭加速向城市（镇）流动，贫困家庭儿童上学越来越不方便。

20 世纪 80 年代末以来，农村人口向城市的转移，农村学龄人口的减少和空间流动，迫使教育行政部门对农村学校进行较大力度的布局调整。特别是在 2000—2009 年农村学校减少了 21.98 万所，占学校减少总量的 76.84%。[①]

布局调整以后，西部农村学校出现了小型化和巨型化学校并存的情况，西部农村巨型小学则出现了学校与社区相脱离的问题。学校规模越大，则学生平时上学距离就远，学校与社区联系的成本也就越高，学校与社区之间的关系渐行渐远甚至切断。[②]

由于家长的远离，家长参与学校的事务减少了，由于农村学校的布局调整，农村学校也远离了农村社区，特别是调整后的学校，在师资的配给上强调职前学历达标，客观上造成校长、教师的外来者身

---

① 邬志辉、史宁中：《农村学校布局调整的十年走势与政策议题》，《教育研究》2011 年第 7 期。

② 邬志辉：《西部农村小学发展规划：现实可能、主体选择与实践策略》，《教育发展研究》2011 年第 6 期。

份，从而使农村学校与村庄的关系发生了精神、情感、文化等方面的断裂。社区对学校的影响也日渐式微，家长不参与学校的事，学校也不参与社区的事。农村社区、农村学校、农村家长之间的关系基本隔离，使留守儿童问题继续成为问题。虽然学校教师全力投入，缺少了社区的参与，效果不尽如人意。

（四）学校的退出加剧了当代农村社区的退化

农村社区的问题存在多方面的原因，如人口数量的减少，国家制定的城乡一体化政策，以及鼓励农村人口向城市的流动，客观上造成了当下农村的局面。另外，城乡教育的差异，在一定程度上也加剧了这种现象。城市学校拥有高质量的教育，农村学校办学条件以及师资力量都达不到标准，客观上促进了农村人口向城镇、城镇向城市的人口流动。

虽然不能说，学校"退出"是导致农村社区人口进一步流失的主要原因，但农村学校的主动退出，客观上造成了农村社区对农村儿童吸引力的进一步降低。由于生源不断向上流动，农村学校的规模越来越小，甚至被取缔。

学生向上流动的趋势，造成了农村学校的两种趋势。一方面造成了乡镇中心学校新的发展压力。过去十年的"撤点并校"更多体现为政策主导下的布局调整行为，是基于教育公平与教育效率的理念，强调通过学校并点，让所有学生有机会享受到良好的教育资源，这种政策的出发点是好的。然而，由于农村人口密度相对小、相对分散的居住特点，建立在乡镇中心的中小学校，尽管在办学条件（如设施）和师资力量上有较大改善，却造成了孩子们上学的不方便，多数学生要花更多的时间在上学路上，网上流传的云南某小学生顶着白霜上学的报道就是这种现象的集中反映。① 而且由于学生多，教师少，教师住县城，学生住农村，客观上造成了学生与教师之间情感上的生疏。②

另一方面，农村学校适龄学生的向上流动客观上进一步加剧了农

---

① 《"冰花"男孩头顶风霜上学 照片引关注让网友心疼》，2018 年 1 月 10 日（http://www.sohu.com）。

② 孙颖：《小规模学校撤留博弈》，《中国教育学刊》2013 年第 4 期。

村小规模学校的困境，例如，办学经费总量不足与效率低下的困境，教师数量超编与素质不高的困境，学校办学条件达标与更新难的困境，以及学校小科难开的困境。① 总结起来，就是办学经费与师资两个方面的困难。由于小规模学校多由镇中心学校代管，这种代管背景下，按人头下拨的教育经费，在总体办公经费紧张的情况下，小规模学校的经费往往很难得到落实；这些小规模学校也由生源少，经费少，办学设施以及办公条件十分简陋。而且优秀教师也总是中心校优先选用，小规模学校教学点通常是年龄比较大、教学效果不太好、学历较低的教师。这些教师群体往往不擅长艺体、自然以及跟现实联系比较紧密的小科目。

（五）农村学校与社区一体化在于学校回归社区：小规模学校的重建

从农村文化的未来重建角度来看，农村小规模学校的使命，不能仅仅停留在教育农村儿童，也不能仅仅停留在升学唯一教育目的上。从农村生态更新的角度来看，农村学校，特别是小规模学校将担负着乡村文明重塑的历史使命。

1. 地方政府应重视小规模学校的建设

虽然目前小规模学校的办学条件比较简陋，但由于学生数量少，小规模学校中师生情感更好。而且由于学校地处村落，教师更容易融入农村社区。从中国特色城镇化发展与学校布局调整关系看，重视农村学校的发展价值，增强农村教育的吸引力，建立住地与求学地相匹配，乡村、乡镇和城区学校各归其位、共同发展的格局是学校布局调整转型的必然选择。② 农村小规模学校在目前以及未来将是不可避免的现象，也是未来农村社会的发展趋势。③

重新建立新型的小规模学校，使小规模学校保持对农村儿童及家长的吸引力。这种吸引力，应该体现在通过师资力量的彻底改变，使农村儿童就近获得满意的优质教育。县域内的地方政府应结合地方特

---

① 秦玉友：《农村小规模学校质量困境与破解思路》，《中国教育学刊》2010年第3期。

② 雷万鹏：《城镇化进程中农村小规模学校发展》，《全球教育展望》2014年第2期。

③ 杜屏、赵汝英：《美国农村小规模学校的政策变化分析》，《教育发展研究》2010年第3期。

点，创新地方师资管理体制，如村小联盟制，艺术师资和特教师资流动辅导制，通过满足农村教师的专业成长需要，促进农村小规模学校办学质量的提升，使小规模学校成为小而优、小而美的农村学校。①

随着国家关于农村教师待遇政策的实施，乡村教师的素质以及待遇会有很大的提高，乡村教师职业的吸引力也会越来越大。特别是围绕着乡村教师的系列政策，如工资收入的显著提升，让乡村教师的工资明显高于县城（不是以前的100—200元，而是现在的1000—2000元工资的收入差距，在云南部分农村，工作六七年的教师甚至月工资收入过1万元），职称评定乡村教师优先，加上顶岗教师与国家级培训计划的配套实施，让乡村教师有了更多的外出学习提高机会，系列的政策让乡村教师的吸引力越来越大。

2. 小规模学校的建设应该融入农村文化

小规模学校的建设，应该立足于与农村社区一体化发展的思路，让农村学校成为农村社区的文化中心。

首先，应该确保农村小规模学校的空间融入。使农村学校成为农村社区的活动中心，有方便的、安全的活动场地，吸引农村儿童的活动设施与活动，通过参与活动，获得与同伴更多的交往机会，获得身体、智力、品德等方面的发展。

其次，师资的融入，应该让小规模学校在空间上融入的基础上，让农村学校的教师在生活上的融入；参与并引导农村社区儿童的业余精神生活，满足农村儿童与教师在情感上的交流需要。要使农村小规模学校的师资彻底融入农村社区，应该在农村小规模学校的建设过程中，保持农村小规模学校的较强吸引力，特别是农村小规模学校的师资应该有更可观的收入，有更多、更好的专业发展机会。目前国家宏观政策的出台使这些设想正变为可能。

再次，农村小规模学校彻底融入农村社区，还需要家长和专业团体、社会组织的参与。在可能情况下，应该有专业团体或社会组织的上门辅导与服务，使农村师资和农村儿童均获得专业技能方面的发展机会。而家长的广泛参与，有利于保障农村儿童活动时的安全。由于

---

① 杨东平：《建设小而优、小而美的农村小规模学校》，《人民教育》2016年第2期。

时代的进步，村村通公路的建设使多数农村突破了传统、封闭的环境，特别是电话、网络的普及，使各乡村之间的联系更紧密、流畅，农村的生活条件发生了彻底改变。由于当下农村的生活环境中增加了许多不安全因素，因此，家长的广泛参与在一定程度上能促进家长监督职能的发挥，同时，也能给农村儿童的活动增加安全保障。

第四节　农村社区儿童服务的制度保障

农村社区儿童服务是农村社区服务中的重要内容，由于农村社区服务的发展不足，特别是农村特有的经济文化环境，客观上形成了农村社区儿童服务的发展困境。这需要地方政府在规划设计时从儿童的需要出发、从农村社区儿童服务的问题出发、从农村社区服务的规律出发，引导农村儿童服务的多元参与、有效参与。

一　规划设计要直面社区服务中的问题

（一）农村社区儿童服务中的问题

第一，农村社区儿童服务的参与不足。作为直接受益者与利益关联者，农村儿童家长与农村教师参与儿童服务的比例都比较低，在前面的统计中，我们也发现了共同性问题。农村家长参与服务其他儿童的情况比较少（甚至70%的家长认为没有社区儿童服务），中小学教师参与课后辅导的情况也比较少（教师本人没有在工作外辅导其他班学生的比例达到63%）。农村家长、农村中小学教师缺乏参与社区儿童服务的动力。

农村儿童服务他人的行动也比较少。在农村中小学教育体系中，学校教育与社区教育脱离，农村儿童的培养被学校和家长定位在只重视学习上。责任意识、服务他人、服务社会的意识在学校教育体系中只停留在纸上。即便少数农村学校开展了服务他人的活动，这些活动也多在少数节假日，如重阳节到养老院的敬老活动，清明节到烈士陵园的扫墓活动。这些活动未能从根本上让儿童树立为社会服务、为他人服务的意识。

第二，农村社区儿童服务数量少。农村地区除了常规性的服务，如常规商品购买外，很少有针对农村儿童需要的服务。在我们调查中发现，儿童服务数量与儿童所在的地区之间存在明显相关。与城市地区、县城相比，乡镇的社区儿童服务数量偏少。针对特殊儿童的服务更少，很多农村特殊儿童为了接受合适的教育，只能选择到省城或县城接受教育。

第三，农村社区儿童服务的专业性不强。社区儿童服务一般以儿童的需要为出发点。农村社区儿童服务多以托管、课后辅导为主，低龄儿童则以临时性照顾为主。很多农村社区的托管服务、课后辅导班，由于缺少专业人员，难以保障服务质量。部分农村社区的托管服务主要由教师家属代管，而多数从事儿童托管服务的教师家属缺少专业资质。由于中小学课后托管服务的人员，没有统一的专业标准，即使地方管理部门想进行管理，也没有直接的依据。对于有特殊需要的儿童，托管服务人员基本没有好的方法来实施有针对性的教育。

第四，农村社区儿童服务的组织机构不全，服务质量难以保障。地方管理机构不健全，课后托管服务在很多地方处于空白，物价、工商、教育、消防、妇联，谁都可以管，谁也都可以不管。没有相应的机构协调。0—3岁婴幼儿照顾服务也是如此。2005年前后，部分地方甚至把地方学前教育管理机构从常规管理机构中剔除。作为基层组织，村委会只是服务农村老年人或农村居民，基层组织中的管理者通常文化素养不高，上级怎么说，给什么政策，下面的村级管理者就怎么办，没有能力、没有经费是目前农村基层管理的整体现状。

（二）农村社区儿童服务水平低下的原因

农村传统的育儿理念对当代社区儿童服务中有一定的阻碍作用。对儿童的身心发展不重视，认为儿童的学习是学校的事情。即使认为家庭也应该对儿童的教育发挥作用，但也仅仅局限在家庭内部，家长普遍认为"教育孩子是自家的事"，外人一般不便于干涉其他孩子的教育问题。

农村文化与环境不太利于村民在儿童教养上的互助与合作。多数农村地区没有农村合作社或合作组，农村青壮年进城务工，造成农村人口生态失衡。农村现行的社区管理组织不全，管理人员素质相对低下，不理解、不了解社区儿童服务。

农村经济条件差，经济水平低造成了农村家长对农村儿童服务的消费能力有限，客观上影响了农村儿童服务市场的形成与发展。除非公益性组织的参与。一般企业很难聘请专业人员参与儿童服务。在前面中小学社区服务调查中，我们发现，只有 24.5% 的学生认为学校午餐地点选择多，13.6% 的学生认为家庭周围有多家教育培训机构。

农村人口密度小。由于传统经济与地理因素的影响，农村人口密度天然地比城市小。而且随着城乡一体化进程的加快，农村人口向城市的流动客观上造成了农村人口总量的下降。特别是城乡教育差异的客观存在，又造成了部分农村儿童向城市的流动，即县域内的教育人口迁移。多种因素的叠加，农村中小学校数量整体呈现下降趋势。2000—2010 年，全国农村小学减少一半，从 55 万人减少到 26 万人。农村中小学学生数量的减少，客观上造成了企业参与农村社区儿童服务的利益保障难。

二　制度建设：要尊重社区儿童服务的规律

社区服务，特别是社区儿童服务要符合儿童的年龄特点，要有利于儿童的身心发展，不能仅仅是停留在有人看护、不出事等安全方面，还应该考虑不同年龄阶段儿童的交往需要、学习需要。而符合儿童年龄发展需要的社区儿童服务，是以一定的活动场地为前提，有丰富的活动材料，还要有专业服务队伍。更重要的是要有常规性服务内容与对服务材料的维护，不能把相关材料放在一起就不管了。特别是农村儿童的发展需要相对多样化，提供丰富的社区儿童服务也是对当下市场的一种考验。

制度建设要首先解决农村儿童服务中的经费问题。地方政府要把包括儿童服务在内的社区服务纳入预算。对缺少村办企业的农村适当倾斜，特别是留守儿童多、空巢老人、留守妇女多的农村要重点倾斜。在条件允许的情况下，可以适当进行社会募捐和社区收费服务。

其次，社区儿童服务制度建设要调动多元参与的积极性。既有家长参与、教师参与、儿童参与，还应该有公益组织、志愿者参与与企业参与。由于农村家长普遍忙于生产，而且普遍素质不高，只能调动农村家长参与部分社区儿童服务。

农村中小学教师的教学负担普遍比较繁重，收入也不高。农村中小学校为了管理上的方便，普遍禁止农村中小学教师参与课后辅导。在此背景下，要从制度层面促进农村中小学校参与农村社区儿童服务需要有制度上的创新。

此外，志愿者与公益性组织参与农村社区儿童服务也是一个有待拓展的服务领域。在城市地区，不少高校大学生志愿者参与进城务工人员子女的课后辅导，这与高校提供的空间环境有较大关系。对于遍布各地并远离城市的农村，找到合适的空间，并有合适的志愿者参与农村社区服务，依然有较大的挑战。这需要从志愿者招募与管理上进行突破，招募高素质人员形成常规性公益服务，这需要政府相关部门（团委、妇联）牵头。例如，部分县团委利用寒暑假大学生返乡时间，招募农村生源大学生回乡进行志愿服务，引导农村中小学生进行相关活动，即使返乡大学生得到了锻炼，也极大地丰富了农村中小学生的假期生活。

三 保障服务质量：引导专业人员与企业参与

农村社区儿童服务的专业人员主要有两类：一是社区服务管理方面的专业人员；二是儿童服务领域的具体专业人员，主要是教育、心理、医护、培训等方面的专业人员。由于农村社区建设整体水平相对滞后，特别是农村经济、文化特殊，农村社区管理人员水平整体偏低，这不利于农村社区文化建设与农村社区教育。而服务领域的专业性人才则多集中在经济、人口相对繁荣的乡镇以上地区，特别是县城，农村社区中的专业人员更多地集中在农村中小学。所以，如何从制度层面引导农村中小学教师参与农村社区儿童服务，还需要冲破现行农村中小学的制度"藩篱"，使有需要的课后服务与课堂教学有机融合。

企业参与农村社区儿童服务需要有一个良好的经营环境，具体表现在两个方面：一是经费方面的支持；二是制度方面的支持。由于部分儿童服务项目的利益回报率太低，企业经营类似的服务项目，如果引进专业服务人员的话，企业的经营成本很难维持，在此情况下，政府应该有一定的经费保障，以儿童福利形式对相关企业进行补贴。部分服务项目竞争较大，政府应该营造良好的竞争氛围，避免恶性竞争。此外，对于企业的专业人员，政府也应该有相应的政策或制度保障专业人员的专业成长以及合理的收入。例如，民办幼儿园的教师队伍建设在很多农村就存在收入低、地位低、职称难评、进修机会少等问题，由于收入低，很多民办幼儿园很难招收到高素质教师。这需要地方政府制定合适的政策或制度来保障民办幼儿园教师的合法权益。

四 财政投入与监督管理两手抓

第一，从社区服务的角度来看，政府参与社区服务，应该努力营造良好的环境，为企业参与社区服务提供良好的机制，确保企业不受恶性竞争的影响，对于从事农村社区儿童这一微利性项目，政府应该有相应的财政补贴，以维持企业参与微利服务的积极性，特别是从事服务于弱势儿童群体的服务项目，政府除了免税政策外，还应该有其他经济方面的补偿。

第二，地方政府应建立健全竞争机制，保障企业的合法利益，避免恶性竞争与过度执法。前几年，由于政府在学前教育领域的财政投入不够，而且管理也不规范。很多民办幼儿园在多地如雨后春笋般产生，办园条件和办园水平参差不齐。质量有保障的幼儿园，在很多情况下面临质量低劣的幼儿园的压价，使学前教育市场整体不健全。目前，我国民办园问题主要是：发展动力不足、管理不规范、保教质量低、教师队伍建设困难，这需要政府健全民办学前教育的扶持体系，建立长效经费保障机制，支持小规模民办园，保障民办园教师基本权益。①

第三，政府还应该有相应的管理措施，从根本上杜绝企业违法行为。由于制度不健全、管理不规范，目前的社区儿童服务管理存在很多乱象，乱收费、质量无保障问题突出，如课后托管以及各地小餐桌，目前缺少规范性文件，没有统一的质量标准。而部分服务虽然有行业标准，但在执行过程中，往往出现许多意想不到的新问题，如在学前教育

---

① 袁秋红：《我国民办学前教育十年发展态势、存在问题及政策建议》，《教育科学》2017年第1期。

领域虽然已经对学前教育质量有统一的标准，但在实际操作过程中，存在执行难、管理难等困境。2018 年，网上流传的云南某幼儿园园长在牛奶中兑水事件，说明很多从业者即使了解行业规范却并不一定能遵守行业规范，这需要从制度上进一步完善，以杜绝类似事件发生。

虽然不能说每个企业都存在违法或违规行为，但现实中确实存在少数企业不能恪守诚信的现象。因此，政府应该从制度上进行设计，鼓励诚信经营企业、惩治违法乱纪企业，达到引导并鼓励企业增强社会责任感、使命感的目的。

五　基于社区儿童服务的模型构建

在一定的社会环境中，特别是重视儿童发展、强调良好的服务环境建设背景下，各级政府、社区、公益组织（企业）、志愿者、学校、家长共同形成一个理想的"生态"模型。在这种模型中，各级政府的作用是第一要素，正是各级政府的功能发挥，促进社区及其他要素共同围绕社区儿童服务展开相关活动，以促进儿童的成长。

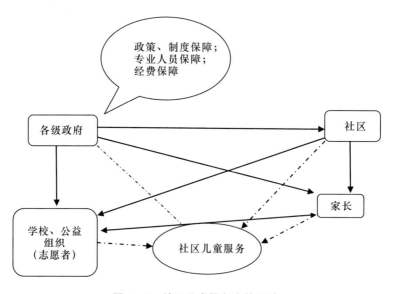

图 4-1　社区儿童服务支持系统

在这个理想的生态模型中，实线部分是基础部分，正是实线部分的充分展开，然后才有虚线部分的进一步展开，即促进社区儿童服务的相关活动需要各级政府、社区以及相关组织或个人的共同努力。由于实线部分在现实中完成得并不理想，虚线部分未能充分实现，只有部分儿童福利或服务（如儿童免疫服务），更多的具有普惠性的服务未得到开展。

六 构建适合农村儿童需要的农村社区服务机制

农村社区儿童服务需要是多方面的努力，特别是国家层面的福利政策，既有相应的监督与管理机制的确定，也有围绕儿童教育而展开的村民间的自治策略，还有家庭、社区与学校之间的协作，等等。

（一）逐渐推行普惠型儿童福利制度

相对于过去，政府在城乡儿童的健康与教育等方面进行了较大规模的财政投入，为确保城乡儿童的健康成长发挥了积极作用。但我们也应同时看到，政府在城市和农村的公共设施方面的投入是不同的，明显存在重城市、轻农村的倾向，农村社区服务整体呈现先天的劣势，即农村社区服务的财政性投入欠缺。从城乡收入水平来看，贫困农村儿童所占比重明显要高于城市，农村儿童应该是国家福利保障群体。但我国目前的儿童福利救助对象还仅仅局限于孤儿、残疾儿童以及贫困家庭，还有许多需要得到救助的家庭及其子女得不到应用的救助。在城乡差距日益扩大的背景下，农村儿童享受的公共教育资源明显不及城市儿童，因此，扩大儿童福利受助群体，有必要使农村所有儿童成为国家儿童福利的服务对象。

（二）建构农村社区儿童服务质量监督与管理机制

最好设立社区儿童服务质量监控体系，能及时对农村各社区的儿童服务实施动态监督，并有相应的奖惩措施。首先是相关监督机构的设立以及监督人员的配备；其次是相应的工作流程确定；再次是相关信息的收集与处理。

由于农村缺少专门的社会工作人员，以村委会或村党支部为基础的社区儿童服务人员明显不专业，而且服务不到位。这些人员忙生产、生活，既不懂儿童教育，也不懂社会工作，不能有效地调动家长参与社区儿童服务的积极性。

（三）实施农村家长自组织的培育机制

这需要村委会牵头，促成家长们形成一个服务于儿童和家长的共同体。针对学校班车的情况，最好在班车点附近设置一个固定的室内场所，以在天气状况不太好时，能有一个相对安全的场所服务于接送孩子，从而形成孩子游乐共同体。

这种形式的自助服务以前还是比较多的，如1951年，河北的丰南区劳动互助中，3个组共16户58人。结合起来后由老年人看孩子，有吃奶的小孩，则由劳力不强而乳水多的妇女留在家里看孩子，也有轮流看孩子的。看孩子的报酬也是以换工为主，也有做件衣服或送点礼物作报酬的，但由于同院或同家族，报酬或补工多少也就不计较了。[①]

共同体存在需要一定的条件，即都不太在乎得失，都有相同的教育理念，孩子都在同一学校，都有一起教育孩子的要求。只有这几个条件都达到了，才有可能形成教育孩子的共同体。在部分地方也有类似的家长共同体。

（四）建立家长学校、社区三位一体的协作机制

最好能利用当代媒介或通信、交往渠道，创造家长、社区、学校能适时联系或合作的通道，鼓励家长作为志愿者参与学校或社区组织的儿童服务。在学校、社区、家庭的联系过程中需要一个牵头人，这个牵头人应该是学校的教师或社区工作人员，以此为基础，逐渐动员家长参与。并通过让家长参与社区或学校组织的活动，引导家长提升教育观念，改变不正确的家庭教育行为。所以，家长、学校、社区的三位一体实际上以学校或社区为主体开展的针对儿童需要的服务，这在某种程度上是社区服务的精细化。

---

① 苗月霞：《中国乡村治理模式变迁的社会资本分析》，黑龙江人民出版社2008年版，第82页。转引自《丰南区劳动互助级调查材料》，1951年10月，河北省档案馆，979—1—243卷，第70—71页。

第五章　社区儿童服务的域外经验

——以加拿大为例

在西方发达国家中，各国教育以及到位的福利，特别是居民的参与，使社区成为居民生活的港湾，亦是儿童生活、成长、交往的乐园。加拿大的社区儿童服务在各国儿童服务、福利中具有较强的代表性。在社区儿童服务中，家长的充分参与、专业人员的指导，特别是社区专业管理人员的配备，在一定程度上，契合了社区服务与社区建设的规律。当然，这一切都是基于高福利，针对弱势群体的福利与一般福利的普惠相结合，更值得人深思。

第一节　加拿大发展家庭托儿所的经验与反思

家庭托儿所亦称家庭看护、家庭保育。家庭托儿所一般在 3 岁以下儿童中被广泛采用（但不局限于 3 岁以下儿童）。在加拿大现有的幼儿教育体系中，家庭托儿所是其中一个重要的组成部分。服务于家里有低龄儿童的家长，通常有保姆看护、亲戚看护、家庭托儿所（分正式与非正式），前两者是在家看护。在家看护的服务对象通常是 11 岁以下加拿大儿童。①

----

① Margie L. Mayfield, *Early Childhood Education and Care in Canada: Contexts, Dimensions, and Issues*, Toronto: Pearson Education Canada Inc, 2001, p. 326.

一 加拿大家庭托儿所的发展原因

在现代学前教育机构快速发展的背景下，加拿大的家庭托儿所在早期教育领域依旧占有一席地位，这与其存在的学科基础、现实需要等因素分不开。

（一）家庭托儿所相对成熟的学科背景

加拿大家庭托儿所的存在是以相对成熟的学科发展为背景的。这表现在正规家庭托儿所的存在与发展上。1628年，夸美纽斯为儿童撰写了《母婴学校》一书，并阐述了母亲在家教养儿童的观点。他的学前方面的理论被引进到加拿大。在工业革命早期就存在今天被称为家庭托儿所的机构，通常由受教育程度比较低的妇女在环境糟糕的地方组织。19世纪30年代之后，包括裴斯泰洛齐和欧文的相关理论与实践形成的欧洲幼儿教育运动传到了加拿大，蒙特利尔、魁北省（Quebec）等地兴办了婴儿学校。福禄贝尔的幼儿园兴办之后，迅速传到了美国与加拿大。1911年，在伦敦兴办了第一所托儿所（nursery school）后，20世纪20年代，这种机构通过美国也迅速传到了加拿大，多伦多大学还成立了专门的研究机构研究儿童的发展。

20世纪以来，所有关于儿童发展标准的讨论都集中在认知、心理、情感方面。尤其是个体的探究自由与社会适宜行为之间的平衡上。这些理论理所当然地成了加拿大托幼机构（包括家庭托儿所）的理论与历史背景。[①] 由于加拿大与美国特殊地理关系，对美国学前教育存在影响的学前教育理论都迅速地传到了加拿大，而且对加拿大的学前教育（包括家庭托儿所与日托中心等机构）产生了深远影响。

（二）就业问题与入托需要提供了家庭托儿所的现实根基

整个20世纪70年代和80年代的加拿大，儿童教养业务有了急剧增长，这主要由家长的就业压力与托儿需求推动。从加拿大国家儿童保育中心研究的资料得知：1970年，妇女劳动力占了加拿大劳

---

① Judith D. Auerbach and Gary A. Woodill, *Historical Perspectives on Familial and Extra-familial Child Care*: *Toward a History of Family Day Care*, In Donald L. Peters, Alan R. Pence (ed.), Family Day Care: Current Research for Informed Public Policy, New York: Teacher College Press, 1992, pp. 13 – 19.

动力市场的近 1/3，1988 年，这个数字达到了 44%。如果包括带着孩子的妇女，那么女性就业的情况就占更大的比重了。1976 年，许多带孩子的母亲都希望工作（例如，带着不到 3 岁孩子的母亲中的 1/3，与家中最小孩子是 3—5 岁的母亲中的 40%），1988 年，这两个数字分别达到了 58.1% 和 65.1%。这给政府造成了很大的就业压力。

随着越来越多的妇女在她们的孩子还比较小时就返回劳动力市场，托儿服务的需求急剧增加。从 1984 年到 2000 年，妇女就业率（家中有 5 岁以下孩子）从 27% 增长到 54%，增长了 1 倍。[①] 从 20 世纪 80 年代来看，儿童看护问题是加拿大联邦和各省的政治与政策性问题。1988 年，加拿大国家儿童看护中心作了一个调查。从调查情况来看，11.2% 的加拿大儿童每周至少在由亲戚开办的家庭托儿所待 1 小时。至少 660000 名加拿大儿童（占 14.1%）在非亲戚开办的家庭托儿所接受过看护。[②] 在当时，儿童托儿中心的生源情况还比不上家庭看护或家庭托儿所。

在加拿大，有各种各样的托幼机构，没有哪一种机构可以满足所有年龄儿童或某种特殊孩子以及家庭的需要。但值得关注的问题是，在有行业执照的家庭托儿所和日托中心，与其他类型的看护机构相比，这两种机构里的每周学习时间偏长，生源却相对偏少。家庭托儿所在加拿大的日托领域中，比其他类型的托幼机构在普及儿童看护方面发挥了普及作用。1988 年，约有 31000 名 12 岁以下儿童的家长在工作或学习，他们进入有许可证的家庭托儿所，这个数字以 11% 的速度在增长。[③]

① Ann Mooney, June Statham, *Family Day Care: International Perspectives on Policy, Practice and Quality*, London: Jessica Kingsley Publishers, 2003, p. 112.

② Alan R. Pence, Hillel Goelman, Donna S. Lero, Lois Brockman, *Family Day Care in a Socio-ecological Context: Data from the Canada National Child Care Study*, In Donald L. Peters, Alan R. Pence (ed.), Family Day Care: Current Research for Informed Public Policy, New York: Teacher College Press, 1992, p. 60.

③ Irene J. Kyle, *Models of Family Day Care and Support Services in Canada*, In Donald L. Peters, Alan R. Pence (ed.), Family Day Care: Current Research for Informed Public Policy, New York: Teacher College Press, 1992, p. 214.

（三）相对科学与宽泛的管理为家庭托儿所的发展提供了"空间"

为了成为规范的家庭托儿所，家庭必须遵守当下政府制定的有利于健康、安全与教育质量的最低要求。但加拿大各省的要求是不一样的，以对家庭托儿所的办园资质来看，在新不伦瑞克省、爱德华王子岛、班尼托巴、萨斯喀彻温省、不列颠哥伦比亚省、西北地区、育空地区，举办家庭托儿所需要有许可证。这意味着这些地方的家庭托儿所要受省级政府官员的检查。新斯科舍省、魁北克省、安大略省，家庭托儿所由许可证颁布机构的监督，这些机构通常会派官员到家里检查。阿尔伯塔省的制度更广泛，一方面实行代理制，他们聘请已经某些家庭托儿所为代理机构，这些代理机构轮流与举办者联系。另一方面，也有一些家庭托儿所的许可证由阿尔伯塔日托协会颁发，这些举办者则独立于家庭托儿所代理机构外。[①] 虽然各省提出了不同的要求，但也有一些省的家庭托儿所没有申领许可证，也就成为众人所说的"非正式"的家庭托儿所，非正式的家庭托儿所也受官方认可，并有一定的数量。

（四）相对低廉的收费为家庭托儿所的存在赢得了部分生源

没有人会认为家庭托儿所的费用贵，家庭托儿所的费用一般会比日托中心要低。但是研究显示，如果家庭托儿所提供同等质量的教养服务的话，家庭托儿所的消费与日托中心的花费是相同的。一般情况下，家庭托儿所是不会这么干的。他们时常在时间与食物上作了些改变。他们中的一些人会忽略室内外环境的花费，相关的家具、设施会被省略，保险费也是减少不少。[②] 再加上聘用教师的工资也比较低，家庭托儿所在总体投入较小的情况下，收费也就自然降了下来，低廉的收费是吸引许多家长的重要因素。

二　家庭托儿所的服务特点

家庭托儿所的家庭环境注定了家庭托儿所与日托中心存在一定的

---

① Larry Prochner, Nina Howe, *Early Childhood Care and Education in Canada*, Vancouver: UBC press, 2000, p. 171.

② Donald J. Cohen, *Serving Preschool Children*, Washington: DHEW Publication, 1974, p. 41.

差别，特别是物理环境上的差别导致家庭托儿所在环境、教育内容、教育方式上存在一定的特殊性。

（一）营造家庭式的环境与氛围

从家庭布置以及对儿童行为较严格的要求与限定上来看，家庭托儿所环境更像一个家庭。家庭托儿所比日托中心更具有家庭养护的特点。家庭托儿所在一个为成人和儿童准备的环境里进行。① 事实上，一些调查者在调查家庭托儿所的工作人员时，许多家庭托儿所举办者说他们选择家庭托儿所工作，是因为她们爱孩子，而且这份工作让他们有机会与她们自己的孩子一起待在家里。她们相信她们能成为自己孩子和托儿所孩子的母亲。

在教育内容上，教养员一般会采取与家长相同的价值取向，对于特别小的孩子，还会像家长一样与孩子接触。所以，像母亲一样工作既成为家庭托儿所吸引家长的地方，也是家庭托儿所与日托中心不一样的地方。家庭托儿所招收的孩子年龄差距大，这也使孩子在一起就像一家的兄弟一样，也营造了特别的家庭氛围。

（二）强调游戏的价值

由于政府没有为家庭托儿所制定统一的课程要求，家庭托儿所一般还是比较倚重游戏开展相关的教育活动。这与部分省（如纽芬兰和拉布拉多省）的幼儿园课程关注算术、宗教、艺术、社会学习等不同。

从 BC 省为家庭托儿所教养员进行的培训来看，游戏活动在家庭托儿所里占据重要地位。参加过政府举办的正规培训班的家庭托儿所的教养员均体验过"儿童通过游戏来学习"，还在设计与游戏相关的活动（如材料、空间要求、时间安排等方面）时获得了实践性知识。并习得了根据年龄设置的相关的游戏内容，如婴儿游戏、学步儿游戏，理解并掌握了游戏活动的适宜性、材料与设施的适宜性、游戏的资源与空间要求等。同时还有针对不同年龄的儿童，如针对婴儿的游

① Carollee Howes, Laura M. Sakai, *Family Day Care for Infants and Toddlers*, In Donald L. Peters, Alan R. Pence (ed.), Family Day Care: Current Research for Informed Public Policy, New York: Teacher College Press, 1992, p. 120.

戏、针对学步儿的游戏与学前儿童的游戏。从每周三课时（连续7周）的培训中，他们还习得了与语言游戏、音乐游戏与探究性游戏相关的知识与技能。①

许多教养员说，许多孩子早上一到就迫不及待地进入游戏房间以便有足够的时间开展游戏。在家庭托儿所，孩子们可以开展多种创造性游戏活动，如玩泥工、绘画、用剪刀剪出种种形态的玩具。孩子们还可以玩水、玩沙、玩泥。孩子们用树枝搭建棚子，在雪地玩耍。在一些家庭托儿所里，还开展唱歌与音乐活动。在部分家庭托儿所里，唱歌是每天都有的活动，有时还有戏剧活动。②

（三）关注安全教育

与日托中心相比，家庭托儿所的房子存在更多潜在的危险性要素，如火炉、割草机以及带有锋利边角的家具。还有一些环境也不符合要求，如配备豪华家具的卧室或中国式壁柜。没有日托中心那么多的玩具与教育课程来刺激儿童的发展，特别在城市地区，家庭托儿所的房子较少有户外活动场地与玩具设备。③ 家庭托儿所虽然为儿童提供家庭一样的感觉，同时也存在若干安全隐患，安全教育也是家庭托儿所非常关注的问题。

其中涉及疾病、灾难、事故的预防与管理，把计划、规则、监管、教育融合在一起，做到早预防、早准备。由于家庭托儿所的特殊环境，规则的制定与对儿童的安全教育是联系在一起的。教养员、儿童一起共同为安全、健康的环境作出努力。④

（四）办园形式相对丰富

家庭托儿所的办园形式比较丰富，可以满足家长不同层次的需

① Matwichuk, Linda, *Family Day Care Curriculum：Curriculum Guide*, Crozier：Maple Melder, 1993, p. 66.

② Ann Mooney, June Statham, *Family Day Care：International Perspectives on Policy, Practice and Quality*, London：Jessica Kingsley Publishers, 2003, p. 153.

③ Carollee Howes, Laura M. Sakai, *Family Day Care for Infants and Toddlers*, In Donald L. Peters, Alan R. Pence (ed.), Family Day Care：Current Research for Informed Public Policy, New York：Teacher College Press, 1992, p. 121.

④ Matwichuk, Linda, *Family Day Care Curriculum：Curriculum Guide*, Crozier：Maple Melder, 1993, p. 141.

要。具体形式有亲戚在家看护、亲戚不在家看护、非亲戚在家看护，无许可证的家庭托儿所、有许可证的家庭托儿所，等等。广义上讲，亲戚、非亲戚在家或不在家都应属于家庭看护的一种，但在日常服务对象上，还是有所区别。亲戚在家或不在家、非亲戚在家等托儿服务对象是 0—17 个月、18—35 个月的婴儿、学步儿。没有许可证的家庭托儿所服务对象主要是 6—9 岁的儿童。有许可证的家庭托儿所主要为 10—12 岁的儿童服务。① 根据 1988 年，加拿大儿童保育研究会的调查，没有许可证的家庭托儿所比有许可证的家庭托儿所更受家长欢迎。但 1988 年以后，有许可证的家庭托儿所逐渐开始发展，成为加拿大儿童保育领域的重要组成部分。

三 加拿大家庭托儿所的发展趋势

虽然家庭托儿所起源于人类社会的家庭产生，但发展却在工业社会。19 世纪后期，当母亲们要工作，为这些母亲看护孩子就成为一种职业。"二战"期间，大量妇女参与就业，这同时也影响到国家的经济与安全的时候，加拿大政府发动了大规模的儿童保育项目。当战争结束以后，这些活动也就结束了。

（一）加拿大家庭托儿所的现代发展

现代意义上的加拿大家庭托儿所真正发展于 20 世纪 60 年代，安大略省的几所日托中心的员工在多伦多讨论解决日托中心短缺的办法。随后，保护儿童的家庭组织成为家庭日托服务的代理机构。不久，渥太华的另外一个重要的日托组织（安德鲁班儿童中心）开始向私人家庭日托提供服务。② 多伦多的日托中心代表开始游说政府在儿童教养法方面进行改革。1971 年，安大略省幼儿园行动在修改后

---

① Alan R. Pence, Hillel Goelman, Donna S. Lero, Lois Brockman, *Family Day Care in a Socioecological Context*: *Data from the Canada National Child Care Study*, In Donald L. Peters, Alan R. Pence（ed.），Family Day Care: Current Research for Informed Public Policy, New York: Teacher College Press, 1992, pp. 62 – 65.

② Judith D. Auerbach and Gary A. Woodill, *Historical Perspectives on Familial and Extra-familial Child Care*: *Toward a History of Family Day Care*, In Donald L. Peters, Alan R. Pence（ed.），Family Day Care: Current Research for Informed Public Policy, New York: Teacher College Press, 1992, pp. 23 – 24.

增大了向家庭日托进行补贴的可能。20世纪70年代初，安大略省政府为家庭托儿所印制了一些指导手册，但并没有在任何方式上进行强迫。1978年，一套家庭托儿所的标准在安大略省立法机关通过，不过，这个法律直到1984年才真正落实。

（二）家庭托儿所是加拿大早期教育体系的组成部分

这主要从家庭托儿所的入园人数，及占入园儿童的比例上可以看出家庭托儿所是加拿大早期教育领域中不可或缺的一部分。根据加拿大政府的调查，出于母亲工作或学习的原因，近80%的学前儿童进了学前教育机构，50%接受正规的学前教育。从20世纪80年代至2009年，从6个月至5岁的儿童的接受早期教育的比例在上升。五年来，幼儿园在全国各地开设了临时性的服务项目，每天提供2个半小时的托儿服务。其中70%的父母或其中一人在工作，估计有许多儿童待在非正规的家庭托儿所，或由亲戚在家看护。① 至2008年3月，安大略省共有家庭托儿所（正规的）19760所，BC省则有14635所家庭托儿所（正规的）。加拿大正规的（有许可证并受监管的）家庭托儿所数量分别是22715所（1986年）、26860所（1987年），30872所（1988年）、32402所（1989年），1990年达到38159所。家庭托儿的总数不断地增长。② 加拿大也允许非正规的家庭托儿所存在，但对儿童数量作了比较严格的限定。BC省规定：没有许可证的家庭托儿所最多只能带2名孩子（除了自己的孩子外）。③

（三）家庭托儿所的管理以省为主

加拿大政府对家庭托儿所的管理存在多重标准，即加拿大的家庭托儿所监督和组织机构在各省间是不同的。有些省没有为幼儿园举办

① Jane Beach, Martha Friendly, Carolyn Ferns, Nina Prabhu, Barry Forer, *Early Childhood Education and Care in Canada* 2008, Toronto: Childcare resource and Research Unit, 2009, p. xi.

② Irene J. Kyle, *Models of Familly Day Care and Support Services in Canada*, In Donald L. Peters, Alan R. Pence (ed.), Family Day Care: Current Research for Informed Public Policy, New York: Teacher College Press, 1992, p. 215.

③ Jane Beach, Martha Friendly, Carolyn Ferns, Nina Prabhu, Barry Forer, *Early Childhood Education and Care in Canada* 2008, Toronto: Childcare resource and Research Unit, 2009, p. 129.

者提供任何支持或培训，但对日托设置实际私人许可证制度和年度考核。有些省则实行代理模式，省主管机构实行的资格许可证与支持作用可能由独立的代理机构提供，如 BC 省在 1990 年以前只有 4 家为家庭托儿所服务的代理机构。魁北克省对举办者没有什么要求与培训，但为招募者和培训提供者提供了详细的计划，省内的要求相对宽泛。①
BC 省对于家庭托儿所提出了一定的要求：在私人开办的家庭托儿所，不能超过 7 名从出生到 12 岁的儿童②其他省虽然有可能标准不一样，但也差别不大，一般在 6—8 名。

对于教养员的要求，也存在省际差异。在有年龄要求的 8 个省与地区中，班尼托巴省、新斯科舍省、安大略省、萨斯喀彻温省与育空地区要求年满 18 周岁以上。BC 省、新不伦瑞克省和西北地区最低年龄要达到 19 岁。多数省份要求举办者提供合格证是最低要求。③

（四）家庭托儿所也存在一定的专业化趋势

专业化趋势主要表现在许可证制度上。1992 年，加拿大 10 个中的 9 个省与 2 个北方地区已经开始关注家庭托儿所的立法问题。多数省份直接实行许可证制度，许可证由省政府相关部门直接管理。④ 部分省政府开始通过经济手段引导办公机构实行办园许可证制度。2008 年 1 月，BC 省发起了 ECE 鼓励大工程，为那些没有在有许可证托儿所工作两年的老师提供资助，资助他们返回有许可证的机构工作。如果在正规的机构工作的话，受助者在每年年末可以获得 2500 加元的资助，连续两年。同时，BC 省宣布一项贷款优惠制度。最近的幼儿教育专业毕业的学生

① Judith D. Auerbach and Gary A. Woodill, *Historical Perspectives on Familial and Extra-familial Child Care: Toward a History of Family Day Care*, In Donald L. Peters, Alan R. Pence (ed.), Family Day Care: Current Research for Informed Public Policy, New York: Teacher College Press, 1992, p. 24.

② Jane Beach, Martha Friendly, Carolyn Ferns, Nina Prabhu, Barry Forer, *Early Childhood Education and Care in Canada* 2008, Toronto: Childcare Resource and Research Unit, 2009, p. 129.

③ Larry Prochner, Nina Howe, *Early Childhood Care and Education in Canada*, Vancouver: UBC Press, 2000, p. 175.

④ Irene J. Kyle, *Models of Familly Day Care and Support Services in Canada*, In Donald L. Peters, Alan R. Pence (ed.), Family Day Care: Current Research for Informed Public Policy, New York: Teacher College Press, 1992, p. 216.

可以获得经济上的资助，主要是从学前教育专业毕业的学生，2007 年 1 月至 2008 年 12 月毕业的学生，在有办园许可证的幼儿教育机构工作的话，连续两年可以获得每年减免 1250 加元的补助。①

当然，对于家庭托儿所的职业化问题，也有不同的说法，研究者认为，家庭托儿所结构化或教育性要求会加大父母的经济负担，更有甚者，职业化活动将使这种保护的、非正规的自然属性发生改变，使他们的家更像儿童中心，这就破坏了他们所声称的"像妈妈一样"的标准。研究者 Cochran 也认为，② 家庭托儿所之所以依旧存在，是因为它在家长中流行，受家长认可，而不是因为职业化才流行。③ 前一种观点是基于质量与标准的要求，后一种观点是基于现实需要。

四 对家庭托儿所服务价值的争议

对于家庭托儿所的服务质量，在许多国家也存在一些争论。加拿大也存在相关的讨论，它们大致可以分为积极与消极两个方面。积极方面的意见是促进妇女就业、满足家长的各种需要、有利于妇女的自我实现方面；消极方面的意见有：质量难以保证、方法欠科学、教养员社会地位低等。

（一）社会对家庭托儿所的肯定性评价

家庭托儿所为社会的和谐与稳定，为解决家长的后顾之忧做出了较大贡献。如解决就业问题，为儿童的发展问题。与小学相比，家庭托儿所曾经解决了更多妇女的就业问题，为至少 2%—3% 的妇女提供了就业机会。④

---

① Jane Beach, Martha Friendly, Carolyn Ferns, Nina Prabhu, Barry Forer, *Early Childhood Education and Care in Canada* 2008, Toronto：Childcare resource and Research Unit, 2009, p. 141.

② Judith D. Auerbach and Gary A. Woodill, *Historical Perspectives on Familial and Extra-familial Child Care：Toward a History of Family Day Care*, In Donald L. Peters, Alan R. Pence (ed.), Family Day Care：Current Research for Informed Public Policy, New York：Teacher College Press, 1992, p. 24.

③ Cochran, "European Child Care in Global Perspective", *European Early Childhood Education Research Journal*, Vol. 3, No. 1, 1995, p. 67.

④ W. Steven Barnett, *An Introduction to the Economics of Family Home Day Care*, In Donald L. Peters, Alan R. Pence (ed.), Family Day Care：Current Research for Informed Public Policy, New York：Teacher College Press, 1992, p. 84.

家庭托儿所的独特服务也受到了家长的肯定。1978 年，Ramsey 儿童发展委员会实施一项针对正规家庭托儿所教养质量的调查，950 个家庭成为访问对象，家长对家庭托儿所非常满意的内容有：能全面认识儿童的能力与不足；提供了有材料、书籍与玩具的环境；经常与婴儿一起玩耍，包括与婴儿一起做拥抱、举起、摇晃等方面的动作；支持学前儿童与学步儿童的感觉；为学龄儿童监管；帮助父母教给孩子他们想教的有价值的内容。[①]

对许多加拿大家庭来说，家庭托儿所明显能满足他们的家庭看护需要。[②] 与其他形式的保育机构相比，不管是有许可证还是没有许可证、不管是亲戚还是非亲戚提供，家庭托儿所在加拿大儿童保育领域中占据着独一无二的角色。特别是对婴儿、学步儿，以及 6—9 岁的儿童来说，家庭托儿所在加拿大保育系统中占有重要的地位。

而许多家庭托儿所的教养员认为，家庭托儿所使她们在照看自己的孩子与得到工作之间找到了平衡点，也就是说，家庭托儿所的妇女在照看自己孩子的同时，也服务了周围邻居家的孩子，一方面有利于她们自身家庭生活的维持；另一方面也服务了社会，这意味着家庭托儿所的举办者并不因为照看自己的孩子而使自己失去了工作，而是在照看自己孩子也找到服务社会的机会。

（二）社会对家庭托儿所的批评

家庭托儿所的服务还是存在一定的问题，特别是态度不公平与教育方法的不科学性方面。主要体现在教养员的观念与行为上存在差异。Eheart 和 Leavitt 访问了 31 位创办者，随后他们对其中的 6 位进行了长达 10 个月的观察。多数创办者强调她们的首要目标是成为孩子的第二任母亲给儿童提供爱和关心，提供家庭氛围。虽然在所有被观察的家庭里，都存在爱和关心，但也存在偏爱、忽视、缺少理解以

---

① Mary Winget, W. Gary Winget, J. Frank Popplewell, "Including Parents in Evaluating Family Day Care Homes", *Child Welfare*, No. 4, 1982, pp. 195 – 205.

② Alan R. Pence, Hillel Goelman, Donna S. Lero, Lois Brockman, *Family Day Care in a Socioecological Context: Data from the Canada National Child Care Study*, In Donald L. Peters, Alan R. Pence (ed.), Family Day Care: Current Research for Informed Public Policy, New York: Teacher College Press, 1992, p. 70.

及惩罚性威胁。创办者报告她们允许儿童自由游戏以确保儿童的快乐，因此她们的课程没有结构。研究认为，游戏中没有成人的安排以及没有适宜的玩具和活动，儿童会感到无聊和沮丧。在这样的环境中，婴幼儿很快就成为受害者或者为教养员制造纪律问题。[①]

家长与教养者的关系也存在理论与实践上的差异。许多家长选择家庭托儿所是因为它像家庭一样，然而，家长们担心的是他们的孩子将更喜欢教养员而不是他们。这种矛盾可能激化家长与教养员之间的紧张关系。[②]

家庭托儿所教养员的理想与现实差距较大。Eheart 和 Leavitt 还研究了家庭托儿所举办者在期望与现实之间的困惑，虽然举办者期望她们自己将像母亲一样工作，但她们工作的状况却是：长时间工作，低报酬，低地位，和经常变化的孩子。同时，研究也指出让把教养员与21 名孩子在半年内绑在一起也是不现实的。Katz 认为，职业的、年轻教养员应该明白她们可以不像母亲那样照顾孩子，一个老师在儿童的生命中扮演着不同于母亲但更甚于母亲的角色。[③]

教养员也有一些抱怨：从父母的角度来看，教养质量不应该是由一个外面的权威实施经常性的监控与评估，这让疏忽与滥用职权者有机可乘。从办园者角度来看，有些父母利用各种亲戚关系晚些接走孩子，变相延长教养员的工作时间。还有不及时付费，对保育员没有专业尊重感，都是影响家庭托儿所教养质量的因素。

五 发展家庭托儿所价值的再思考

在全社会都在关注0—3 岁婴幼儿托育服务的时候，家庭托儿服务再度引起人们的思考。相关地方政府管理部门也因势利导地引导家庭托儿服务向规范化方向发展，一方面满足社区家长的婴幼儿托育服务需要，另一方面也在一定程度上丰富并拓展了现行的学前教育体系。

---

① Ann Mooney, June Statham, *Family Day Care: International Perspectives on Policy, Practice and Quality*, London: Jessica Kingsley Publishers, 2003, p. 120.

② Ann Mooney, June Statham, *Family Day Care: International Perspectives on Policy, Practice and Quality*, London: Jessica Kingsley Publishers, 2003, p. 121.

③ Ann Mooney, June Statham, *Family Day Care: International Perspectives on Policy, Practice and Quality*, London: Jessica Kingsley Publishers, 2003, p. 120.

（一）家庭托儿所是社区儿童服务的重要组成部分

在社区婴幼儿托育服务体系中，家庭托儿所由于便捷性受到关注，这种便捷性除了方便外，还有价格方面的吸引力。当正规的托育服务在价格方面让家长们望而生畏时，家庭托儿所的存在无疑在家长工作与婴幼儿照护的矛盾中提供了一种选择方式。虽然正规的托儿所是当代社会所倡导的正规服务机构，在质量方面更具有保障。而一旦家庭托儿所的质量得到保证后，家庭托儿所由于具有家庭的特性更受婴幼儿的青睐。

（二）应加强家庭托儿所的管理来确保家庭托儿所的质量

当一个社区内年轻父母达到一定数量的时候，如果多数年轻妈妈持有在看护孩子的同时也兼办托儿所的想法，那么社区的托儿所数量是否会产生供、需矛盾，特别是供给大于需求时，家庭托儿所之间是否会产生相应的竞争，以及年轻妈妈在看护孩子方面是否专业的问题。由于看护一个孩子与看护多个孩子所需要的技能是不一样的，而且并不是所有的年轻妈妈都适合从事早期教育服务，那么如何保障社区内的家庭托儿服务的质量，则是一个比较敏感的话题。这需要政府相关部门，特别是学前教育机构管理方面有一套切实可行的管理制度。

（三）专业的家庭托育服务有利于提升社区婴幼儿托育服务的整体质量

社区内专业的家庭托育服务是社区婴幼儿托育服务体系的重要组成部分，而家庭托育或家庭照顾同样在婴幼儿托育服务体系中占有重要地位，但由于多数家庭托育或家庭照顾人员未接受专业培训，并且习惯沿袭传统的育儿方式，而这些方式中多数是不科学的，这不利于婴幼儿的发展。如果社区内有专业的婴幼儿服务人员的指导，将有利家庭成员改变育儿方式，提高家庭育儿水平，从而提升社区婴幼儿托育的整体质量。

第二节　加拿大学龄儿童托管教育的内容、特点及启示[*]

随着时代的进步和社会的快速发展，许多双职工家长因为忙于工

---

* 何静、严仲连：《加拿大学龄儿童托管的内容、特点与启示》，《外国中小学教育》2015年第3期。

作而无暇照料、教育孩子，由此催生了一批学龄儿童托管教育机构。学龄儿童托管教育（School-age Child Care，SACC；也有称 School-age Care，SAC）指在课前、课后、假期等父母外出时间照顾和教育五六岁至十二三岁的儿童，一些托管机构也提供学前儿童托管项目。① 托管教育机构的出现在一定程度上解决了孩子课后、假期时间与家长工作时间相冲突而导致的孩子无人教育、照料的问题，在满足家长需求的同时也促进了孩子的身心健康发展。但是，由于当前我国尚缺乏对学龄儿童托管教育的相关政策和管理条例，托管教育呈现诸多问题和隐患。加拿大学龄儿童托管教育在发展过程中积累了丰富的经验，能够为我国学龄儿童托管教育提供必要的启示。

一　加拿大学龄儿童托管教育产生的社会背景

加拿大学龄儿童托管教育的产生具有一定的社会背景，它不仅是加拿大社会变革的产物，也是加拿大政府、社会以及社区出于对儿童身心健康发展的考虑而产生的新的教育形式。

（一）加拿大学龄儿童托管教育是社会变革的必然产物

加拿大学龄儿童托管教育的产生源自加拿大社会的变革。20世纪中叶以前，对儿童的照料和教育一般在家里进行，母亲的职责不是外出工作而是只需照顾自己的孩子即可。② 随着经济社会的快速发展以及人口的增长，尤其是 20 世纪六七十年代，越来越多的母亲纷纷要求走出家门参加工作，这导致加拿大核心家庭结构（单职工家庭）发生变化。③ 一方面，家庭结构的改变致使许多孩子无人照料，孩子放学后要么在商场、公园、大街上游荡，要么待在家中看电视。为了保证孩子的安全，许多家长不得不把他们

---

① Vancouver, B. C. , *School-Age Care*: *Theory and Practice*, Addison-Wesley, 1999, p. 4.

② Gordon Cleveland, Jane Bertrand, Jane Beach, *Our Child Care Workforce*: *from Recognition to Remuneration*, Child Care Sector Study Steering Committee, 1998, p. 10; Pat Petrie, Ria Meijvogel, "Introduction School-age Child Care", *Women's Studies*, No. 6, 1991, pp. 525 – 526.

③ The Association of Day Care Operators of Ontario, *Child Care—Improving Child Care Services for Canadian Families*: *Evidence from Canada and Around the World*, A Report of The Association of Day Care Operators of Ontario, 2006, p. 5.

托付给老人或者邻居。① 而这种托管方式毕竟不是长久之计，由此导致学龄儿童托管教育成为必然需求。另一方面，走出家门的妇女能够寻找到什么样的工作机会成为这一时期社会的关注焦点。没有工作经验也没有受过专业训练的家庭妇女非常需要与她们以往的生活经验相契合的工作机会，而学龄儿童托管教育能够为这些家庭妇女提供这样的工作。由此，这一时期加拿大社会的变革引发了一系列问题：双职工家庭和单亲家庭的学龄儿童需不需要被照顾？由谁来照顾？怎样照顾？应该为走出家门的妇女提供什么样的工作机会？在这些问题的探索过程中，一些学龄儿童托管教育机构应运而生。②

（二）加拿大学龄儿童托管教育源于对儿童身心健康发展的考虑

对儿童身心健康发展的考虑是加拿大学龄儿童托管教育产生的又一背景。早在 20 世纪初，加拿大一些城市（多伦多、温哥华）就为学前儿童和学龄儿童提供托管服务，目的是保证这些儿童放学后的安全。③ 到 20 世纪 60 年代，双职工家庭数量上升导致一大批"挂钥匙儿童"的出现，"被忽视的""被剥夺安全感的"成了这些儿童的标志。④ "挂钥匙儿童"数量的增加引发了家长与社区工作者对这些儿童身心健康发展的担忧。出于对儿童身心健康发展的考虑，自 20 世纪 80 年代开始，加拿大许多城市的教育委员会允许托管教育机构依托学校为儿童提供托管服务，利用学校的空教室、活动室等开展活动。80 年代末期，安大略省正式承认学龄儿童托管教育机构对儿童身心健康发展的价值，并积极出台了法律法规，要求

---

① Zucker, H. L., "Working Parents and Latchkey Children", *The Annals of the American Academy of Political and Social Science*, 1944, p. 46.

② Kevin Bisback, *An Introduction to School-age Care in Canada*, Toronto Pearson Education Prentice Hall, 2007, p. 2.

③ Young, N., *Caring for Play: The School and Child Care Connection*, Toronto: Exploring Environments, 1994, p. 97.

④ Mick Coleman, "Latchkey Children and School-Age Child Care: A Review of Programming Needs", *Child & Youth Care Quarterly*, No. 1, 1989, pp. 39 – 48; Zucker, H. L., "Working Parents and Latchkey Children", *The Annals of the American Academy of Political and Social Science*, 1944, p. 43.

每一所新建学校都必须有儿童托管中心。[①] 另外，如何保障单亲家庭和残障家庭儿童的身心健康发展也成了加拿大社会关注的焦点，由此便催生了一大批学龄儿童托管教育机构。

二 加拿大学龄儿童托管教育的主要内容

加拿大学龄儿童托管教育既不是致力于延续学校课堂学习内容的教育，也不是致力于培养儿童特长的教育，它有自己独特的教育理念和宗旨。同时，丰富多样的托管形式和多姿多彩的活动内容不仅在一定程度上解决了儿童无人照料的社会问题，也促进了儿童的身心全面发展。

（一）加拿大学龄儿童托管的教育宗旨

加拿大全国托管教育论坛（the National Forum on Child Care，1994）提出儿童托管教育不仅能够满足儿童接受托管服务的权利、保障儿童的安全，也能够促进加拿大经济、社会的发展。基于此，该论坛达成一致意见：政府、社会、社区有责任和义务为来自不同家庭、不同地区的儿童提供高质量的托管教育，并指出托管教育应促进儿童认知、情感、社会性等方面的发展，同时保障儿童身心健康发展。[②]由此，加拿大学龄儿童托管教育的教育宗旨有以下几个方面。

1. 尊重差异

加拿大学龄儿童托管教育不仅尊重儿童的家庭背景差异，也关注儿童的个体差异。接受托管教育的儿童有不同的社会文化背景，托管教育机构在为儿童提供照顾和教育时对儿童的种族、文化、语言、家庭结构以及家庭经济水平都做出相应考虑。另外，托管教育机构在创设环境、设置课程活动时，在保证儿童全面发展的基础上时刻关注其个性发展、能力水平、兴趣爱好以及身体素质情况。[③]

---

① Kevin Bisback, *An Introduction to School-age Care in Canada*, Toronto Pearson Education Prentice Hall, 2007, p. 5.

② Gordon Cleveland, Jane Bertrand, Jane Beach, *Our Child Care Workforce*: *from Recognition to Remuneration*, Child Care Sector Study Steering Committee, 1998, p. 6.

③ Jocelyne Tougas, *Reforming Quebec's Early Childhood Care and Education*: *the First Five Years*, Childcare Resource & Research Unit, Center for Urban and Community Studies, University of Toronto, 455 Spadina Avenue, Room 305, Toronto: Ontario M5S 2G8, Canada, 2002, p. 55.

2. 促进儿童认知、情感、社会化发展

加拿大学龄儿童托管教育十分注重儿童的全面发展。托管教育机构为儿童提供多样化的活动，促进儿童的认知发展。同时，儿童不仅与同龄人一起活动，也与成人进行交流，满足了儿童情感及社会化发展的需要。另外，学龄儿童托管教育也十分注重培养儿童的责任感和团结精神，讲求合作的重要性，并且为每个儿童提供充分的机会去设计、参与各种活动，有效地培养了儿童的自主性。[①]

3. 保证儿童身心健康发展

保证儿童身心健康发展是加拿大学龄儿童托管教育的重要教育宗旨。为保证儿童的安全，加拿大政府出台法律法规要求托管教育机构的质量必须达标。例如：托管教育机构的室内外环境创设、师生比例等方面需按照质量标准安排实施；必须保障儿童的人身安全；设置一系列活动保障儿童的心理健康发展。另外，托管教育机构要满足儿童的营养摄入需求，并严格根据《加拿大食品指南》（*Canadian Food Guide*）为儿童提供食品。[②]

（二）加拿大学龄儿童托管教育的开办形式

加拿大学龄儿童托管教育的开办形式丰富多样，既有取得开办执照的学龄儿童托管机构（Licensed School-age Care），也有依托社区、家庭开办的娱乐活动室（Recreation Programs）和家庭托管机构（Home Child Care）。开办地点集中在教堂、学校、图书馆、社区中心、家庭内部等，开放时间分早晨、中午、下午——早晨 7 点开放至上学前结束；午饭时间开放；放学后开放至下午 6 点结束。[③] 这几种形式的学龄儿童托管教育机构都在一定程度上满足了儿童被托管的需求，减轻了家长的负担。

---

① Vancouver, B. C., *School-Age Care*: *Theory and Practice*, Addison-Wesley, 1999, pp. 60 – 61.

② Kevin Bisback, *An Introduction to School-age Care in Canada*, Toronto Pearson Education Prentice Hall, 2007, p. 34.

③ Jocelyne Tougas, *Reforming Quebec's Early Childhood Care and Education*: *the First Five Years*, Childcare Resource & Research Unit, Center for Urban and Community Studies, University of Toronto, 455 Spadina Avenue, Room 305, Toronto: Ontario M5S 2G8, Canada, 2002, p. 55.

1. 取得开办执照的托管教育机构

这种形式的托管教育机构凭借正规性、高质量、灵活性的优点深受家长和儿童青睐取得开办执照意味着托管需严格按照政府相关部门出台的管理条例和质量标准设置师生比、创设环境、安排课程、聘用教师。许多取得开办执照的学龄儿童托管教育机构可以在课前、课后时间为儿童提供照料和教育，极大地缓解了家长的压力。同时，这种开办形式的学龄儿童托管教育机构致力于为学龄儿童提供多种多样的活动。[①] 一些儿童喜好安静独处，一些儿童偏爱热闹合作，托管教育机构根据儿童的性格特征和兴趣爱好为他们提供个人活动与团体活动。

2. 娱乐活动室

娱乐活动室通常开设在社区内部，为儿童提供短时照料和教育。大部分娱乐活动室没有注册执照（Unlicensed School-age Care），所以并不能完全满足政府相关部门规定的托管教育机构质量标准。在托管时间的制定上，娱乐活动室一般在课后为儿童提供照料。在课程与活动设置上，这种托管形式主要为儿童提供团体活动并关注技能、技巧的发展和掌握（通常在体育方面）。娱乐活动室由于费用比取得开办执照的托管机构低而受到一些家长的喜爱，同时，因为这种形式的托管教育机构开设在社区内部而带来的亲切感也使孩子们很喜欢在这里接受照料。

3. 家庭托管机构

该形式的托管教育机构通常以某一家庭为依托而开设，一般在课后为儿童提供短时照料和教育，其凭借低廉的费用和"像自己家里一样放松的环境"（homelike and relaxed environment）获得了家长和儿童的支持。这种托管教育机构未能获得营业执照，所以在托管教师和工作人员的选择与安排上并不能严格遵照政府规定的托管教育机构的质量标准，也缺乏一些物质材料的提供。在活动设置上，家庭托管中心为儿童提供个人活动和团体活动，并时常让儿童自己选择开展什么样的活动，儿童也可以去邻居家和他们的朋友一起玩耍，促进了儿童的

---

① Kevin Bisback, *An Introduction to School-age Care in Canada*, Toronto Pearson Education Prentice Hall, 2007, p. 6.

社会性发展。

（三）加拿大学龄儿童托管教育的活动安排

加拿大学龄儿童托管教育机构不仅致力于保证儿童的安全，也致力于为儿童提供丰富多彩的活动，在活动过程中促进儿童的发展。这些活动包括环境创设、充分尊重儿童意愿的自主游戏、多样化的课程设置以及技能技巧培养等项目。[①②] 活动实施通常以儿童年龄段为组织标准，6—8 岁儿童为一组，9—12 岁儿童为一组。[③]

1. 环境创设

加拿大学龄儿童托管教育机构致力于为儿童创设"像家一样"的环境，轻松、舒适的环境能够让儿童快速地融入活动中。[④] 托管教育机构一般将活动室分成各个区域，每个区域的功能不同。例如：娱乐区，儿童可以在该区域进行艺术活动和科学活动；学习区，儿童能够在该区域进行小组讨论并与教师共同完成项目；儿童房专门为儿童提供"私密空间"，儿童可以在该区域自由活动或者与朋友交流等。[⑤] 同时，加拿大学龄儿童托管机构注重"个性化空间"的创设，例如：活动室的墙面布置要有每个儿童的信息和照片；展示台要有儿童的作品；突出地方特色和文化氛围等。[⑥]

2. 自主游戏

游戏是促进儿童成长的重要媒介，加拿大学龄儿童托管教育机构十

---

① Scofield, Rich, "Child-Initiated Programming", *School-Age Notes*, No. 11, 1992, p. 1.

② Vancouver, B. C., *School-Age Care：Theory and Practice*, Addison-Wesley, 1999, pp. 104 – 105.

③ Jocelyne Tougas, *Reforming Quebec's Early Childhood Care and Education：the First Five Years*, Childcare Resource & Research Unit, Center for Urban and Community Studies, University of Toronto, 455 Spadina Avenue, Room 305, Toronto：Ontario M5S 2G8, Canada, 2002, p. 54.

④ Kevin Bisback, *An Introduction to School-age Care in Canada*, Toronto Pearson Education Prentice Hall, 2007, p. 87.

⑤ Kevin Bisback, *An Introduction to School-age Care in Canada*, Toronto Pearson Education Prentice Hall, 2007, pp. 88 – 91.

⑥ Vancouver, B. C., *School-Age Care：Theory and Practice*, Addison-Wesley, 1999, p. 107.

分注重儿童的自主游戏。① 儿童可以根据自己的兴趣爱好和发展特点选择不同的游戏，其中想象游戏（Imaginary Play）、戏剧游戏（Dramatic Play）、木工制作游戏（Wood-Working）深受儿童喜爱。托管机构为儿童提供材料和道具，包括玩偶、玩具车、家具、戏服、纸壳、木工用具（钉子、锤子等）等。② 同时，一些年龄较大的儿童经常参加规则游戏（Game with Rules），如各种球类游戏、跳房子、猜字谜、拼字等。还有一些儿童（尤其是男孩子），比较喜欢追逐打闹类的游戏（Rough-and-Tumble Play），但是这类游戏通常有教师在旁观察和指导。③

3. 课程设置

加拿大学龄儿童托管教育为儿童提供丰富多彩的课程。在课程模式上，有传统课程（Traditional curriculum）和生成课程（Emergent Curriculum）供儿童选择。传统课程通常由教师根据儿童兴趣提出主题，鼓励儿童共同参与。生成课程讲求通过观察、探索来不断设置新的课程目标和内容，培养儿童的自主能力。在课程内容上，既有根据家长要求提供讲解辅导家庭作业的课程，也有科学、社会、体育、艺术等其他课程。在课程实施过程中，教师多采用游戏的方式，教学手段灵活多变并善于利用真实的生活情境让儿童学习课程内容。例如：儿童在厨房中学习烹饪，教师就指导他们对食物称重或将食物切成不同形状让儿童了解几何图形等。④

4. 技能培养

加拿大学龄儿童托管教育注重在活动中培养儿童的各种技能，尤其是运动技能和艺术技能。⑤ 在运动技能方面，托管机构较为重视粗

---

① Young, N., *Caring for Play: The School and Child Care Connection*, Toronto: Exploring Environments, 1994, p. 104.

② Vancouver, B. C., *School-Age Care: Theory and Practice*, Addison-Wesley, 1999, pp. 104 – 105.

③ Kevin Bisback, *An Introduction to School-age Care in Canada*, Toronto Pearson Education Prentice Hall, 2007, pp. 222 – 224.

④ Kevin Bisback, *An Introduction to School-age Care in Canada*, Toronto Pearson Education Prentice Hall, 2007, p. 135.

⑤ Kevin Bisback, *An Introduction to School-age Care in Canada*, Toronto Pearson Education Prentice Hall, 2007, p. 194.

动作（Gross Motor）和精细动作（Fine Motor）的培养，利用各种体育活动（单人跳绳、团体跳绳、抛接球等）锻炼儿童大肌肉，利用编织、木工等活动锻炼儿童的小肌肉。[①] 在艺术技能方面，托管机构为儿童提供各种绘图及手工制作材料，鼓励儿童画图、镶嵌。同时，托管机构为儿童提供一些乐器，教师指导和帮助儿童进行乐器演奏、唱歌、跳舞、编排音乐剧和话剧等。[②]

三 加拿大学龄儿童托管教育的特点

加拿大学龄儿童托管教育积累了丰富的经验，法律法规的出台、政府的积极参与以及严格的托管教育机构人员配备、多样化的活动设置促进了加拿大学龄儿童托管教育的发展。

（一）规范的法律法规

加拿大政府积极出台各项法律法规对学龄儿童托管教育机构进行规范，不仅保证学龄儿童托管教育的有效实施，而且要保证其质量。颁布的法律法规覆盖了托管教育机构的创办、卫生、工作人员聘用、课程活动设置等各个方面。大多数省、地方政府相继颁布法律保证学龄儿童托管教育的实施，例如：纽芬兰出台《儿童托管服务法案》（*Child Care Services Act*）、育空出台《儿童托管法案》（*Child Care Act*）等。同时，加拿大十分注重学龄儿童托管教育的质量并制定了评估标准。1991 年加拿大儿童托管教育联合会（Canadian Child Care Federation，CCCF）颁布了《国家儿童托管教育质量评估》（*The National Statement on Quality Child Care*），对学龄儿童托管教育机构的环境、设施、安全、健康、课程、师生比、人员关系这 7 个方面做出详细的规定以保证托管教育的质量。[③]

（二）政府的积极参与

加拿大政府在学龄儿童托管教育事业发展中扮演着重要角色。学

[①] Kevin Bisback, *An Introduction to School-age Care in Canada*, Toronto Pearson Education Prentice Hall, 2007, pp. 68 – 69.

[②] Kevin Bisback, *An Introduction to School-age Care in Canada*, Toronto Pearson Education Prentice Hall, 2007, pp. 204 – 209.

[③] Kevin Bisback, *An Introduction to School-age Care in Canada*, Toronto Pearson Education Prentice Hall, 2007, p. 9.

龄儿童托管教育被视为一项儿童福利而纳入加拿大公共教育体系当中，政府有责任和义务向儿童提供托管教育服务来保障儿童的利益。[①] 除了出台相关法律法规来保证学龄儿童托管教育的实施之外，政府也担负着对其进行监督的责任。学龄儿童托管机构的设施、环境、人员配备、活动安排等方面是否与相关法令符合、能否满足公众需求都需要政府的积极监督和管理。一旦托管机构没有遵守法律要求，或让儿童的身心处于危险境地，政府可以通过法令采取各种措施对其进行规范或者取缔。

（三）严格的人员配备

教师的资历与托管教育机构的质量联系紧密，加拿大学龄儿童托管教育十分重视教师的资质和素养。[②] 大多数地方政府对学龄儿童托管教育机构的教师资历做出严格规定：英属哥伦比亚地区规定教师必须年满 19 周岁并且接受过儿童教育培训；安大略地区规定教师必须接受过 2 年学前教育专业培训且有 2 年实习经验；努纳武特地区和西北地区规定教师必须持有医护急救证书；魁北克地区规定教师必须持有 ECCE （Early Childhood Care and Education） 主管部门颁发的证书，并规定一些地区的托管机构对教师资历的最低标准是高中或高中同等学历且有一年相关工作经验。另外，一些地方政府明确规定了学龄儿童托管教育机构的人员配备要求。例如：育空地区规定 50% 的教师必须持有早期儿童发展培训证书（CCW1：60 小时），另 30% 的教师必须持有中级证书（CCW2：1 年），另 20% 的教师持有高级证书（CCW3：2 年以上）。[③]

（四）多样化的活动设置

加拿大学龄儿童托管教育机构不仅要为儿童提供安全服务，最主要的是为儿童提供丰富多彩的活动。目的是让儿童在课后时间里缓解

---

① Martha Friendly, *Child Care Policy in Canada*: *Putting the Pieces Together*, Addison-Wesley, 1994, p. 63.

② Doherty Dcrkowski, G., *Quality Matters*: *Excellence in Early Childhood Programs*, Addison-Wesley, 1995, p. 41.

③ Kevin Bisback, *An Introduction to School-age Care in Canada*, Toronto Pearson Education Prentice Hall, 2007, p. 25.

疲劳、放松心情，在此过程中利用活动来丰富儿童的课余生活、促进儿童全面发展。加拿大学龄儿童托管教育机构为儿童提供参与环境创设的机会，鼓励儿童进行自主游戏，并提供一些儿童感兴趣的户外活动与室内活动——户外活动以体育活动为主，足球、篮球、橄榄球、跳绳、滑雪等项目深受儿童喜爱；室内活动主要以艺术活动、科学活动、日常生活活动为主，舞蹈、音乐剧、绘画、摄影、计算机、烹饪较为常见。儿童在活动中不仅能够掌握知识，也能发展和培养社会性和自主性。

第三节　加拿大发展社区儿童服务的经验[①]

儿童是国家的未来，儿童的教养通常又发生在社区、学校以及家庭中。除了学校教育之外，家庭和社区的作用也不能忽视。作为一个高福利的经济发达国家，加拿大非常重视社区与家庭在儿童成长中的作用，特别是二者间的有机互动，形成了儿童发展的合力。社区被认为是儿童成长的家园，儿童归属感的培养以及爱国精神的激发都起源于良好的社区服务或社区教育，加拿大的社区儿童服务具有相对成熟的经验。

一　加拿大社区儿童服务的背景

加拿大是一个经济发达的多元民族国家，也是一个比较重视儿童权利的国家。加拿大国民待遇、社区服务水平、宗教在人民生活中的影响以及不可避免的弱势儿童群体构成了加拿大社区儿童服务的背景。

（一）高福利的国民待遇

加拿大是一个全民享有高福利的国家，这种高福利体现在完善的社会保障体系。加拿大的每个公民，特别是社会弱势群体，在他们需要的时候都能得到社会援助。收入分配计划和社会服务计划是加拿大社会保障制度的重要方面，收入分配计划有缴费形成的社会保险和税收形成的收入转移支付，由收入形成的基金主要用于支付收入补偿项目，如老年福利津贴，儿童税收福利等均由收入转移支付。为社会弱

[①]　严仲连、韩求灵：《加拿大发展社区儿童服务的经验》，《学术界》2017 年第 6 期。

势群体提供的社会服务主要有老年人社区服务中心、老年人公寓、养老院、为残疾人服务的看护和照顾机构，以及为受虐待的妇女提供的庇护所等。①

加拿大儿童自出生后就享受一系列来自国家或地方政府的福利。比较重要的家庭税收优惠政策由加拿大国家收局负责管理，主要有加拿大儿童税收优惠项目（Canada Child Tax Benefit，CCTB）和加拿大社会儿童抚养优惠项目（Universal Child Care Benefit，UCCB）。CCTB项目主要对加拿大中低收入家庭中有子女家庭进行收减免和收返还，从而达到帮助他们培养18岁以下儿童。除了针对一般正常儿童的国有儿童补助项目（National Child Benefit，NCB）外，还有针对残疾儿童的国家残疾儿童补助项目（Child Disability Benefit，CDB）。NCB项目在2006—2007年间的补助最高限额提高到1945加元（每年），而CDB项目为残疾儿童（主要是肢体和智力损伤的18岁以下儿童）提供的补助限额是2351加元（每年）。②

加拿大各省还有各自的规定的儿童福利，由各省自己管理。加拿大各省对于儿童福利对象的年龄规定是不一样的，有的规定是18岁以下，有的是16岁，不列颠省是19岁。但16—19岁的儿童与16岁以下的儿童享有的福利是不同的。③

以不列颠省为例，儿童出生后就享受省政府提供的牛奶金，5岁后，接受包括免费学前教育在内的十三年义务教育（也有人认为是义务教育12年，再加1年免费教育。）。特殊儿童（特别是残障儿童）还有特殊儿童补贴。针对一般家庭的退税。幼儿园（一般是收费性的）也按幼儿人数进行补贴。在安大略省，八年级以下的儿童，如果牙痛还可以去社区医院免费治疗。BC省针对婴幼儿提出了一系列服务项目，即婴儿发展项目（Infant Development Program，IDP）、没有完美的父母项目（Nobody's Perfect Parenting Program）、亲子母雁计划

---

① 仇雨临：《加拿大社会保障制度对中国的启示》，《中国人民大学学报》2004年第1期。
② 袁春钢：《浅谈加拿大家庭儿童税收优惠制度》，《环球展望》2008年第16期。
③ Gough, P., Shlonsky, A., & Dudding, P., "An overview of the child welfare systems inCanada", *International Journal of Child Healthand Human Development*, Vol. 2, No. 3, 2009, pp. 357－372.

（Parent-Child Mother Goose Program）、父母课堂（Parenting Classes）、约翰社区中心（John Braithwaite Community Centre）、海洋天空社区服务（Sea to Sky community Services）。[①]

（二）成熟的社区服务

成熟的社区服务主要体现在这样两个方面：一是有固定的、相对标准的服务设施，这些设施可以服务于社区内各年龄段居民；二是社区有专业人员。社区设施相对齐全，每个社区基本都配有符合儿童需要的大型户外活动器械，这些大型的器械在不同社区一般不同，但12岁以下的儿童基本能找到可玩的大型玩具。2—6岁儿童玩的秋千、滑梯，更大一点孩子可玩的攀登架或索道。一般的社区都有固定的活动场馆，以微利服务和免费服务为主。

社区服务专业化程度高。社区工作人员一般具有较高的专业化程度，专业化水平主要体现在服务到位，根据社区居民的需要提供便利的服务。在温哥华UBC大学社区，社区除了日常的房租登记、租赁、维修服务外，还根据社区居民的要求，提供诸如医护、育儿方面的指导。其中主要的一项职责是为社区居民间的社团活动提供活动场地、活动设施等方面的帮助，并对活动过程及实施效果进行监控。

（三）宗教在人们生活中扮演重要角色

加拿大是一个典型的移民国家，来自不同地域的移民带来了不同的宗教与文化，从而使加拿大的宗教呈现出多样性。[②] 不同宗教在信徒上存在相互间的良性竞争，使得宗教在活动展开保持继续的动力，这也促使了宗教不断融入居民的日常生活。信众之间由于共同的信仰，形成了社会交往圈子，相互之间形成了特殊的利益关系共同体。经过多年的积累，各宗教团体在引导信众共同活动中积累了丰富经验，在调动信众或信徒参与宗教内的义工方面形成了相对成熟的机制。

---

① "Services for Infants & Children"（http：// sheway. vcn. bc. ca/resources/infants-and-children）.

② 万明钢、滕志妍：《加拿大公共教育中的宗教问题》，《民族教育研究》2009年第1期。

（四）社会中长期存在的儿童贫穷问题

尽管加拿大是一个高福利的国家，但现实中还是存在一些低收入家庭。低收入家庭子女是弱势儿童群体的一部分。弱势儿童群体主要包括原住民儿童、新移民儿童和残疾儿童。加拿大弱势儿童比例近11.3%。近40%的低收入儿童家庭中，父母至少有一个长年劳作。在1996—2001年，每2个移民家庭子女中就有1名生活在贫困状态。6岁以下的原居民儿童中，有近一半的儿童生活在贫困线以下。[①]

低收入家庭子女容易在情感和行为上失范，社会学家认为，低收入家庭子女更难被同伴接受。单亲家庭，由于女性的收入一般比男性少，多数由母亲带着孩子的家庭更容易成为贫困家庭。家庭中有年幼孩子的家庭更容易成为低收入家庭。从20世纪90年代早期，生活在低收入家庭中的儿童比例开始上升。社会部门（就业安全与福利）开始进行提高低收入家庭子女收入的项目。[②]

学校应致力于解决高危儿童问题，同时还需要家庭与社区的辅助。帮助家庭可以降低儿童的攻击性、反社会行为，以及药物滥用。[③]有精神问题的儿童在福利体系所关照的儿童中占有一定比例，这个比例远超过统计中的数字，这些儿童需要特别的关注。没有得到学校或家庭联系的儿童需要社区组织的特别关爱。[④]

（五）不能回避的一定数量的残疾儿童

加拿大儿童健康组织（the Canadian Institute of Child Health, CICH）根据1996—1997年的加拿大国家健康调查（National Population Health Survey, NPHS）数据估计，2000年，加拿大19岁以下的

① Canadian Teachers' Federation, "Supporting Education—Building Canada Child Poverty and Schools" (http://www.doc88.com).

② The Council of Ministers of Education, "The Development of Education in Canada, September 2001" (http://www.cmec.ca).

③ Beardslee, W. R., Chien, P. L., & Bell, C. C., "Prevention of mental disorders, substance abuse and problem behaviors: A developmental perspective", *Psychiatric Services*, Vol. 62, No. 3, 2011, pp. 247–254.

④ Underwood, E., "Improving Mental Healthoutcomes for Children and Youth Exposed Toabuse and Neglect", *Healthcare Quarterly*, Vol. 14, No. Special Edition 2, 2011, pp. 22–31.

残疾人群数为 565000 人。① 加拿大残疾儿童是一个变化的群体，另一部分是原居民儿童，另一部分则来自其他国家；有些生活在双亲家庭，有些则生活在单亲家庭；有些生活在大城市，有些则生活在孤独的社区。他们各自有不同的文化与信仰。尽管当地社区努力满足居民的需要，所有加拿大儿童和家庭面临的不便，残疾儿童和他们家庭感受却是扩大数倍。通过非正式的社会支持网络和参与社区生活，儿童的家庭学习和成长，以此获得对社区的归属感。社区还是支持的资源来源，社区提供诸如儿童看护、教育、残疾帮助服务、健康服务和休闲。一般来说，生活在资源丰富的社区比资源不足社区的残疾儿童更容易达到发展的潜能。②

由于托儿所对儿童和家庭非常重要，特别是对特殊儿童来说，还具有早期干预的意义。有质量的保教服务一方面能给孩子们提供一个稳定、健康的环境供孩子们学习、成长，另一方面也有助于单亲母亲回到工作岗位而不是依赖于福利。1998 年，加拿大的质优价廉的托儿所十分少。2002 年，也只有 1/10 的 12 岁以下的孩子得到了稳定的托儿服务。对残疾儿童父母来说，得到合适的托儿服务十分困难。Irwin 与 Lero 发现，73% 的残疾儿童父母存在这方面的困难。70% 的残疾儿童父母在找有信誉并受过培训的托儿所服务时有困难。68% 的残疾儿童家庭在父母或家长生病时想找一个临时的托儿服务，就很困难。空间有限、花费高且缺少全纳环境，导致托儿服务资源非常有限。③

二 加拿大社区儿童服务的内容及形式

社区服务主要以社区为依托，服务于社区内居民。现行的社区服务主要从两个方面拓展，一是服务于普通居民；二是服务于弱势群体。针对普通居民的服务有两种，一种是有偿服务，另一种是低偿或无偿服

---

① Louise Hanvey, "Children with Disabilities and Their Families in Canada" (http：// nationalchildrensalliance. com/ca) .

② Louise Hanvey, "Children with Disabilities and Their Families in Canada" (http：// nationalchildrensalliance. com/ca) .

③ Louise Hanvey, "Children with Disabilities and Their Families in Canada" (http：// nationalchildrensalliance. com/ca) .

务。低偿或无偿服务被称为社区福利。而针对弱势群体的服务通常以低偿或无偿为主，有联邦政府和省政府的相关福利政策，这主要体现在加拿大的保障体系上。社区儿童服务整体上也体现出国家福利特点。由于加拿大政府重视儿童在国家未来发展中的作用，儿童福利体现出普惠性，服务内容是多种国家级、省级项目落实到社区层面。

（一）面向大多数儿童的福利式服务

面向所有儿童的福利一般以家庭为单位，以税收为基础，按照子女数给予不同的补贴。这是一项国家层面的政策，由各省或地区实施。有的地方还对托幼机构按人头数给予补贴。除此外，还有以下重大项目。

1. 针对学前阶段的项目

大部分省和地区在小学一年级之前提供学前或幼儿园项目。20世纪90年代末期和21世纪初，儿童早期发展项目受到每个管理部门的关注。例如，西北地区的儿童健康计划（Healthy Children Initiative in the Northwest Territories），学校午餐计划（School Meal），贫民区学校（Inner City Schools），BC省处于危险的儿童项目（Kids at Risk in British Columbia），安大略省的早期挑战基金（Early Years Challenge Fund in Ontario）；萨斯喀彻温省与学校相联系的综合服务项目（Integrated School-Linked Services in Saskatchewan）等项目中，儿童健康和学习的项目得到强化。[1] 纽芬兰省（Newfoundland）与拉布拉多地区（Labrador）发起的走向未来项目（Stepping into the Future）包括儿童早期文学项目基金、幼小衔接项目（a comprehensive Transition to School），以及残疾儿童早期干预服务项目（Early Intervention Services for Children with Disabilities）。

2. 为儿童而建设的社区行动计划（The Community Action Program for Children, CAPC）是一项以社区为基地的儿童服务项目，创立于1993年，旨在促进0—6岁儿童健康发展

CAPC项目与其他组织形成伙伴关系，以便给家庭和当地社区提供有效联系，并使家庭获得公共健康与社会服务方面的信息和便利。

---

[1] The Council of Ministers of Education, "The Development of Education in Canada, September 2001" (http://www.cmec.ca).

这个项目意识到社区是鉴别并满足儿童需要最有效的场所，同时也意识到与社区工作人员一起合作共建社区接纳力的重要性。活动方式有家庭资源中心、父母课堂、小组参与、亲子小组、家庭访问，以及一些诸如支持母亲处理误用物品方面的项目。在 CAPC 项目中，坚守这样的理念：儿童第一；公平并可行；坚守社区；强化并资助家庭；灵活；伙伴。① CAPC 项目在一定程度上加大了社区的凝聚作用，并促进家长们尽可能参与社区中的儿童公益活动。

例如，汉密尔顿儿童社区行动计划（The Hamilton Community Action Program for Children，CAPC）就是一个很好的例子，具体包括 10 个参与子项目，主要为东汉密尔顿地区 6 岁及 6 岁以下儿童家庭提供的服务和支持，特别是低收入家庭和社会、地理位置相对偏僻的家庭。CAPC 项目最初由加拿大健康委员会于 1994 年发起，各地区开发了各自的行动纲领。至 2011 年，安大略省已经开发了 92 个项目。② 其中的婴儿服务（baby-showers）是一个独立的非营利性组织，旨在帮助家庭满足儿童的基本需要。他们通过汉密尔顿社区中已经建立的社区机构为新生儿家庭提供相关的早期儿童服务项目，通常是公共卫生护理，家庭探望，汉密尔顿健康科学协会，儿童医护以及相应的社区中心等项目。社区儿童健康支持项目（Community Access to Child Health）旨在与社区居民一起合作提升儿童健康。这个项目通过提供包括家长与儿童互动的各种活动来坚持家庭内外环境的安全性。

此外，还有汉密尔顿地区男孩和女孩俱乐部（Boys and Girls Club of Hamilton）、汉密尔顿地区公共图书服务（Hamilton Public Library-Red Hill Branch）、家庭管理计划（Home Management Program）、通过活动与娱乐获得技能小组（Skills Through Activities and Recreation）、今日家庭早教（Today's Family Early Learning and Child Care）、汉密尔顿营养伙伴计划（Hamilton Partners in Nutrition）、约瑟女性移民中心（St. Joseph's Immigrant Women's Centre）、天主教家庭服务（Catholic

---

① "Community Action Program for Children"（http：//www. phac-aspc. gc. ca /hp-ps/ dca-dea /prog-ini/capc-pace）.

② Carla Klassen, Marina Granilo, Corinna Stroop, Jackie Delong, "Hamilton Community Action Program for Children Evaluation"（http：//sprc. hamilton. on. ca）.

Family Services）。这些项目都把服务对象放在儿童以及家庭上。[①]

1997 年，联邦政府宣布，国家儿童工作议程（National Children's Agenda，NCA）下一步将满足加拿大儿童的需要，NCA 与政府相关部门一起合作确保所有加拿大儿童有机会在健康、社会接纳方面得到充分发展。其中一个部门是建立优秀儿童活动中心，旨在满足优秀儿童的身体与心理发展需要。[②]

当然，还有有偿的托管服务，主要负责小学生放学后的学业指导。也有个人或企业承办的儿童托管与儿童保教服务。个人主办的儿童保教服务主要由家庭托儿所承办，一般按小时收费。托幼机构不仅仅为 5 岁儿童提供学前教育，有的也为小学生提供托管服务，或相关技能培训。如加拿大 UBC 内的幼儿活动中心开办的兴趣班，服务对象涵盖 3—12 岁儿童。具体包括：绘画、写作、讲故事、舞蹈等内容。

3. 长期的图书服务

儿童图书服务是加拿大社区服务的一项重要内容，旨在培养儿童阅读习惯与阅读兴趣。主要方式有这样三种：一是社区图书馆专业人员到社区开展相关的早期阅读活动，引导幼儿进行早期阅读活动，或者指导家长进行亲子阅读的方法；二是利用假期（特别是长的假期，如暑假）开展相关的读书或讲故事活动；三是鼓励家长带儿童到图书馆借书或进行图书阅读。一般来说，图书馆对进馆阅读人员的管理相对宽松，只要仪表整洁的人均可入馆阅读。

（二）针对特殊儿童的项目

特殊儿童除了人们经常理解的身体残疾的儿童外，还有家庭贫困的儿童，加拿大的家庭贫困儿童多指原居民和移民家庭儿童。针对这些儿童，政府也有专门的补贴或帮助。

1. BC 省原住民的婴幼儿发展项目（ Aboriginal Infant Programs in B. C. AIDP ），本质上是早期干预项目

一般由志愿者提供免费的服务，包括家庭访问、制订活动计划以

---

① Carla Klassen, Marina Granilo, Corinna Stroop, Jackie Delong, "Hamilton Community Action Program for Children Evaluation"（http：//sprc. hamilton. on. ca）.

② Judi Varga-Toth, "Meeting the Needs of Children and Adolescents with Special Needs in Rural and Northern Canada：Summary Report of a Roundtable for Canadian Policy-Makers" （http：//www. coespecialneeds. ca）.

及文化视野下的家庭需要评估等内容。主要针对0—3岁或0—6岁高危儿童和诊断为发育迟缓儿童，这是全免费项目。AIDP的核心价值观是，人们生活在社区当中，社区的价值观念、宗教、道德精神对人们有着深刻的影响。孩子是国家未来，AIDP项目致力于儿童未来健康与和谐发展。一般人认为，AIDP项目自1992年开始，很多人没有意识到AIDP项目实际上是20世纪80年代的"原住民婴儿项目"（Native Infant Program）。① AIDP致力于土著文化的教育与传承，并希望为儿童的成长提供良好的家庭与社会环境。

2. 针对特殊需要的服务

小组式活动与个别指导两种形式。小组活动，一般针对的是某一类群体，如针对自闭症儿童社会情感的游戏小组，通过组织儿童参与角色游戏来促进儿童与他人的交往，由于是个人组织，通常收费。也有社区设置针对特殊儿童的免费服务，如温哥华市某社区为智障儿童提供的桌面游戏，一般是以2个智障儿童为一组，以此促进智障儿童的社会肢体协调与社会性发展。渥太华的Christie Lake Kids组织为6—17岁的经济处境不利儿童提供免费的休闲与活动获得相关技能。

针对个别指导也有两种形式，第一种是家庭聘请的，第二种是特殊教育机构聘请的，实行的是一对一指导，主要针对自闭、脑瘫儿童。由于每个特殊儿童家庭都有政府补贴，针对特殊儿童的一对一服务一般是有偿性的。

由于缺少社区资源，生活在北方地区和农村的儿童在发展过程中将面临特殊的挑战。为这些地区的孩子提供合适的资源成为当务之急。社区资源在加拿大公民教育活动中也具有重要作用。特别是公民教育的校外活动中，不能脱离社区进行。例如，曼尼托巴省把社区作为学生参与社区生活的平台，组织学生志愿者帮助省内的儿童、老人、残疾人等，参与解决社区问题，并号召学生建设性地批评社会并提出可能改进建议；安大略省开展了"在学校社区或家中进行一次服务并对此进行评估""参与一项与全球化或环境问题相关的活动并评

① "ABORIGINAL INFANT DEVELOPMENT PROGRAM：Practice Guidelines（2016）"（http：//aidp.bc.ca）.

估其影响"等活动。①

除了学校组织的活动,还有社会团体或宗教团体组织的面向儿童的活动,在这些活动中,儿童通过合作以及帮助他人获得社会情感上的发展。如温哥华某社区的周末发放免费食品活动中,常见到中小学生参与发放免费面包和布置桌椅、维持秩序等活动。

3. 面向特殊儿童的具有职业取向的中学生后教育

中学后教育是一项服务于土著学生和残疾学生的政策,主要在中学毕业后进行。2009 年,大约有 10000 名土著学生在 45 所土著中学后教育机构注册。2005 年,67% 的加拿大中学后毕业的学生认为他们的健康状态非常好,而高中毕业的学生只有 43%。而且接受中学后教育的学生参与选举的比例是高中毕业学生的 2 倍,是高中肄业学生的 4 倍。②

4. 面向移民家庭的服务

由于移民家庭新到社区后由于语言方面的困扰,造成诸多生活方面的不便,如就业、住房、健康等方面,甚至还有针对移民的比较普遍的犯罪,为此,哈密尔顿提供了安置服务。③ 温哥华市还有针对移民的语言培训,并伴随相应的儿童照看服务。例如,约瑟妇女移民中心(St. Joseph's Immigrant Women's Centre, IWC)与"为儿童而建设的社区行动计划"也有相关的业务合作,支持安置移民与难民,并为东哈密尔顿社区的父母提供帮助。由于有加拿大移民局的经费资助,妇女移民中心在另外一条街道上开设了一个新的活动中心,以帮助女性移民或女性难民。这些中心帮助移民得到个人档案,寻找合适的住房,并且还提供好几种语言服务。由于移民安置服务组织的关闭,妇女移民中心的服务显得特别重要。④ 另一个

---

① Sears, A. M. Hughes, A. S., "Citizenship Education and Current Educational Reform", *Canadian Journal of Education*, Vol. 21, No. 2, 1996, pp. 123 – 142.

② Carla Klassen, Marina Granilo, Corinna Stroop, Jackie Delong, "Hamilton Community Action Program for Children Evaluation" (http://sprc. hamilton. on. ca).

③ Carla Klassen, "Strengthening Newcomer Services: Final Report to the Community (2012)" (http://www. hamiltonimmigration. ca/sites/default/files/docs/strengthening _ newcomer _ services. pdf).

④ Carla Klassen, Marina Granilo, Corinna Stroop, Jackie Delong, "Hamilton Community Action Program for Children Evaluation" (http://sprc. hamilton. on. ca).

"邻合作共建美好未来"项目（Neighbour to Neighbour-Building Better Futures）中，也有帮助女性移民就业的内容，特别是英语方面的培训就对女性移民有很大的作用，帮助她们树立自信心，最终会帮助她们获得工作机会。[①]

2004年3月，一项名为"适合儿童成长的加拿大计划"（A Canada Fit for Children）被联邦政府接纳、采用，并成为一项国家行动计划（national plan of action），这个计划主要集中这样四个方面：提高儿童健康生活水平；保护儿童免受伤害；提高儿童的教育与学习；支持家庭与加化社区。适合儿童成长的加拿大计划（A Canada Fit for Children）被非政府组织的社区广泛认同。[②]

三 加拿大社区儿童服务的特点

由于引导与建构社区儿童服务的人员具备较高水平，加之加拿大教育水平和社区服务研究水平比较高，加拿大社区儿童服务体现了科学性、与社区服务配套、自成体系、服务全面、家长广泛参与、尊重各省的能动性以及一定的文化适应等特点。

（一）科学性强

具体表现在两个方面：一是活动设计本身有科学的理论做指导，社区儿童服务体系的构建是建立在科学教养理论基础上的，这首先表现在对儿童教育的科学认识上，强调家庭、社区、学校在儿童成长中的作用；其次，在具体的活动上也有科学理论指导，如关于儿童阅读、儿童早期看护、儿童俱乐部等活动的组织，都有相应的学科理论基础。二是活动的组织者与服务者素质比较高，很多大学生通过做志愿者参与其中。活动中有很多领域的专家引领活动。如早期阅读活动多由社区图书馆工作人员引导儿童进行阅读。儿童医疗咨询服务也是有专业证书的工作人员对家长进行婴幼儿早期教养方面的指导。如AIDP项目强调家长与社区参与儿童的教育。这个项目强调社区在抚

---

① Carla Klassen, Alessandra Gage, "Neighbour to Neighbour-Building Better Futures Project Evaluation", 2017 - 03 - 13（http：// WWW. SPRC. HAMILTON. ON. CA）.

② Unicef, "Not There Yet: Canada's Implementation of the General Measures of the Convention on the Rights of the Child", 2017 - 03 - 13（http：// www. unicef-irc. org/publications）.

育儿童中担负重要的责任。①

（二）与社区服务配套

把儿童纳入社区服务的重要范畴，把儿童的教养与家庭、社区联系在一起，强调家庭、社区在儿童教养中的作用。强调政府在儿童公平发展中的作用，在政府关注弱势群体的社会保障时，把儿童问题纳入整个社会保障的范畴，在关注社会弱势群体的时候，重点关注儿童弱势群体，如关注低收入问题、住房问题时，同时也考虑到低收入家庭的子女教育，即贫困儿童问题。并且儿童社区服务也形成了一个小的系统，而不是独立的活动。以 SPRC 为例，在 SPRC 项目中，就存在 14 个项目，有四选一项目、艺术论坛、为儿童而建设的社区行动计划、完整街道、哈密尔顿社区信托、哈密尔顿消除贫困组织、哈密尔顿社区发展愿景、住房优先、邻里行动策略、妇女虐待工作小组、街道青年合作规划小组。

邻里行动最初来自汉密尔顿地区的 SPRC，为了筹建 8 个主要中心点，汉密尔顿市开始了它的邻居发展策略，现在称为邻里行动策略。②

（三）社区儿童服务自身形成服务体系

由于儿童的需要存在个别化与差异化，社区中的儿童服务也具有一定的针对性。针对不同需要的儿童服务在整体上形成了体系。这种体系呈现出一定的复杂性，一是有专门的儿童服务项目，二是在针对社区其他人员的服务中也有儿童服务项目，如在 SPRC 中，除了儿童为儿童而建设的社区行动计划（Community Action Program for Children）外，还有其他项目也是服务于儿童的，如四选一、艺术论坛、街道青年合作规划小组。此外，儿童社区行动本身也还有若干个不同类型的活动，如天主教家庭服务（Catholic Family Services）、约瑟妇女移民中心（ST. Joseph's Immigrant Women's Centre，IWC）、儿童健康资助（CATCH，Community Access to Child Health）、产前派对（baby-

---

① "Aboriginal Infant Development Program of British Columbia Practice Guidelines"，2017 – 04 – 13（http：//www. aidp. bc. ca）.

② Sara Mayo，Carla Klassen，Lubabah Bahkt，"NEIGHBOURHOOD PROFILES（2012）"，2017 – 04 – 13（http：//sprc. hamilton. on. ca）.

showers）、男孩女孩俱乐部（Boys and Girls Club of Hamilton）、家庭管理项目（Home Management Program）、哈密尔顿公共图书服务（Hamilton Public Library）、今日家庭早教（Today's Family Early Learning and Child Care）等。①

（四）服务面广

一是服务对象的年龄范围大；二是服务内容多。既有针对特殊儿童以及弱势儿童群体的服务，也有针对一般儿童的服务。如 SCY 项目针对的是所有儿童，AIDP 项目则主要服务于原住民婴儿，Christie Lake Kids 组织提供的项目主要针对失能儿童。服务对象涉及各个年龄段，有刚学步的婴儿、上幼儿园和小学的儿童，也有中青年人和老年人。根据服务对象的群体性需要提供便利，为学步婴幼儿提供健康、喂养方面的咨询，并为这些婴幼儿提供玩具，还有为妇女提供的插花方面的讲座，也有为老年人举行的茶话会和剪纸。服务对象的广泛性在某种程度上也体现了加拿大社区服务的开放性。这种开放性表现在社区福利的非封闭特征上。

一般人认为，在某社区进行的儿童项目，是以本社区儿童为服务对象，通常是不对社区外儿童开放的。但在加拿大的各社区中，很少存在这种排斥他人的现象。特别是现在网络为平台的信息传播模式，促进了公民在同城市间其他社区活动的参与程度。此外，加拿大社区服务形式丰富。有志愿者服务，也有日常的经营性活动，如家庭托儿所、社区幼儿园都是收费性的，但节假日则会有许多公益性儿童活动。

（五）家长广泛参与

由于社区儿童服务是一个综合服务体系中的重要组成部分，特别是社区服务中有专门强调居民参与活动的活动，如邻居行动策略项目（Neighbourhood Action Strategy）就比较重视居民对于社区活动的参与性。这在一定程度上促进了家长对于社区中儿童活动的重视程度。此外，不同社区的儿童服务会有一定的特色，政府会在部分社区设置大型的体育场馆，还有的社区会有针对特殊儿童的服务，如在温哥华某

---

① Carla Klassen, Marina Granilo, Corinna Stroop, Jackie Delong, "Hamilton Community Action Program for Children Evaluation", 2017 – 03 – 13（http：//sprc. hamilton. on. ca）.

社区就为智障儿童提供交往与桌面游戏的场地与设施。加之，社区活动虽然面对本社区居民或儿童，但也具有开放性，并不排斥社区外居民或儿童的参加，因此，只要觉得对儿童有用或能促进儿童的发展，家长们都会报名参与有利于儿童发展的社区活动。例如，特殊需要儿童的家长要么要在有相关活动设施的社区租住，要么会带着孩子主动参加相关活动。

（六）尊重各省的主体性

各省或地区的社区儿童服务表现出一定的地方特色，比较出名的除了哈密尔顿的 CAPC 项目外，BC 省的 SCY，也有一定的影响。BC 省的儿童和青少年友好社区项目（Child and Youth Friendly Communities Project），是 BC 省的儿童和青少年社会（SOCIETY FOR children and youth OF BC，SCY）的一个重要子项目。SCY 以联合国教科文组织提出的儿童权利为基础，在加拿大发起的一项尊重并保护儿童权利的实践。自 1974 年发起。SCY，组织过的项目有：人民工程项目，UBC 家庭医疗健康倡议（UBC Family Medicine Health Advocacy），青年媒介培训（Youth Media Training），缓解残疾青年与法律之间冲突的行动计划（Youth with Disabilities in Conflict with the Law），青年采取行动计划，通过"影像发声法"，改进社区生活的计划（My Life Through the Lens Youth Photovoice Project），通过"影像发声法"，促进青年发生改变的计划（Fostering Change Youth Photo-voice Project）。目前正在做的项目有：社区参与及其他工作计划，促进青年领导者意识发生改变的培训计划，促进儿童与青年友好相处社区计划，关于儿童权利的公共意识提升运动。①

（七）一定的文化适应性

这也表现为尊重文化的多元性。加拿大是一个多元文化的国家，如何让不同文化的族群和谐共处，特别是在社区中构建适合儿童发展的多元文化，是当代加拿大社区建设的一个典型特征。现行的社区儿童服务由于以社区为基础，整体上表现出与社区文化的一致性，同时，也有一些项目明确表示出文化适应取向，例如，加拿大的原住民

---

① "Society for Children and Youth of BC"（http：//www. scyofbc. org/projects）.

儿童开端计划始于 20 世纪 90 年代中期，除了持续地吸纳开端计划中的哲学理念，父母与社区也被邀请加入学前教育项目的实践。加拿大的原住民开端计划还同时强调对文化的尊重，关注文化适宜性以及每个社区文化的独特性。[①] 这一项目强调了父母与社区在儿童早期教育项目的作用。

第四节　加拿大发展社区儿童服务的启示

作为一个发达国家，加拿大的社会福利达到了发达国家水平。其社区儿童服务经验也给我国社区儿童服务提供了有益的经验。

一　政府起主导作用

政府的支持主要体现在三个方面：第一，政策支持，为儿童发展制定了相应的福利政策；第二，经费支持，为儿童发展划拨了相应的财政经费；第三，相关政府部门资助了加拿大国内的部分服务于儿童的项目。包括所有儿童与家庭的伙伴计划自 2010 年 2 月开始实施，为期 2 年，得到社会发展伙伴项目，社会发展局以及加拿大政府的经费支持。旨在建立和支持有特殊需要儿童及其家庭的社区，主要在BC 省的城市和农村社区实施。[②]

加拿大的儿童税收优惠基金，是联邦政府为有子女家庭提供的一项主要财政支持政策，具有一定的普惠性。这是一项建立在家庭收入基础上的无税性收益项目，主要包括三种构成：基本补贴，主要针对中低收入家庭；在省或联邦发起后，国家儿童津贴补助，对低收入家庭每月提供额外的资助；伤残儿童抚恤金，对有严重、持久残疾儿童的所有家庭提供补贴。[③]

---

① Jessica Ball and Enid Elliot, "Measuring Social Support in Aboriginal Childhood Programs", 2017 - 03 - 13（http：//www.ecdip.org）.

② Adriana Briserio, Mari Pighini and Hillel Goelman, "Including All Children and Families Expanding Partnerships Project", 2017 - 03 - 13（http://includingallchildren.educ.ubc.ca）.

③ Unicef, "Not There Yet: Canada's Implementation of the general measures of the Convention on the Rights of the Child", 2017 - 03 - 13（http:// www.unicef-irc.org/publications）.

　　另一项服务于儿童权利的比较重要的联邦预算是提供给产妇津贴，在婴儿出生前后，产妇家庭可以领取 15 周的产妇津贴。在儿童出生的第一年内工作的父母还可以在家陪伴儿童 35 周。这项政策主要由就业保险金支付，除魁北克外加拿大各地均实施这一政策。

　　根据 2006 年的儿童保育计划，大量的经费已经支付给各位父母。这取代了早期联邦与各省制定的关于由质量、普及性以及支付能力等综合确定的国家儿童保教体系。这一计划的改变在于允许政策的一定变化，如满足父母需要和儿童发展需要的儿童早教中心，正规的家庭日托，以及父母资源支持中心，这一改变旨在建立一种没有歧视的普遍适用的支持系统，类似于加拿大的医疗保健体系。这一系统取代了过去的为 6 岁以下儿童家庭每月提供 100 加元家庭税收津贴，这一传统政策虽然受家庭欢迎，但对儿童早期教养支持很少。

　　政府在不同层次上发挥作用。① 加拿大没有国家统一的托幼政策或者国家保育法律，托幼服务方面的责任主要依靠省与地区。根据加拿大的宪制惯例，诸如儿童保育与幼儿园教育都是省政府与地方政府的责任。联邦政府只承担特殊人群的服务，如原住民、军队、移民（难民），以及低收入家庭子女的早期教育问题。

　　联邦政府还是设立了通过筹资机制建立托幼机构的可行性方案。地方政府进行适当的成本分担（主要通过为低收入家庭提供补贴）；通过税收减免帮助家长分担部分成本；联邦政府对接受托儿培训的培训者提供津贴。例如，安大略省还提出，对去学前机构工作的学前专业大学生提供学费减免。

　　与学前教育相关的业务主要由省政府来承担，如安大略省政府的责任包括以下方面：制定托儿法律、法规，资格证书颁发；制定托儿服务政策；对家长托儿费用的 30% 进行补贴；规定正规的非营利性托幼儿中心与家庭托儿所的服务项目；初级、高级幼儿园，分别服务 4—5 岁儿童，由教育部门负责管理与培训教师。目前，加拿大各省和加拿大联邦正在探讨儿童教育的策略问题。在安大略省，儿童秘书

---

① Gillian Doherty, *Rural Child Care in Ontario*, Ontario Ministry of Agriculture and Food, 1994, p. 13.

处探讨了家庭，社区联合提供安大略儿童健康提升服务。[①]

二 财政保障是基础

加拿大社会转移基金每年下拨一定数量的经费（2007—2008 年度是 8.5 亿加元）给各省或地区确保加拿大所有儿童能平等对待。加拿大联邦政府在 2007—2008 年每年为地方省提供了 8.5 亿加元用于国内儿童的救助。2002 年，政府为原住民儿童提供了 3.2 亿加元用于早期儿童的发展。另一项联邦财政预算是，婴儿出生前后的 15 周，可以得到政府的物质帮助，35 周内，父母可以待在家陪伴孩子，这支出主要由失业保障金支出，这项政策除魁北克外各省都在实施。

有影响的项目，如为儿童而建设的社区行动计划（Community Action Program for Children，CAPC），原住民开端计划（Aboriginal Head Start Program），加拿大孕妇营养计划（the Canada Prenatal Nutrition Program），4 个卓越儿童健康发展中心（Four Centres of Excellence for Children's Well Being），[②] 原住民儿童发展项目（Aboriginal Infant Development Program，AIDP）都得到了加拿大儿童与家庭部的经费支持。[③] 每年政府投入约为 170 亿加元。

各省也有一定的经费用于儿童发展与儿童服务，以提高本省儿童的健康水平。这项预算还保持着持续增长的态势，主要体现在家庭与社区服务关注的五个方面：低收入家庭与个体、儿童、青少年、社区伙伴以及失能人群。魁北克省在保护儿童权利方面投入了大笔资金，如儿童看护一天 7 加元的政策，受益人群包括学前与学龄儿童。安大略省在 2007—2011 年，投入了 21 亿加元用于 130 万名儿童与低收入家庭。此外，还有各类组织从联邦政府政府得到经费资助，用于保护儿童，如加拿大司法与社会局（Canada Council on Social Develop-

---

① Barbara Brownell, *Task Force on Rural Child Care & Early Childhood Education*, Rural Child Care Report, 2000, p. 14.

② Unicef, "Not There Yet: Canada's implementation of the general measures of the Convention on the Rights of the Child", 2017 – 03 – 13（http: // www. unicef-irc. org/publications）.

③ "Aboriginal Infant Development Program of British Columbia Practice Guidelines", 2017 – 04 – 13（http: //www. aidp. bc. ca）.

ment）、加拿大政策研究网络工作室（Canadian Policy Research Networks，CPRN）、社会政策与 2000 行动（Institute of Social Policy and Campaign 2000）、非政府组织，在 2004—2005 年得到联邦政府 30 亿加元的经费资助。[1]

其中的普惠性福利的提供也加大了财政的支持力度。加拿大是一个高福利的国家，有多项针对儿童的福利，这些儿童福利为儿童接受学前教育提供了一定的经济基础。虽然这些福利在不同的省份可能会在金额数量大小以及类别上有所不同，但在各省内部，城市儿童和农村儿童享受的福利是平等的，处于弱势地位的儿童甚至享受到更多的福利。以牛奶金为例，18 岁以下的儿童均有机会获得，BC 省的儿童每月可获得 400 加元的牛奶金，魁省则是每个孩子 500 加元。幼儿津贴与家庭津贴（牛奶金）同时发放。幼儿津贴是随着家庭儿童数量的不同而有所不同，第二个孩子高于第一个孩子，第三个孩子则高于第二个孩子；此外，还有婴儿出生津贴和伤残儿童津贴。政府还有专门的经费实施儿童托养费减免计划，服务于低收入家庭的儿童。这些与经费相关的儿童福利政策，可以保证农村儿童接受相关的儿童教养服务。

除了对家庭实施补贴，地方政府对各学前教育机构还实行一定补贴，如 BC 省，对每个孩子每个月补贴 100 加元给接收孩子的相关学前机构，这个项目主要通过每年的退税申报制度实行。

三　多方参与提供人力资源保障

除了政府主导外，专业团体、慈善组织、企业、社区居民等都是社区儿童服务的供给主体，这为社区儿童服务的充分展开提供了可能。

（一）专业团体与非政府组织也发挥了较大作用

在加拿大早期教育中，志愿者与非政府组织扮演着多重角色，具体包括启动、发展、提供早期教育服务，为政府提供政府咨询，提供

---

[1] Unicef, "Not There Yet: Canada's Implementation of the General measures of the Convention on the Rights of the Child", 2017 - 03 - 13（http: // www. unicef-irc. org/publications）.

多种服务与设施服务来支持早期教育。教育协会、幼儿教育团体，以及像劳动与社会公平小组一类的组织，社会政策的非政府组织，从事着相关数据的收集、研究，以及相关新研究的宣传。[①] 在关注农村地区学前教育的过程中，一些志愿者，特别是从事农业研究的科研者非常积极、主动，他们提供了相关的专题报告，引起了社会的关注。

（二）宗教团体的引领

宗教团体非常关注儿童活动的组织，特别是动员志愿者方面，鼓励志愿者参与教堂或社区的儿童免费教养活动。如 UBC 大学的教堂，除了周六、周日的慈善性幼儿活动外，平时也隔天开设儿童绘画活动，绘画主题一般带有一些宗教色彩。这些儿童活动主要为方便家长参与宗教活动服务。在暑期，教堂还会开设夏令营，只要报名的孩子都可以参加，一般按年龄分组。活动以游戏和戏剧表演为主。

有些社区每周还提供免费面包，一般由宗教团体提供，社区内居民（不局限于社区）自愿领取。也有专门为儿童提供的面包。儿童在领取免费面包的时候，也会与其他小朋友一起聊天、嬉耍。

（三）注重基于社区的全员参与

尊重多样性和积极的公民参与是加拿大的核心价值。然而，一些儿童、年轻人和成年人，如原住民、族群以及各种宗教信仰团体，居住在街道上的流浪儿童，或生活在北方地区或其他偏远地区的人们，可能会遇到充分参与社会的障碍。这些障碍可以阻止父母、家庭和法定监护人为孩子提供均衡、综合的生活。障碍也可能阻止儿童和年轻人完全分享他们的意见、参与创建一个对所有人公平回应的加拿大。

让所有的儿童与家庭发展伙伴关系，这是许多加拿大人的努力目标。[②] 如 SCY 组织在 2015—2016 年，参与并支持了超过 50 个组织与 2000 名个体的相关活动，具体有项目工作、会议、工作坊、信息分

---

① Gillian Doherty, Martha Friendly, Jane Beach, "OECD Thematic Review of Early Childhood Education and Care Canadian Background Report 2003, pp. 87, 15, 86" (http：//www. oecd. org/education/school/33852192. pdf).

② Adriana Briserio, "Mari Pighini and Hillel Goelman. Including All Children and Families Expanding Partnerships Project" (http：//includingallchildren. educ. ubc. ca).

享、社区活动。① 公民参与是社区计划与发展的重要方面。在人们与环境之间缺少积极的关系，就会降低社区参与的积极性。年轻人对未来充满乐观与积极心态。如果年轻人缺少参与学校、社区以及周围生活中积极变化的能力，缺少自信能力将会降低青年人参与未来社区建设的机会。年轻人除了对未来充满幻想外，还应坚信把幻想变为现实的能力。②

建设美好未来是一个通过邻居与邻居中心实施的项目，主要帮助汉密尔顿山区及周边偏远地区中没有得到支持的妇女抚养孩子，通过增长他们的知识、抚养意识来重建她们的自信，通过传授她们实践技能与成功所要求的信息来提升她们的处境，建设美好未来试图结束针对女性的暴力。项目开始于 2011 年 5 月，2014 年 3 月结束。由"加拿大妇女"（the Status of Women Canada）资助，3 年共投入 10 万加元。③

创建不同年龄友好相处的加拿大社区活动，是 PHAC（Public Health Agency of Canada）发起的一项活动。这个项目为了促进友好社区行动，特此编辑了社区行动指南，帮助现有 560 个社区实现友好社区建设。④

四 社区服务内容全面：多样化服务与个性化服务相结合

首先，社区儿童教育多元化。由于家庭经济、人口结构、工作性质等因素的不同，加拿大农村家庭对学前教育的需求是不同的。父母长期工作繁忙的家庭，对学前教育的需求是日托性；从事季节性工作的父母，对学前教育的需求则是长期的；有亲属（如爷爷、奶奶）的家庭更多地倾向于由亲属来带孩子；经济条件不是太好的家庭对学前教育的要求则相对较低。加拿大农村地区的学前教育提供了多元化服务，尊重了农村家长的需求。

---

① "Society for children and youth of BC"（http：//www.scyofbc.org/projects）.

② Deirdre Pike, Patti McNaney, Greg Tedesco, Violetta Nikolskaya., "YOUTH CONFIDENCE IN SCHOOL, COMMUNITY AND THE FUTURE（2012）"（http：//sprc.hamilton.on.ca）.

③ "Neighbour 2 Neighbour-Building Better Futures Project Evaluation（2014）"（http：//sprc.hamilton.on.ca）.

④ "Age-Friendly Communities in Canada：Community Implementation Guide"（http：//www.canada.ca/en/public-health/services/publication）.

其次，加拿大学龄儿童托管教育的活动设置丰富多样，目的是保证儿童身心全面发展。而目前我国的托管教育机构多以单纯看管儿童并督促儿童完成家庭作业为主要内容。有些托管教育机构虽然推出了"托管＋兴趣"这样的模式，但实则和普通课外兴趣班无异。① 学龄儿童托管教育不是单纯地去保证儿童的安全，除了为儿童提供日常照料服务外，更重要的是通过多样化的活动对他们进行教育。我国学龄托管教育应该为儿童提供丰富的课程，让他们接触更广阔的艺术、体育、科学等领域。另外，托管机构可以在寒、暑期开展参观科技馆和博物馆、举办运动会、排练文娱节目、开办讲座等活动。与此同时，应该让儿童积极参与到活动的设置过程中，让儿童表达自己对活动设置的想法和意见。

由于学生需要多种多样，现行政策要求实施有针对性的个性化计划（Individualized Education Plans，IEP）。个性化教育计划要求提供给那些被鉴定为需要特殊需要的所有学生，所有司法管辖区都会参考个性化计划（IEP）形式对学生能力进行鉴定、制定适合的发展目标、提供服务概要并实施对目标完成情况的监控。

作为一种对所有特殊需要学生的要求的个性化教育计划在全国范围内实施时也会有一些变化，在部分省份，如安大略省和萨斯喀彻温省仅仅为这些学生提供一定经费支持。而在新不伦瑞克省则要求为所有鉴定为特殊需要的学生提供个性化教育计划。②

五　注重法律保障和制度保障

在加拿大，儿童托管与特殊儿童教育都有相关的法律保障。法律法规及条例的出台是学龄儿童托管教育良性发展的有力保障。加拿大政府积极出台各项法律法规对学龄儿童托管教育进行规范和管理，而我国至今未有针对学龄儿童托管教育的法律法规。政府应尽快出台学龄儿童托管教育机构开办、管理的相关法律条例并明确托管教育机构

---

① 邹燕舞：《法国儿童托管教育：课外活动中心运作模式及其启示》，《四川师范大学学报》（社会哲学版）2012 年第 1 期。

② Gerry Hurton, *A Review of First Nations Special Education Policies and Funding Directions Within the Canadian Context*, pp. 8 - 9.

的性质和从属机关。介于学龄儿童托管教育机构的教育性质,应以教育部门为主管,结合卫生、工商、物价、消防等相关部门,共同制定行业标准和管理条例。另外,加拿大颁布法令对托管教育机构的质量进行规范,我国也应当出台类似质量标准对托管教育机构的环境、设施、人员配备、课程设置等方面进行规范,尽快让托管班身份合法化、经营规范化、监管正规化。[①] 对已开办的符合标准的托管机构颁发许可证,对于不符合标准、存在多项隐患的托管机构要坚决取缔。

形成了相对配套的政策支持系统。在加拿大现行的各种政策中,都有与奉献、服务相关的内容,如教师资格政策以及社区内的房屋租赁要求,都强调一定数量的志愿者服务。有些虽然没有直接的加分,但也有间接加分影响,如很多关注的移民政策中,有一项就是外国人有合格的就业机会可以加50—200分,从业者是否具有相应的志愿服务经历在一定程度上会影响到雇主是否会提供就业机会。在一次交流活动中,发现一位在温哥华陪读的女孩,很积极地为世界华人美术大赛提供志愿者服务,她的本意就是想获得移民政策加分。而在加拿大不列颠省的教师资格要求中,就有一条关于"做志愿者的学生,可以优先获得教师资格证书"。在温哥华一个社区中心,有一些店面租赁,社区管理者就要求租赁者须有一定的志愿者服务时间。我们参加过一项社区的英语培训活动,就是由一位拟开办美容院的华人女士提供的。

六　专业人员为社区儿童服务质量提供保障

不管是特殊儿童教育,还是社区托管,专业人员是服务质量的重要保障。期待教师为特殊需要的儿童设计培养方案,教师助手在许多特殊需要儿童的培养方案中起重要作用。教师助手可能帮助收集评估特殊需要学生的数据,教师会根据这些数据对有特殊需要学生进行评估并向学生家长汇报学生的进步。在教师助理需要从事与健康有关的活动时,根据教育局内部的协议,需要由专业的健康从职人员对教师助理进行特殊儿童教育方面的培训。从1990年到1999年,教师助理

---

① 于洁:《试谈校外学生托管班的发展方向》,《成人教育》2008年第11期。

的数量从 1630 人增长到 6508 人。① 但也对教师素质有一定要求，如开发文化适应的实践；开发全纳适应性课程；观察评估包括所有儿童的方案；开发全纳的有质量的环境。②

在现行的一些影响比较大的社区儿童服务项目中，如 SCY，原住民儿童开端计划，所有儿童及其家庭参与的伙伴计划，BC 省的这三个项目中都有大学老师的参与，其中原住民儿童开端计划主要由维多利亚大学教授发起，而所有儿童及其家庭参与的伙伴计划则由 UBC 大学的教授发起，SCY 项目的副主席是 UBC 大学教授。UBC 大学教授还组织并参与了多项农村儿童发展的项目。

加拿大的特殊教育服务也有大学的参与，大学的作用主要体现在专家的理论指导。加拿大特殊儿童优质服务中心侧重于生活在加拿大农村和北部的有特殊需要的儿童和青少年所面临的独特挑战，由湖首大学赞助和管理。该中心的国家合作伙伴是努纳武特政府、纽芬兰纪念大学、圣文森特山大学和北不列颠哥伦比亚大学。③

七 管理措施到位

在学前教育、社区托管、特殊教育等领域都注重教师管理。特殊教育中注重规范化管理。加拿大不列颠哥伦比亚省的省级特殊需要学生的政策框架包括特殊教育政策手册、程序和指南，文件规定省教育厅领导应该指导学校董事会审查特殊教育手册中的全纳与整合原则，以确保有特殊教育需要的学生得到适合的指导方案。学校董事会必须确保每个学生的教育计划方案应该是基于有特殊需要学生的特殊需要而不是依靠经费方面。④

---

① Linda Siegel, *A Review of Special Education in British Columbia*, British Columbia Ministry of Education, p. 19.

② Kathleen Flanagan and Jane Beach, *Examining the Human Resource Implications of Emerging Issues in Early Childhood Education and Care/ Communications Strategy Development*, 2010, p. 12.

③ Judi Varga-Toth, "Meeting the Needs of Children and Adolescentswith Special Needs in Rural and Northern Canada: Summary Report of aCanadian Policy-Makers, 2006, p. 3" (http://www.cprn.org).

④ Linda Siegel, *A Review of Special Education in British Columbia*, British Columbia Ministry of Education, p. 11.

在特殊教育管理过程中实施问责制。特殊教育中的问责政策往往集中在两个方面：学生个人进步和计划/系统完整性。所有司法管辖区都有与学生问责相关的政策，问责政策主要通过纳入监测或评估部分的个人教育计划来实施。如果结构合理，可以确保目标的实现，这些计划旨在确定学生成长速度。多数省份要求学区提供特殊需要学生的年度报告来描述计划与服务的可行性。安大略省、不列颠哥伦比亚省、阿尔伯塔省甚至要求审计与基金水平相关的服务。①

教师的资质和素养与托管教育机构的质量紧密联系，加强托管教育机构师资管理的目的是提升托管教育机构的质量。加拿大地方政府相继出台各项法律法规对托管机构教师的资历和背景进行规范，我国应当保证托管机构中教师的资质。目前，国内大量的托管班教师中既有专职教师也有"阿姨"，师资水平参差不齐。一方面，我国需要出台相关法律法规来规范托管教育机构中教师的资质，要求教师必须持有相应的资格证书或培训证书才能进入托管教育机构当教师。另一方面，也需要对托管教育机构的教师进行专门的上岗前培训，并且在之后的工作中定期进行业务培训，逐步建立起一支结构合理、高素质、相对稳定的专、兼职托管教育教师队伍。

针对社区中的公益服务，特别是借用社区场地的服务。依托社区实施动态式管理。主要体现在两个方面，一是场馆的设置是动态的，在某个时间内可能是儿童活动的时间，下一个时间段则可能是老年人活动时间。二是社区管理人员对借用社区场地进行活动的社团进行活动质量评估，一般以参与社团活动的人数为参照（通常根据参与者的电子邮箱数量来进行确定）。如果某种活动参与人数过少，这种活动的场所就会改为另外的活动。如果社团活动人数多，社区还会进行相应的鼓励。如 UBC 大学社区的英语活动，由于参与人数长期固定，而且受到社区居民的欢迎，社区专门拨款为这个活动的设施进行更新改造。每次活动之前也有专门的人员（多数为志愿者）进行相关的统计，以备检查。

---

① Gerry Hurton, *A Review of First Nations Special Education Policies and Funding Directions-Within the Canadian Context*, p. 10.

八 支持家庭并强化社区

虽然适合儿童的加拿大是以适合儿童的世界为基础，后者的主题已经重新组合成了以下四个加拿大人协商确定的优先类支:持家庭和加强社区;促进健康生活;保护免受伤害;促进教育和学习。

加拿大人认识到强大的家庭和社区对儿童的幸福至关重要。当支持父母尽力给儿童最好的生活开端时，全社会都会受益。但父母时常被置于需要与现代知识经济同步以及无数的时间与精力要求的压力之下。既然儿童生活、游戏、学习的社区影响着儿童期的质量，重要的是社区是安全的，并能为有儿童的家庭提供多种简单易行的项目和服务。需要认识和重视朋友和邻居的独特作用。

加拿大人相信残障儿童应该有权获取使他们达到他们潜能的项目和服务，与其他加拿大儿童和年轻人一道随心所欲的参与社会活动。加拿大人也应该意识到残障儿童父母所面临的特殊挑战以及他们所需要的额外支持。

为了达到这个目标，在加拿大的人民应该确保残障儿童拥有广泛参与社会活动的机会。研究者将支持允许残障儿童与同伴互动、获得综合的、高质量学习和娱乐节目机会的政策。研究者将推广关于残障儿童的知识以找到在加拿大社区进行全纳性支持的方法。意识到残障儿童家庭所面临的额外开销，项目组将提供系列支持以满足残障儿童及其家庭的需要。①

父母不仅要承担与孩子的残疾有关的护理责任，还要承担在社区中建立友谊和建立接受的责任。其他父母能够与社区、邻居和社会分享的责任通常也由有残障孩子的父母独自承担。②

加拿大社区居住协会（Canadian Association forCommunity Living，CACL）认为，全纳价值是从社区开始的，全纳社区重视残障儿童及其家庭的作用。全纳社区的责任不仅仅依赖残障儿童个体、残障儿童家庭、残疾人协会，同时也与社区中的每一个成员都有关联。③

---

① "A CANADA FIT FOR CHILDREN, pp. 41 – 49." (https：//canadiancrc. com).

② Louise Hanvey, *Children with Disabilities and their Families in Canada*, 2002, p. 8.

③ Canadian Association for Community Living（CACL）, *Translating Needs into PolicyDirections：A Community Paper*, Winter, 2002.

　　社区对残障儿童的重要性体现在两个方面：一是社区能为残障儿童及残障儿童家庭提供归属感，通过非正规的社会支持网络并参与社区生活，残障儿童及其家庭都能学习、成长；二是社区是残障儿童成长的支持资源，如儿童看护、教育、残疾支持服务、健康服务、娱乐。①

　　在安大略省，学校董事会要求与父母、社区协会会员一起建立特殊教育咨询委员会，为学校相关部门在维持与开发特殊需要学生的计划时提供指导。其他一些地区，如新不伦瑞克省和阿尔伯塔省要求在所有学校建议积极的家长咨询委员会并在特殊教育计划中发挥作用。萨斯喀彻温省最近启动了一个鼓励性省级政策，鼓励学校广泛参与社区发展有意义的预防性项目，在制定满足多样化方式的及时开发与迅速反应的方案时，并寻求社区的意见和支持。②

　　综合服务政策中，要求参与的家长与社区都在综合服务中可以看到。在所有省份都试图给学校和社区提供指导，以更好地满足儿童的综合需要，政策也支持人力资源部门与代理机构的合作。在魁北克省有这样的政策导向性建设，即有特殊需要学生可能需要的服务可能不仅仅来自学校，也有可能来自其他部门，这需要其他部门共同努力、一起协作。③

　　学校工作人员和行政管理部门不仅需要与父母、外部的专业人员联系，还需要与社区中的专业代理机构联系，甚至与这些机构之间在规划、安置等方面的协商。④

---

①　Louise Hanvey, *Children with Disabilities and their Families in Canada*, 2002, p. 14.

②　Gerry Hurton, *A Review of First Nations Special Education Policies and Funding Directions-Within the Canadian Context*, p. 10.

③　Gerry Hurton, *A Review of First Nations Special Education Policies and Funding Directions-Within the Canadian Context*, p. 10.

④　The Roeher Institute, *Inclusive Policy and Practice in Education: Best Practices for Students with Disabilityes*, 2004, p. 14.

参考文献

著作部分

彼得·德鲁克:《非营利组织的管理》,机械工业出版社 2009 年版。

曹绪飞:《导入社区制:基础性问题再研究》,中国社会科学出版社 2012 年版。

成海军:《中国特殊儿童社会福利》,中国社会出版社 2003 年版。

邓大才等:《中国农村村民自治有效实现形式研究》,中国社会科学出版社 2015 年版。

邓大才:《小农政治:社会化小农和乡村治理》,中国社会科学出版社 2013 年版。

狄金华:《被困的治理》,生活·读书·新知三联书店 2015 年版。

丁元竹、江汛清、谭建光:《中国志愿服务研究》,北京大学出版社 2007 年版。

董小燕:《公共领域与城市社区自治》,社会科学文献出版社 2010 年版。

费孝通:《乡土中国》,上海人民出版社 2006 年版。

高小平、王立平:《服务型政府导论》,人民出版社 2009 年版。

谷中原、朱梅:《社区保障概论》,中国社会出版社 2015 年版。

管义伟、李燕南:《中国农村社区服务体制的变迁及其后果》,中国社会科学出版社 2006 年版。

贺雪峰:《村治的逻辑》,中国社会科学出版社 2009 年版。

江立华、沈洁:《中国城市社区福利》,社会科学文献出版社 2008 年版。

金太军、张振波:《乡村社区治理路径研究》,北京大学出版社 2016

年版。

黎晰：《新型农村社区建设研究》，华中科技大学出版社2015年版。

黎熙元：《现代社区概论》，中山大学出版社2007年版。

李守经：《农村社会学》，高等教育出版社2000年版。

李熠煜：《农村社会组织和社区管理》，湘潭大学出版社2014年版。

刘豪兴：《农村社会学》，中国人民大学出版社2008年版。

刘继同：《国家责任与儿童福利》，中国社会出版社2010年版。

刘钧：《社会保障理论与实务》，清华大学出版社2012年版。

刘焱：《学前一年教育纳入义务教育的条件保障研究》，北京师范大学出版社2014年版。

吕洪业：《中国古代慈善简史》，中国社会出版社2014年版。

孟宪承、陈学恂等：《中国古代教育史资料》，人民教育出版社1961年版。

苗月霞：《中国乡村治理模式变迁的社会资本分析》，黑龙江人民出版社2008年版。

乔卫科、程培杰：《中国古代幼儿教育史》，安徽教育出版社1989年版。

邱梦华、秦莉等：《城市社区治理》，清华大学出版社2013年版。

任运昌：《农村留守儿童政策研究》，中国社会科学出版社2013年版。

孙光德、董克用：《社会保障概论》，中国人民大学出版社2008年版。

唐淑、钟昭华：《中国学前教育史》，人民教育出版社1993年版。

王敬尧：《参与式治理：中国社区建设实证研究》，中国社会科学出版社2006年版。

王凌皓：《中国教育史论》，吉林人民出版社2000年版。

王子今、刘悦斌、常宗虎：《中国社会福利史》，武汉大学出版社2013年版。

邬志辉、秦玉友：《中国农村教育发展报告（2012）》，北京师范大学出版社2014年版。

吴洪成：《小学教育史》，山西教育出版社2006年版。

吴开松：《城市社区管理》，科学出版社 2006 年版。

吴重庆：《无主体熟人社会及社会重建》，社会科学文献出版社 2014 年版。

夏建中：《社区工作》，中国人民大学出版社 2015 年版。

夏建中：《中国城市社区治理结构研究》，中国人民大学出版社 2012 年版。

夏忠胜、丁延武：《农村社区组织与制度》，四川大学出版社 2007 年版。

徐永祥：《社区发展论》，华东理工大学出版社 2000 年版。

徐勇：《中国农村村民自治》，华中师范大学出版社 1997 年版。

徐勇：《中国农村村民自治有效实现形式研究》，中国社会科学出版社 2015 年版。

许远旺：《规划性变迁：机制与限度——中国农村社区建设的路径分析》，中国社会科学出版社 2012 年版。

尤琳：《中国乡村关系——基层治理结构与治理能力研究》，中国社会科学出版社 2015 年版。

于显洋：《社区概论》，中国人民大学出版社 2006 年版。

俞可平主编：《治理与善治》，社会科学文献出版社 2000 年版。

虞永平：《学前课程价值论》，江苏教育出版社 2002 年版。

张纯：《城市社区形态与再生》，东南大学出版社 2014 年版。

张沪：《张宗麟幼儿教育论集》，湖南教育出版社 1985 年版。

张亮：《中国儿童照顾政策研究》，上海人民出版社 2016 年版。

张永理：《社区治理》，北京大学出版社 2014 年版。

张勇：《新中国主区建设：回顾、反思与前瞻》，中国社会科学出版社 2014 年版。

赵小平、陶传进：《社区治理：模式转变的困境与出路》，社会科学文献出版社 2012 年版。

郑功成：《中国社会保障发展报告 2016》，人民出版社 2016 年版。

钟涨宝：《农村社会学》，高等教育出版社 2010 年版。

［美］詹姆斯·罗西瑙：《没有政府的治理》，张胜军等译，江西人民出版社 2001 年版。

期刊报纸部分

毕素华：《社区志愿激励机制探析：个人和组织的两层面分析》，《社会科学研究》2011 年第 6 期。

陈彬：《关于理性选择理论的思考》，《东南学术》2006 年第 1 期。

陈翰丹、陈伯礼：《论未成年人国家监护制度中的政府主导责任》，《社会科学研究》2014 年第 2 期。

陈立周：《当代西方社会福利理论的演变及其本质》，《辽宁大学学报》（哲学社会科学版）2011 年第 2 期。

陈祖洲：《论英国"新左派"的福利观》，《南京大学学报》（哲学社会科学版）2001 年第 6 期。

成海军：《构建适度"普惠制"社会福利的思考》，《社会福利》2008 年第 11 期。

仇雨临：《加拿大社会保障制度对中国的启示》，《中国人民大学学报》2004 年第 1 期。

代伟、张志增：《试论我国农村社区教育发展策略》，《职教通讯》2011 年第 23 期。

丁煌：《当代西方公共行政理论的新发展》，《广东行政学院学报》2005 年第 6 期。

董磊明：《现代教育与农村青少年文化认同》，《人文杂志》2010 年第 3 期。

杜屏、赵汝英：《美国农村小规模学校的政策变化分析》，《教育发展研究》2010 年第 3 期。

洪秀敏、朱文婷：《二孩时代生还是不生?》，《北京社会科学》2017 年第 5 期。

侯玉兰：《新公共服务理论与建设服务型政府》，《国家行政学院学报》2005 年第 4 期。

康丽颖、贾丽：《中美儿童托管教育的比较分析》，《比较教育研究》2011 年第 12 期。

雷万鹏：《城镇化进程中农村小规模学校发展》，《全球教育展望》2014 年第 2 期。

李凤琴、林闽钢：《中国城市社区公共服务模式的转变》，《河海大学学报》（哲学社会科学版）2011 年第 2 期。

李佳、冯丽婷：《影响农村留守儿童心理发展的环境因素》，《贵州师范大学学报》（社会科学版）2008 年第 5 期。

李培林、苏国勋等：《和谐社会构建与西方社会学建设理论》，《社会》2005 年第 6 期。

李迎生：《"孤残儿童家庭寄养模式"评析》，《云南社会科学》2003 年第 5 期。

刘继同：《社会福利与社会保障界定的"国际惯例"及其中国版含义》，《学术界》2003 年第 2 期。

刘继同：《院舍照顾到社区照顾：中国孤残儿童养护模式的战略转变》，《社会福利》2003 年第 10 期。

刘秋丽：《当前社区志愿服务存在问题及对策研究》，《社科纵横》2014 年第 2 期。

刘铁芳：《乡村教育的问题与出路》，《读书》2001 年第 12 期。

刘中一：《国家责任与政府角色——儿童照顾的变迁与政策调整》，《学术论坛》2018 年第 5 期。

陆士桢：《中国儿童社会福利需求探析》，《中国青年政治学院学报》2001 年第 6 期。

马克·贝磊、廖青：《"影子教育"之全球扩张：教育公平、质量、发展中的利弊谈》，《比较教育研究》2012 年第 2 期。

彭华民、陈学锋、高云霞：《服务学习：青年志愿服务与大学教育整合模式研究》，《中国青年研究》2009 年第 4 期。

秦玉友：《农村小规模学校质量困境与破解思路》，《中国教育学刊》2010 年第 3 期。

沈蓓绯：《美国大学生社区志愿服务与职业生涯发展关系研究》，《教育发展研究》2009 年第 Z2 期。

宋福范：《破解乡村治理现代化难题》，《人民日报》2015 年 3 月 29 日。

宋喆：《我国志愿服务立法的实践困境与现实对策》，《江汉论坛》2014 年第 10 期。

孙颖：《小规模学校撤留博弈》，《中国教育学刊》2013 年第 4 期。

谈松华：《农村教育：现状、困难与对策》，《北京大学教育评论》
　　2003 年第 1 期。

唐克军、蔡迎旗：《英美学校推进服务学习的策略》，《外国中小学教
　　育》2008 年第 9 期。

万明钢、滕志妍：《加拿大公共教育中的宗教问题》，《民族教育研
　　究》2009 年第 1 期。

王春婉：《特殊儿童积极生活方式培养的实践研究》，《现代交际》
　　2017 年第 2 期。

邬平川：《我国学前教育投入的政府责任探究》，《教育学报》2014 年
　　第 3 期。

邬志辉、史宁中：《农村学校布局调整的十年走势与政策议题》，《教
　　育研究》2011 年第 7 期。

邬志辉：《西部农村小学发展规划：现实可能、主体选择与实践策
　　略》，《教育发展研究》2011 年第 6 期。

吴显连、叶雪霞：《家庭式参与让社区志愿服务更具活力》，《中国社
　　会工作》2017 年第 10 期。

武云斐：《走向共生的家长、社区与学校合作——美国的实践及其启
　　示》，《教育发展研究》2010 年第 4 期。

项继权、周长友：《"新三农"的问题和出路?》，《中国农村经济》
　　2017 年第 10 期。

谢菊：《中国政府在社区建设中的责任》，《云南行政学院学报》2000
　　年第 4 期。

胥兴春：《人力资本和社会支持与农村幼儿教师流动的实证研究》，
　　《教师教育学报》2016 年第 4 期。

徐勇、朱国云：《农村社区治理主体及其权力关系分析》，《理论月
　　刊》2013 年第 1 期。

许瑞芳：《美国服务学习对我国社区服务的启示》，《思想理论教育》
　　2010 年第 16 期。

许文青：《中国孤儿及中国的美好未来》，《社会福利》2006 年第
　　5 期。

严仲连：《加拿大发展社区儿童服务的经验》，《学术界》2017 年第 6 期。

严仲连：《社区儿童服务刍议》，《东北师大学报》（哲学社会科学版）2018 年第 1 期。

严仲连：《我国社区儿童服务的问题与对策》，《社会科学家》2016 年第 1 期。

严仲连：《乡村治理视域下的农村社区服务》，《学术界》2017 年第 1 期。

杨东平：《建设小而优、小而美的农村小规模学校》，《人民教育》2016 年第 2 期。

杨东：《专业特色背景下大学生志愿服务长效机制的构建》，《学理论》2017 年第 4 期。

杨贵华：《社区公共服务发展与专业社会工作的介入》，《东南学术》2011 年第 1 期。

于洁：《试谈校外学生托管班的发展方向》，《成人教育》2008 年第 11 期。

虞永平：《建设益童、惠民、利国的学前教育公共服务体系》，《人民教育》2014 年第 11 期。

袁春钢：《浅谈加拿大家庭儿童税收优惠制度》，《环球展望》2008 年第 16 期。

《越秀天河拟全面铺开校内托管》，《广州日报》2018 年 3 月 4 日。

张桂芳：《试论转型期农村社区文化建设》，《兰州学刊》2004 年第 5 期。

张文宏：《社会资本：理论争辩与经验研究》，《社会学研究》2003 年第 4 期。

张志红：《我国公益教育联动机制的构建》，《当代教育与文化》2013 年第 6 期。

赵国彤、曾俊玮：《从公共政策角度分析如何保障社会志愿服务》，《南方论刊》2015 年第 12 期。

郑功成：《中国社会福利改革与发展战略：从照顾弱者到普惠全民》，《中国人民大学学报》2011 年第 2 期。

周文叶：《家长参与：概念框架与测量指标》,《外国教育研究》2015
　　年第 12 期。

朱家雄：《从对科学主义的崇拜到主张学前教育走向生态》,《学前教
　　育研究》2007 年第 11 期。

邹燕舞：《法国儿童托管教育：课外活动中心运作模式及其启示》,
　　《四川师范大学学报》（社会哲学版）2012 年第 1 期。

英文部分

"Aboriginal Infant Development Program：Practice Guidelines（2016）"
　　（http：//aidp. bc. ca）.

"A Canada Fit For Children"（https：//canadiancrc. com）.

Adriana Briserio, "Mari Pighini and Hillel Goelman. Including All Children
　　and Families Expanding Partnerships Project" （ http：//includingall-
　　children. educ. ubc. ca）.

"Age-Friendly Communities in Canada：Community Implementation Guide"
　　（http：//www. canada. ca/en /public-health/services/publication）.

Ann Mooney, June Statham, *Family Day Care：International Perspectives on
　　Policy, Practice and Quality*, London：Jessica Kingsley Publishers, 2003.

Canadian Association for Community Living（CACL）, *Translating Needs
　　into Policy Directions：A Community Paper*, Winter, 2002.

"Canadian Teachers' Federation. Supporting Education—Building Canada
　　Child Poverty and Schools"（http：//www. doc88. com）.

Carla Klassen, Alessandra Gage, "Neighbour to Neighbour-Building Better
　　Futures Project Evaluation", 2017 – 03 – 13（http：// WWW. SPRC.
　　HAMILTON. ON. CA）.

Carla Klassen, Marina Granilo, Corinna Stroop, Jackie Delong, "Hamil-
　　ton Community Action Program for Children Evaluation"（http：//sprc.
　　hamilton. on. ca）.

Carollee Howes, Laura M. Sakai, *Family Day Care for Infants and Toddlers*,
　　In Donald L. Peters, Alan R. Pence（ed.）, Family Day Care：Current
　　Research for Informed Public Policy, New York：Teacher College

Press, 1992.

Child and Family Canada Website, "Learning Disabilities Association of Canada (LDAC) . Fact Sheet: Statistics on Learning Disabilities" (http://www. cfc-efc. ca, 2002b) .

Childcare Resource and Research Unit, "Early Childhood Care and Education in Canada: Provinces and Territories 1998" (http://www. childcarecanada. org) .

Cochran, "European Child Care in Global Perspective", *European Early Childhood Education Research Journal*, Vol. 3, No. 1, 1995.

"Community Action Program for Children" (http://www. phac-aspc. gc. ca /hp-ps/ dca-dea /prog-ini/capc-pace) .

Dafna Kohen, Sharanjit Uppal, Saeeda Khan, & Laura Visentin, "Access and Barriers to Educational Services forCanadian Children with Disabilities. "

Deirdre Pike, Patti McNaney, Greg Tedesco, Violetta Nikolskaya. , "Youth Confidence in School, Community and the Futre (2012)" (http:// sprc. hamilton. on. ca) .

Doherty Derkowski, G. , *Quality Matters: Excellence in Early Childhood Programs*, Addison-Wesley, 1995.

Gordon Cleveland, Jane Bertrand, Jane Beach, *Our Child Care Workforce: from Recognition to Remuneration*, Child Care Sector Study Steering Committee, 1998.

Gough, P. , Shlonsky, A. , & Dudding, P. , "An Overview of the Child Welfare Systems in Canada", *International Journal of Child Healthand Human Development*, Vol. 2, No. 3, 2009.

Janet Goodall and John Vorhaus, *Review of Bestpractice in Parental Engagement*, London: Department for Education, 2011.

Jessica Ball and Enid Elliot, "Measuring Social Support in Aboriginal Childhood Programs", 2017 – 03 – 13 (http://www. ecdip. org) .

Judith D. Auerbach and Gary A. Woodill, *Historical Perspectives on Familial and Extra-familial Child Care: Toward a History of Family Day Care*, In

Donald L. Peters, Alan R. Pence (ed.), Family Day Care: Current Research for Informed Public Policy, New York: Teacher College Press, 1992.

Kathleen Flanagan and Jane Beach, *Examining the Human Resource Implications of Emerging Issues in Early Childhood Education and Care/ Communications Strategy Development*, 2010.

Kevin Bisback, *An Introduction to School-age Care in Canada*, Toronto Pearson Education Prentice Hall, 2007.

Larry Prochner, Nina Howe, *Early Childhood Care and Education in Canada*, Vancouver: UBC press, 2000.

Margie L. Mayfield, *Early Childhood Education and Care in Canada: contexts, dimensions, and issues*, Toronto: Pearson Education Canada Inc, 2001.

Martha Friendly, *Child Care Policy in Canada: Putting the Pieces Together*, Addison-Wesley, 1994.

Martha Friendly, Gordon Cleveland, Tricia Willis, *Flexible child care in Canada*, Tornonto : Childcare Resource and Research Unit, 1994.

Mary Winget, W. Gary Winget, J. Frank Popplewell, "Including Parents in Evaluating Family Day Care Homes", *Child Welfare*, No. 4, 1982.

Matwichuk, Linda, *Family Day Care Curriculum: Curriculum Guide*, Crozier: Maple Melder, 1993.

Mick Coleman, "Latchkey Children and School-Age Child Care: A Review of Programming Needs", *Child &, Youth Care Quarterly*, No. 1, 1989.

"Neighbour 2 Neighbour-Building Better Futures Project Evaluation (2014)" (http: //sprc. hamilton. on. ca).

Pat Petrie, Ria Meijvogel, "Introduction School-age Child Care", *Women's Studies*, No. 6, 1991.

Sara Mayo, Carla Klassen, Lubabah Bahkt, "NEIGHBOURHOOD PROFILES (2012)", 2017 – 04 – 13 (http: //sprc. hamilton. on. ca).

Scofield, Rich, "Child-Initiated Programming. School-Age Notes", No. 11, 1992.

Sears, A. M. , Hughes, A. S. , "Citizenship Education and Current Educational Reform", *Canadian Journal of Education*, Vol. 21, No. 2, 1996.

"Service Learning Definition" (http: //www. closcup. org/servlern/sl_ asler. htm) .

"Services for Infants & Children" (http: // sheway. vcn. bc. ca/resources/infants-and-children) .

"Society for Children and Youth of BC" (http: //www. scyofbc. org/projects) .

The Association of Day Care Operators of Ontario, *Child Care—Improving Child Care Services for Canadian Families*: *Evidence from Canada and Around the World*, A Report of The Association of Day Care Operators of Ontario, 2006.

The Council of Ministers of Education, "The Development of Eeucation in Canada, p. 53" (https: //www. cmec. ca) .

Unicef, "Not There Yet: Canada's Implementation of the General measures of the Convention on the Rights of the Child", 2017 – 03 – 13 (http: // www. unicef-irc. org/publications) .

Vancouver, B. C. , *School-age Care*: *Theory and Practice*, Addison-Wesley, 1999.

Zucker, H. L. , "Working Parents and Latchkey Children", *The Annals of the American Academy of Political and Social Science*, 1944.

附录（问卷部分）

附录1 0—6岁家长社区服务问卷

尊敬的家长：

您好！这是一项旨在了解儿童生活的调查，您的回答将是保密的。衷心感谢您的大力支持！

东北师范大学《儿童生活服务》调查组

一 基本信息

1. 所在省份：   孩子性别：   孩子年龄：   家庭孩子数量：

2. 孩子排行：   您的学历：   家庭月收入：

3. 从你居住的地方到幼儿园需要多长时间？   分钟（或小时）

4. 孩子去幼儿园的方式：

A. 步行或自行车   B. 校车   C. 公交车

D. 摩托车或电动车   E. 其他

5. 幼儿园地处：

A. 农村   B. 乡镇   C. 县城

D. 地级市   E. 省级市   F. 城郊

6. 家庭地处：

A. 农村   B. 乡镇   C. 县城

D. 地级市   E. 省级市   F. 城郊

7. 幼儿园性质：

A. 公办   B. 民办园

C. 企业办园   D. 社区、街道办园

8. 在园生活方式：

A. 走读 　　　　　　B. 住读（或寄宿）C. 租住

9. 回家频次：

A. 每天 　　　　　　B. 两到三天 　　　　C. 一周

D. 半月或一月 　　　E. 两月以上

10. 父母工作情况：

A. 父母都在外地工作 　　　B. 仅父亲在外地工作

C. 仅母亲在外地工作 　　　D. 都在本地工作（或务农）

二　请根据您的实际情况，在以下描述中，做出符合程度的判断并在相应选项上打"√"。

编号	描述	完全符合	比较符合	不能确定	基本不符	完全不符
1	家庭周围有托儿所					
2	家庭周围有幼儿园					
3	家庭周围有儿童临时看护机构					
4	家庭周围有儿童教育培训					
5	孩子生病后看医生方便					
6	孩子打疫苗方便					
7	家庭周围有家庭教育指导服务机构					
8	幼儿园有校车接送					
9	幼儿园提供午餐					
10	购买儿童用品方便					
11	家庭周围环境安全					
12	对家庭周围托儿所服务质量满意					
13	对家庭周围幼儿园教育质量满意					
14	对家庭周围临时看护服务满意					
15	对家庭周围教育培训质量满意					
16	对家庭周围儿童保健服务满意					

续表

编号	描述	完全符合	比较符合	不能确定	基本不符	完全不符
17	对家庭周围环境满意					
18	托儿所收费合理					
19	幼儿园收费合理					
20	贫困家庭孩子上幼儿园免费					
21	家庭周围有不同幼儿园可供选择					
22	公益组织经常为周围孩子提供帮助					
23	村（小区）工作人员经常组织孩子活动					
24	放学后，幼儿园老师经常组织孩子在村里玩耍					
25	有专业人员指导孩子一起活动					
26	家庭周围幼儿园有政府资助					
27	家庭周围托儿所有政府资助					
28	家庭周围幼儿园创办非常容易					
29	政府鼓励创办儿童看护与托管机构					
30	总有不同的幼儿园主动宣传					
31	幼儿园招生容易					
32	政府鼓励家庭间进行换工					
33	参与志愿服务会有奖励					
34	看护孩子会得到报酬					
35	家庭周围有儿童活动的场地					
36	家庭周围有适合儿童活动的器械与设施					
37	家庭周围环境十分安全					
38	相关工作人员对孩子和母亲进行产后访视					
39	怀孕期间得到过相关部门指导					
40	有中介公司提供儿童看护或托管服务					

三　不定项选择题（下列描述有一项或者多项符合你的选择，请将选择项填在相应的括号中）。

41. 看护孩子后，获得报酬的来源是（　　　）；

A. 不知道　　　　　B. 家庭　　　　　C. 社区

D. 政府　　　　　　E. 公益组织

42. 参与志愿服务得到的奖励有（　　）

A. 没有　　　　　　B. 仅物质奖励

C. 仅精神奖励　　　D. 既有物质奖励，又有精神奖励

43. 节假日，孩子参与的活动一般（　　）

A. 免费　　　　B. 部分收费且合理　　　C. 部分收费昂贵

D. 全部收费合理　　E. 全部收费昂贵

附录2　中小学生生活问卷调查

亲爱的同学：

你好！这是一项旨在了解中小学生生活情况的问卷调查（共3页）。问卷内容只作研究资料使用，你的回答完全是保密的。祝你学习进步，生活愉快！

东北师范大学《儿童生活服务》课题组

一　家庭和个人的基本情况（1—3 为填空；4—12 为选择）

1. 所在省份：　　性别：　　年龄：　　所读年级：

2. 是否独生子女：　　家里孩子数：　　在兄弟姐妹中排行：

3. 从你居住的地方到学校需要多长时间？　　分钟（或小时）

4. 你到学校的方式：

A. 步行或自行车　　　　　B. 校车　　　　　　　C. 公交车

D. 摩托车或电动车　　　　E. 其他

5. 学校地处：

A. 农村　　　　　　　　　B. 乡镇　　　　　　　C. 县城

D. 地级市　　　　　　　　E. 省级市　　　　　　F. 城郊

6. 家庭地处：

A. 农村　　　　　　　　　B. 乡镇　　　　　　　C. 县城

D. 地级市　　　　　　　　E. 省级市　　　　　　F. 城郊

7. 学校性质：

A. 小学　　　　　　　　　B. 初中　　　　　　　C. 高中

D. 小学初中一体　　　　E. 初中高中一体

8. 在校生活方式：

A. 走读　　　　　　　B. 住读（或寄宿）　　C. 租住

9. 回家频次：

A. 每天　　　　　　　B. 两到三天　　　　　C. 一周

D. 半月或一月　　　　E. 两月以上

10. 父母工作情况：

A. 父母都在外地工作　　B. 仅父亲在外地工作

C. 仅母亲在外地工作　　D. 都在本地工作（或务农）

11. 你的家庭经济情况：

A. 很好　　　　　　　B. 较好　　　　　　　C. 一般

D. 较低　　　　　　　E. 低保家庭

二　根据自己的实际情况，在以下描述中，做出符合程度的判断并在相应选项上打"√"。

	描述	完全符合	比较符合	不能确定	基本不符	完全不符
1	家庭周围有托管服务					
2	村（小区）里有人组织相互间的服务					
3	经常参与村（小区）组织的劳动					
4	经常有志愿者为自己提供帮助					
5	假期好玩					
6	学校有校车服务					
7	学校有午餐服务					
8	课后有人辅导功课					
9	有不同家长轮流接送学生上学					
10	有不同家长轮流辅导学生课后作业					
11	家庭周围有图书馆（室）					

续表

	描述	完全符合	比较符合	不能确定	基本不符	完全不符
12	家庭周围有娱乐设施					
13	家庭周围有适合的器械与设施					
14	家庭周围环境十分安全					
15	家庭周围图书馆（室）里书多					
16	家庭周围好玩地方多					
17	校车收费合理					
18	课后辅导效果好					
19	教育培训效果好					
20	托管效果好					
21	看病方便					
22	学校午餐免费					
23	午餐选择地点多					
24	家庭周围有多家教育培训机构					
25	课后辅导费用免费					
26	课后托管免费					
27	帮助其他人以后，会得到表扬					
28	学校组织同学参与敬老院服务					
29	学校组织同学参与村（小区）的劳动					
30	老师放学后辅导功课					
31	放学课后辅导的老师会得到学校奖励					
32	学校组织课后托管					

三 不定项选择题（下列描述有一项或者多项符合你的选择，请将选择项填在相应的括号中）。

33. 在家里，帮助他人后得到的表扬来自（　　　）

A. 父母　　　　B. 老师　　　　C. 村（小区）工作人员

D. 公益组织　　E. 企业　　　　F. 没表扬

G. 不知道

34. 课后辅导功课的人员是（　　　）

A. 没有　　　　　　B. 学校老师　　　　C. 培训机构老师

D. 大学生志愿者　　E. 老师家属　　　　F. 邻居

G. 父母与亲属　　　H. 中介公司　　　　I. 家教

35. 课后托管服务的人员是（　　　）

A. 没有　　　　　　B. 学校老师　　　　C. 托管机构老师

D. 大学生志愿者　　E. 老师家属　　　　F. 邻居

G. 父母与亲属　　　H. 中介公司

36. 周围专业机构的课后辅导，收费情况（　　　）

A. 没有辅导　　　　　　　　　　B. 免费

C. 部分收费，收费合理　　　　　D. 部分收费，收费昂贵

E. 全部收费，收费合理　　　　　F. 全部收费，部分合理

G. 全部收费，全部昂贵　　　　　H. 不知道

37. 周围课后教育培训收费状况（　　　）

A. 没有培训　　　　　　　　　　B. 免费

C. 部分收费，收费合理　　　　　D. 部分收费，收费贵

E. 全部收费，收费合理　　　　　F. 全部收费，部分合理

G. 全部收费，全部贵　　　　　　H. 不知道

附录3　农村中小学教师闲暇时间问卷调查

尊敬的老师：

您好！这是一份旨在调查教师日常生活方面的问卷，目的仅用于研究，不涉及评优/考核，同时，也会对相关信息进行保密。谢谢合作！

《社区儿童服务》课题组

一　基本情况

1. 职称（　　　）　　　2. 性别（　　　）　　　3. 党派（　　　）

4. 婚姻状况（　　　）　　5. 所在省（　　　）　　6. 年龄（　　　）

7. 任教学科（　　　）　　8. 任教年级或班级（　　　）

9. 学历（　　　）

10. 到学校花的时间（　　　）分钟或（　　　）小时

11. 工作学校的阶段是（　　　）

A. 小学 B. 初中 C. 高中

D. 幼儿园（学前班）

12. 学校位置（　　　）

A. 农村 B. 乡镇 C. 县城

D. 地级市 E. 省级市 F. 城市郊区

13. 家庭位置（　　　）

A. 农村 B. 乡镇 C. 县城

D. 地级市 E. 省级市 F. 城市郊区

14. 住处情况（　　　）

A. 学校内 B. 学校周围 C. 离学校有点远

D. 离学校比较远

15. 学校的工作制度是（　　　）

A. 弹性坐班制 B. 坐班制 C. 考勤制

16. 爱人工作（　　　）

A. 企业 B. 事业 C. 自己创业

D. 没有工作 E. 自己单身

17. 到学校的途径（　　　）

A. 步行 B. 自行车 C. 摩托车

D. 公交车 E. 私家车 F. 班车

二　单项选择

1. 学校周围的社区（居委会或街道）是否组织一些儿童参与的
活动（　　　）

A. 没有 B. 很少 C. 有一些

D. 比较多 E. 很多 F. 不知道

2. 自己是否参与社区组织的活动，如打双扣，或其他活动（　　　）

A. 没有 B. 偶尔 C. 有时

D. 经常 E. 不好说

3. 班上学生是否参与周边社会（或社区）的活动（　　　）

A. 没有   B. 很少   C. 有一些

D. 比较多   E. 很多   F. 不知道

4. 学校是否组织学生参与到周围社会（或社区）活动（　　）

A. 没有   B. 偶尔   C. 有时

D. 经常   E. 不好说

5. 在工作时间外辅导学生的同事情况（　　）

A. 没有   B. 少部分   C. 大部分

D. 几乎全部   E. 不好说

6. 是否在工作时间外辅导过其他班级的学生（　　）

A. 没有   B. 偶尔   C. 有时

D. 经常   E. 不好说

7. 是否在工作时间外组织学生参与非学业类的活动（　　）

A. 没有   B. 偶尔   C. 有时

D. 经常   E. 不好说

8. 你的闲暇时间（　　）

A. 几乎没有   B. 有一些

C. 只有法定的节假日   D. 比较多

9. 学校是否分配了指定关注（或辅导）班上学生（　　）

A. 没有   B. 偶尔   C. 有时

D. 经常   E. 不好说

10. 是否有人与你一起讨论过学校所在地居民生活中的事情（　　）

A. 没有   B. 偶尔   C. 有时

D. 经常   E. 不好说

11. 是否参与社区其他人组织的活动，如街舞（　　）

A. 没有   B. 偶尔   C. 有时

D. 经常   E. 不好说

12. 是否参与组织学校周围社区的活动，如娱乐活动（　　）

A. 没有   B. 偶尔   C. 有时

D. 经常   E. 不好说

13. 对班上学生（孩子）的家庭情况了解程度（　　）

A. 完全不了解   B. 稍微知道些   C. 知道部分

D. 完全知道　　　　　E. 不好说

三　多选

14. 你在闲暇时间内做的事是（　　　）

A. 与同事一起娱乐　　　　　B. 做家务

C. 带孩子（辅导孩子学习）　　D. 备课（改作业）

E. 自学　　　　　　　　　　F. 创收

G. 上网　　　　　　　　　　H. 逛街

I. 体育活动

15. 在闲暇时间做上述事主要由于（　　　）

A. 家庭生活要求　　　　　B. 学校要求

C. 个人兴趣　　　　　　　D. 朋友邀请

16. 社区组织的活动有哪些（　　　）

A. 打扫卫生类　　　　　　B. 服务老人类

C. 服务幼儿类　　　　　　D. 咨询类

E. 双扣比赛等娱乐类　　　F. 聚餐类

G. 其他

17. 参与社区活动时的身份是（　　　）

A. 居民　　　　　B. 校外专家　　　　　C. 活动组织者

18. 组织学生参与社会生活的实践活动有哪些（　　　）

A. 去养老院　　　B. 打扫卫生　　　　C. 捐助

D. 生产劳动　　　E. 志愿者（义工）　　F. 其他

19. 获知周边社区的事情，主要通过（　　　）

A. 电话　　　　　B. 邻居或家长　　　　C. 网络

D. 黑板（宣传栏）E. 广播

20. 现在学生的需要主要表现在（　　　）

A. 物质方面　　　B. 学习成绩　　　　　C. 社会交往

D. 亲情　　　　　E. 安全　　　　　　　F. 不好说

四　开放式

21. 你觉得现在学生的主要问题是：

22. 你对做好留守儿童教育的建议是：

附录4　社区儿童服务家长问卷

尊敬的家长、亲爱的同学：

这是一份旨在了解家长教育孩子情况的问卷，结果只用于研究，不用于评优。在家长单独填写有困难时，也可以由孩子帮助家长填写（共4页）。

一　基本信息（1为填空；2—11为选择）

1. 孩子所在年级：　　　孩子性别：　　　孩子年龄：

2. 孩子平时上学住在：

A. 学校　　　　　　　　　B. 自家

C. 亲戚家　　　　　　　　D. 租住在学校周围

3. 您是孩子的：

A. 父母　　　　　　　　　B. 祖父母（或外祖父母）

C. 亲戚　　　　　　　　　D. 其他

4. 最近看护孩子的人是：

A. 父母　　　　　　　　　B. 祖父母（或外祖父母）

C. 亲戚　　　　　　　　　D. 其他

5. 您的文化程度是：

A. 小学以下　　　　B. 小学　　　　　C. 初中

D. 高中（职高）、中专　E. 大专　　　　F. 大学及以上

6. 孩子现在的住处是：

A. 农村　　　　　　B. 乡镇　　　　　C. 县城

D. 郊区　　　　　　E. 城市

7. 孩子上学通常：

A. 自己去　　　　　B. 坐校车　　　　C. 家长送

D. 与其他孩子一起去

8. 您在家看护了几个孩子：

A. 1个　　　　　　 B. 2个　　　　　　C. 3个

D. 4 个及以上

9. 学校地处：

A. 农村　　　　　　　B. 乡镇　　　　　　C. 县城

D. 地级市　　　　　　E. 省级市　　　　　F. 城郊

10. 家庭地处：

A. 农村　　　　　　　B. 乡镇　　　　　　C. 县城

D. 地级市　　　　　　E. 省级市　　　　　F. 城郊

11. 孩子父母工作情况：

A. 都在本地工作　　　　B. 都在外地工作

C. 只有母亲在外地工作　D. 只有父亲在外地工作

二　不定选择，下列描述中有一个或多个符合您的选择，请将选择项填写在相应的括号中。

1. 以前种地需要耕牛的解决办法是（　　　　）

A. 在城镇生活，没种地　B. 找其他人租

C. 与其他农户合买　　　D. 自家买

2. 生产过程中一些大型水利工程，通常的解决方式是（　　　　）

A. 不清楚　　　　　　　B. 利用原来的

C. 村里组织　　　　　　D. 雇人帮忙

E. 自己想办法

3. 村里（或小区）的活动场所情况是（　　　　）

A. 没有　　　　　　　　B. 有小的

C. 有中型的　　　　　　D. 有大型的

4. 平常的主要事情是（　　　　）

A. 下地　　　　　　　　B. 打短工

C. 接送孩子放学　　　　D. 做家务

5. 空闲时，您主要做的事是（　　　　）

A. 看电视　　　　　　　B. 找人聊天

C. 散步　　　　　　　　D. 无所事事

6. 家里在生产劳动过程中，碰到困难时的解决方式是（　　　　）

A. 自家独自解决　　　　B. 找亲戚帮忙

C. 找朋友帮忙　　　　　D. 与邻居换工

7. 村里（社区）组织成人集体劳动（活动），由谁组织好？（　　）

A. 村委　　　　　　　　B. 自己

C. 学校　　　　　　　　D. 其他有能力的村民或居民

E. 公益组织

8. 村里的孩子一起学习，一起活动，您愿意由谁来组织？（　　）

A. 学校　　　　　　　　B. 村委

C. 退休的老师　　　　　D. 公益组织

E. 其他孩子家长　　　　F. 自己

三　根据自己的实际，在以下描述中，做出符合程度的判断后在相应选项上打"√"。

	描述	完全符合	比较符合	不能确定	基本不符	完全不符
9	村里（或社区）经常组织村民一起劳动					
10	村里（或社区）经常组织村民一起娱乐					
11	邀请您和其他人一起跳舞或运动，您会参与					
12	村里有社会组织					
13	村里（或社区）的社团活动（集体活动）多					
14	动员集体参加村里或小区的集体劳动，您会参加					
15	平时干活面临人手不足时，常与人换工					
16	孩子上学方便					
17	经常辅助孩子做功课					
18	在家经常陪孩子玩					
19	教育孩子很省心					
20	您很了解孩子					
21	与邻居交流教育方式					
22	村里有人指导如何教育孩子					
23	建议家长轮流接送孩子上下学					
24	了解孩子的学习					

续表

	描述	完全符合	比较符合	不能确定	基本不符	完全不符
25	村里有人负责接送孩子上学					
26	村里有人能辅导孩子学习					
27	村里有人引导孩子，效果好					
28	愿意组织村里的孩子们一起活动					
29	村里孩子一起学习					
30	村里的孩子一起玩耍					
31	节假日，孩子待在家里					
32	孩子生活得很开心					
33	村里有孩子一起活动					
34	节假日，村里有必要组织孩子们一起玩耍					
35	如果组织村里孩子一起活动，您会让孩子参加					

后　记

　　如同其他在农村出生的学者一样，农村出生的我，在工作、成家之后面临着养育女儿的重任。情急之下，让习惯于干体力活的 70 岁父亲从乡下到城里，从事他并不习惯的婴儿看护工作。在父亲假日回乡下的时候，面对女儿要求"到外面玩"的要求和手头的工作，我和爱人几乎是束手无策。缺少玩伴、城里亲戚少，孩子的社会交往机会少，这些确实让人心焦。即便在这种情况下，作为父母的我们，和其他年轻父母一样把儿童照顾中的困难解决方式定位在家庭——从来没有想到过这种问题解决方式的不对，直到我的一次学习旅行。

　　感谢国家留学基金委提供的学习机会，2012 年 9 月—2013 年 9 月，有幸在加拿大 UBC 大学的一年访学。当时的合租房东是一对在 UBC 大学读书的年轻夫妇，他们 10 个月大的儿子和来自中国的外祖母的每周两次社区体验，让我对 UBC 大学社区儿童服务充满好奇。临近暑假，当时 4 岁的女儿在幼儿园放假之后到加拿大的 3 个月社区生活体验，让我彻底改变了社区儿童服务的认知：社区儿童服务还可以这样美好！于是就有了我对社区儿童服务问题的关注。

　　国家的"二孩"政策出台后，我和其他人一样为这一政策的出台而欢呼，同时，也对是否再生二孩产生了顾虑。当然，并不是害怕二孩长大以后的住房，而是一想到孩子出生后没有人看护，以及半夜时分，半梦半醒下的我要闭着眼睛给孩子冲奶粉，或者正在上课的时候，孩子的幼儿园突然通知放假。所以，看到网上很多人表示不愿意生二孩的报道时，我是深深理解的。但也有一定的期盼：儿童看护不仅仅是家庭的责任，政府和社区在儿童发展中，还可以发挥更多的作用。

感谢国家社科基金项目评审委员会的匿名评委提供的修改建议，这将让研究成果更有深度，逻辑性更强。也感谢在重新调查过程中提供帮助的甘肃省皋兰县两厂幼儿园的俞曙源园长、广东增城市某村办幼儿园叶姗姗园长、增城市清华幼儿园钟彩娥、丁幼明园长，湖北省潜江市的蔡丹园长、江西省上饶市的郑翠兰园长、山东德州的崔彬园长，湖北省汉川市的严运兵老师，广东肇庆的张胜荣校长、广东英德市的莫佳校长。也感谢我的博士生袭祥荣、赵琳和硕士生韩宠、田秀玉、李旭杰、冯颖等人在问卷设计与分析过程中提供的帮助。谢谢东北师范大学社科处魏琳娜等人在研究过程中提供的监督与支持。谢谢中国社会科学出版社赵丽主任在书稿编辑过程提供的耐心指导。

本书修改过程中，父亲突然离世，也以此为"礼物"献给"天国"里的父亲，祝父亲在"天国"一切安好。